선문염송집 연구

—12~13세기 고려의 공안선과 송의 禪籍—

이 저서는 2010년도 정부재원(교육부)으로
한국연구재단의 지원을 받아 연구되었음(NRF-2010-812-A00013)

선문염송집 연구

12~13세기 고려의 공안선과 송의 禪籍

조명제 지음

경진출판

일러두기

1. 『선문염송집』은 고려대장경 재조본의 영인본(『고려대장경』 46권, 동국대학교 출판부, 1976)을 이용하였다. 또한 『한국불교전서』 5에 수록된 판본을 함께 참조하였다.
2. 모든 〈표〉에서 본칙의 칙수는 인용 순서대로 붙인 것이다. 또한 표는 원칙적으로 착어가 5회 이상인 경우에만 만들었다.
3. 염고, 송고, 대, 별, 징 등 모든 공안 비평을 착어라고 총칭한다.
4. 조사의 인명 표기는 일반적으로 통용되는 법호와 법명을 함께 표기하고, 동일 인물인 경우에는 하나의 인명으로 통일하였다.
5. 문헌 자료는 다음과 같이 줄여서 표기하였다.

大正新脩大藏經: T, 新撰大日本續藏經: X, 『宗門統要集』: 『統要』, 『禪宗頌古聯珠集』: 『頌古聯珠』 또는 『聯珠』, 『宗門聯燈會要』: 『聯燈會要』 또는 『聯燈』, 『正法眼藏』: 『正法』, 『景德傳燈錄』: 『傳燈錄』, 『建中靖國續燈錄』: 『續燈錄』, 『天聖廣燈錄』: 『廣燈錄』, 『嘉泰普燈錄』: 『普燈錄』 또는 『普燈』, 『古尊宿語要』: 『古』, 『續古尊宿語錄』: 『續古』, 『東林和尙雲門庵主頌古』: 『東林頌古』, 『한국불교전서』: 『한불전』

"두레박줄이 짧으면 깊은 물을 길어 올릴 수 없다." 이 말은 장자를 비롯한 중국 고전에 나오지만, 필자에게는 최치원의 사산비명에서 읽은 기억이 인상 깊게 남아 있다. 처음에는 그의 화려한 수사학적 표현으로 인해 묘한 위화감을 느꼈으나, 세월이 흐르면서 깊이 공감하게 되었다.

그러한 느낌은 필자가 10년 전에 첫 저서인 『고려후기 간화선 연구』를 세상에 내놓았을 때에 더욱 가슴에 와 닿았다. 이 책은 불교에서 주자학으로 전환되는 사상사적 흐름과 구조를 어떻게 이해할 것인가를 주로 간화선의 수용과 전개를 통해 살펴보았던 것이다. 나름의 성과가 없지 않았지만, 특히 간화선의 수용과정에 대해서 제대로 해명하지 못한 채 책을 내게 되었기에 필자로서는 아쉬움이 적지 않았다.

물론 이러한 문제는 당시 필자가 검토할 만한 여유도 없었지만, 학계에서 수선사에서 편찬된 선적에 대한 구체적인 연구가 거의 없었던 상황과 관련된다. 특히, 『선문염송집』은 수선사에서 이해하고 지향하던 선이 무엇인가를 보여 주는 대표적인 문헌이다. 그럼에도 불구하고 『선문염송집』이 공안집이라는 측면에서 막연히 간화선과 연관되는 문헌이라고 간주하고 구체적인 문헌학적, 사상사적 연구가 이루어지지 못하였다.

또한 수선사 이외에도 13세기에 고려 선종계에서 편찬된 문헌이나 간행된 중국 선적이 적지 않았으며, 그 가운데 일부가 남아 있다. 이러한 선적은 자료적 가치와 중요성에도 불구하고 연구자의 관심밖에 놓여 있거나 본격적인 검토가 제대로 이루어지지 못하고 있다.

이러한 한계는 연구자들이 기본적으로 송대 선적과의 관련성에 대해 주목하지 않았기 때문이며, 나아가 송대 선종사에 대한 관심이 부족한 현실과 관련된다. 그것은 지금까지 고려불교사 연구가 대체로 대표적인 인물의 사상체계에 대한 분석으로 일관하거나 일국사적인 연구의 틀에서 탈피하지 못한 연구 풍토에서 기인한 문제라고 하겠다.

더욱이 인물 연구라 하더라도 일제시기에 한국불교의 독자성을 강조하면서 제시된 언설이 무비판적으로 이어지거나 결과론적인 방향에서 접근하는 시각에서 벗어나지 못하고 있다. 또한 근래 일국사 차원의 역사 연구에 대한 비판이 다양하게 제기되고 있지만, 적어도 사상사 연구에서는 동아시아라는 범주에서 접근하는 것이 상식에 가깝다. 특히 불교는 전근대에 보편적인 사상으로 존재하였기 때문에 한국불교사에 대한 연구는 동아시아 불교사, 나아가 동아시아 사상사라는 차원에서 이루어져야 할 것이다.

필자는 이러한 문제의식을 갖고 『선문염송집』에 대한 문헌학적 분석을 통해 12~13세기 고려 선종사의 흐름을 새롭게 재구성하고자 본격적인 작업을 하게 되었다. 그러한 과정에서 종래 인물 중심의 연구로는 확인할 수 없었던 고려 선종사의 새로운 경향을 밝히게 되었다.

그 결과 12~13세기 고려 선종의 흐름은 간화선의 수용과정만으로 파악할 수 없다는 사실을 확인하게 되었다. 사상, 실천이라는 면에서 송대 선은 공안선이라 할 수 있지만, 그것은 간화선과 함께 문자선을 포괄하는 것이다. 공안 비평이라는 문자선이 거의 무시되었지만, 12세기 이래 문자선이 성행한 사실을 『선문염송집』을 비롯한 선적을 통해 확인하게 되었다.

이 책은 그러한 성과를 본격적으로 제시한 것을 토대로 수정, 보완한 것이다. 본래 『선문삼가염송집』, 『선문염송설화』 등을 모두 검토한 후에 연구 성과를 세상에 내놓는 것이 바람직하지만, 정해진 기간에 연구 결과물을 제출하여야 하는 사정으로 인해 이들 문헌에 대한 연구를 마치지 못한 채 내놓게 되었다.

국내에서는 동아시아 불교사라는 시각에서 접근하는 선종사 관련 연구 성과가 적을 뿐만 아니라 대화를 나눌 동학도 거의 없어 필자로서는 혼자 고군분투하면서 연구를 진행할 수밖에 없었다. 그나마 이 책을 세상에 내놓을 수 있었던 데에는 송대 선종사 연구와 관련된 세 분의 학은에 힘입은 것이다.

먼저 은사 이시이 슈도(石井修道) 선생님은 송대 선종사의 전체 흐름을 이해하는 데에 큰 도움을 주셨다. 송대 선종사에 대한 연구가 그렇게 많지 않은 상황에서 이시이 선생님이 평생에 걸쳐 연구하고 학계에 제시한 송대 선종사에 대한 방대한 저작과 논문은 필자에게 지남이 되었다. 선생님은 필자가 두 차례에 걸쳐 고마자와 대학에서 연구할 수 있는 기회를 주셨고, 연구에 매진할 수 있도록 격려를 해 주셨다. 작년 초에 고마자와 대학을 정년퇴임한 후에도 늘 연구에 정진하고 계시는 모습은 학자의 자세를 묵묵히 그대로 보여 주시고 있다.

시이나 코유(椎名宏雄) 선생님은 송원판 선적에 대한 정보와 중국 선적에 대한 문헌학적 이해에 적지 않은 도움을 주셨다. 선생님은 80대에 이른 지금도 오산판(五山版) 중국 선적 자료를 집대성하고 해제를 내놓고 계신다. 필자가 문헌에 대한 의문이 있어서 만나 뵐 때나 서신을 통해 질문을 하면 항상 친절하게 답해 주시고, 미진한 것은 반드시 자료를 확인해서 답을 주셨다. 선생님의 송원판 선적에 대한 문헌학적 연구 성과는 필자가 『선문염송집』의 저본 분석을 하는 데에 적지 않은 도움을 주었다.

오가와 타카시(小川隆) 교수는 중국 선적에 대한 독해에 많은 도움을 주었다. 근래 일본학계에서는 이리야 요시타카(入矢義高) 선생의 중국어학에 기반을 둔 선적 독해 수준을 넘어 기누카와 겐지(衣川賢

次) 교수를 중심으로 선 문헌을 사상사적으로 읽는 분위기가 확산되고 있다. 오가와 교수는 이러한 연구 경향에 따른 새로운 성과를 근래 집중적으로 학계에 제시하고 있다. 필자는 재작년에 오가와 교수의 세미나에 참석하여 적지 않은 도움과 자극을 받았다.

옛 선지식은 제자가 스승을 뛰어넘지 못하면 스승의 은혜를 갚지 못한다고 하였다. 필자로서는 감히 그럴 수준을 바라지도 못하지만, 반이라도 이루어졌으면 다행이라고 생각한다. 그간 가르침을 주신 분들에게 거듭 감사를 드리며, 이 자리를 빌려 늘 건승하시기를 기원한다.

한편 흔쾌히 출판을 수락해 준 도서출판 경진의 양정섭 대표님, 깔끔하게 편집해 준 김현열 님에게도 감사를 드린다. 마지막으로 필자가 고독하게 작업을 지속할 때에 늘 곁에서 말없이 지지하고 격려해 준 이들이 있었기에 이만큼의 성과가 이루어질 수 있었다. 굳이 일일이 이름을 밝히지 않지만, 마음속 깊이 감사를 드린다. 아울러 이 책에서 담지 못한 주제와 내용은 앞으로의 과제로 돌리고자 한다.

백양산 연구실에서 저자 씀

들어가는 글

종래 고려후기 불교사 연구는 주로 선사상을 중심으로 이루어졌으며, 특히 지눌, 혜심, 보우 등의 대표적인 인물의 사상체계, 간화선의 수용 등과 관련된 주제가 중점적으로 다루어졌다. 이러한 연구 성과에 따라 고려후기 불교사의 대체적인 흐름을 이해하게 되었으나, 여전히 불교사의 전체 구조와 흐름이 명확하게 해명되지 못한 실정이다.[1] 이러한 기존 연구의 한계는 다음과 같은 문제점과 연관된다.

첫째, 인물 중심의 연구 시각이 갖는 한계를 지적하지 않을 수 없다. 사상사의 주요한 흐름을 이해하기 위해서 대표적인 인물의 사상체계를 규명하는 것이 기본적으로 요구되지만, 그것만으로 충분하지 않다. 기존의 인물 중심의 연구는 사상사 흐름을 단선적으로 이해할 뿐만 아니라 사상사적 맥락을 충분히 반영하지 못하는 경우가 적지 않다. 나아가 이러한 연구방법론은 특정한 시기의 사상이 당시의 사상계에 미친 영향이 어떠한지, 사회적 위상이 어떠한지를 파악하

---

[1] 조명제, 『고려후기 간화선 연구』, 혜안, 2004, 15~24쪽.

는 데에 일정한 한계가 드러난다.

둘째, 대부분의 연구가 대개 일국사적인 연구에 그치는 한계를 갖고 있다. 사상사의 흐름이 하나의 국가, 지역 단위에서 완결되는 경우를 찾기란 쉽지 않다. 불교는 보편적인 사상이며, 특정한 지역과 국가의 틀로 묶기 어려운 성격을 갖고 있다. 특히 전근대 한국에서 수용되고 이해된 불교는 동아시아 불교, 특히 중국불교의 흐름과 밀접한 관계를 갖고 있다.

그러므로 고려 불교사 연구는 한국불교사라는 틀을 벗어나 중국불교사, 특히 송대 불교사의 흐름과 관련하여 접근하고자 하는 연구 시각과 방법론을 추구하지 않으면 안 된다. 그런 점에서 본다면 고려 선종사 연구에서는 송대 선의 흐름과 사상구조에 대한 기본적인 이해가 필요하다. 나아가 송대 선이 고려 선종계에 어떻게 수용되며, 그 이해 수준이 단계 별로 어떻게 전개되는지를 검토하여야 할 것이다.

셋째, 위의 두 가지 문제점과 관련되는 것이지만, 고려 불교사의 흐름을 역사적 결과에 맞추어 이해하는 경향이 있다. 이러한 연구 시각은 역사학에서 흔히 나타나는 현상이지만, 고려 불교사 연구에서는 특히 정통론에 입각한 불교사 인식에서 여전히 자유롭지 못한 분위기가 나타난다. 다시 말해 기존의 연구는 선종의 정통을 임제종으로 보고, 그 사상적 귀결인 간화선에 초점을 맞추어 고려 선종사 전체를 바라보는 문제점을 갖고 있다.

이러한 이해는 고려 선종사의 기본적인 흐름을 반영한 것이지만, 고려 말에 귀결된 사상적 흐름을 고려 선종사 전체에 확대하여 적용하는 문제점을 갖고 있다. 나아가 이러한 불교사적 인식은 고려전기 이래 다양하게 수용된 송대 선의 양상을 도외시하거나 고려 선종의 전체상을 지나치게 단선적으로 파악하는 한계를 갖고 있다. 송대 선종사에서 임제종이 차지하는 비중이 크지만, 북송 대에 선의 흐름을 주도하였던 운문종이나 북송 말 이후 임제종과 함께 존재하였던 조동종의 사상적 위상을 결코 무시할 수 없다. 아울러 운문종, 조동종이 고려 선종에 수용된 양상은 다양하게 확인할 수 있다.

넷째, 기존 연구에서 보이는 자료 이용의 한계를 지적할 수 있다. 흔히 고려 불교사 연구에서 문헌 자료의 부족을 지적하지만, 13세기 이후에 간행된 송대 선적이나 고려 선종계에서 저술, 편찬된 문헌이 적지 않았으며, 이 가운데 일부 문헌이 남아 있다. 그럼에도 불구하고 이러한 문헌에 대해 별로 관심을 갖지 않는 편이며, 관련 연구도 거의 없는 실정이다. 이러한 선적 자료는 고려 선종계에서 송대 선을 어떻게 수용하고, 이해하였으며, 나아가 송대 선이 미친 영향이 어떠한가를 잘 보여 준다.[2]

그런데 이러한 송대 선적은 임제종만이 아니라 운문종, 조동종, 법안종 등 다양한 종파의 문헌이라는 점에서 주목된다.[3] 나아가 이러한 송의 선적이 수용, 간행됨으로써 13세기 중엽에 고려 선종계에서 독자적인 선적이 편찬, 간행되었다. 대표적인 문헌은 수선사에서 편찬된 『禪門拈頌集』, 『禪門三家拈頌集』, 『禪門拈頌說話』 등과 가지산문에서 편찬된 『禪門拈頌事苑』(30권, 逸書), 『祖庭事苑』(30권, 逸書), 『重編曹洞五位』, 『重編拈頌事苑』(逸書) 등이다.

이러한 선적은 대부분 공안선과 관련된 문헌이므로 고려 선종계에서 공안선을 어떻게 수용하고 이해하였는가를 단적으로 보여 준다. 그럼에도 불구하고 이러한 선적에 대한 문헌학적, 사상사적 연구

---

2) 송내에 인쇄술의 발전은 서적을 대량으로 만들어 내어 사회적 수요를 확대하는 효과가 있으며, 새로운 학술문화를 창출하였다. 즉, 종래 異本이 다양하게 존재하였던 사본의 시대에서 인쇄술이 출현하게 되면, 필연적으로 많은 寫本을 對校하고 定本을 만드는 과정을 거치게 되었으며, 그 결과 학문 축적의 집대성을 초래하게 되었다. 한편 이러한 출판문화의 발전에는 서적문화의 수요자인 사대부가 새로운 지배층으로 등장하였던 사회적 배경도 관련된다. 나아가 출판문화의 혁신적인 변화는 송대 학문의 변화와 커다란 관련성을 갖고 있었다. 井上進, 『中国出版文化史』, 名古屋大学出版会, 2001 참조.

3) 채상식, 『고려후기 불교사 연구』, 일조각, 1991, 62~64쪽; 趙明濟, 「臨濟宗をめぐる高麗と宋の交流」, 『駒澤大學佛教學部論集』 34, 2003 참조.

는 거의 이루어지지 못하였다.[4] 나아가 이들 선적이 고려 선종계에 미친 영향이나 그 사상사적 위상이 무엇인가에 대한 검토가 본격적으로 이루어지지 못한 실정이다.

『선문염송집』(이하『염송집』)은 이러한 문제 인식과 관련하여 가장 주목되는 전적이다.『염송집』은 고종 13년(1226)에 수선사 2세인 慧諶 (1178~1234)이 제자 眞訓 등과 함께 고칙 공안 1125칙에 조사들의 착어를 배열하는 방식으로 편찬한 것이다.[5] 그러나 강화도로 천도할 무렵에 초판이 소실되었으므로 고종 30년(1243)에 수선사 3세인 小融 夢如가 347칙을 증보하여 대장도감 남해분사에서 간행하였다.[6]

중국 선종계에서『宗門統要集』(이하『통요』)이, 일본 선종계에서 『碧巖錄』이 각각 대표적인 공안집으로 성행되었던 것에 비해, 한국 불교계에서는 전통적으로『염송집』이 줄곧 활용되었다.[7] 따라서 『염송집』은 고려후기 선종계에서 공안선의 수용, 이해와 관련되는 가장 기본적인 문헌이다.

그러나『염송집』이 갖는 자료 가치에 비해 국내 학계에서는 거의 주목을 받지 못하였다.[8] 그나마 제시된 연구 성과는 전체의 체재나

---

4) 이러한 현상은 연구자의 관심이 부족한 탓도 있지만, 어려운 연구 여건도 크게 작용하였다. 먼저 송대 선종사 연구가 세계적으로 제대로 이루어지지 못하였고, 송원판 선적을 쉽게 입수하여 이용할 수 없었다. 그러나 송대 선종사 연구가 1970년대 이후 이루어지고 있으며, 특히 선적에 대한 문헌학적, 서지학적인 연구 성과가 어느 정도 제시되었다. 더욱이 송대 선적의 기본인 송원판 자료가 근래 적지 않게 영인되고 있어 활용하기 편리한 상황이 되었다. 송대 선종사에 대한 연구는 石井修道, 「宋代の禪」, 田中良昭 編, 『禪學硏究入門』, 大東出版社, 1994 참조. 아울러 2006년에 간행된 『禪學硏究入門』 제2판에 일부 증보된 내용이 있으므로 참조하기 바란다.

5) 慧諶, 「禪門拈頌集序」 『한불전』 5, 1쪽.

6) 鄭晏, 「增補拈頌跋」 『한불전』 5, 923쪽. 현재 남아 있는 『염송집』은 1463칙이므로 증보된 칙수 1472칙과 맞지 않으며, 또한 어떠한 내용을 증보하였는가를 알 수 없다. 다만, 전체의 체재와 구성은 다르지 않은 것으로 보인다.

7) 『염송집』은 고려후기 이래 조선 불교계에서 기본적인 공안집으로 중시되었다. 조선시대에도 蓮潭有一의 『禪門拈頌著柄』 2권, 白坡亘璇의 『禪門拈頌私記』 5권(현존), 仁岳義沾의 『禪門拈頌記』 1권 (현존) 등 다양한 주석서가 저술되었다.

구성에 대한 문제를 목차를 통해 접근한다든지, 편찬자 혜심과 관련된 문제에 그치고 있다. 더욱이 저본 분석도 전체 30권 가운데 권1만을 대상으로 한다든지, 저본의 비교 대상을 설정한 이유나 사상사적 성격에 대한 접근이 거의 없다. 나아가 수선사가 공안집을 편찬한 이유와 목적이 무엇이며, 그 문헌적 성격을 어떻게 이해할 것인가에 대해서 피상적인 이해에 그치고 있다. 이러한 한계는『염송집』의 저본이 대부분 송대 선적임에도 불구하고 저본에 대한 문헌학적 기초 연구를 하지 않았고, 송대 선종사의 흐름에 대한 관심조차 갖지 못한 것과 관련된다.

그런데 근래 시이나 코유(椎名宏雄)가 송원판 선적에 대한 문헌학적 연구 성과를 바탕으로『염송집』의 자료 가치에 대한 개괄적인 이해 방향을 제시한 글이 있어 주목된다.[9] 다만, 그의 글도 전체 구성을 통한 비교에 그쳐『염송집』전체에 대한 구체적인 문헌학적인 분석이 이루어지지 않았다.

필자는 기존의 연구가 가진 기본적인 한계를 벗어나기 위해『염송집』의 문헌학적 기초 연구를 통해 송대 선의 수용 문제를 밝히고자 한다. 먼저 송대 선의 흐름과 관련하여 선적이 어떻게 편찬, 간행되었는지를 살펴보고자 한다. 이어『염송집』의 편찬이 가능한 사상적인 기반이 12~13세기에 어떻게 구축되었는지를 살펴보고자 한다. 또한『염송집』의 저본 분석을 통해『염송집』의 고칙 공안과 착어가 어떠한 문헌에서 인용된 것인지를 현존하는 송대 선적과 비교, 검토하여

---

8) 이동준, 「禪門拈頌의 기초적 저본에 대하여: 제1권을 중심으로」,『진산한기두박사화갑기념 한국종교사상의 재조명』, 1993; 한기두, 「선문염송의 편찬에 따르는 慧心禪의 意旨」『보조사상』7, 1993; 김호동, 「선문염송과 진각국사 혜심」,『민족문화논총』18·19합집, 영남대 민족문화연구소, 1999; 이영석, 「선문염송의 편찬에 관한 연구」,『정토학연구』5, 2002; 진성규, 「선문염송의 편찬과 그 의의」,『백산학보』66, 2003; 정천구, 「『선문염송』의 편찬에 대한 사상적 연구」,『정신문화연구』32권 3호, 2009; 이영석, 「선문염송에 관한 연구」, 동국대 박사논문, 2010.

9) 椎名宏雄, 「『禪門拈頌集』の資料價値」,『印度學佛教學研究』51-1, 2002.

본래의 출전을 밝히고자 한다. 이러한 분석을 통해 『염송집』의 문헌적 성격이 무엇인가를 공안선의 수용과 관련하여 규명하고자 한다. 나아가 고려 선종계에서 공안선을 어떻게 이해하고 수용하였는가를 13세기 전반의 수선사 단계와 13세기 후반의 가지산문 단계로 나누어 살펴보고자 한다.

1장 고려 선종의 宋代 禪籍 수용

1. 송대 선적의 편찬 경향과 특징

당말 오대를 거치면서 정치, 사회적 변화와 함께 국가의 불교 탄압 등으로 교종이 퇴조하는 가운데 선종이 점차 확산되었다. 송대에 이르면 선종은 정토교와 함께 불교를 주도하는 위상을 갖게 되었다. 송 초기에 번성하였던 종파는 법안종, 운문종, 임제종이지만, 이 가운데 법안종이 북송 초기에 급속하게 쇠퇴하고, 운문종과 임제종 계열이 선종을 주도하였다.

한편, 송 초기에 선종이 융성하면서 점차 그들의 권위를 확립하는 언설을 마드는 방향으로 나아갔다. 이러한 현상은 역사적, 사회적으로 어느 집단이든 그러하지만, 선종에서는 그것이 항상 傳法의 계보, 즉 法統(正統)이라는 형태로 표현되었던 것이 특징이다. 이와 같이 법통을 중시하는 시각에서 선종 교단의 역사를 정리한 것이 燈史이다. 곧 전등사서는 선의 師資相承의 계보를 중심으로 역대 조사들의 機緣 問答과 上堂, 示衆 등을 집록했던 것이다.[1]

송대에 이르러 전등사서의 편찬 역사를 새롭게 전환시킨 것은 법안종의 承天道原이 편찬한 『景德傳燈錄』(이하 『傳燈錄』)이다. 『전등록』의 편찬에는 한림학사 楊億을 비롯하여 李維, 王曙 등이 刊削裁定에 가담하였다. 이 책은 당말 오대의 선불교를 종래의 분류로 파악한 贊寧의 『大宋高僧傳』(988년 성립)에 대응하는 차원에서 편찬된 것이다.[2] 『전등록』은 당 중기의 『寶林傳』과 『祖堂集』의 뒤를 이어 중국 선종의 역사와 교의를 통합하여 서술하고 있다. 그 수록 범위는 선종의 역사를 과거 7불부터 인도의 28조, 중국의 6조를 거쳐 법안종의 3세에 이르기까지의 선종 조사들의 전기와 기연을 정리하였다.

그런데 『전등록』 각 장의 공안은 법안종에 전승되고 있는 것을 기록하였다. 이는 『전등록』에 착어를 붙인 선승들을 분석하면 대부분 법안종 출신 인물이라는 사실에서 잘 드러난다. 『전등록』 권27 후반에 수록된 「諸方雜擧徵拈代別語」는 제목 그대로 착어를 인용한 것이다. 전체 내용은 18인의 선승이 모두 87회의 착어를 한 것인데, 이 가운데 73회의 착어는 8명의 법안종 선승들의 것으로 구성되어 있다.[3]

『전등록』은 景德 원년(1004)에 양억에 의해 眞宗에게 헌상되었고 大中祥符 4년(1011)에 칙명으로 대장경에 입장되고, 元豐 3년(1080)에 간행되었다. 따라서 『전등록』은 국가가 공인하는 불교 전적으로서 중시되었으며, 나아가 당시 지배층이었던 사대부의 애독서로 자리 잡게 되면서 점차 공식적인 권위가 확립되었다.

이와 같이 『전등록』이 성립되고 권위를 갖게 되면서 이후 다른 종파에서도 『天聖廣燈錄』(이하 『廣燈錄』), 『建中靖國續燈錄』(이하 『續燈錄』),

---

1) 柳田聖山, 『初期禪宗史書の硏究』, 法藏館, 1967; 『初期の禪史』 I(禪の語錄 2), 筑摩書房, 1971; 椎名宏雄, 「北宗燈史の成立」, 『敦煌佛典と禪』, 大東出版社, 1980.

2) 石井修道, 「『宋高僧傳』と『景德傳燈錄』」, 『宋代禪宗史の硏究』, 大東出版社, 1987, 45~56쪽.

3) 착어를 한 선승과 그 횟수는 法眼文益 23회, 天台德韶 2회, 法燈泰欽 11회, 歸宗義柔 14회, 報慈玄覺 8회, 雲居淸錫 3회, 五雲志逢 5회, 東禪道齊 7회 등이다. 石井修道, 위의 책, 93~104쪽.

『嘉泰普燈錄』(이하『普燈錄』) 등의 전등사서가 계속해서 편찬되었다. 나아가 남송 말 淳祐 12년(1252)에 이러한 4燈과 함께『宗門聯燈會要』(이하『연등회요』)를 아우르는『五燈會元』이 출현하였다.[4]

『광등록』은 李遵勖(988~1038)이 1036년에 편찬한 것이다. 그는 태종의 7녀와 결혼하였고, 양억에게 사사하여 글을 배웠으며 천태종의 四明知禮와 친교를 갖기도 하였다.『광등록』의 편찬은 임제종의 확산과 밀접한 관계를 갖고 있다. 가령『臨濟錄』가운데 현존 최고의 古本은 宣和 2년(1120)에 重刊된 것이므로 북송 초기의 단행본이 어떻게 간행되었는지, 그 계통이 어떠한지를 알 수 없다. 그런데 그 원형에 가까운 것이『광등록』에 남아 있다. 또한 임제만이 아니라 馬祖道一, 百丈懷海, 黃蘗希運 등 임제종의 원류를 이루는 4대 조사의 어록 집성서인『馬祖四家錄』전체가 마찬가지이다. 이러한 사실은 임제종이 서서히 확산되면서 그 권위를 드러내기 위해『광등록』의 구성에 일정하게 내포되어 있는 것을 보여 준다.

『속등록』은 운문종의 佛國惟白이 建中靖國 원년(1101)에 편집한 것이다.『속등록』은 正宗, 對機, 염고, 송고, 게송의 五門으로 나누어 편집된 것에서 알 수 있듯이 송대 선종계에서 공안 비평이 유행하였던 경향이 반영되어 있다. 한편, 이 책에 있는 徽宗의 서문에서 드러나듯이 東京의 大相國寺에 惠林禪院과 智海禪院이 개창되는 등 국가 통제에 의한 사원제도가 존재한 것은 송대 선종 교단의 존재 방식을 보여 주며, 나아가 송대 선의 성격에도 커다란 영향을 미쳤던 것을 짐작하게 한다. 또한『속등록』은 운문종이 임제종에 대항하기 위한 차원에서 편찬된 전등사서라는 성격도 갖고 있다.

『연등회요』는 淳熙 10년(1183)에 대혜파의 선승인 晦翁悟明이 편찬

---

4) 이하의 서술은 石井修道,「宋代禪宗史の特色-宋代の燈史の系譜をてがかりとして-」,『東洋文化』83, 2003 참조.

한 것이다. 이 책은 다른 전등사서에 비해 이질적인 성격을 갖고 있다. 다른 4가지 전등사서가 공통적으로 연호를 붙인 이름에서 알 수 있듯이 勅編인 것에 비해, 이 책은『통요』와 마찬가지로 연호가 붙어 있지 않다. 나아가『연등회요』는 4등과 달리 전등보다는 깨달음의 내용에 중점을 두었다. 또한 각 선사의 행장이 생략되어, 각 선사마다 칙수가 실려 있다. 다시 말해『연등회요』는 각 선사의 어록을 모두 공안의 칙으로 기술하였다. 각 선사 이름 아래에 몇 칙이라고 표시한 것이 그 증거이다.

이러한 특징은『연등회요』가 어록의 공안화가 이루어진『정법안장』의 영향을 받았기 때문이다. 아울러『연등회요』는 대혜의 착어가 전권에 걸쳐 대단히 많이 수록되어 있다. 따라서『연등회요』는 大慧派의 공안집이라는 성격을 갖고 있다. 또한 편자인 悟明의 스승 鼓山安永의 착어가 많이 수록되어 있으므로 대혜파 가운데 주로 복건 집단이 중심이라는 특징이 드러난다.5)

『보등록』은 운문종의 雷庵正受(1146~1208)가 1204년에 편집한 전등사서이다. 송대 불교의 일반적인 특징이기도 하지만, 편찬자인 뇌암이 천태종 산외파인 孤山智圓의 三教一致說에 공감하였기 때문에 이 책에는 삼교일치론이 반영되어 있다. 또한 이 책의 권22, 23에는 聖君 6인, 賢臣 49인이 수록되어 있어 송대 국가불교와 사대부의 대두라는 특징과 성격이 잘 드러난다.

이러한 전등사서는『전등록』과 마찬가지로 그것이 성립했던 시기의 연호를 붙이고, 入藏을 공인받았기 때문에 일괄해서 五燈錄이라고 총칭되었다. 전등사서의 성립을 통해 송 초기에 선종의 권위가 확립되었고, 그것이 국가권력 또는 권위를 통하여 확립되었다는 사실을

---

5) 石井修道, 「大慧宗杲とその弟子たち(三): 大慧の『正法眼藏』と『聯燈會要』」, 『印度學佛教學研究』 20-2, 1972; 「大慧語錄の基礎的研究(中): 『正法眼藏』の出典と『聯燈會要』との關係」, 『駒澤大學佛教學部研究紀要』 32, 1974 참조.

보여 준다. 그런데 전등사서는 역대 조사들의 機緣問答과 上堂示衆을 집록한 것이기 때문에 공안집의 편찬과도 밀접한 관계를 갖고 있다.[6] 나아가 후술하듯이 공안집의 편찬이 성행하였던 것은 송대 선의 흐름이 公案禪이라는 사실을 보여 준다.

송대의 선은 사상, 실천이라는 면에서 본다면 공안선의 시대였다.[7] 다시 말해 선문에 공유되는 고전으로서 수집, 선택된 선인의 문답 기록인 공안을 과제로서 참구하는 것이 수행의 중심이 되었다. 그 방법은 크게 文字禪과 看話禪으로 나눌 수 있다.[8] 문자선은 공안의 비평과 재해석을 통해 禪理를 탐구하고자 하는 것으로 代語, 別語, 頌古, 拈古, 評唱 등이 그 주된 수단이다.[9] 문자선은 북송 초의 汾陽善昭의 『汾陽頌古』에서 비롯되며, 그 정점에 이른 것이 雪竇重顯의 『雪竇頌古』와 그것에 대한 圜悟克勤의 강의록인 『碧巖錄』이었다.

간화선은 특정한 공안에 모든 의식을 집중시켜, 그 한계점에서 마

---

6) 石井修道, 「宋代禪宗史の特色」, 『東洋文化』83, 東京大學 東洋文化研究所, 2003 참조.

7) 현재 학계에서는 문자선, 간화선, 공안선 등의 용어가 엄밀하게 구분하지 않은 채 편의적으로 사용되고 있다. 근래 이에 대한 개념이 제시되고 있으나 명확하지 않다. 인경은 「공안선과 간화선」, 『철학사상』 24, 2005에서 공안을 당대에 유행한 스승과 제자 사이의 선문답으로 보고, 화두를 공안 가운데 절박하게 의심이 일어난 질문이나 언구라고 구별한다. 나아가 공안선을 원오극근이 정형화한 방법으로 보고, 간화선은 대혜종고에 의해 정형화된 선으로 본다. 한편, 라이용하이(賴永海)는 「중국 송대 간화선 및 그 사상의 특징」, 『보조사상』 25, 2006에서 분등선(조사선), 송원 선학(공안선), 간화선으로 구분하고 각각의 특징을 不立文字, 不離文字, 但擧話頭로 보았다. 이들의 시각은 공안선과 간화선을 혼용한 것에 대한 문제제기로서 의미가 있지만, 송대 선종사의 구조와 흐름을 규명한 것과 거리가 있으며, 간화선으로 귀결된 송대 선종사의 결과에 따른 구분으로 보인다는 점에서 일정한 한계가 있다.

8) 이에 대한 논의는 小川隆, 『續·語錄のことば『碧巖錄』と宋代の禪』, 財) 禪文化研究所, 2010; 『語錄の思想史』, 岩波書店, 2011 등에 잘 드러난다. 한편, 문자선이라는 용어는 覺範惠洪의 『石門文字禪』에서 연유한 것이며, 이에 대해서는 周裕鍇, 1999, 『禪宗語言』, 浙江人民出版社; 1998, 『文字禪與宋代詩學』, 高等敎育出版社 등을 참조하기 바란다.

9) 拈古는 보통의 말에 의한 비평이다. 頌古는 시에 의한 비평이다. 代語는 선문의 문답에서 主客의 누군가가 말이 없을 때에 대신하여 답하는 말이다. 別語는 문답의 주객에 대해 제3자의 입장에서 진술하는 말이다. 徵問은 師家를 徵詰, 問詰하는 것이다. 이외에 短評, 評唱(講評) 등 다양한 비평형식이 있으며, 이들을 총칭해서 착어라고 한다.

음의 激發, 大破를 통해 극적인 깨달음의 체험을 얻고자 하는 방법이다. 모든 구도자가 실천할 수 있고, 또 깨달음을 이룰 가능성이 높은 수행방법론은 원오의 제자인 大慧宗杲에 의해 완성되었다. 아울러 간화선의 완성은 여러 가지 배경과 경위가 있지만,『벽암록』의 평창 가운데 간화선으로 결실되는 싹이 드러났다는 사실도 주목된다.

그러면 문자선의 흐름이 어떻게 나타나며, 그와 관련된 문헌이 어떻게 등장하는지에 대해 살펴보기로 한다. 당의 선승들이 문답을 통해 선의 깨달음을 추구하였다면 송의 선승들은 스스로의 문답이 아니라 공안에 대한 비평의 독창성으로 실력을 과시하였다.

송대에 착어는 처음 염고가 유행하였다가 송고로 전환되었고, 이어 평창과 같은 형태로 발전하였다. 고칙에 송을 붙이는 것은 中唐부터 시작되었고, 설봉, 현사, 법안 등이 많은 작품을 남겼다.『조당집』이나『광등록』에서 그러한 면을 확인할 수 있다. 그러나 고칙을 모아 연속해서 같은 형태의 송을 붙이는 시도는 분양선소(947~1024)가 최초였다. 그는 天禧 연간(1017~1021)에『전등록』에서 100칙의 기연을 뽑아, 여기에 송고와 염고를 덧붙여『先賢一百則』과『代別一百則』을 지었으며, 스스로 만든 공안 100칙을 모아『頌古代別三百則』을 편집하였다.

이러한 공안 비평은 운문종의 설두중현이 출현하여『설두송고』를 제시하면서 이후 선종계에 문자선의 정수로서 폭넓게 수용되었다.『설두송고』는 그 내용과 질에서 전례가 없는 획기적인 것이었다. 이후 임제종 양기파의 白雲守端(1025~1072)이 110칙의 송고를 남겼고, 대혜가 역시 송고 110칙을 남겼다. 이러한 풍조는 조동종의 경우에도 마찬가지였다. 조동종을 대표하는 投子義靑(1032~1083), 丹霞子淳(1064~1117), 宏智正覺(1091~1157) 등이 송고백칙을 남겼다.

이와 같이 전등사서에서 송고, 염고집으로 옮겨 가는 과도기에 문답만을 모아 가볍게 보는 것이 가능한 책이 요구되었고, 그에 따라 등장한 문헌이『宗門撫英集』이다. 이 책은 景祐 5년(1038)에 越州 超化禪院의 주지인 承天惟簡이 편집한 상중하 3卷 3冊의 공안집이다. 유간은 雲門文偃-智門師寬-五祖師戒-泐潭懷澄으로 이어지는 운문종 법맥을 이은 인물이다.10) 그의 스승인 늑담은 설두중현과 같은 시기에 활동하였다. 유간의 문하에 東京 淨因禪院에서 머물면서 仁宗의 두터운 귀의를 받았던 大覺懷璉(1009~1090)이 있다. 유간은 皇祐 3년(1051)에 陳碩의 後序를, 황우 5년(1053)에 閔從周의 序를 얻어 杭州에서 간행하였다.

이 책은 다시 200년 후인 1254년에 남해분사도감에서 중간되었고, 현재 세계 유일본으로 남아 있다. 이 책은 唐代의 6조 慧能 이하 유간의 嗣兄 赤城山用良에 이르는 392명 1670칙의 공안을 집성한 것이다. 그 전거는 유간이 밝히고 있는 바와 같이『전등록』과『광등록』이 최대 자료원이었다. 또한 유간이『보림전』을 알고 있었지만, 그것을 이용하지는 않았다.

『종문척영집』에 수록된 선승 가운데 운문종 출신이 가장 많고,『전등록』과『광등록』에 볼 수 없는 문답이 많이 채록되어 있다. 392명의 수록 선승 중에『전등록』과『광등록』에 이름을 볼 수 없는 선승은 大同普濟 등 13명이며, 이 가운데 8명이 운문종 출신이다. 또한 위의 두 전등록 이외의 자료에서 뽑은 730칙은 운문종과 깊은 관련을 갖는 것이 가장 많다.『전등록』과『광등록』이 각각 법안종, 임제종의 전등사서라는 사실을 염두에 둔다면, 유간은 운문종의 입장에서 공안을 채록하였다.11)

11세기에는『종문척영집』과 비슷한 성격의 문헌이 다수 나타났다. 이 책보다 4년 전인 1034년에 이루어진『傳燈玉英集』이나 達觀曇頴의『五家傳』도 전기를 제외한 문답만을 수록한 것이었다. 그러나『종

---

10)『建中靖國續燈錄』권6, Z78-673, 西口芳男,「黃龍慧南の臨濟宗轉向と泐潭懷澄: 附錄『宗門撫英集』の位置とその資料的價値」,『禪文化研究所紀要』16, 1990.
11) 椎名宏雄,「解題」,『禪學典籍叢刊』6上, 臨川書店, 2001, 421~422쪽.

문척영집』은 전등사서에서 송고, 염고집으로 옮겨 가는 과도기에 이루어진 문헌이라는 한계를 갖고 있다. 그리하여 북송의 대표적인 공안집인 『통요』가 등장하면서 『종문척영집』에 대한 수요가 급속하게 줄어들었고, 그 결과 중국 선종계에서 전본이 사라지게 되었다.[12]

북송 말인 1093년에 宗永이 편집한 『통요』는 선문의 고칙 공안과 그것에 대한 착어를 계보 순으로 편집한 공안집이다. 『통요』는 송대의 대표적인 선적으로서 북송에서 남송에 걸쳐 공안선이 집대성되어 갈 때에 폭넓은 영향을 미쳤다.[13] 그러한 영향이 최초로 드러난 전적은 『碧巖錄』이다. 『벽암록』은 원오극근이 설두중현의 頌古百則에 「垂示」, 「著語」, 「評唱」을 붙인 것이므로 원오가 이용한 가장 기본 자료가 설두의 저술이었다. 하지만 원오는 다른 선승의 착어를 인용할 때에 『통요』를 널리 활용하는 등 『벽암록』 편찬의 기본 자료로 『통요』를 활용하였다.[14]

『통요』의 영향은 이후 각종 어록, 공안집 편찬에 이르기까지 폭넓게 나타난다. 가령 대혜종고의 『正法眼藏』은 『통요』를 출전으로 하였으며, 그의 『法語』에도 그러한 면모가 드러난다.[15] 공안집의 경우에

---

12) 椎名宏雄, 위의 글, 426쪽.

13) 『宗門統要集』과 관련된 주요 연구 성과는 다음과 같다. 永井政之, 위의 글(1972); 石川力山, 「金澤文庫本『明州大梅山常禪師語錄』について」, 『駒澤大學大學院佛教學研究會年報』 6, 1969; 柳田聖山, 「宋板禪籍調査報告」, 『禪文化研究所紀要』 5, 1973; 石井修道, 「宗門統要集につ いて(上)」, 『駒澤大學佛教學部論集』 4, 1973; 石井修道, 「大慧語錄の基礎的研究(中): 正法眼 藏』の出典と『聯燈會要』との關係」, 『駒澤大學佛教學部研究紀要』 32, 1974; 石井修道, 「『宗門 統要集』について(下): 統要と會要の著語の比較と出典」, 『駒澤大學佛教學部論集』 5, 1974; 椎 名宏雄, 「宋元版禪要集研究(五): 宗門統要集·宗門統要續集」, 『印度學佛教學研究』 30-2, 1982; 椎名宏雄, 「『宗門統要集』の書誌的研究」, 『駒澤大學佛教學部論集』 18, 1987; 椎名宏雄, 「宋元 版禪籍の研究」, 大東出版社, 1993; 椎名宏雄, 「『明覺禪師語錄』諸本の系統」, 『駒澤大學佛教學 部論集』 26, 1995; 石井修道, 「The Zongmen Tongyao Ji and the Distinctive Character of Song Chan Buddhism: Translated from the Japanese by Albert Welter」, 『駒澤大學禪研究所年 報』 7, 1996; 石井修道, 「『宗門統要集』と『碧嚴綠』」, 『印度學佛教學研究』 46-1, 1997.

14) 石井修道, 앞의 글(1997) 참조.

15) 石井修道, 「解說」, 『大乘佛典 中國·日本編12 禪語錄』, 中央公論社, 1992; 「南宋禪をどうと

는『연등회요』,『宗門會要』(남송 초, 逸書) 등의 근본 자료로서『통요』가 활용되었다.『연등회요』는『통요』에 기본적으로 바탕을 두면서 대혜의『정법안장』과 합철한 것이다.16) 또한『통요』의 영향은『無門關』,『五燈會元』등 남송의 선적까지 폭넓게 이어진다.17) 나아가『통요』의 문헌적, 사상적인 영향은 중국 선종만이 아니라 동아시아 불교로 이어졌다.18)

그런데 남송에 이르러 공안 비평 가운데 송고가 가장 유행하였으므로『통요』와 같은 염고집을 대신하여 송고집이 많이 출현하게 되었다.『四家錄』이나『禪宗頌古聯珠集』이 대표적인 송고집으로 집성된 것이다. 이와 같이 염고, 송고집의 편찬과 함께 공안집의 편찬도 계속 이루어졌고, 더욱이 남송, 원대를 통해 증보되는 경우도 많았다.

이상에서 송대 선종사의 흐름과 관련하여 전등사서와 공안집이 어떻게 편찬, 간행되었는가를 살펴보았다. 그러한 경향을 표로 정리하면 다음과 같다.

らえるか」, 鈴木哲雄 編,『宋代禪宗の社會的影響』, 山喜房佛書林, 2002 참조.

16) 石井修道, 앞의 글(1973, 1974) 및「大慧語錄の基礎的研究(中):『正法眼藏』の出典と『聯燈會要』との關係」,『駒澤大學佛敎學部研究紀要』32, 1974 참조.

17) 石井修道,「『無門關』の成立・伝播・性格をめぐって」,『愛知學院大學人間文化研究所紀要(人間文化)』16, 2001 참조.

18) 일본불교의 경우『통요』가 道元의 眞字『正法眼藏』300칙의 전거로 널리 활용되는 등 그 문헌적, 사상적 영향력이 다양하게 확인된다. 石井修道,「眞字『正法眼藏』の基ずく資料について」,『曹洞宗研究員研究生研究紀要』3, 1971 참조.

〈표 1〉 송대 전등사서와 공안집의 편찬 경향과 특징[19]

연도	서명	편저자	종파 관계	비 고
1004	『景德傳燈錄』	承天道原	法眼宗	공안이 법안종 전승
1036	『天聖廣燈錄』	李遵勗	臨濟宗 중심	『臨濟錄』등 四家錄 원형
1093	『宗門統要集』	慧嚴宗永	雲門宗	頌, 拈 성립, 本則 燈史化
1101	『建中靖國續燈錄』	佛國惟白	雲門宗	임제종과 운문종 대립 반영
1183	『宗門聯燈會要』	晦翁悟明	大慧派	『統要』가 토대
1202	『嘉泰普燈錄』	雷庵正受	雲門宗	지식인 入傳
1252	『五燈會元』	大川普濟	大慧派	4등과 『聯燈會要』, 전등록+공안집
1147	『正法眼藏』	大慧宗杲	臨濟宗	『統要』가 저본

한편, 송대에는 전등사서, 공안집과 함께 선승들의 개별 어록이 무수히 편찬, 간행되었다.[20] 선어록이라는 문헌은 대개 다음과 같은 2종류로 나누어진다. 하나는 구두에 의한 설법을 들었던 문인이 기록한 것이고, 다른 하나는 선승 자신이 써 놓은 것이다. 전자는 唐代에 示衆으로 불리고, 송대에는 上堂이라 한 설법과 小參이나 그것과 비슷한 普說이라고 불린 설법이 포함된다. 한편 후자에는 송고, 염고, 贊, 法語, 書 등이 포함된다.[21]

송대에 어록의 편집은 선승의 생전에 그의 감독을 거쳐 그 선승이 입적한 후에 바로 간행되거나 경우에 따라서는 생전에 간행되기도 하였다. 선승이 입적한 후에 편집된 경우에도 완성된 원고를 다른 선배에게 제시해서 첨삭을 청하고, 그 서문과 발문을 얻어 간행하는 것이 보통이었다. 송대에는 선종이 널리 사회에 침투해 갔지만, 출판에 의한 선적의 유포는 선종 발전에 있어 하나의 원동력이었다고 할 수 있다.

---

19) 이 표는 石井修道, 앞의 글(2003)을 참고하여 작성한 것이다.

20) 어록의 형성에 대해서는 다음의 글을 참고하기 바란다. 柳田聖山, 「語錄の歷史-禪文獻の成立史的硏究」, 『東方學報』 57, 1985; 『禪文獻の硏究』上, 法藏館, 2001에 재수록.

21) 石井修道, 「解說」『禪語錄』(大乘佛典 中國·日本編 12), 中央公論社, 1992, 403~405쪽.

한편, 이러한 어록은 총서의 형태로 간행되거나 종파 별로 자신들의 법맥을 강조하는 정통론을 제시하고자 하는 형태의 어록 집성이 이루어지기도 하였다. 또한 개인 어록이 방대하게 간행되었지만, 이에 대해서는 편의상 각 종파별로 후술하기로 하고, 여기서는 총서나 사가록 형식의 어록만을 살펴보기로 하겠다.

紹興 8~14년(1138~44) 무렵 鼓山의 賾藏主(僧挺守賾)가 당 말에서 북송에 이르는 선승의 어록, 20家 22권의 『古尊宿語要』를 편집하여 간행하였다.[22] 간행 동기는 스승과 제자인 竹庵士珪, 僧挺守賾 두 사람이 鼓山神晏의 어록을 비롯하여 세간에 유포되지 않은 어록을 집성하여 세상에 내놓기 위한 것이었다.

『고존숙어요』의 전체 구성은 『南泉普願語要』, 『投子大同語錄』, 『睦州道蹤語錄』, 『趙州從諗語錄』(3권), 『南院慧顒語錄』, 『首山省念語錄』, 『葉縣歸省語錄』, 『神鼎洪諲語錄』, 『承天智嵩語錄』, 『石門蘊聰語錄』, 『法華全舉語要』, 『大愚守芝語錄』, 『雲峯文悅語錄』, 『楊岐方會語錄』, 『道吾悟眞語錄』, 『大隨法眞語要』, 『子湖利蹤語錄』, 『鼓山神晏語錄』, 『洞山守初語錄』, 『智門光祚語錄』 등으로 이루어졌다.

이후 淳熙 5년(1178)에 鼓山의 小菴德最가 瑯琊慧覺, 五祖法演 2家의 어록을 더해 22가로 하고, 각 선승의 小傳을 각 권의 첫머리에 더해 간행하였다. 또 嘉熙 2년(1238)에 고산의 晦室師明이 20가 4책에 새롭게 편집한 80가의 『續刊古尊宿語要』 6책을 합쳐 전 100가 10책으로 간행하였다. 正集 20家가 전집인 것에 비해 속집 80가는 초록이다. 또 양기 방회의 어록만이 전후 양집에 포함되어 있다. 계통적으로는 속집이 대혜파로 복주에서 활약하였던 사람들의 법어인 것이 특징적이다.

---

22) 『古尊宿語錄』에 대해서는 다음의 글을 참고하기 바란다. 宇井伯壽, 「古尊宿語錄について」, 『第二禪宗史研究』, 1939; 柳田聖山, 「古尊宿語錄考」, 『花園大學研究紀要』 2, 1971; 柳田聖山, 「宋版古尊宿語錄調査報告」, 『禪文化研究所研究紀要』 4, 1972; 椎名宏雄, 「『古尊宿語錄』正續諸本の系統」, 『曹洞宗研究員研究生研究紀要』 13, 1981.

이어 咸淳 3년(1267)에 항주의 覺心居士가 22가에 佛眼, 眞淨, 雲門 등 3가를 더해 重刊하였다. 이때 阿育王山廣利寺의 物初大觀이 쓴 서문을 붙였다. 이후 25가에 『黃梅東山錄』, 『臨濟錄』, 『東林和尙雲門庵主頌』 등이 더해져 간행되었고, 더욱이 9가의 어록이 더해져 증보 개편된 36가 48권의 『古尊宿語錄』이 永樂 2년(1404)에 淨戒에 의해 간행되었다. 이 판본이 大明 南藏에 입장되었고, 영락 11년(1413)에 대장경의 일부로서 간행되었다.[23]

한편, 송대 선종계에서는 총서 이외에도 종파 별로 사가록의 편찬이 유행하였다. 『黃龍四家錄』은 黃龍慧南-晦堂祖心-死心悟新-超宗慧方으로 이어지는 4가의 어록을 집성한 것이다. 초종과 법형제에 해당하는 寂星慧泉이 편집하였고, 소흥 11년(1141)의 서문이 있으므로 그 무렵 간행되었던 것으로 보인다.

『慈明四家錄』은 慈明楚圓-楊岐方會-白雲守端-五祖法演으로 계승되는 4가의 어록을 집성한 총서이다. 자명은 곧 石霜楚圓(987~1040)이며, 황룡혜남과 양기방회라는 임제종의 황룡파, 양기파라는 2대 문파를 낳은 선승이었다. 이 총서는 권두에 소흥 23년(1153)의 서문이 있으므로 그 무렵 편집되고, 간행되었던 것으로 보인다. 편집은 오조법연 문하의 佛眼淸遠의 법맥을 계승한 正堂明辯이 하였다.

그런데 같은 불안의 제자인 죽암사규가 정당의 사형이라는 사실이 주목된다. 죽암의 제자인 승정수색이 소흥 초년에 『고존숙어록』 20가 22권을 편찬하였기 때문이다. 수색이 이를 편집한 것은 당시 鼓山의 주지인 죽암의 명에 의한 것으로 추정된다.[24]

따라서 정당은 『고존숙어록』의 편집 사정과 그 내용에 대해여 이미 숙지하고 있었던 것이다. 그렇다면 적어도 『자명사가록』이 편집

---

23) 椎名宏雄, 위의 글, 148~150쪽.

24) 椎名宏雄, 「宋版『慈明四家錄』とその周邊」, 『駒澤大學佛教學部論集』 13, 1982, 150~151쪽.

되는 배경에는『고존숙어록』과『황룡사가록』이라는 2대 총서가 잇달아 편집, 간행되는 흐름과 관련된다.

『자명사가록』은『고존숙어록』과 법계적으로 근친관계의 편자에 의해 이루어졌지만, 직접 관계는 양기와 오조의 경우에 불과하다.『자명사가록』의 편자 정당은 초각본『고존숙어록』을 숙지하였고, 중간 이후의『고존숙어록』正續書도『자명사가록』을 알고 있었을 것이다. 특히『續古尊宿語要』는『자명사가록』을 별로 중시하지 않는 경향이 있다.

『자명사가록』의 중심은 양기방회와 오조법연이다. 이 책은『馬祖四家錄』,『德山四家錄』,『황룡사가록』등의 명칭을 답습하지만, 직접적으로『황룡사가록』에 자극을 받아 성립되었다고 하겠다. 그 배경에는 북송 말에 황룡파를 대체하면서 양기파가 약진하였던 동향과 관련된다. 곧 오조 문하에 불과극근(원오극근), 불감혜근, 불안청원 등 三佛이라 불린 선승들이 각지에서 활약하고, 특히 원오, 대혜가 五山十刹에 나아가 명성을 확대하고 있었다.

황룡파를 대체하고자 하는 양기파로서는『황룡사가록』의 편집을 보고, 그것을 능가하는 자파의『사가록』을 편집하였다. 그를 위해 황룡의 스승인 석상을 포함시켜『자명사가록』이라고 한 것은 황룡보다 일대 소급하여 임제종의 정통이 양기방회~오조법연에 있다는 것을 주장하고자 한 것에 다름 아니다. 따라서『자명사가록』은 전등사서와 같은 어록집이라는 성격을 갖고 있다.

오래된 어록의 원전을 중시하는 경향이 강한『속고존숙어요』의 편자가『자명사가록』보다 오래된 자료를 이용하는 것은 후자의 성립 상황을 알고 있었기 때문일 것이다.『자명사가록』은 간행 당초부터 전본이 드물었고, 송대 이후의 서목에도 수록되지 않았고, 중간도 改刻도 이루어지지 않았다. 그것은 양기파가 주류가 된 남송 이후의 선종계에서 이미 이 총서가 필요하지 않았기 때문이다.[25]

이상에서 송대 선종계에서 총서와 사가록과 같은 어록 집성서에 대해 살펴보았다. 이러한 종류에 포함되지 않은 어록은 후술하듯이 훨씬 방대하다. 현존하는 송판, 금판이 123종, 원판이 80종이며, 현재 확인할 수 있는 송원대의 逸書 선적이 약 600점이므로 실제 편찬되었던 어록은 더 많았다.[26]

2. 12~13세기 고려 선종계의 송대 선적 수용과정

신라 말에 수용된 선종은 지방 세력의 후원과 함께 각지에 산문을 개창하면서 독자적인 기반을 확대하였다. 그러나 고려의 건국과 함께 화엄종, 법상종 등 교종 교단을 중심으로 불교계가 재편되면서 선종의 입지는 서서히 약화되었다. 특히 大覺國師 義天(1055~1101)의 천태종 개창은 선종 교단에 커다란 타격을 주었다.

12세기에 이르러 선종은 점차 교단을 재정비하면서 새로운 기반을 다져 나가고 있었다. 이러한 움직임은 圓應國師 學—(1052~1144)을 중심으로 한 迦智山門과 大鑑國師 坦然(1070~1159)을 중심으로 한 闍崛山門에 의해 주도되었다. 한편 이러한 선종계의 흐름과 함께 李資玄(1061~1125)을 비롯한 거사선의 경향도 주목된다.[27]

그러나 고려전기 선종사의 흐름은 기본적으로 관련 자료가 절대적으로 부족하기 때문에 구체적인 역사상을 파악하기가 쉽지 않다. 더욱이 고려 선종계에서 송대 선적이 수용된 양상은 매우 단편적인 기록만이 남아 있다. 여기서는 고려전기 선종사의 흐름과 관련하여

---

25) 椎名宏雄, 위의 글(1982), 168~169쪽.

26) 椎名宏雄, 앞의 책(1993), 1~49쪽.

27) 조명제, 「고려중기 거사선의 사상적 경향과 간화선 수용의 기반」, 『역사와 경계』 44, 2002 참조.

송대 선적의 수용과정을 간략하게 살펴보고자 한다.

신라하대에 수용된 선종은 이른바 구산선문의 개창자들이 대부분 마조도일의 법맥을 계승하던 것에서 드러나듯이 마조선의 영향을 강하게 받았다. 그러나 신라 말 고려 초에 이르러 법안종, 조동종의 흐름이 수용되는 양상이 드러난다. 가령 설봉의존의 법을 이은 大無爲, 齊雲靈照, 福淸現訥 등이 존재하였다든지 法眼文益의 문하에 慧炬, 靈鑑 등이 존재하였다. 또한 959년에 永明延壽의 문하에 智宗(930~1018) 등 36명의 고려승이 유학하였으며, 지종은 연수의 법을 잇고 970년에 귀국하였다.[28]

이와 같이 신라 말 이후 고려 초에 걸쳐 설봉 계열이나 법안종의 사상적인 영향이 계속해서 이어졌다. 이러한 흐름이 고려 불교계에 미친 영향이 어떠한가에 대해서는 李資玄을 통해 엿볼 수 있다.

깊이 불교의 진리를 탐구하며 오로지 禪寂을 추구하였다. 일찍이 『雪峰語錄』을 읽다가, 그 가운데에 '시방 세계가 하나의 正眼인데, 너는 어디에서 웅크리고 앉아 있는가?'라는 데에서 크게 깨달았다. 그로부터 부처와 조사의 言敎에 막히는 것이 없었다.[29]

위의 글에서 드러나듯이 이자현은 『설봉어록』[30]을 통해 깨달음을 얻었다. 위에서 인용된 『설봉어록』의 구절은 설봉이 자주 말하는 것

---

28) 허흥식, 「고려초 불교계의 동향 寂然國師碑文을 중심으로-」, 『문학과 지성』 29, 1977; 『고려불교사연구』, 일조각, 1986에 재수록; 한기두, 『한국선사상연구』, 일지사, 1991, 227~233쪽.

29) 金富軾, 「眞樂公重修淸平山文殊院記」 『조선금석총람』(이하 『금석』)(上), 326쪽. "探究佛理, 而偏愛禪寂自稱. 嘗讀雪峰語錄云, 盡乾坤是箇眼, 汝向甚處蹲坐. 於此言下, 豁然自悟. 從此以後, 於佛祖言敎, 更無疑滯."

30) 『설봉어록』은 본래 1032년에 처음 출판되었고, 이어 元豊 3년(1080)에 福州知事 孫覺이 雪峰山을 방문하여 어록이 산란된 것을 보고 재편집하여 『雪峰眞覺大師廣錄』으로 간행하였다.

이다. 이 구절은 아무렇지도 않게 보고 있는 대상인 色境의 세계가 어느 결정적인 경험의 격발을 계기로 세계와 절실한 일체감을 경험함으로써 본심을 깨닫는 것을 말한다. 대상(境)과 자기가 일체가 되고 대상을 보는 눈을 매개로 하기 때문에 '시방 세계가 하나의 正眼(盡乾坤是一个眼)'이라고 표현하였던 것이다.[31]

더욱이 이자현은 운문문언과 설두중현의 사상적인 영향을 받았다.[32] 설봉의 문하에서 운문종과 법안종이 형성되었으므로 이자현은 설봉, 운문, 설두 등 설봉계와 운문종의 사상적인 영향을 받았던 사실을 알 수 있다. 이러한 면은 이자현의 저술인 『禪機語錄』, 『追和百樂公樂道詩』, 『歌頌』, 『布袋頌』 등을 통해서도 짐작할 수 있다. 이들 문헌은 현전하지 않지만 제목으로 보아 송고가 적지 않게 수록되었을 것으로 추측된다.[33]

한편, 11세기 후반에 이르면 고려 불교계에서 송대 선에 대한 관심이 점차 확산되고 있었다. 이러한 흐름은 혜조국사 담진과 대각국사 의천의 入宋 유학을 통해 잘 드러난다. 담진은 文宗 9년(1076)에 송에 들어가 3년 정도 머물렀다. 그의 입송은 약 50년간 단절되었던 고려와 송의 외교가 재개되면서 이루어진 것이었다.

담진은 송에서 임제종의 淨因道臻(1014~1093)을 비롯한 선승들에게 나아가 가르침을 받았다.[34] 그런데 도진은 본래 浮山法遠(991~1067)의 법맥을 계승하였지만, 東京 淨因禪院에서 머물면서 大覺懷璉(1009~1090)에게 나아가 그로부터 높은 평가를 받고 정인선원의 후임 주지로 주석하게 되었다. 대각회련은 『종문척영집』을 편찬한 승천유간

31) 入矢義高, 「雪峰と玄沙」, 『增補自己と超越』, 岩波書店, 2012, 36~37쪽.

32) 慧素 述, 「祭淸平山居士眞樂公之文」 『금석』(상), 328쪽. "自爲主盟, 雲門之髓, 雪寶之英, 囊括玄機, 終始發明."

33) 조명제, 『고려후기 간화선 연구』, 혜안, 2004, 110쪽.

34) 鄭修芽, 「慧照國師 曇眞과 '淨因髓': 北宋禪風의 수용과 高麗中期 禪宗의 부흥을 중심으로」, 『李基白先生古稀紀念韓國史學論叢』, 1994 참조.

과 함께 泐潭懷澄의 법을 이었던 운문종의 선승이다.

정인선원은 皇祐 원년(1049)에 仁宗이 창건한 절이며, 본래 圓通居訥에게 머물게 하였으나, 거눌이 병으로 사양하고 대각회련을 대신 추천하였다. 그리하여 대각회련이 皇祐 연간(1049~1054)에 정인선원에서 머물면서 인종의 두터운 귀의를 받았다. 이어 운문종의 혜림종본도 북송의 수도 開封을 대표하는 선찰이었던 慧林寺35)에서 주석하였다.

이상에서 살펴본 바와 같이 정인도진, 대각회련 등과의 관계나 운문종의 현실적인 위상을 고려한다면 담진은 운문종의 선승들과 교류하면서 당시 송대 선의 동향에 대해서 파악하였고, 송의 선적을 가져왔을 것으로 짐작된다.

이러한 추측은 비슷한 시기에 입송 유학하였던 의천이 운문종의 대표적인 선승들을 만났던 사실을 통해서 확인할 수 있다. 의천은 宣宗 3년(1086)에 송에 들어갔는데, 화엄종만이 아니라 선종의 선승들을 찾아가 교유하였다. 그는 상국사에 머물던 혜림종본을 찾아가 설법을 들었다. 또한 의천이 항주의 淨源에게 가던 중에 金山에서 불인요원을 만나기도 하였다. 더욱이 의천은 다음 해에 귀국하는 도중에 明州에 이르러 育王廣利寺의 대각회련을 찾아가 설법을 들었다.36)

이와 같이 의천이 입송 유학을 통해 화엄종, 천태종만이 아니라 선종에도 관심을 갖고 있었다. 그런데 의천과 깊은 교류 관계를 가진 선승들이 대개 운문종 출신이며, 이 가운데 혜림종본과 대각회련은 담진과 관련이 있는 인물이다.37) 비슷한 시기에 담진과 의천이 이들을

---

35) 혜림사는 본래 개봉의 최대 사찰이었던 相國寺의 64院을 2禪 8律로 재편되면서 元豊 5년(1082)에 智海寺와 함께 창건된 선찰이다. 『禪林僧寶傳』 권14, X79-521c.

36) 林存 撰, 「南嵩山僊鳳寺海東天台始祖大覺國師之碑銘幷序」 『금석』(상), 331~332쪽. "後自詣相國寺, 叅元炤禪師宗本, 元炤昇堂說法, 繼以說偈云, 誰人萬里洪波上, 爲法忘軀勸善才, 相得閻浮應罕有, 優曇花向火中開. (中略) 差主客員外郞楊桀伴行. 過金山 謁佛印禪師了元, 稀世之遇, 如夫子見溫伯雪子, 目擊而道存. (中略) 及到明州, 往育王廣利寺, 謁大覺禪師懷璉."

37) 혜림종본과 대각회련과 교류한 사실은 『대각국사문집』에도 남아 있다. 「大宋阿育王無

만난 것은 당시 북송의 운문종을 대표하는 선승이라는 점과 함께 송 황실의 두터운 후원을 받던 인물이라는 공통점을 갖고 있다.

이러한 송의 선승들과의 교류를 통해 의천은 당시 송대 선의 동향을 파악하였으며, 고려에 소개하였던 것으로 보인다.[38] 나아가 그가 입송 유학을 통해 방대한 불전을 입수하였는데, 그 가운데 선적도 일부 포함되었던 것으로 보인다.『新編諸宗教藏總錄』권3에 계숭의『輔教篇』이 수록되어 있는 것은 그러한 분위기를 반영하는 것이 아닌가 생각된다.

이와 같이 북송대 선종의 동향에 대한 관심이 확산되면서 송의 선적이 수용되는 양상은 비록 단편적인 기록에 불과하지만 어느 정도 확인된다. 예를 들어 원응국사 학일의 비문에 선승들이 2종의 자기를 주장하는 것에 대해 학일이 자기는 하나밖에 없다고 하였는데, 후에 각범혜홍의『禪林僧寶傳』이 입수되면서 증명되었다고 하는 일화가 소개되어 있다.[39] 후술하듯이 각범의 선적은 이외에도『임간록』등이 고려 선종계에 수용되었다.[40]

覺子懷璉上」『한불전』4, 587~588쪽;「大宋金山長老佛印大師了元上」『한불전』4, 588쪽,「禪院宗本上」『한불전』4, 588쪽.

38) 林存 撰, 위의 글, 『금석』(상), 332쪽. "自古聖賢越海求法者多矣, 豈如僧統一來上國, 所有天台·賢首·南山·慈恩·曹溪·西天梵學, 一時傳了, 眞弘法大菩薩之行者."

39) 尹彦頤 撰,「圓應國師碑銘」『금석』(上), 350쪽. "是年主盟選席, 時學者盛談二種自己. 師曰, 自己一而已, 安有二哉, 從今已往, 宜禁止之. (격략)久 致疑於其間者衆, 及惠洪僧寶傳至, 判古師三失, 以分自己爲一失, 學者見此然後斷惑"이 비문에서 古師의 三失이란 각범이 薦福承古의 잘못을 세 가지로 비판한 것이다. 첫째 삼현삼요를 현사사비가 세운 三句로 간주한 것이고, 둘째, 巴陵顥鑑의 三轉語를 비판한 것이며, 셋째 자기를 양종으로 나눈 것이다. 원문은『禪林僧寶傳』권12「薦福古禪師」에 수록되어 있으며, 이지관,『교감역주역대고승비문: 고려편 3』, 가산불교문화연구원, 1996, 281쪽, 주 90), 91)에도 소개되어 있다. 또한 이와 관련된 논문으로 정영식,「三玄三要의 개념에 대한 고찰」,『한국선학』25, 2010 참조.

40) 지눌의『勸修定慧結社文』에 雲蓋守智의 어구를 인용하고 있는데(『한불전』6, 471b), 이 구절은『林間錄』卷上(X87-258a)에서 인용한 것으로 보인다. 또한『禪林僧寶傳』의「仰山行偉禪師」,「法雲圓通法秀禪師」등이『禪門寶藏錄』卷中(『한불전』6, 477b~478a)에 인용되어 있다.

한편, 대감국사 탄연은 황룡파의 無示介諶(1080~1148)에게 송의 상인을 통해 四威儀頌과 上堂語句를 보내 인가를 받았고, 戒環 등 개심의 제자들과 편지를 주고받으며 교류를 지속하였다.[41] 이와 같이 탄연이 개심의 문하 선승들과 지속적으로 교류하면서 임제종 황룡파의 선적이 다양하게 수용되었던 것으로 보인다.

그것은 계환의 『법화경』, 『능엄경』에 대한 주석서가 고려 불교계에 수용되어 널리 읽혔던 것을 통해서 잘 알 수 있다.[42] 또한 심문담분이 紹興 2년(1132)에 스승 개심의 발문을 받아 간행한 『宗鏡撮要』가 1213년에 수선사에서 중간되었다. 이러한 사실은 탄연 대에 이루어진 고려 선종과 황룡파의 교류가 지속적으로 이어졌던 것을 보여 준다.

이상에서 살펴본 바와 같이 송의 선적은 학일, 탄연 등이 활동하는 12세기에 이르러 본격적으로 수용되었다. 주지하듯이 의천의 천태종 개창으로 타격을 받은 선종은 학일을 중심으로 한 가지산문과 탄연을 중심으로 한 사굴산문이 부각되면서 종세를 회복하였다. 따라서 학일과 탄연의 사례는 단순히 개인적인 차원에서 그친 것이 아니라 송의 선적이 이들 산문에 확산되었던 양상을 보여 준다고 하겠다.[43]

나아가 이러한 양상은 선종계 전반적으로 확산되었다. 그것은 明宗 9년(1179)에 구산문도 500인을 대상으로 한 龍門寺 談禪法會에서 『雪竇拈頌』이 강의되었던 사실을 통해 확인할 수 있다.[44] 전국의 선

---

41) 李之茂 撰, 「高麗國曹溪宗岫山下斷俗寺大鑑國師之碑銘并序」, 『금석』(상), 564쪽. "嘗寫所作四威儀頌, 倂上堂語句, 附商船, 寄大宋四明阿育王山廣利寺禪師介諶印可. 諶乃復書, 極加歎美, 僅四白餘言, 文繁不載. 又有道膺·膺壽·行密·戒環·慈仰, 時大禪伯也. 乃致書通好, 約爲道友, 自非有德者, 豈能使人, 鄕慕如此哉." 아울러 『五燈會元』18, 「育王諶禪師法嗣」에도 탄연이 인가를 받은 사실이 서술되어 있다.

42) 고익진, 「法華經 戒環解 盛行來歷考」, 『불교학보』12, 1975; 조명제, 「高麗後期 戒環解楞嚴經의 성행과 사상적 의의: 여말 성리학의 수용 기반과 관련하여」, 『釜大史學』12, 1988 참조.

43) 趙明濟, 「臨濟宗をめぐる高麗と宋の交流」, 『駒澤大學佛教學部論集』34, 2003 참조.

44) 李知命, 「龍門寺重修碑」, 『금석』(상), 409쪽. "己亥年創寺工畢, 會九山門學徒五百人, 設五十日談禪會, 請斷俗寺禪師孝惇, 敎習傳燈錄·楞嚴經·仁岳集·雪竇拈頌."

승을 초청한 담선회에서 『설두송고』와 『설두염고』가 대표적인 선적으로 강의된 것은 그만큼 공안 비평에 밝은 선승들이 존재하였고, 나아가 선문 일반에서 문자선에 대한 폭넓은 수요가 있었다는 사실을 보여 준다.[45]

더욱이 이러한 경향은 선승들에게만 한정된 것이 아니라 당시의 문인들에게까지 확산되었다. 이러한 경향은 무신집권기의 대표적인 문인 사대부인 李仁老(1152~1220)가 『冷齋夜話』, 『筠溪集』 등 각범 혜홍의 시화집을 애독하고 비평하였던 사례에서 잘 드러난다.[46]

『냉재야화』(10권)는 각범이 제방의 시문에 관한 견문 기사, 시인들의 일화 및 그들의 평론 등 총 161항목의 小品을 집성한 것이다. 이 책은 북송기 선승의 작품으로서는 특이하며, 각범이 시문에 대한 관심이 대단히 높았던 사실을 잘 보여 준다. 이 책에는 특히 蘇東坡(1036~1101)의 시에 대한 기사가 대단히 많으므로 그에 대한 관심이 깊었던 것을 알 수 있다.[47]

『균계집』은 『石門文字禪』 30권의 전반부 16권을 뽑아 재편집한 것이다. 『석문문자선』은 권1~16에 수록된 고시, 율시 등이 1000수를 넘으며, 권17에 偈, 권18~19에 贊 128수, 권20 이하에 銘, 詞, 賦, 記, 序, 題, 跋, 疏, 書, 塔銘, 行狀, 傳, 祭文 등이 수록되어 있다. 이들 시문은 송대 지식인들에게 높은 평가를 받았다.[48]

---

45) 용문사를 중수한 祖膺이 慧照國師 曇眞의 門弟인 英甫의 문하에서 출가하였고, 大興寺의 낙성식에서 담진이 전래한 의례에 따라 의식을 하였다는 것으로 보아 담진의 사상적 영향을 받은 것으로 보인다. 한기문, 「예천 중수용문사기 비문으로 본 고려중기 선종계의 동향: 음기의 소개를 중심으로」, 『문화사학』 24, 2005, 86쪽.

46) 李仁老, 『破閑集』 卷上(高麗名賢集 2, 성균관대학교 대동문화연구원, 1986, 이하 고려문집도 모두 이 책에서 인용하였으며, 페이지만을 표시함), 83a. "讀惠弘冷齋夜話, 十七八皆其作也, 淸婉有出塵之想, 恨不得見本集. 近有以筠溪集示之者, 大率多贈答篇, 玩味之, 皆不及前詩遠甚. 惠弘雖奇才, 亦未免瓦注也."

47) 椎名宏雄, 「解題」, 『禪學典籍叢刊』 5, 臨川書店, 2000, 854쪽.

48) 椎名宏雄, 위의 글, 851쪽.

이와 같이 각범은 선승으로서는 특이한 인물이며, 그가 江西詩派의 대표적인 인물이었던 만큼 시문의 내용도 일반적인 선시의 범주에 머무르지 않았다. 강서시파는 북송의 문단에 풍미하였으며, 黃庭堅, 소동파 등으로 대표된다. 각범은 강서시파의 종조에 해당하는 황정견(1045~1105)의 작시법에 대한 중요 개념을 가장 탁월하게 해설하였다. 실제 각범의 시화집에는 소동파, 황정견이 가장 많이 인용되어 있다.[49] 또한 그의 시문집은 북송의 문인들에게도 널리 수용되었다. 각범은 詩禪一味論에 입각하여 낙천적으로 문자선의 세계에 빠져 시를 지은 것으로 보인다.

그런데 강서시파의 시문학은 고려의 문인들에게도 폭넓은 영향을 미쳤다.[50] 이러한 경향은 이인로도 예외가 아니므로 그 역시 황정견, 소동파의 시를 높이 평가하였다.[51] 그는 황정견과 소동파의 시집을 읽고 난 후에야 말이 힘차고 운이 쩌렁쩌렁 울려 시를 짓는 데에 삼매경에 빠질 수 있다고 강조할 정도였다.[52] 특히, 『破閑集』에 이인로가 황정견의 換骨奪胎論을 직접 거론하고 있다.[53]

따라서 이인로가 각범의 시화집을 중시하였던 것은 송과 고려에서 성행된 강서시파의 시문을 이해하는 기본적인 문헌이었기 때문

---

49) 龔鵬程, 『江西詩社宗派硏究』, 文史哲出版社, 1983; 大野修作, 「惠洪『石門文字禪』の文學世界」, 『禪學硏究』67, 1989 참조. 한편, 『석문문자선』이 송대 지식인들에게 높은 평가를 받은 사실은 陳振孫, 『直齋書錄解題』, 許顗, 『彦周詩話』 등에서 각범의 시를 절찬한 데에서 잘 드러난다. 椎名宏雄, 앞의 글(2000), 851쪽.

50) 李仁老, 『破閑集』卷上, 87a. "及至蘇黃 則使事益精 逸氣橫出 琢句之妙 可以與少陵井駕.", 『破閑集』卷下, 97b. "近者蘇黃崛起 雖追尙其法 而造語益工 了無斧鑿之痕 可謂靑於藍矣."

51) 林椿, 「與眉叟論東坡文書」, 『西河集』卷4, 43쪽. "僕觀, 近世東坡之文大行於時, 學者誰不伏膺呻吟. 然徒甁其文而已, 就令有掎竄竊, 自得其風骨者, 不亦遠乎."

52) 崔滋, 『補閑集』卷中, 132쪽. "李學士眉叟曰, 吾杜門讀黃蘇兩集, 然後語遵然韻鏘然, 得作詩三昧."

53) 『破閑集』卷下, 100b. "昔山谷論詩 以爲不易古人之意, 而造其語 謂之換骨, 規模古人之意 而形容之 謂之奪胎. 此雖與夫活剝生呑者, 相去如天淵. 然未免剽掠潛竊以爲之工, 豈所謂出新意於古人所不到者之爲妙哉."

이다. 또한 이규보를 비롯한 문인들에게 강서시파의 문학적 영향이 폭넓게 확산되고 있었다. 강서시파의 시문학에서 나타나는 송대 선과의 연관성을 고려해 본다면, 무신란 이후의 문인들에게 나타난 각범의 시문학에 대한 관심과 비평은 송대 문자선의 성행과 관련이 있다고 하겠다.

　이상에서 살펴본 바와 같이 고려 선종계에서 12세기 이후에 송의 선적이 점차 수용되면서 송대 선의 동향에 대한 관심이 서서히 확산되고 있었다. 아울러 당시 송대 선종계에서 문자선이 유행하였던 만큼, 고려 선종이 수용하고 이해하던 송대 선이란 문자선이었다. 고려 선종의 문자선에 대한 관심은 단편적인 자료로 확인할 수밖에 없지만, 적어도 12세기 후반에는 용문사 담선법회 사례에서 드러나듯이 전국적인 범위로 확산되어 있었다. 더욱이 이러한 경향은 문인층까지 확산되었다. 그것은 이인로, 이규보 등이 강서시파의 시문학에 깊은 관심을 보였고, 강서시파의 핵심 인물인 각범혜홍의 저작이 폭넓게 수용되었던 사실을 통해 알 수 있다.

2장 『禪門拈頌集』의 편찬과 송의 전등사서, 공안집

1. 전등사서의 수용과 영향

앞서 살펴본 바와 같이 송대에 다양한 전등사서가 편찬되었으며, 고려 선종계에서도 『전등록』을 비롯한 전등사서가 입수되어 선문에서 활용하였던 사실이 확인된다.[1] 다만, 이와 관련된 자료가 대단히 적기 때문에 구체적인 양상을 확인하기 어렵다. 그런데 『염송집』에는 전등사서에서 인용된 착어가 적지 않게 수록되어 있다. 필자는 이러한 양상을 분석하여 뒤의 표와 같이 정리하였다.

〈표 II-1〉에서 『전등록』에서 인용된 착어는 『염송집』의 전체 94칙에 수록되어 있다. 일반적으로 공안집으로서 편찬되었던 싹이 『전등록』 권27 후반의 「諸方雜舉徵拈代別語」라고 설명하고 있듯이 여기에 착어가 집중적으로 수록되어 있다. 그런데 표에서 확인할 수 있듯이

---

1) 『전등록』은 1179년의 용문사 담선법회에서 강의된 문헌이었으며, 고려후기의 선적에 일부 인용되어 있다. 또한 恭愍王 21년(1372)에 중간된 판본이 현존하고 있으며, 이에 대해서는 椎名宏雄, 「朝鮮版 『景德傳燈錄』에 대해서」, 『駒澤大學佛教學部論集』 7, 1976 참조.

『염송집』에는『전등록』권27만이 아니라 다른 권에서도 착어가 다양하게 인용되어 있다. 이러한 양상은 수선사에서『염송집』을 편찬할 때에『전등록』전체에 있는 착어를 다각적으로 활용하였던 사실을 보여 준다.

이러한 경향은 수선사에서『염송집』을 편찬할 때에 중국 선승들의 착어를 가능한 많이 수록하고자 한 방침과 관련되는 것으로 보인다. 또한『전등록』이 법안종에서 편찬되었던 전등사서이므로 법안종 선승들의 착어가 가장 많다. 이어 법안종과 연관된 설봉 계열 선승들의 착어도 상당수 수록되어 있다.

본래 설봉의존의 문하에는 雲門文偃, 玄沙師備, 保福從展, 長慶慧稜, 鏡淸道怤 등 뛰어난 제자들이 다수 배출되었다. 이 가운데 현사사비의 법손인 法眼文益(885~958)의 문하에서 우수한 선장들이 다수 출현하여 법안종을 형성하였다. 설봉 계열이나 법안종은 모두 강남 지역에서 형성되고 성장하였다. 당이 멸망한 후에 화북과 달리 강남에는 閩의 王審知 등 불교를 보호하는 국왕이 출현하였으며, 특히 선종은 이들의 후원을 받아 융성하였다.[2]

법안종은 법안문익의 문하에 崇壽契稠, 雲居淸錫, 報慈玄覺, 淸涼泰欽(?~974), 天台德韶(891~972) 등 뛰어난 선승들이 나왔다. 청량태흠의 문하에는 雲居道齊(929~997)가 나와 주도적인 계보를 형성하였다. 또한 천태덕소의 문하에 永明延壽(904~975), 瑞鹿本先 등이 출현하였다.

그러나 그 후에 법안종은 급속히 쇠퇴하였고, 북송 말에는 선종계에서 자취를 감추게 되었다. 수선사에서는『염송집』을 편찬하면서『전등록』을 활용하여 오대, 송 초의 대표적인 종파였던 법안종 선승들의 착어를 수록하였던 것이다.

---

2) 鈴木哲雄, 「閩國忠懿王王審知における佛敎」,『塩入良道先生追悼論文集 天台思想と東アジア文化の研究』, 山喜房佛書林, 1991;『中國禪宗史論考』, 山喜房佛書林, 1999에 재수록.

법안종의 착어는 報慈玄覺(30), 雲居道齊(18), 雲居淸錫(12), 玄沙師備(7), 淸涼泰欽(5) 등의 순이다. 그 외에 五雲志逢, 瑞鹿本先(942~1008), 崇壽契稠 등의 착어가 인용되어 있다. 이 가운데 보자현각의 착어는 징 23, 운 7회로 징이 가장 많다. 운거도제의 착어는 염고 11회, 운 7회이며, 내용으로 보면 모두 염고라 할 수 있다. 운거청석의 착어는 云 7회, 徵 5회이다. 따라서 『전등록』을 통해 인용된 착어는 대개 송고가 발달하기 이전의 착어가 대부분이라는 사실을 알 수 있다.

수선사는 『전등록』 이외에 〈표II-2〉와 〈표II-3〉에서 확인할 수 있듯이 『속등록』을 비롯한 다른 전등사서도 『염송집』의 편찬에 참조하였다. 다만 다른 공안집이나 어록과 중복된 것이 많으므로 『속등록』을 단독으로 인용한 것이라고 보기는 어렵다. 또한 『전등록』은 법안종의 착어를 인용하는 데에 필요하지만, 운문종을 비롯한 다른 종파의 착어는 후술하듯이 대단히 방대한 문헌이 있으므로 전등사서의 활용 가치가 적었다.

이와 같이 전등사서에서 인용된 착어가 적은 것은 『광등록』과 『보등록』에서도 드러난다. 특히, 『광등록』에서 인용된 착어는 대단히 적다.[3] 수선사가 『속등록』과 마찬가지 이유로 활용하지 않았다고 하더라도 다른 전등사서에 비해 거의 참조되지 않았다는 사실을 어떻게 이해하여야 할까. 구체적인 사실을 보여 주는 자료가 없기 때문에 무어라 단정하기가 곤란하지만, 『광등록』이 임제종의 확산과 밀접한 관계를 갖고 있다는 사실을 고려하면 13세기 수선사 단계에서 임제종의 법통을 그렇게 상하게 의식하지 않은 것과 관련이 있지 않을까 추측된다.

『보등록』의 경우도 〈표II-3〉에서 알 수 있듯이 전체적으로 착어 인

---

3) 『염송집』 512칙에 僧問聰和尙(권17, X78-500a1), 1016칙에 廣敎志頌古(권21, X78-528b9), 1023칙에 僧問趙橫柔先師道(권20, X78-518c20) 등이 인용된 정도이다.

용이 적다. 그것은『보등록』이 편찬된 13세기에는 다양한 공안집이 이미 편찬, 간행되었으므로『보등록』의 자료적 가치가 적었기 때문이라고 이해할 수 있다.

〈표 II-1〉『景德傳燈錄』에서 인용된 착어 일람

번호	『염송집』 칙수 (조사)	착어	『전등록』	비고
1	16 (世尊)	報慈玄覺[4] 徵 雲居淸錫 云 雲居道齊[5] 拈古	권27, T51-434c 권27, T51-434c 권27, T51-434c	「諸方雜擧徵拈代別語」 에 3수 함께 수록
2	32 (世尊)	五雲志逢 拈古	권27, T51-436a	
3	40 (法華經)	崇慧云	권4, T51-229c	
4	56 (金剛經)	明招	권23, T51-392b	
5	58 (金剛經)	法眼文益 頌古 雲居道膺 云	권29, T51-454b 권17, T51-335b	『연주』, X65-502c
6	60(諸佛要集經)	五雲志逢 拈古	권27, T51-436b	『통요』
7	63 (維摩)	大珠 云	권28, T51-441c	『연등』, 『정법』
8	64 (維摩)	大珠	권28, T51-441c	
9	73 (障蔽魔王)	法眼文益 拈古	권27, T51-434c	『文益錄』 T47-592b
10	95 (師子尊者)	玄沙師備 拈古 報慈玄覺 徵	권27, T51-434c 권27, T51-434c	『玄沙錄』 3(X73-41a) ·
11	102 (達磨)	天台德韶	권25, T51-408a	
12	110 (六祖慧能)	瑞鹿本先 頌古	권26, T51-426a	『僧寶傳』(X79-507b)
13	118 (蒙山道明)	從顯 拈古	권25, T51-417b	
14	129 (南陽慧忠)	仰山 云	권5, T51-244a	
15	149 (淸源行思)	玄沙師備 云	권5, T51-240b	『玄沙錄』 3(X73-41a)
16	151 (淸源行思)	玄沙師備 云 雲居淸錫 云	권5, T51-240c 권5, T51-240c	
17	188 (魯祖寶雲)	保福展問長慶稜 云 羅山 云 玄沙師備 云 雲居淸錫 云 報慈玄覺 云	권7, T51-252a2 권7, T51-252a3 권7, T51-252a3 권7, T51-252a4 권7, T51-252a2	『玄沙錄』 3(X73-41a)
18	208 (南泉普願)	報慈玄覺 徵 雲居淸錫 徵	권8, T51-258a25 권8, T51-258a26	

19	215 (南泉普願)	報慈玄覺 徵	권8, T51-257c6	
20	224 (南泉普願)	長慶慧稜 代 雲居淸錫 云	권5, T51-244b4 권5, T51-244b5	
21	237 (南泉普願)	報慈玄覺 徵 雲居淸錫 徵	권8, T51-257c11 권8, T51-257c12	
22	247 (彬山智堅)	報慈玄覺 云	권6, T51-248a21	
23	265 (大梅法常)	禾山因僧問	권7, T51-254c20	
24	278 (石鞏慧藏)	靈巖 頌古	권23, T51-393c24	『보등』 28, X79-469c
25	279 (中邑洪恩)	雲居淸錫 徵 崇壽契稠 徵 報慈玄覺 徵	권6, T51-249b23 권6, T51-249b23 권6, T51-249b24	
26	281 (金牛和尙)	曹山因僧問 雲居道齊 云	권8, T51-261b24 권8, T51-261b21	
27	293 (五洩靈黙)	長慶慧稜 云	권7, T51-254b13	
28	323 (丹霞天然)	報慈玄覺 徵	권14, T51-311a23	
29	333 (藥山惟儼)	報慈玄覺 徵	권14, T51-312a11	
30	334 (藥山惟儼)	同安 代	권14, T51-312a22	『연등』 6, X79-63c16
31	337 (藥山惟儼)	長慶慧稜 云 報慈玄覺 徵	권14, T51-312b8 권14, T51-312b8	『통요』
32	338 (藥山惟儼)	長慶慧稜 云 報慈玄覺 徵	권14, T51-312a6 권14, T51-312a6	
33	341 (藥山惟儼)	曹山 云	권17, T51-336c17	『연등』 19, X79-164c6 『曹山錄』, T47-539b4
34	347 (長髭曠)	報慈玄覺 徵 淸涼泰欽6) 代	권14, T51-313b2 권14, T51-313b3	
35	371 (潙山靈祐)	報慈玄覺 徵	권9, T51-265a19	
36	375 (潙山靈祐)	雲居道膺 代 吉州資福 曰	권9, T51-265c26 권9, T51-265c26	『통요』
37	381 (潙山靈祐)	玄沙師備 云	권11, T51-282c14	
38	399 (大慈寰中)	法眼文益 拈古 報慈玄覺 徵	권9, T51-266c26 권9, T51-266c26	『文益錄』, T47-593a16
39	402 (大慈寰中)	法眼 別	권9, T51-267a6	『文益錄』, T47-593a13
40	412 (趙州從諗)	報慈玄覺 徵	권10, T51-277b11	
41	428 (趙州從諗)	雲居淸錫 徵	권10, T51-278c7	
42	433 (趙州從諗)	長慶問覺上座 報慈玄覺 徵 保壽 拈古	권10, T51-277b2 권10, T51-277b3 권10, T51-277b2	『통요』

43	438 (趙州從諗)	雲居淸錫 徵	권10, T51-277c17	
44	444 (趙州從諗)	淸凉泰欽 別	권10, T51-277b19	
45	455 (趙州從諗)	雲居淸錫 云	권10, T51-277c19	
46	457 (趙州從諗)	報慈玄覺 徵	권27, T51-453a13	
47	460 (趙州從諗)	法眼文益 代 同安顯 代	권10, T51-277a7 권10, T51-277a8	
48	489 (長沙景岑)	長慶慧稜 拈古	권10, T51-275b1	『통요』
49	497 (長沙景岑)	瑞鹿本先 示衆	권26, T51-426c10	
50	503 (茱萸和尙)	雲居淸錫 云	권10, T51-278c1	
51	508(五臺秘魔嵒)	淸凉泰欽 代 報慈玄覺 代	권10, T51-280b3 권10, T51-280b3	
52	527 (道吾宗智)	報慈玄覺 云	권14, T51-314a24	
53	537 (高沙彌)	法眼文益 別云	권14, T51-315c13	
54	541 (石室善道)	雲居淸錫 拈古	권11, T51-282b14	
55	552 (金華俱胝)	長慶慧稜 代云 玄沙師備 云 報慈玄覺 云 雲居淸錫 云	권11, T51-288b8 권11, T51-288b8 권11, T51-282b9 권11, T51-282b9	
56	557 (石霜慶諸)	雲居道齊 拈古	권15, T51-321a12	
57	558 (石霜慶諸)	雲居道齊 拈古	권15, T51-321a7	
58	586 (仰山惠寂)	報慈玄覺 云	권11, T51-283b13	
59	598 (香嚴智閑)	報慈玄覺 徵	권11, T51-283b6	
60	601 (香嚴智閑)	僧問曹山眈章	권17, T51-337a5	『曹山錄』,『연주』,『연등』, 『승보전』
61	632 (臨濟義玄)	巖頭 拈古 雲居道齊 拈古	권15, T51-318a11 권15, T51-318a12	
62	660 (烏石靈觀)	報慈玄覺 云	권12, T51-293a3	
63	681 (洞山良价)	長慶慧稜 拈古	권15, T51-321c29	
64	688 (洞山良价)	法眼文益 拈古	권15, T51-322c29	
65	706 (洞山良价)	石霜慶諸 拈古 雲居道膺 云 曹山章 云 疎山光仁 云	권15, T51-323b7 권15, T51-323b7 권15, T51-323b7 권15, T51-323b8	『曹山錄』, T47-541b27
66	756 (興化存奬)	報慈玄覺 徵	권12, T51-295b20	
67	764 (灌溪志閑)	玄沙師備 拈古	권12, T51-294b23	
68	780 (雪峯義存)	巖頭聞雪峯	권15, T51-318a2	『통요』

69	794 (雪峯義存)	疎山因僧問	권16, T51-328b5	
70	890 (曹山本寂)	報慈玄覺 徵	권17, T51-336a28	
71	894 (龍牙居遁)	雲居道齊 拈古	권17, T51-337c6	
72	897 (龍牙居遁)	雲居道齊 云	권27, T51-436c10	단독
73	898 (龍牙居遁)	雲居道齊 拈古	권27, T51-436c13	
74	915 (欽山文邃)	同安顯 拈古	권17, T51-340b27	『통요』, 『연등』
75	946 (洛浦元安)	興化存獎 拈古	권16, T51-331a15	『통요』
76	972 (保福從展)	報慈玄覺 云	권18, T51-350a18	
77	981 (玄沙師備)	清涼泰欽 別	권18, T51-347a7	
78	982 (玄沙師備)	報慈玄覺 徵	권18, T51-346c14	
79	984 (玄沙師備)	雲居道齊 拈古	권18, T51-346b20	
80	985 (玄沙師備)	法眼文益 拈古 雲居清錫 拈古	권18, T51-346b9 권18, T51-346b10	
81	987 (玄沙師備)	雲居道齊 拈古	권18, T51-346c9	
82	994 (玄沙師備)	法眼文益 代 清涼泰欽 代 報慈玄覺 代	권18, T51-346c5 권18, T51-346c6 권18, T51-346c6	전부 『전등록』에서 인용
83	999 (玄沙師備)	百丈常因僧問	권25, T51-416b20	
84	1002 (玄沙師備)	百丈常 頌古	권25, T51-416c13	
85	1106 (長慶慧稜)	報慈玄覺 徵 雲居道齊 拈古	권18, T51-348a16 권18, T51-348a16	
86	1136 (鼓山神晏)	雲居道齊 拈古 雲居道齊 云	권27, T51-436c18 권27, T51-436c18	
87	1208 (羅漢桂琛)	雲居道齊 云	권27, T51-437b5	
88	1209 (羅漢桂琛)	報慈玄覺 徵	권21, T51-372a3	
89	1350 (天平從漪)	首山省念 拈古	권12, T51-299a7	『통요』
90	1360 (報慈玄覺)	雲居道齊 云	권27, T51-437a27	
91	1425 (僧肇)	傳燈錄 云	권27, T51-434c26	
92	1434 (南嶽慧思)	報慈玄覺 徵	권27, T51-135a16	『통요』
93	1450 (一老宿)	報慈玄覺 徵	권27, T51-435a28	『통요』
94	1461 (一行者)	潙山大圓 云 仰山 代云	권27, T51-435c15 권27, T51-435c15	『앙산록』, T47-588a7

---

4) 『염송집』에 玄覺으로 표기되어 있으며, 報慈行言이라고도 한다.
5) 『염송집』에 東禪齊로 표기되어 있다.

〈표 II-2〉『建中靖國續燈錄』에서 인용된 착어 일람

번호	『전등록』 칙수 (조사)	착어	『續燈錄』	비고
1	6 (世尊)	雪竇重顯 頌古	권28, X78-810c20	
2	13 (世尊)	薦福逸 頌古	권28, X78-813b5	
3	16 (世尊)	雪竇重顯 頌古	권28, X78-810c3	『연주』
4	31 (世尊)	天衣義懷 小參	권5, X78-667b7	
5	32 (世尊)	夾山齡 拈古 翠巖眞	권27, X78-808c17 권7, X78-680a14	『정법』
6	51 (楞嚴經)	淨因岳 擧云	권27, X78-808a17	
7	55 (金剛經)	保寧秀 擧云	권27, X78-807c24	
8	62 (維摩)	雪竇重顯 拈古	권3, X78-654a4	『통요』, 『연주』
9	71 (舍利佛)	淸凉和 拈古	권27, X78-808c9	
10	98 (達磨)	雪竇重顯 頌古	권28, X78-809b2	『연주』
11	100 (達磨)	智海本逸 頌古	권28, X78-813b18	
12	102 (達磨)	仁岳因僧問 福昌信因僧問	권8, X78-687c20 권11, X78-711b12	
13	112 (六祖慧能)	佛印了元 頌古	권28, X78-813c20	
14	131 (南陽慧忠)	上方日益 頌古	권28, X78-814c24	『연주』
15	132 (南陽慧忠)	雪竇重顯 頌古 雪竇重顯 頌古	권28, X78-811a5 권28, X78-811a7	『연주』 『연주』
16	135 (南陽慧忠)	海印超信 頌古	권28, X78-812a17	
17	146 (南陽慧忠)	雪竇重顯 頌古	권28, X78-809c2	『연주』
18	147 (淸源行思)	金山元 頌古	권28, X78-814a2	
19	177 (百丈懷海)	雪竇重顯 頌古	권28, X78-810b21	『연주』
20	180 (百丈懷海)	佛陁德遜 拈古	권27, X78-807b18	단독
21	186 (百丈懷海)	瑯琊慧覺 拈古	권27, X78-804b6	『瑯琊錄』, 단독
22	199 (鹽官齊安)	雪竇重顯 頌古	권28, X78-810c13	『연주』
23	208 (南泉普願)	佛印了元 拈古	권27, X78-806c23	
24	209 (南泉普願)	雪竇重顯 頌古	권27, X78-804b4	『연주』
25	211 (南泉普願)	雪竇重顯 擧云	권27, X78-802c3	『설두7부집』
26	214 (南泉普願)	雲居曉舜 拈古	권27, X78-804c10	『통요』
27	215 (南泉普願)	夾山齡 擧云	권27, X78-808c24	『통요』

---

6) 『염송집』에 청량태흠의 시호인 法燈으로 표기되어 있다.

46

28	219 (南泉普願)	佛日才 拈古	권27, X78-807a11	
29	220 (南泉普願)	雪竇重顯 拈古	권27, X78-802c2	『설두7부집』
30	232 (南泉普願)	承天簡 拈古	권27, X78-805a11	단독
31	246 (南泉普願)	金山元 頌古	권28, X78-814a7	『연주』
32	256 (歸宗智常)	智海本逸 拈古	권27, X78-807a19	
33	273 (洪州水潦)	瑯琊慧覺 拈古	권27, X78-804b17	『瑯琊錄』
34	293 (五洩靈黙)	雲峯文悅 拈古	권27, X78-806a1	『통요』
35	306 (鄧隱峯)	雲居曉舜 拈古	권27, X78-804c15	단독
36	324 (藥山惟儼)	保寧秀 拈古	권27, X78-807c18	『통요』
37	325 (藥山惟儼)	隱靜儼 頌古	권28, X78-813c7	『연주』
38	351 (天皇道吾)	圓照 頌古	권28, X78-814a17	『연주』
39	357 (潙山靈祐)	海印超信 頌古	권28, X78-812c9	
40	375 (潙山靈祐)	大潙慕喆 頌古	권28, X78-811b19	
41	379 (潙山靈祐)	隱靜儼 頌古	권28, X78-813c14	『연주』
42	429 (趙州從諗)	慧林遜 頌古	권28, X78-812c22	『연주』
43	430 (趙州從諗)	天衣義懷 上堂	권27, X78-806a24	
44	473 (趙州從諗)	圓照 頌古	권28, X78-814a20	단독, 『연주』
45	488 (長沙景岑)	承天宗 云	권27, X78-807b10	『연등』
46	524 (雲巖曇晟)	大潙慕喆 云	권27, X78-805b7	
47	534 (船子德誠)	東林常總 頌古	권28, X78-811c18	『연주』
48	570 (仰山惠寂)	承天簡 拈古	권27, X78-805a21	
49	589 (仰山惠寂)	承天宗 拈古	권27, X78-807b15	『연등』, 『통요』
50	611 (臨濟義玄)	海印超信 頌古	권28, X78-812b24	
51	619 (臨濟義玄)	瑯琊慧覺 拈古	권27, X78-804b13	『瑯琊錄』
52	620 (臨濟義玄)	佛日智才 拈古	권27, X78-807a5	
53	626 (臨濟義玄)	瑯琊慧覺 拈古	권27, X78-804a24	단독, 『瑯琊錄』
54	649 (睦州陳尊宿)	大覺懷璉 拈古	권27, X78-804a14	
55	670 (德山宣鑒)	資聖勤 拈古	권27, X78-808b7	
56	677 (德山宣鑒)	薦福逸 上堂	권27, X78-807a24	
57	714 (夾山善會)	大潙慕喆 拈古	권27, X78-805b14	
58	730 (投子大同)	開先印 拈古	권27, X78-809a10	단독
59	731 (投子大同)	資聖勤 拈古	권27, X78-808b2	단독
60	736 (投子大同)	乾明覺 頌古	권28, X78-814c2	『연주』

61	742 (投子大同)	淨因岳 頌古	권28, X78-814a24	
62	747 (鳥窠道林)	寶峯乾 頌古	권19, X78-759a9	『연주』
63	788 (雪峯義存)	雲峯文悅 拈古	권27, X78-805c15	
64	789 (雪峯義存)	元豊滿 云	권27, X78-808a15	
65	830 (巖頭全豁)	大潙慕喆 頌古	권28, X78-811c3	『연주』
66	831 (巖頭全豁)	大中德 頌古	권28, X78-814b7	
67	844 (陳操尙書)	瑞嵓鴻 拈古	권27, X78-807c6	
68	856 (雲居道膺)	天章善 頌古	권28, X78-814c8	『연주』
69	867 (雲居道膺)	開先善暹 擧云	권27, X78-806b11	
70	869 (踈山光仁)	法雲岳 拈古	권27, X78-806b24	『연등』
71	882 (曹山本寂)	瑞嵓鴻 拈古	권27, X78-807c2	
72	898 (龍牙居遁)	雲居元 頌古	권28, X78-814a11	
73	923 (霍山景通)	栖賢遷 拈古	권27, X78-808b17	
74	928 (佛巖暉)	智海本逸 頌古	권28, X78-813b24	단독
75	932 (九峯道虔)	海印超信 頌古 雲居曉舜 拈古	권28, X78-812b12 권27, X78-804c3	『연주』
76	983 (玄沙師備)	大中德 頌古	권28, X78-814b18	
77	986 (玄沙師備)	雲峯文悅 拈古	권27, X78-805c12	『雲峰錄』
78	1018 (雲門文偃)	佛陁德遜 頌古	권28, X78-813a1	
79	1023 (雲門文偃)	淨因岳 頌古	권28, X78-814b4	『연주』
80	1061 (雲門文偃)	智海本逸 頌古	권28, X78-813a24	『연주』
81	1065 (雲門文偃)	天衣義懷 上堂	권27, X78-806a20	단독
82	1076 (雲門文偃)	大覺懷璉 拈古	권27, X78-804a11	단독
83	1092 (雲門文偃)	智德 頌古	권28, X78-814b10	단독
84	1131 (太原孚)	海印超信 頌古	권28, X78-812b18	
85	1192 (芭蕉慧情)	保寧仁勇 頌古	권28, X78-812b2	
86	1224 (香林澄遠)	智海本逸 頌古	권28, X78-813b21	
87	1272 (明招德謙)	開先善暹 上堂	권27, X78-806b6	
88	1293 (法眼文益)	元豊滿 拈古	권27, X78-808a11	
89	1295 (法眼文益)	保寧秀 云	권27, X78-807c20	
90	1310 (修山主)	天衣義懷 上堂	권27, X78-806a15	단독
91	1336 (汾陽善昭)	智海本逸 上堂 翠巖悅 擧云	권27, X78-807b3 권27, X78-805c19	
92	1339 (汾陽善昭)	東林常總 拈古	권27, X78-805b23	

93	1361 (報慈玄覺)	智德 頌古	권28, X78-814b15	『연주』
94	1378 (瑯琊慧覺)	海印超信 頌古	권28, X78-812c5	
95	1391 (法華齊擧)	海印超信 頌古	권28, X78-812c12	단독
96	1404 (楊岐方會)	天章善 頌古	권28, X78-814c15	『연주』
97	1450 (一老宿)	智海本逸 頌古	권28, X78-813b12	

〈표 II-3〉『嘉泰普燈錄』에서 인용된 착어 일람

번호	『전등록』칙수 (조사)	착어	『보등록』	비고
1	2 (世尊)	石窓 頌古	권13, X79-370c12	『연주』, 『叢林盛事』
2	6 (世尊)	佛鑑慧懃 頌古	권27, X79-462b4	『연주』
3	32 (世尊)	牧庵法忠 頌古	권27, X79-466a11	
4	49 (楞嚴經)	湛堂文準 頌古	권27, X79-461c12	『대혜록』
5	50 (楞嚴經)	竹庵士珪 上堂	권16, X79-390a18	
6	98 (達磨)	佛鑑慧懃 頌古	권27, X79-462a21	『연주』
7	101 (達磨)	翠巖宗 頌古	권28, X79-470b1	『연주』
8	106 (三祖僧璨)	黃龍惟淸 上堂	권6, X79-325c15	
9	110 (六祖慧能)	法昌倚遇 頌古	권27, X79-459b13	『法昌錄』, X73-68b12
10	110 (六祖慧能)	南明法泉 小參	권26, X79-450a10	
11	159 (馬祖道一)	牧庵法忠 頌古	권27, X79-466a17	『연주』
12	178 (百丈懷海)	無爲子 頌古	권28, X79-472b13	
13	278 (石鞏慧藏)	靈巖 頌古	권28, X79-469c3	『전등록』, 『연주』
14	412 (趙州從諗)	竹庵士珪 頌古	권27, X79-466a2	『東林頌古』
15	429 (趙州從諗)	上方日益 拈古	권26, X79-451c2	
16	431 (趙州從諗)	智海本逸 上堂	권26, X79-451b14	
17	436 (趙州從諗)	上方日益 拈古	권26, X79-451c10	
18	464 (趙州從諗)	雲盖智 頌古	권4, X79-313b17	단독, 『정법』, 『연등』
19	510 (五臺智通)	保寧仁勇 頌古	권27, X79-461a7	『연주』
20	515 (鎭州普化)	上方日益 頌古	권27, X79-464c9	
21	564 (漸源仲興)	保寧仁勇 頌古	권27, X79-460c22	『연주』
22	590 (靈雲志勤)	保寧仁勇 頌古	권27, X79-461a4	『연주』
23	591 (靈雲志勤)	牧庵法忠 拈古	권26, X79-456c18	
24	597 (香嚴智閑)	翠巖宗 頌古	권28, X79-470a22	
25	600 (香嚴智閑)	上方日益 頌古	권27, X79-464c12	

26	614 (臨濟義玄)	上方日益 拈古	권26, X79-461c6	
27	639 (睦州陳尊宿)	無爲子 頌古	권28, X79-472b16	
28	668 (德山宣鑒)	翠巖眞 拈古	권26, X79-450b9	
29	746 (淸平令遵)	白雲昺 頌古	권27, X79-465b1	
30	751 (三聖慧然)	佛鑑慧懃 頌古	권27, X79-462b13	
31	788 (雪峯義存)	石門元易 上堂	권5, X79-322a8	
32	830 (巖頭全豁)	無着道人 頌古	권18, X79-405a19	『연주』, 『大慧錄』
33	882 (曹山本寂)	無爲子 頌古	28 속137 405F17	
34	1192 (芭蕉慧情)	保寧仁勇 頌古	권27, X79-461a10	
35	1320 (首山省念)	牧庵法忠 頌古	권27, X79-466a15	

2. 『宗門統要集』의 수용과 영향

북송 말인 1093년에 宗永이 편집한 『종문통요집』(이하 『통요』) 10권
은 선문의 고칙 공안과 그것에 대한 착어를 계보순으로 편집한 공안집
이다. 『통요』는 송대의 대표적인 선적으로서 북송에서 남송에 걸쳐
공안선이 집대성되어 갈 때에 폭넓은 영향을 미쳤다. 그러나 元代에
古林淸茂가 증보한 『宗門統要續集』 20권본이 明의 南藏에 입장되면서
그 증보판이 권위를 가지면서 사용되었다. 더욱이 송대 이후 계속 등
장한 다른 간편한 공안서가 유행하면서 『통요』는 사라지게 되었다.[7]

『통요』의 편찬자인 종영의 생애와 행적은 자세히 알 수 없다. 그는
建溪(福建省 建陽縣) 출신으로 元祐 8년(1093)까지 潙山 大圓庵에서 『통
요』를 편집하였다. 그는 많은 문헌 자료의 異同을 교감하는 학문적 방
법으로 『통요』를 편집하였다. 『통요』는 그가 원본을 편집한 후에 어
느 시점인지 알 수 없지만 약간의 증보가 이루어졌는데, 총목록 권10

---

7) 학계에서 『통요』를 이용하지 않은 것은 그러한 사정과 관련된다. 그런 상황에서 시이나
코유가 1999년에 송판 영인본을 학계에 제공하여 누구든지 편리하게 이용할 수 있는
계기를 마련하였고, 기초적인 서지 정보를 제공하여 연구의 토대를 마련하였다.

의 말미에 기재된 「曹溪宗派直下圖」가 그 사실을 보여 준다.[8]

종영이 주석한 潭州(湖南省) 大潙山은 唐代에 潙山靈祐가 연 선종 도량으로 알려져 있지만, 그가 이곳의 藏主職을 맡고 있을 무렵은 임제종의 大潙慕喆(眞如慕喆, ?~1095)이 주지를 하면서 대총림을 형성하였다. 모철의 어록인 『大潙喆禪師語錄』이 대위산에서 편집될 때에 종영이 관여하였던 것으로 추측된다.[9] 그것은 『통요』에 설두중현의 착어가 압도적으로 많지만, 그 다음이 대부분 장문인 모철의 어구를 인용한 것에서 드러나듯이 모철의 어록이 널리 활용되어 있기 때문이다. 더욱이 『통요』에 대위산에 주석하였던 선승들의 착어가 비교적 많은 편이다. 이러한 경향은 종영과 대위산과의 밀접한 관계를 보여 준다.

『통요』에 수록된 조사의 계보는 西天(인도) 28조, 東土(중국) 6조부터 시작되어 南嶽下 11세, 靑原下 10세까지이다. 총목록의 계보별 수록 범위와 배열 상황을 살펴보면, 『전등록』과 『통요』는 비교적 잘 대응한다. 『전등록』은 남악하 8세까지를 수록한 것에 비해 『통요』는 12세까지 포함하는 차이가 있지만, 남악하–청원하의 배치와 각 세대의 서열 관계는 아주 유사하다. 종영은 『통요』를 편집하면서 선행하는 『전등록』의 구성과 배열을 모범으로 하였던 것이다.

하지만, 『통요』에는 『전등록』에 포함되지 않은 조사의 기연 어구와 염제 조사의 어구가 풍부하게 보인다. 따라서 종영은 선문 공안의 완전한 계보화를 의도하여 『통요』를 편성하였다. 다시 말해 『통요』는 공안의 燈史化라는 성격을 갖고 있다.

『통요』에 수록된 조사의 수는 614명이며, 공안이 1323칙이다. 그런데 선문에서 널리 알려진 공안보다 그것에 송대의 대표적인 조사들이 붙인 착어에 문헌의 성격과 특징이 잘 드러난다. 아울러 『통요』의 착어

---

8) 椎名宏雄, 「解題」, 柳田聖山·椎名宏雄 編, 『禪學典籍叢刊』 1, 臨川書店, 1999, 619쪽.

9) 逸書인 대위모철의 어록 서문이 石井修道, 「宋代禪籍逸書序跋考(二)」, 『駒澤大學佛教學部論集』 9, 1978에 소개되어 있다.

는 拈古에 한정된 것이 가장 큰 특징이며, 頌古가 수록되지 않았다.

착어의 횟수는 雪竇重顯 213회, 大潙慕喆 79회, 雲門文偃 47회, 大愚守芝 47회, 五祖師戒 41회, 瑯琊慧覺 36회 등의 순이다. 설두의 착어가 가장 중시된 것은 북송대 선종계의 사상적 경향을 그대로 반영한 것이다. 모철의 착어가 두 번째로 많은 것은 앞서 서술한 바와 같이 편찬자 종영이 대위산에서 주로 활동하면서 『통요』를 편집한 것과 관련된다. 대위산과 관련되는 인물인 위산영우(15회), 황룡혜남을 계승한 大潙懷秀(17회) 등의 착어 인용은 그러한 분위기를 잘 반영한다.

『통요』는 송대의 대표적인 공안집이며, 전등사서를 대표하는『전등록』과 함께 12세기에 明州(浙江省)에서 개판되어 선적의 쌍벽을 이루었다. 더욱이, 『통요』는 전등사서를 총괄한 것이자 공안집이라는 문헌적 성격을 갖고 있기 때문에 선승들에게 가장 기본적인 선적으로 중시되었다.10)

이상에서 송대 선종사의 흐름과 관련하여 『통요』의 사상사적 위상이 무엇이며, 편찬자, 전체 구성과 특징 등에 대해 살펴보았다. 그러면『염송집』의 편찬과정과 전체 구성에서『통요』의 영향이 어떠한가에 대해 검토해 보기로 한다.

수선사는『염송집』을 편찬하기 위해 당에서 북송까지의 선문 조사에 관한 고칙 공안과 그것에 대한 착어를 상세하게 모으고, 이들 공안의 주인공인 조사들을 석존 이래 선문 전등의 차례에 따라 배열하였다.

그러면『염송집』의 고칙 공안의 배열과 조사의 수, 그것에 착어를 붙인 염송의 수 등을 통한 경향과 특징은 무엇일까.『염송집』의 고칙 공안은 석존, 西天應化賢聖 이하, 인도·중국의 선문 조사의 순으로 배

---

10) 石井修道,「南宋禪をどうとらえるか」, 鈴木哲雄 編,『宋代禪宗の社會的影響』, 山喜房佛書林, 2002 참조.

치되고, 그것에 대한 착어는 각 칙마다 오랜 순으로 배열되어 있다. 이러한 편집 구성은 기본적으로 『통요』와 같다. 이러한 구성은 하나의 공안에 대한 복수의 착어를 바로 볼 수 있어 공안 참구자의 입장에서는 대단히 편리하다.

『염송집』에 수록된 공안의 주인공인 조사는 349명으로 『통요』의 614명보다 훨씬 적지만, 공안과 착어의 수는 압도적으로 많다. 전체 공안의 수는 1472칙이며, 그것에 대한 착어는 수천에 이른다. 조사는 당의 선사가 많고, 고칙 공안의 수는 운문문언 99칙, 조주종심 81칙, 설봉의존 45칙, 남천보원 44칙, 임제의현 29칙, 동산양개 28칙 등의 순이다. 아울러 공안의 주인공은 당·오대의 조사가 많지만, 착어는 송대의 것이 압도적으로 많다.

착어가 많은 공안의 순서와 그 수를 보면 臺山婆子 59, 庭前栢樹子 58, 靈雲桃花 55, 六祖風幡 51, 外道問佛 44, 百丈野狐 44, 北斗裏藏身 37, 釋尊天上天下 35, 女子出定 35, 三聖推出一僧 35 등의 순이다. 이 통계는 『염송집』에 채록된 착어의 경향만을 아는 것이 아니라 그 배경을 이룬 송대 선종에서 어떤 공안이 선호되어 참구되었는가를 알 수 있다. 아울러 당의 특정한 조사에 관한 고칙 공안을 중심으로 그것에 대한 송대의 착어를 가능한 한 채록하고자 한 것이 기본적인 편집 방향이었던 것으로 생각된다.[11]

이러한 특징은 총목록과 편집 구성에서 알 수 있지만, 좀 더 구체적으로 『통요』와의 관계를 살펴보기 위해 공안과 착어의 인용 내용을 전체적으로 분석하여 뒤의 〈표 II-4〉로 정리하였다. 이 표를 통해 주목되는 사실은 다음과 같다.

첫째, 『염송집』의 전체 체재와 편성 방식은 기본적으로 『통요』의 영향이 대단히 크다. 특히 그러한 영향은 염고의 대부분을 『통요』에

---

11) 椎名宏雄, 앞의 글(2002) 참조.

서 거의 그대로 전재하였던 것에서 잘 드러난다. 『통요』로부터 인용한 착어 횟수는 설두중현(140), 대위모철(54), 대우수지(36), 오조사계(27), 냥야혜각(26), 보복종전(26), 운문문언(26), 운봉문열(19), 법안문익(19), 현사사비(16), 보자현각(15), 장경혜릉(13), 대위회수(11), 翠巖可眞(10), 분양선소(9), 天衣義懷(7), 晦堂祖心(6), 白雲守端(6), 大陽警玄(5) 등의 순이다.

이러한 통계는 『염송집』이 『통요』의 염고를 거의 그대로 전재하였기 때문에 대체로 『통요』의 착어 횟수와 비슷한 경향을 보인다. 다만, 대위모철, 대우수지, 오조사계, 낭야혜각 등의 인용 횟수가 상대적으로 많은 편이다. 『염송집』에서 착어 횟수가 많은 조사의 법계를 남악계와 청원계로 나누어 살펴보면 인용 횟수가 많은 조사들은 주로 북송대의 운문종과 임제종 출신이다. 이러한 경향은 북송대 선종의 흐름과 일치하며, 아울러 수선사에서 『염송집』을 편찬하면서 관심을 가진 북송대 선의 흐름과도 관련되는 것으로 보인다.

둘째, 본칙 배열의 순서에서 『염송집』과 『통요』는 다소 차이가 있다. 이는 수선사의 편찬자들이 『통요』가 가진 문제점을 인식하였던 것이 아닐까. 실제 『통요』는 본칙의 순서와 법맥 관계가 애매하다는 문제점이 있다. 즉, 『통요』는 당시 성립하고 있던 어록들 가운데 『설두어록』을 중심으로 염고를 뽑아 정리하였고, 본칙의 순서를 중시하지 않았다. 그 결과 법맥 관계가 애매하게 되었던 것이다.[12] 〈표 II-4〉에서 대체로 확인할 수 있듯이 『염송집』이 『통요』의 구성과 체재를 기본으로 하면서도 본칙의 순서를 조정한 것은 그러한 사정이 반영된 것으로 보인다.

이상에서 살펴본 바와 같이 『염송집』은 『통요』의 절대적인 영향을 받았지만, 『통요』가 지닌 문제점을 보완하고 수정하기도 하였다. 또

---

12) 石井修道, 앞의 글(1973), 52~54쪽 참조.

한 『염송집』에는 『통요』에 없는 기연과 염송을 포함하고 있다. 후술
하듯이 이미 전하지 않는 어록 가운데 북송 말, 남송 초의 것이 대단
히 풍부하게 인용되어 있다.

〈표 II-4〉『염송집』에 인용된 『통요』의 공안과 염고[13]

번호	『염송집』 칙수 (조사)	『통요』 칙수	염고 조사	비고
1	2 (世尊)	1	雲門文偃, 法眼文益, 雪竇重顯, 瑯琊慧覺, 雲峯文悅	순서 바뀜
2	4 (世尊)	3		내용 조금 다름
3	5 (世尊)	2	晦堂祖心, 白雲守端	순서 바뀜
4	6 (世尊)	6	芭蕉繼徹	
5	7 (世尊)	9	薦福義懷	
6	8 (世尊)	12	翠巖可眞	
7	9 (世尊)	13	報慈玄覺 徵, 大潙慕喆 代	
8	11 (世尊)	14	大陽警玄	
9	12 (世尊)	16		
10	13 (世尊)	18	五祖師戒, 大潙慕喆	
11	14 (世尊)	19	雪竇重顯, 瑯琊慧覺, 大愚守芝, 雲峯文悅, 雲盖智本	
12	15 (世尊)	24	圓明	
13	16 (世尊)	27	法眼文益, 五祖師戒, 雪竇重顯, 大愚守芝, 瑯琊慧覺, 楊岐方會, 翠巖可眞, 道吾悟眞, 大潙慕喆	순서 바뀜 내용 생략
14	17 (世尊)	34	翠巖可眞	
15	18 (世尊)	33		
16	19 (世尊)	30		
17	20 (世尊)	29		
18	21 (世尊)	22		

---

13) 『통요』는 일본 교토의 東福寺에 소장된 宋板本의 영인본(柳田聖山·椎名宏雄 共編, 『禪學
典籍叢刊』1, 臨川書店, 1999)을 이용하였다. 염고 조사의 항목은 모두 착어를 붙인 주인
공 조사의 인명을 표시한 것이며, 대부분 『통요』의 내용이 거의 그대로 『염송집』에 전
재되었으므로 다소 차이가 있거나 생략된 경우만을 비고에서 지적하였다. 착어에 따로
표시하지 않은 경우는 모두 염고이다.

19	22 (世尊)	17	龍濟紹修, 法眼文益 代	
20	23 (世尊)	23	天衣義懷	
21	24 (世尊)	37	雪竇重顯	
22	25 (世尊)	20	雲居曉舜	
23	26 (世尊)	32		
24	29 (世尊)	15		
25	30 (世尊)	11		
26	31 (世尊)	31		
27	32 (世尊)	10	五雲志逢	
28	33 (世尊)	21		
29	34 (世尊)	36		
30	36 (世尊)	4	雲峯文悅	
31	37 (世尊)	5		축약 인용
32	60 (諸佛要集經)	35	五雲志逢	
33	62 (維摩)	40	保福從展, 雪竇重顯, 瑯琊慧覺	
34	63 (維摩)	41		41칙 절반 인용
35	64 (維摩)	41		41칙 절반 인용
36	65 (文殊)	50	五祖師戒, 首山省念, 瑯琊慧覺, 大潙慕喆	
37	69 (須菩提)	55	雪竇重顯	
38	70 (舍利佛)	44	雪竇重顯	
39	71 (舍利佛)	42	大潙慕喆	
40	72 (殃崛摩羅)	39		
41	73 (障蔽魔王)	46	法眼文益	
42	74 (毗目仙人)	56		
43	75 (天親菩薩)	58	天衣義懷	
44	76 (賓頭盧尊者)	61	五祖師戒, 翠巖可眞	
45	77 (月氏國王)	63		
46	79 (迦葉)	65	法眼文益, 五祖師戒, 洞山良价	
47	81 (迦葉)	66	汾陽善昭, 五祖師戒, 大愚守芝	
48	82 (阿難)	67		
49	85 (提多迦)	70	芭蕉	
50	88 (脇尊者)	74	大愚守芝	
51	90 (龍樹)	78		

52	91 (僧伽難提)	81	芭蕉	
53	92 (迦耶舍多)	82	汾陽善昭	
54	95 (師子尊者)	84	玄沙師備, 報慈玄覺 徵, 汾陽善昭 別, 雪竇重顯, 大愚守芝, 芭蕉, 瑯琊慧覺	
55	96 (婆舍斯多)	86	芭蕉, 大陽警玄	
56	97 (般若多羅)	88	汾陽善昭	
57	98 (達磨)	89	汾陽善昭 代	
58	100 (達磨)	98	芭蕉慧淸	
59	101 (達磨)	91	薦福義懷, 大陽警玄, 大愚守芝	
60	104 (婆羅提)	154		
61	105 (二祖慧可)	99	瑯琊慧覺	
62	108 (四祖道信)	100		
63	109 (五祖弘忍)	102		
64	110 (六祖慧能)	104	雪峯義存, 保福從展, 巴陵顥鑒, 五祖師戒, 雪竇重顯	순서 바뀜
65	111 (六祖慧能)	106	法眼文益	
66	112 (六祖慧能)	105	汾陽善昭 代, 大愚守芝	
67	115 (六祖慧能)	107	法雲法秀	
68	117 (蒙山道明)	116		116칙 전반인용
69	118 (蒙山道明)	116		116칙 후반인용
70	119 (南嶽懷讓)	217		
71	120 (南嶽懷讓)	218		
72	122 (永嘉玄覺)	122	雪竇重顯	
73	129 (南陽慧忠)	125	仰山慧寂, 趙州從諗, 玄沙師備 徵, 雪竇重顯, 白雲守端	순서 바뀜
74	130 (南陽慧忠)	126		
75	132 (南陽慧忠)	144		답변 내용 다름
76	133 (南陽慧忠)	129		
77	134 (南陽慧忠)	131	保福從展, 大潙慕喆	
78	135 (南陽慧忠)	148	五祖師戒	
79	136 (南陽慧忠)	139	大潙慕喆	

80	138 (南陽慧忠)	143	保福從展	
81	140 (南陽慧忠)	133	保福從展	
82	142 (南陽慧忠)	140	雲門文偃, 神鼎洪諲	순서 바뀜
83	143 (南陽慧忠)	127		내용 생략
84	146 (南陽慧忠)	128	雪竇重顯	
85	149 (清原行思)	773	玄沙師備, 雪竇重顯, 大愚守芝, 黃龍慧南	
86	151 (清原行思)	124	玄沙師備, 大愚守芝, 天聖皓泰	
87	153 (破竈墮)	119		
88	154 (破竈墮)	118		
89	155 (崇山峻極)	120		
90	156 (馬祖道一)	219		
91	157 (馬祖道一)	223	翠巖可眞	
92	162 (馬祖道一)	363	雲峯文悅	
93	163 (馬祖道一)	224		
94	164 (馬祖道一)	221	大潙慕喆	
95	165 (馬祖道一)	220	雪竇重顯	
96	171 (石頭希遷)	779		
97	172 (石頭希遷)	778		
98	175 (耽源眞應)	146	雪竇重顯	
99	176 (終南惟政)	121		
100	177 (百丈懷海)	287		
101	178 (百丈懷海)	288	雪竇重顯	모두 인용
102	181 (百丈懷海)	289	雪竇重顯, 汾陽善昭, 石門蘊聰, 東林常總	
103	184 (百丈懷海)	294	潙山	
104	185 (百丈懷海)	291		
105	188 (魯祖寶雲)	309	保福從展, 羅山道閑, 玄沙師備, 雲居淸錫, 報慈玄覺, 大愚守芝	
106	189 (魯祖寶雲)	311	洞山良价 代, 雪竇重顯	
107	190 (伏牛自在)	312	雪竇重顯, 潙山慕喆	
108	192 (三角總印)	308	長慶慧稜 代 保福從展, 雪竇重顯	
109	194 (麻谷寶徹)	275	長慶慧稜 代 保福從展 別, 大潙慕喆	

110	196 (麻谷寶徹)	277		
111	198 (麻谷寶徹)	273		
112	199 (鹽官齊安)	261	投子大同 代, 雪竇重顯, 石霜慶諸 代, 雪竇重顯, 保福從展 代, 雪竇重顯	자복 이하 생략
113	200 (鹽官齊安)	263	法眼文益, 雪竇重顯, 法眼文益	
114	201 (鹽官齊安)	262	法眼文益 代	
115	204 (南泉普願)	230	趙州從諗, 臥龍慧球, 澄源無殷 代, 明招德謙 代, 雪竇重顯	
116	206 (南泉普願)	235	雲門文偃, 大潙慕喆	
117	207 (南泉普願)	225	保福從展, 大愚守芝	
118	208 (南泉普願)	231	大愚守芝	
119	209 (南泉普願)	243		
120	212 (南泉普願)	432	雲巖, 洞山	
121	213 (南泉普願)	373		
122	214 (南泉普願)	374	五祖師戒	
123	215 (南泉普願)	228	雲門文偃 代	
124	217 (南泉普願)	387	雲峯文悅	
125	219 (南泉普願)	226	德山圓明, 瑯琊慧覺	본칙 원문 차이
126	220 (南泉普願)	245	雪竇重顯, 大潙慕喆	
127	221 (南泉普願)	238		
128	222 (南泉普願)	240	翠巖可眞	
129	223 (南泉普願)	236	雲門文偃	
130	224 (南泉普願)	135	長慶慧稜 代, 保福從展 代, 五祖師戒 代	
131	226 (南泉普願)	237		
132	228 (南泉普願)	232	五祖師戒, 大愚守芝	
133	232 (南泉普願)	233		
134	233 (南泉普願)	434		
135	237 (南泉普願)	229	達觀曇穎	
136	238 (南泉普願)	435		
137	245 (南泉普願)	246	五祖師戒, 大潙慕喆	
138	247 (彬山智堅)	299	大愚守芝	
139	248 (盤山寶積)	268, 269		

140	249 (盤山寶積)	270	瑯琊慧覺	
141	254 (盤山寶積)	267	保福從展	
142	255 (歸宗智常)	249	雪竇重顯	
143	256 (歸宗智常)	247	黃檗希運, 雪竇重顯	
144	257 (歸宗智常)	255	法眼文益, 雪竇重顯	
145	260 (歸宗智常)	248	保福從展 代	
146	261 (歸宗智常)	253		
147	265 (大梅法常)	257		
148	266 (大梅法常)	256	雪竇重顯	
149	267 (大梅法常)	258	鹽官齊安, 玄沙師備, 雪竇重顯	
150	268 (大梅法常)	259	大愚守芝	
151	269 (大梅法常)	260	雪竇重顯	
152	273 (洪州水潦)	339		
153	275 (百丈惟政)	328	大潙慕喆, 白雲守端	순서 바뀜
154	276 (百丈惟政)	329		
155	277 (石鞏慧藏)	302	雪竇重顯, 法燈泰欽, 大愚守芝	순서 바뀜
156	278 (石鞏慧藏)	303	首山省念, 姜山愛, 雪竇重顯	순서 바뀜
157	279 (中邑洪恩)	306	雲居淸錫 徵, 崇壽契稠 徵, 報慈玄覺 徵	
158	280 (中邑洪恩)	305	瑯琊慧覺	
159	281 (金牛和尙)	334	長慶慧稜, 雪竇重顯	
160	283 (金牛和尙)	335	潙山靈祐	
161	286 (則川和尙)	360	雪竇重顯	
162	287 (則川和尙)	361		
163	288 (章敬懷惲)	265		
164	291 (西山亮)	340		
165	292 (南園曇藏)	331		일부 인용
166	293 (五洩靈默)	271	洞山良价, 大愚守芝, 雲峯文悅	
167	294 (浮盃和尙)	354		
168	295 (龍山和尙)	326		
169	297 (烏臼和尙)	346		
170	298 (烏臼和尙)	345	雪竇重顯, 大潙慕喆	
171	303 (乳源和尙)	337	保福從展 代, 長慶慧稜, 承天傳宗	
172	305 (鄧隱峯)	320	法眼文益, 雪竇重顯, 大愚守芝	

173	307 (龐蘊居士)	365	雪竇重顯 別	
174	309 (龐蘊居士)	367		
175	313 (龐蘊居士)	806	大潙慕喆	
176	314 (龐蘊居士)	369		
177	316 (龐蘊居士)	368		
178	321 (丹霞天然)	812		
179	322 (丹霞天然)	134		
180	323 (丹霞天然)	808	芭蕉繼徹, 汾陽善昭 代	
181	324 (藥山惟儼)	776	法雲法秀	
182	325 (藥山惟儼)	801	五祖師戒	
183	326 (藥山惟儼)	781	雪竇重顯, 瑯琊慧覺, 大愚守芝	
184	327 (藥山惟儼)	788		
185	332 (藥山惟儼)	791	大潙慕喆	
186	333 (藥山惟儼)	782	大愚守芝	
187	335 (藥山惟儼)	853		일부 생략
188	337 (藥山惟儼)	786	長慶慧稜	
189	338 (藥山惟儼)	802	長慶慧稜, 黃龍慧南	황룡 인용차이
190	340 (藥山惟儼)	789		
191	341 (藥山惟儼)	792	曹山本寂	
192	342 (藥山惟儼)	787	雪竇重顯	
193	347 (長髭曠)	813	雪竇重顯	
194	349 (石樓和尙)	823	雪竇重顯	
195	350 (天皇道悟)	804		
196	352 (潮州大顚)	820		
197	354 (潮州大顚)	822	保福從展	
198	355 (潙山靈祐)	452		
199	356 (潙山靈祐)	454		
200	359 (潙山靈祐)	480		
201	363 (潙山靈祐)	456	雪峯義存	
202	366 (潙山靈祐)	534		
203	367 (潙山靈祐)	553	大潙慕喆	
204	371 (潙山靈祐)	463	首山省念, 瑯琊慧覺	
205	372 (潙山靈祐)	465		

206	373 (潙山靈祐)	546		내용 조금 차이
207	374 (潙山靈祐)	453		
208	375 (潙山靈祐)	459	雲居道膺, 資福如寶 代, 芭蕉慧淸 代, 芭蕉繼徹	
209	378 (潙山靈祐)	462		
210	379 (潙山靈祐)	464		
211	380 (潙山靈祐)	544		대폭 줄여 인용
212	382 (潙山靈祐)	470		
213	385 (潙山靈祐)	472	大潙慕喆	
214	386 (潙山靈祐)	473		
215	387 (潙山靈祐)	482		
216	389 (黃蘗希運)	493	潙山靈祐, 五祖師戒	
217	390 (黃蘗希運)	492	五祖師戒, 石門蘊聰, 承天傳宗, 翠巖可眞, 大潙慕喆, 潙山靈祐	순서 바뀜
218	391 (黃蘗希運)	498	潙山靈祐, 雪竇重顯, 雲峯文悅	
219	394 (黃蘗希運)	497		
220	399 (大慈寰?中)	402	雪竇重顯	
221	411 (趙州從諗)	394	保福從展	
222	412 (趙州從諗)	376	玄覺 徵·拈, 瑯琊慧覺, 大潙慕喆	
223	413 (趙州從諗)	383	雪竇重顯	
224	415 (趙州從諗)	384	雪竇重顯	
225	417 (趙州從諗)	382	大愚守芝	
226	423 (趙州從諗)	395		
227	429 (趙州從諗)	385	雲門文偃, 雪竇重顯, 雲峯文悅	
228	430 (趙州從諗)	397		
229	433 (趙州從諗)	386	雪竇重顯	
230	436 (趙州從諗)	393	姜山愛, 雲居曉舜	
231	443 (趙州從諗)	391		
232	449 (趙州從諗)	379	黃龍慧南	
233	453 (趙州從諗)	378	雪竇重顯	
234	455 (趙州從諗)	398	雲居淸錫	
235	463 (趙州從諗)	205		
236	486 (趙州從諗)	377	保福從展, 五祖師戒, 雪竇重顯	
237	489 (長沙景岑)	423	長慶慧稜, 保福從展, 圓明 代, 瑯	

			琊慧覺	
238	492 (長沙景岑)	422		
239	493 (長沙景岑)	428	雪竇重顯	
240	495 (長沙景岑)	425		
241	497 (長沙景岑)	427		내용 차이
242	499 (子湖利蹤)	416	雪竇重顯	
243	500 (子湖利蹤)	418	大愚守芝	
244	501 (子湖利蹤)	417		
245	503 (鄂州茱萸)	419	雲門文偃, 雪竇重顯, 法雲法秀	
246	504 (日子和尙)	430	趙州從諗	
247	505 (甘贄行者)	437		
248	506 (甘贄行者)	439	翠巖可眞	
249	508 (五臺秘魔巖)	450	法眼文益 代. 報慈玄覺 代. 五祖師戒	
250	509 (湖南祇林)	451		
251	511 (壽州良遂)	448	雲門文偃	
252	512 (鎭州普化)	444		
253	513 (鎭州普化)	446		
254	514 (鎭州普化)	445	雪竇重顯	
255	515 (鎭州普化)	447	趙州從諗	
256	521 (雲巖曇晟)	838		
257	524 (雲巖曇晟)	845	玄沙師備, 長慶慧稜, 羅山道閑, 雲門文偃, 保福從展, 雪竇重顯 拈·別	
258	525 (道吾宗智)	833	雪竇重顯 別	
259	526 (道吾宗智)	829		대폭 줄여 인용
260	529 (道吾宗智)	836		
261	532 (道吾宗智)	844		
262	537 (高沙彌)	852		
263	538 (翠微無學)	860	雪竇重顯	
264	542 (石室善道)	866		
265	545 (本生和尙)	880	雪竇重顯	
266	547 (三平義忠)	877	大潙慕喆	
267	548 (馬頰本空)	878		

268	549 (龍潭崇信)	856		
269	552 (金華俱胝)	523	長慶慧稜 代, 玄沙師備	순서 바뀜
270	553(末山尼了然)	522		
271	558 (石霜慶諸)	884	玄沙師備, 洞山良价 代, 五祖師戒 代, 瑯琊慧覺, 法雲法秀	
272	562 (石霜慶諸)	886	雲門文偃	
273	563 (石霜慶諸)	891		
274	564 (漸源仲興)	894	佛印了元, 大潙懷秀	순서 바뀜
275	565 (漸源仲興)	896	東林常總	
276	566 (漸源仲興)	897		
277	567 (仰山惠寂)	547	雲門文偃, 雪竇重顯	
278	568 (仰山惠寂)	530	雲門文偃, 大潙懷秀, 大潙慕喆, 黃龍祖心	순서 바뀜
279	569 (仰山惠寂)	537	東林常總	
280	570 (仰山惠寂)	538		
281	571 (仰山惠寂)	552		축약 인용
282	573 (仰山惠寂)	559	五祖師戒	
283	575 (仰山惠寂)	555		
284	577 (仰山惠寂)	550	雪竇重顯 別, 淸凉泰欽	순서 바뀜
285	578 (仰山惠寂)	533	雲門文偃	
286	587 (仰山惠寂)	667		
287	590 (靈雲志勤)	573		
288	591 (靈雲志勤)	575		
289	593 (靈雲志勤)	574		
290	594 (靈雲志勤)	576	大潙慕喆	
291	596 (徑山洪諲)	568		
292	598 (香嚴智閑)	548	長慶慧稜, 報慈玄覺 徵, 雲居淸錫 徵, 瑯琊慧覺, 大潙慕喆	
293	599 (香嚴智閑)	563		
294	600 (香嚴智閑)	562	雪竇重顯, 大愚守芝	순서 바뀜
295	601 (香嚴智閑)	564		서두 인용
296	604 (京兆米胡)	584		
297	605 (京兆米胡)	585	雪竇重顯, 大潙慕喆	
298	606 (京兆米胡)	583		

299	607 (臨濟義玄)	606	潙山靈祐	내용 축약
300	608 (臨濟義玄)	611	潙山靈祐, 大潙慕喆	
301	610 (臨濟義玄)	612	潙山靈祐, 大潙慕喆	
302	611 (臨濟義玄)	643	潙山靈祐	
303	612 (臨濟義玄)	640		
304	613 (臨濟義玄)	635	潙山靈祐	
305	614 (臨濟義玄)	607	雪竇重顯	
306	615 (臨濟義玄)	614	黃龍慧南, 大潙慕喆	
307	617 (臨濟義玄)	613	雪峯義存, 雪竇重顯	
308	618 (臨濟義玄)	624	大愚守芝	
309	625 (臨濟義玄)	609	雪竇重顯, 雲峯文悅	
400	632 (臨濟義玄)	631	巖頭全豁	
401	634 (臨濟義玄)	642	大潙慕喆	
402	635 (臨濟義玄)	615	大潙懷秀	
403	637 (睦州陳尊宿)	588	雪竇重顯	
404	638 (睦州陳尊宿)	594	雲峯文悅	
405	639 (睦州陳尊宿)	592	雪竇重顯	
406	640 (睦州陳尊宿)	603	雲門文偃	
407	643 (睦州陳尊宿)	591		
408	644 (睦州陳尊宿)	605	雪竇重顯	
409	645 (睦州陳尊宿)	600	雪竇重顯	
410	646 (睦州陳尊宿)	589	雪竇重顯, 石門蘊聰, 天聖皓泰	
411	647 (睦州陳尊宿)	602	雲峯文悅	
412	656 (睦州陳尊宿)	593	黃龍慧南, 大潙慕喆	
413	660 (烏石靈觀)	644	雪竇重顯, 報慈玄覺, 大愚守芝	
414	661 (烏石靈觀)	645	老宿, 明招德謙 代, 雪竇重顯	
415	664 (德山宣鑒)	857	雪竇重顯, 雲峯文悅, 黃龍祖心,	순서 바뀜
416	665 (德山宣鑒)	932		
417	666 (德山宣鑒)	931	雪竇重顯, 五祖帥戒	
418	667 (德山宣鑒)	930	法眼文益, 德山圓明, 雪竇重顯, 瑯琊慧覺, 大潙慕喆	
419	673 (德山宣鑒)	934		
420	674 (德山宣鑒)	933		
421	680 (洞山良价)	903		

422	685 (洞山良价)	913	承天傳宗	
423	686 (洞山良价)	914		
424	687 (洞山良价)	900	大陽警玄, 牧庵法忠	『통요』牧庵名 無
425	689 (洞山良价)	901		내용 차이
426	695 (洞山良价)	899	五祖師戒, 瑯琊慧覺, 雲盖智本, 大潙慕喆	
427	708 (幽溪和尙)	919		
428	715 (夾山善會)	922	浮山法遠, 瑯琊慧覺	
429	717 (夾山善會)	927	雪竇重顯	
430	722 (夾山善會)	920		
431	723 (石梯和尙)	520		
432	728 (投子大同)	943		
433	729 (投子大同)	942	雪竇重顯	
434	744 (投子大同)	941	雪竇重顯, 大潙慕喆	
435	749 (鎭州保壽沼)	657	雪竇重顯, 大潙慕喆	
436	751 (三聖慧然)	663		
437	752 (三聖慧然)	661		
438	753 (魏府大覺)	669		
439	756 (興化存獎)	676	雪竇重顯, 大愚守芝, 雲峯文悅, 黃龍祖心	
440	759 (興化存獎)	678		
441	760 (興化存獎)	673		
442	761 (興化存獎)	672	瑯琊慧覺	
443	763 (灌溪智閑)	679		
444	764 (灌溪智閑)	680	玄沙師備	
445	766 (定州善崔)	682	歸宗省一, 五祖師戒 別 淸凉泰欽	순서 바뀜
446	767 (定上座)	693		
447	768 (定上座)	694		
448	770 (幽州譚空)	681	大愚守芝, 鎭州牧主	
449	771 (雲山和尙)	690		
450	773 (虎溪庵主)	687		
451	774 (桐峯庵主)	684		
452	777 (覆盆庵主)	691		
453	778 (豁上座)	697	潙山靈祐	

454	779 (豁上座)	696	仰山慧寂	
456	780 (雪峯義存)	1041	巖頭全豁, 保福從展, 明招德謙	
457	782 (雪峯義存)	1055	雪竇重顯	
458	785 (雪峯義存)	1036	雪竇重顯, 薦福義懷	
459	788 (雪峯義存)	1029	西院稜, 雲峯文悅, 大潙慕喆	
460	789 (雪峯義存)	1018		
461	790 (雪峯義存)	665	保福從展, 雪竇重顯, 承天宗, 大潙慕喆	
462	792 (雪峯義存)	1019	雪竇重顯	
463	799 (雪峯義存)	1059	玄沙師備, 明招德謙, 玄沙師備	
464	801 (雪峯義存)	1033		
465	804 (雪峯義存)	1047		
466	807 (雪峯義存)	1030	雪竇重顯, 潙山懷秀	
467	809 (雪峯義存)	1039		
468	810 (雪峯義存)	1019	大潙慕喆	
469	811 (雪峯義存)	1023	雪竇重顯	
470	823 (雪峯義存)	1031	雲門文偃, 雪竇重顯	
471	826 (巖頭全豁)	1060	雪竇重顯	
472	829 (巖頭全豁)	1066		
473	835 (巖頭全豁)	1061	大潙慕喆	
474	836 (巖頭全豁)	1064		
475	838 (巖頭全豁)	556		
476	842 (高亭簡)	1070		
477	845 (陳操尚書)	655	大潙慕喆	
478	846 (大隨法眞)	650		
479	847 (大隨法眞)	649	保福從展, 雲門文偃 別, 五祖師戒, 雪竇重顯, 潙山懷秀	
480	855 (雲居道膺)	967		
481	856 (雲居道膺)	966		
482	863 (雲居道膺)	971	三聖慧然	
483	866 (雲居道膺)	975	法燈泰欽, 東林常總	
484	867 (雲居道膺)	974	雲門文偃	
485	868 (華嚴休靜)	995		
486	869 (疎山光仁)	983		

487	870 (疎山光仁)	982	浮山法遠	
488	880 (曹山本寂)	965	大潙慕喆	
489	881 (曹山本寂)	963		
490	884 (曹山本寂)	960		
491	886 (曹山本寂)	961		
492	894 (龍牙居遁)	977	石門蘊聰, 五祖師戒, 雪竇重顯, 大愚守芝, 大潙慕喆	石門 염고 바낌
493	896 (龍牙居遁)	978	保福從展, 大愚守芝	
494	898 (龍牙居遁)	979	雲居道齊, 大潙懷秀	
495	908 (洞山師虔)	980	大潙懷秀	
496	911 (白水本仁)	998	雪竇重顯, 大潙懷秀	
497	914 (欽山文邃)	988	雪竇重顯	
498	915 (欽山文邃)	986	同安紹顯	
499	917 (越州乾峯)	1003	雪竇重顯, 佛印了元, 大潙慕喆	
500	918 (越州乾峯)	1004	雪竇重顯, 大潙懷秀, 黃龍慧南, 東林常總	순서 바낌
501	919 (越州乾峯)	1002	雪竇重顯	
502	932 (九峯道虔)	948		
503	939 (鳳翔府石柱)	957		
504	940 (湧泉景欣)	950		
505	958 (洛浦元安)	1008	報慈玄覺 徵	
506	960 (韶山寰普)	1017	雪竇重顯 別, 雲門文偃 代	순서 바낌
507	966 (黃山月輪)	1015		
508	970 (保福從展)	1146	雪竇重顯, 大潙懷秀	
509	971 (保福從展)	1147	雪竇重顯	
510	972 (保福從展)	1149	雪竇重顯, 報慈玄覺	
511	981 (玄沙師備)	1104	法眼文益 別, 淸凉泰欽 別, 大潙慕喆	
512	982 (玄沙師備)	1109	雪竇重顯, 大潙慕喆	
513	984 (玄沙師備)	1111	雪竇重顯	
514	985 (玄沙師備)	1105	雲門文偃, 雪竇重顯, 大愚守芝	
515	987 (玄沙師備)	1110	五祖師戒, 黃龍慧南	
516	989 (玄沙師備)	1115	法眼文益 代, 淸凉泰欽 代, 雪竇重顯 別	순서 바낌

517	994 (玄沙師備)	1117	法眼文益 代, 清凉泰欽 代	
518	995 (玄沙師備)	1124	雪竇重顯	
519	997 (玄沙師備)	1103		
520	998 (玄沙師備)	1108	大愚守芝, 道吾可眞	
521	1005 (玄沙師備)	1113	雲門文偃	
522	1014 (雲門文偃)	1174		
523	1028 (雲門文偃)	1172	雪竇重顯	
524	1031 (雲門文偃)	1173	雪竇重顯	
525	1036 (雲門文偃)	1163		
526	1046 (雲門文偃)	1167	大潙慕喆	
527	1047 (雲門文偃)	1155	雪竇重顯, 梁家庵主	
528	1059 (雲門文偃)	1157	保福從展, 汾陽善昭	
529	1060 (雲門文偃)	1169		
530	1062 (雲門文偃)	1166	大潙慕喆	
531	1063 (雲門文偃)	1171	雪竇重顯	
532	1064 (雲門文偃)	1159	雪竇重顯, 大潙慕喆	
533	1075 (雲門文偃)	1165	大潙慕喆	
534	1098 (雲門文偃)	1154	大潙慕喆	
535	1099 (雲門文偃)	1168	瑯琊慧覺, 白雲守端	
536	1105 (長慶慧稜)	1133		
537	1111 (長慶慧稜)	1136	雪竇重顯	
538	1114 (長慶慧稜)	1141	雪竇重顯	
539	1116 (長慶慧稜)	1131	雪竇重顯	
540	1117 (長慶慧稜)	1140		
541	1118 (鏡淸道怤)	1184	五祖師戒, 雪竇重顯(2)	『통요』2단 구성, 순서 바뀜
542	1119 (鏡淸道怤)	1192	黃龍祖心	
543	1122 (鏡淸道怤)	1185	雪竇重顯	
544	1123 (鏡淸道怤)	1186		
545	1124 (鏡淸道怤)	1188	雪竇重顯	
546	1125 (鏡淸道怤)	1187	雪竇重顯	
547	1127 (鏡淸道怤)	1194	大潙懷秀	
548	1128 (翠巖令參)	1203	保福從展, 長慶慧稜, 雲門文偃, 大愚守芝	순서 바뀜

549	1131 (大原孚)	512	雪竇重顯	순서 바꿈 일부 인용
550	1132 (大原孚)	516	玄沙師備	
551	1133 (大原孚)	513		일부 인용 내용 차이
552	1134 (大原孚)	514	大潙慕喆	
553	1135 (鼓山神晏)	1202		
554	1136 (鼓山神晏)	1201	雪竇重顯, 雲居道齊	
555	1137 (鼓山神晏)	1200		
556	1138 (安國明眞)	1144	雪竇重顯, 大潙懷秀	
557	1142 (金峯從志)	1080		
558	1143 (金峯從志)	1084		
559	1147 (金峯從志)	1082		
560	1152 (寶應慧顒)	712		
561	1153 (寶應慧顒)	714	雪竇重顯, 黃龍祖心	
562	1156 (寶應慧顒)	715	雲峯文悅	
563	1157 (寶應慧顒)	716	翠巖可眞, 大潙慕喆	
564	1177 (同安常察)	1073		줄여 인용
565	1181 (澄源無殷)	1078		
566	1188 (石門獻蘊)	1097		
567	1192 (芭蕉慧情)	702		
568	1194 (資福如寶)	699	雪竇重顯, 大潙慕喆	
569	1195 (資福如寶)	698	雲門文偃	
560	1200 (羅山道閑)	1213		
561	1208 (地藏桂琛)	1227		
562	1209 (地藏桂琛)	1218	報慈玄覺 徵	
563	1210 (地藏桂琛)	1217	大潙慕喆	
564	1211 (安國慧球)	1229	瑯琊慧覺	
565	1216 (報慈慧覺)	1232	雪竇重顯	
566	1217 (王延彬)	1237	雪竇重顯, 大潙慕喆	
567	1218 (王延彬)	1235	玄沙師備, 保福從展, 百丈懷海, 雲門文偃, 大潙慕喆	
568	1229 (洞山守初)	1247	雪竇重顯, 白雲守端	줄여 인용
569	1234 (深明二上座)	1252		

570	1238 (禪寂悟空)	1250	雪竇重顯	
571	1245 (保福淸豁)	1254		
572	1246 (風穴延昭)	725		
573	1247 (風穴延昭)	724		
574	1248 (風穴延昭)	728	雪竇重顯, 大潙懷秀	
575	1249 (風穴延昭)	726	雲門文偃, 瑯琊慧覺	
576	1265 (梁山緣觀)	1272		
577	1277 (興陽歸靜)	723	保福從展	
578	1285 (蓮華峯庵主)	1295		
579	1293 (法眼文益)	1273		
580	1294 (法眼文益)	1277		
581	1295 (法眼文益)	1279	雪竇重顯, 雲峯文悅	
582	1296 (法眼文益)	1283		줄여 인용
583	1303 (法眼文益)	1278	淸凉泰欽	
584	1306 (首山主)	1287		
585	1310 (首山主)	1286	薦福義懷	
586	1331 (首山省念)	731		줄여 인용
587	1336 (汾陽善昭)	742	雲峯文悅, 大潙慕喆	
588	1342 (葉縣歸省)	739	智門師寬 代	
589	1343 (葉縣歸省)	740	雲峯文悅	
590	1350 (天平從漪)	1307	首山省念	
591	1355 (雪竇重顯)	1313	雲峯文悅	
592	1359 (泰欽法燈)	1303	大愚守芝, 雲峯文悅	
593	1360 (金陵玄覺)	1306		
594	1362 (天台德韶)	1295		
595	1368 (北禪智賢)	1308		
596	1399 (黃龍慧南)	765		
597	1427 (金陵寶誌)	156	雪竇重顯	
598	1430 (傅大士)	169	白雲守端	
599	1431 (傅大士)	171	玄沙師備, 報慈玄覺 徵, 雪竇重顯, 大愚守芝, 薦福義懷	
600	1434 (南嶽慧思)	157	五祖師戒, 報慈玄覺 徵, 雪竇重顯, 瑯琊慧覺, 大愚守芝, 芭蕉繼徹, 天聖皓泰	

601	1435 (天台智者)	158		
602	1436 (文殊)	173		
603	1437 (文殊)	174	洞山良价 代, 曹山本寂 代, 長慶慧稜 代, 瑯琊慧覺	
604	1439 (無着)	177	趙州從諗 代, 天福義懷	
605	1440 (佛陁波利)	151	大陽警玄	조금 차이
606	1442 (天台豊干)	163		내용 줄임
607	1443 (寒山子)	165		
608	1446 (天台拾得)	168		
609	1447 (布袋和尙)	160		
610	1448 (布袋和尙)	159		
611	1450 (老宿)	189	報慈玄覺 徵, 雪竇重顯	
612	1451 (老宿)	193	法眼文益 徵	
613	1452 (老宿)	192	瑯琊慧覺	
614	1458 (兩僧)	191	法眼文益	
615	1459 (大宗皇帝)	186	雪竇重顯 代	
616	1460 (大宗皇帝)	183	雪竇重顯 代	
617	1461 (行者)	194	潙山大圓, 仰山慧寂	
618	1463 (婆子)	198		

3. 『禪宗頌古聯珠集』의 수용과 영향

『선종송고연주집』(이하 『송고연주』)는 池州(현 安徽省) 報恩光孝禪寺
의 寶鑑大師 法應이 제방을 두루 다니면서 30여 년에 걸쳐 조사 122인
의 기연 325칙, 게송 2100수를 모아 1175년에 편찬한 것이다. 이 책은
淳熙 6년(1179)에 張掄의 서문을 붙여 처음 간행되었으나 완전한 판본
이 남아 있지 않다.[14]

그 후 원의 天衣萬壽寺의 普會가 순희 이후의 종장에 의한 기연, 송

---

[14] 張掄, 「禪宗頌古聯珠舊書」, 法應, 「禪宗頌古聯珠舊集本書」(X65-476).

고 등을 덧붙여 조사 426인의 기연 493칙, 송고 3050수로 증보하여 『禪宗頌古聯珠通集』이라는 속편을 편찬하였다. 보회는 延祐 4년(1317)에 自序와 憑子振의 서를 붙여 속편을 간행하였다.[15] 보회의 증보본은 법응의 原集과 보회의 續集이 명시되어 있어 『송고연주』의 본래 내용을 알 수 있다.

그런데 송대에 『송고연주』가 얼마만큼 간행되고, 선문에서 어느 정도 수용되었는지를 구체적으로 알 수 없다. 송의 私撰 書目인 陳振孫의 『直齋書錄解題』에 釋氏類 26점이 소개되어 있는데, 그 가운데 '禪宗頌古聯珠集 1卷 僧法應編'이라는 기록이 있다.[16] 그러나 일본 宮內廳 書陵部에 유일하게 남아 있는 송판이 10권 10책이므로 원집은 10권본으로 보인다.[17] 40권본 속집은 원판이 大東急文庫와 북경도서관에 남아 있으며, 명의 南藏에도 입장되었다.

이상에서 살펴본 바와 같이 『송고연주』는 선문에서 많이 간행되지 않았던 것으로 보인다. 그 이유에 대해서는 관련 자료가 거의 없기 때문에 단정하기 어렵지만 송대 선종사의 흐름에서 어느 정도 추론이 가능하다. 주지하듯이 송고집의 대명사는 『설두송고』이며, 더욱이 원오극근이 그것에 대한 수시, 평창을 붙인 『벽암록』이 『송고연주』보다 반세기 이전에 이미 편찬되었다. 또한 대혜종고가 간화선을 확립한 후에 문자선을 대신하여 간화선이 선문에 널리 확산되고 있었다. 따라서 12세기 후반의 송대 선종계에서 송고를 집성한 『송고연주』에 대한 수요가 퇴조였기 때문에 많이 간행되지 않았던 것으로 보인다.

그러면 『송고연주』가 고려 불교계에 언제, 어떻게 수용되었을까. 『송고연주』는 현재 下卷의 零本 1책이 알려져 있으며, 康宗 2년(1213)

---

15) 憑子振, 「禪宗頌古聯珠通集書」, 普會, 「禪宗頌古聯珠通集書」(X65-475).

16) 椎名宏雄, 『宋元版禪籍の硏究』, 大東出版社, 1993, 434쪽. 이 기록은 宋末 元初에 馬端臨이 저술한 『文獻通考』에도 인용되어 있다.

17) 권3, 5, 8이 빠진 7권 7책본으로 남아 있다. 椎名宏雄, 위의 책, 575쪽.

에 간행되었던『正法眼藏』등과 비슷한 시기에 간행되었을 것으로 추정되고 있다.18) 따라서『송고연주』가 1179년에 간행되고 난 후에 비교적 이른 시기에 고려에 전해진 것으로 보인다. 그러면『송고연주』가『염송집』의 편찬에 미친 영향이 어떠한가에 대해 구체적으로 살펴보기로 한다.

『염송집』의 전체 구성에서 불, 법, 승의 순서에 따른 배열이나 조사기연의 전체 체계가『송고연주』와 비슷하다. 그러나『염송집』의 전체 구성은『송고연주』를 그대로 따르지 않았다. 뒤의〈표 II-5〉에서 드러나듯이『송고연주』에 '菩薩機緣之餘'에 수록된 傅大士, 布袋和尚, 金陵寶誌 등과 관련된 본칙 4칙이 모두『염송집』에는 마지막의 '東土應化聖賢'에 수록되었다. 또한 전체 구성에서『송고연주』는 남악계를 우선 배치하고, 청원계를 뒤에 배치하였다. 이에 비해『염송집』은 남악계를 우선 배치하더라도 조사의 전등 순서를 달마 제○세라는 순서에 따라 구성하였다.

따라서『염송집』의 본칙 구성은『송고연주』의 본칙 순서와 다르게 배치되어 있다. 이러한 차이는『염송집』전체의 편집 방침이나 구성과 관련된다.『염송집』은 역대 선문 조사에 관한 고칙 공안을 전등의 차례에 따라 배열하고, 그것에 대한 착어를 상세하게 제시하였다. 이러한 구성은 기본적으로『통요』와 동일하다.

그런데『통요』의 착어는 이른바 염고에 한정된 것이 가장 큰 특징이며, 송고는 수록하지 않았다. 따라서 수선사에서『염송집』의 송고를 배열하고 수록하는 데에는 기본적으로『송고연주』를 저본으로 삼았다.〈표 II-5〉에서 드러나듯이『송고연주』는 전체 364칙 가운데 310칙이 인용될 만큼 본칙의 대부분이 그대로 수록되었다.19)

---

18) 남권희,『고려시대 기록문화 연구』, 청주고인쇄박물관, 2002, 51쪽.
19)『송고연주』의 서문에는 법웅이 수록한 본칙이 325칙이라고 하였지만, 현존 속집에 수록된 원집의 본칙 수와 차이가 있다. 그 이유는 정확하게 알 수 없고, 이 글에서는 속집

그러면『염송집』에 인용된『송고연주』의 송고는 어떠한 특징과 의미를 갖고 있을까.『염송집』에는『송고연주』의 송고가 무조건 수록되는 것이 아니라 〈표 II-5〉에서 알 수 있듯이 수선사에서 선호하는 송대 조사들의 송고가 인용되어 있다.

　그 가운데 5회 이상 인용된 송고의 조사와 인용 회수는 다음과 같다. 먼저 保寧仁勇이 90회로 가장 많고, 이어 설두중현(76), 대혜종고(63), 竹庵士珪(59), 海印超信(49), 宏智正覺(46), 智海本逸(45), 南明法泉(45), 佛眼淸遠(36), 上方日益(34), 眞淨克文(28), 投子義靑(26), 東林常總(26), 장상영(24), 佛鑑慧勲(22), 圜悟克勤(22), 南華知昺(20), 황룡혜남(19), 長靈守卓(19), 양걸(14), 大洪守遂(13), 智海智淸(10), 智門光祚(9), 慈受懷深(9), 丹霞子淳(9), 운봉문열(9), 天衣義懷(8), 道吾悟眞(7), 五祖法演(7), 法雲法秀(6), 대위모철(6), 부산법원(6) 등의 순이다.

　이를 종파별로 나누어 보면 초기 임제종이 해인초신, 운봉문열, 도오오진, 대위모철, 부산법원 등 5명이다. 임제종 황룡파가 진정극문, 동림상총, 황룡혜남, 장령수탁, 지해지청 등 5명이며, 임제종 양기파가 보령인용, 대혜종고, 죽암사규, 불안청원, 상방일익, 불감혜금, 원오극근, 남화지병, 오조법연 등 9명이다. 운문종은 설두중현, 지해본일, 남명법천, 자수회심, 지문광조, 천의의회, 법운법수 등 7명이다. 조동종은 굉지정각, 투자의청, 단하자순, 대홍수수 등 4명이다.

　따라서 종파로는 임제종이 가장 많으며, 특히 양기파의 선승들의 송고가 중시되었다는 특징이 드러난다.[20] 이러한 특징은『통요』에서 인용한 염고의 횟수와 다른 경향이다. 특히 보령인용의 송고가 가장 많이 인용되었고, 대혜종고, 죽암사규 등을 비롯하여 불안청원, 상방일익, 불감혜근 등 양기파 선승들의 송고가 대부분 많이 인용되었

　에 수록된 원집 내용을 그대로 따랐다.
20) 양기파가 중시된 것은『송고연주』의 마지막 본칙이 楊岐方會라는 것에서도 알 수 있다.

다. 다만, 원오극근의 송고가 22회로 적은 편이다.[21)]

한편, 임제종 이외에 설두중현, 굉지정각이 각각 운문종과 조동종을 대표하는 인물로서 가장 많은 송고가 인용될 만큼 중시되었다. 『염송집』 전체에 설두의 송고는 99회 인용되었는데, 『송고연주』에서 인용된 것이 76회이므로 저본으로서의 활용도가 높다. 굉지정각의 송고는 『염송집』 전체에 114회가 인용되었는데, 『송고연주』에서의 인용은 46회였다. 따라서 송대 선종을 대표하는 임제종, 운문종, 조동종 등 3가를 대표하는 조사들의 송고가 기본적으로 반영되어 있다.

〈표 II-5〉 『염송집』에 인용된 『송고연주』의 공안과 송고[22)]

번호	『염송집』 칙수 (조사)	『연주』 칙수	송고 조사	비고
1	2 (世尊)	1	海印超信, 保寧仁勇, 張商英, 長靈守卓, 慈受懷深, 南華知昺, 竹庵士珪, 大慧宗杲	瑯琊慧覺 拈古 인용
2	935 (九峯道虔)	2	丹霞子淳	
3	6 (世尊)	3	智門光祚, 雪竇重顯, 智海本逸, 海印超信, 上方日益, 大洪守遂, 宏智正覺, 佛鑑慧懃, 佛眼淸遠	
4	14 (世尊)	4	智海本逸, 保寧仁勇	
5	16 (世尊)	5	雪竇重顯, 天衣義懷, 保寧仁勇, 長靈守卓, 佛鑑慧懃, 佛眼淸遠, 竹庵士珪, 大慧宗杲	
6	762 (興化存獎)	6	投子義靑	
7	36 (世尊)	7		
8	32 (文殊)	8	天衣義懷, 南明法泉, 雲居元祐, 石門元易, 惠洪覺範, 佛眼淸遠, 竹庵士珪, 大慧宗杲	

---

21) 후술하듯이 『염송집』 전체에 원오극근의 착어는 염고 96회, 송고 85회가 인용되었기 때문에 원오의 송고는 『송고연주』보다 『원오어록』을 활용하였다.

22) 『송고연주』는 원의 普會가 증보한 『禪宗頌古聯珠通集』(新撰大日本續藏經 65권 수록)을 이용하였다. 또한 卍續藏經 115책에 수록된 판본과 中華大藏經 78책에 수록된 2종의 판본도 함께 참조하였다. 송고 조사의 순서는 『송고연주』의 수록 순서를 따랐다. 비고의 조사 인명은 송고 이외의 착어가 인용된 경우이다.

9	65 (文殊)	9	智海本逸, 保寧仁勇, 東林常總	
10	71 (舍利佛)	10	南明法泉, 圜悟克勤	
11	76 (賓頭盧尊者)	11	南明法泉, 保寧仁勇	
12	72 (映崛摩羅)	13	竹庵士珪, 大慧宗杲	
13	18 (世尊)	15	南明法泉	
14	1430 (傅大士)	16	雪竇重顯, 智海本逸, 慈受懷深	
15	1428 (傅大士)	17	投子義靑	
16	1448, 1447 (布袋和尙)	18	南明法泉	2칙 인용
17	1427 (金陵寶誌)	19	本覺守一	玄覺徵, 雪竇, 圜悟, 宏智 拈
18	49 (楞嚴經)	21	雪竇重顯, 白雲守端, 湛堂文準	
19	50 (楞嚴經)	23	海印超信, 竹庵士珪, 大慧宗杲	
20	47 (圓覺經)	24	竹庵士珪	
21	40 (法華經)	25	保寧仁勇, 竹庵士珪	
22	61 (文殊所說般若經)	26	保寧仁勇, 竹庵士珪, 大慧宗杲	
23	63, 64 (維摩經)	27	保寧仁勇, 竹庵士珪, 大慧宗杲	2칙 인용
24	56 (金剛經)	28	保寧仁勇	
25	58 (金剛經)	29	雪竇重顯, 張商英	
26	5 (迦葉)	30	保寧仁勇, 東林常總, 楊傑, 長靈守卓, 張商英, 南華知昺, 佛眼淸遠, 竹庵士珪, 大慧宗杲	축약 인용
27	81 (迦葉)	31	宏智正覺, 保寧仁勇, 東林常總, 張商英, 南華知昺, 慈受懷深	
28	95 (師子尊者)	32	佛眼淸遠, 竹庵士珪, 大慧宗杲	玄沙 拈
29	97 (般若多羅)	33	宏智正覺	汾陽善昭 拈
30	98 (達磨)	34	雪竇重顯, 智海本逸, 保寧仁勇, 上方日益	
31	99 (達磨)	35	竹庵士珪, 大慧宗杲	
32	101 (達磨)	36	天衣義懷, 智海本逸, 保寧仁勇, 法雲法秀	
33	100 (二祖慧可)	37	智海本逸, 張商英, 佛眼淸遠, 竹庵士珪, 大慧宗杲	
34	105 (三祖僧璨)	38	五祖法演	본칙 끝 생략
35	108 (四祖道信)	39		본칙 전반
36	109 (五祖弘忍)	40		본칙 후반

37	110 (六祖慧能)	42	法昌倚遇, 天衣義懷, 保寧仁勇, 法雲法秀, 雪峯道圓, 佛鑑慧懃, 長靈守卓	본칙 축약
38	153 (破竈墮)	46	佛眼淸遠 2頌	
39	132 (南陽慧忠)	47	雪竇重顯 2頌, 佛鑑慧懃	본칙 전반
40	130 (南陽慧忠)	48	雪竇重顯, 投子義靑, 黃龍法南 2송, 海印超信, 南明法泉, 東林常總, 智海智淸, 上方日益, 長靈守卓, 竹庵士珪, 大慧宗杲	
41	135 (南陽慧忠)	49	海印超信	
42	146 (南陽慧忠)	50	雪竇重顯, 五祖法演	
43	119 (南嶽懷讓)	51	雲居了元, 保寧仁勇, 佛國惟白	
44	121 (南嶽懷讓)	52	保寧仁勇	본칙 끝 생략
45	147 (淸源行思)	53	投子義靑, 丹霞子淳, 佛國惟白	
46	149 (淸源行思)	54	保寧仁勇	
47	148 (淸源行思)	55	智海本逸, 黃龍慧南, 宏智正覺, 竹庵士珪, 大慧宗杲	
48	159 (馬祖道一)	56	長靈守卓	
49	178 (馬祖道一)	57	海印超信, 楊傑, 上方日益, 佛鑑慧懃, 佛眼淸遠	
50	157 (馬祖道一)	58	海印超信, 東林常總, 宏智正覺, 圓悟克勤, 大慧宗杲	
51	169 (馬祖道一)	59	雪竇重顯, 南明法泉, 楊傑, 保寧仁勇, 東林常總, 眞淨克文, 宏智正覺, 上方日益, 張商英, 長靈守卓, 五祖法演, 南華知昺	
52	164 (馬祖道一)	60	雪竇重顯, 海印超信, 東林常總, 南華知昺	
53	181 (百丈懷海)	61	汾陽善昭, 智海本逸, 海印超信, 南明法泉, 東林常總, 眞淨克文, 保寧仁勇, 智海智淸, 上方日益, 張商英, 南華知昺, 佛眼淸遠, 竹庵士珪, 大慧宗杲	
54	177 (百丈懷海)	62	雪竇重顯, 智海智淸, 上方日益, 圓悟克勤, 佛鑑慧懃, 佛眼淸遠	
55	185 (百丈懷海)	63	雪竇重顯 3首, 保寧仁勇	
56	182 (百丈懷海)	64	雪竇重顯, 智海本逸, 海印超信, 保寧仁勇, 佛鑑慧懃	

57	184 (百丈懷海)	65	海印超信, 大洪報恩, 東林常總, 大潙慕喆 2번째 首, 張商英, 圓悟克勤, 佛眼清遠, 竹庵士珪, 大慧宗杲	
58	219 (南泉普願)	66	保寧仁勇	
59	215 (南泉普願)	67		玄覺, 雲門 拈古 인용
60	203 (南泉普願)	69	海印超信, 南明法泉, 佛眼清遠	
61	207 (南泉普願)	70	雪竇重顯 2송, 保寧仁勇 2송, 東林常總, 佛眼清遠 2송	
62	204 (南泉普願)	71	雲居了元, 海印超信, 保寧仁勇	臥龍, 趙州 代 인용
63	208 (南泉普願)	72	雪竇重顯, 海印超信, 保寧仁勇, 佛眼清遠	玄覺, 雲居清錫 徵 인용
64	246 (南泉普願)	73	雲居了元, 南明法泉	
65	240 (南泉普願)	74	智海智清, 宏智正覺	
66	199 (鹽官齊安)	76	雪竇重顯, 宏智正覺	投子, 資福, 石霜, 保福 代 인용
67	255 (歸宗智常)	77	海印超信, 南華知昺	
68	262 (歸宗智常)	78		
69	248 (盤山寶積)	79, 80	南華知昺	2칙 통합
70	253 (盤山寶積)	81	雪竇重顯	
71	273 (水潦)	82	東林常總	
72	194 (麻谷寶徹)	83	保寧仁勇, 圓悟克勤	雪竇拈 인용
73	622 (臨濟義玄)	84	海印超信, 保寧仁勇	본칙 麻谷
74	511 (壽州良遂)	85	汾陽善昭, 智海本逸, 海印超信, 東林常總, 佛眼清遠	본칙 麻谷
75	276 (百丈惟政)	86	雪竇重顯	
76	275 (百丈惟政)	87	佛眼清遠	
77	277 (石鞏慧藏)	88		
78	280 (中邑洪恩)	89	智海本逸	
79	285 (汾州無業)	90	竹庵士珪	
80	188 (魯祖寶雲)	91	梁山善冀, 瑯琊慧覺, 翠巖可眞, 海印超信, 佛眼清遠	玄覺, 保福, 羅山, 玄沙, 雲居清錫, 玄覺 염고 인용
81	281 (鎮州金牛)	92	雪竇重顯	본칙 東禪齊 착어 인용
82	161 (龐蘊居士)	93	保寧仁勇, 宏智正覺, 五祖法演, 石門元易, 竹庵士珪	『염』 첫 질문 생략

83	310 (龐蘊居士)	94		
84	316 (龐蘊居士)	96	黃龍慧南	
85	309 (龐蘊居士)	97		
86	319 (龐蘊居士)	98		
87	1462 (龐婆)	100	慈受懷深	
88	325 (藥山惟儼)	101	丹霞子淳, 圓悟克勤, 隱靜守儼	
89	326 (藥山惟儼)	102	宏智正覺	
90	337 (藥山惟儼)	103	保寧仁勇	長慶拈, 玄覺徵
91	327 (藥山惟儼)	104	海印超信, 南明法泉, 保寧仁勇	
92	321 (丹霞天然)	106	投子義青, 張商英	
93	313 (丹霞天然)	107	上方日益	
94	354 (潮州大顛)	108	海印超信, 保寧仁勇	
95	347 (長髭曠)	109	保寧仁勇, 智海智清, 宏智正覺, 張商英	玄覺, 法燈 代
96	355 (潙山靈祐)	110	保寧仁勇, 大洪守遂, 上方日益	
97	356 (潙山靈祐)	111	東林常總, 智海智清, 上方日益	
98	371 (潙山靈祐)	112	南明法泉, 保寧仁勇	玄覺
99	375 (潙山靈祐)	113	黃龍慧南(2), 道吾悟眞, 海印超信, 保寧仁勇, 大潙慕喆	雲居膺 代, 資福, 新羅和尚, 芭蕉徹 拈
100	374 (潙山靈祐)	114	雪竇重顯, 宏智正覺, 張商英	
101	379 (潙山靈祐)	115	本覺守一, 隱靜守儼	
102	369 (潙山靈祐)	116	投子義青, 保寧仁勇, 宏智正覺, 佛眼清遠	
103	377 (潙山靈祐)	118		
104	394 (黃蘗希運)	119	保寧仁勇	
105	390 (黃蘗希運)	120	雪竇重顯, 南明法泉, 佛眼清遠, 竹庵士珪, 大慧宗杲	
106	493 (長沙景岑)	121	雪竇重顯, 上方日益, 佛鑑慧懃	
107	492 (長沙景岑)	122	死心悟新, 靈源惟清, 大洪守遂, 慈受懷深, 南華知昺	
108	490 (長沙景岑)	123	投子義青	
109	496 (長沙景岑)	124	保寧仁勇	
110	499 (子湖利蹤)	125	智海本逸, 佛眼清遠	
111	211 (雲際師祖)	127	神鼎洪諲, 南明法泉, 宏智正覺	雪竇 拈古 4수
112	212 (南泉普願)	128	智海本逸, 佛眼清遠	

113	209 (南泉普願)	129	雪竇重顯, 保寧仁勇, 上方日益, 圓悟克勤, 佛鑑慧懃, 竹庵士珪, 大慧宗杲	
114	505 (甘贄行者)	130	保寧仁勇, 張商英, 竹庵士珪, 大慧宗杲	
115	530 (道吾宗智)	132	投子義靑	
116	532 (道吾宗智)	133	雪竇重顯, 宏智正覺	본칙 雲巖曇晟
117	524 (雲巖曇晟)	134	宏智正覺	
118	534 (船子德誠)	137	東林常總	
119	537 (高沙彌)	138	投子義靑	法眼 別
120	335 (藥山惟儼)	140	張商英	본칙 李翺
121	407 (趙州從諗)	142	雲峯文悅, 佛鑑慧懃(2), 竹庵士珪, 大慧宗杲	
122	217 (南泉普願)	143	保寧仁勇, 竹庵士珪, 大慧宗杲	본칙 趙州
123	424 (趙州從諗)	144	保寧仁勇, 竹庵士珪, 大慧宗杲	
124	430 (趙州從諗)	145	南明法泉, 保寧仁勇, 大慧宗杲	
125	409 (趙州從諗)	146	雪竇重顯, 智海本逸, 海印超信, 南明法泉, 保寧仁勇, 大慧宗杲	
126	434 (趙州從諗)	147	雪竇重顯, 竹庵士珪, 大慧宗杲	
127	441 (趙州從諗)	148	智海本逸, 南明法泉	
128	412 (趙州從諗)	149	石霜楚圓, 投子義靑, 浮山法遠, 黃龍慧南, 海印超信, 雲峯文悅, 南明法泉, 保寧仁勇, 眞淨克文, 上方日益, 大潙慕喆, 張商英, 長靈守卓, 大慧宗杲, 竹庵士珪	
129	421 (趙州從諗)	150	汾陽善昭, 浮山法遠, 石霜楚圓, 雪竇重顯(2), 雲峯文悅, 黃龍慧南 3수, 智海本逸, 天衣義懷, 海印超信, 東林常總, 眞淨克文, 保寧仁勇, 楊傑, 佛鑑慧懃	
130	479 (趙州從諗)	151	智海本逸, 南明法泉, 竹庵士珪	
131	452 (趙州從諗)	152	竹庵士珪, 大慧宗杲	
132	429 (趙州從諗)	153	慧林德遜, 智海本逸, 楊傑, 宏智正覺	
133	438 (趙州從諗)	154	智門光祚, 雪竇重顯	
134	417 (趙州從諗)	155	法雲法秀	
135	417 (趙州從諗)	156	眞淨克文, 五祖法演, 竹庵士珪, 大慧宗杲	

136	453 (趙州從諗)	157	海印超信, 張商英	
137	411 (趙州從諗)	158	投子義青, 雲峯文悅, 黃龍慧南, 東林常總, 智海本逸, 南明法泉, 佛眼清遠	
138	408 (趙州從諗)	159	雪竇重顯, 保寧仁勇, 東林常總, 大慧宗杲	
139	436 (趙州從諗)	160		
140	410 (趙州從諗)	161	雪竇重顯, 東林常總	
141	418 (趙州從諗)	162	雪竇重顯, 天衣義懷	
142	510 (五臺智通)	163	保寧仁勇, 大洪守遂	
143	512 (鎭州普化)	164	海印超信, 竹庵士珪	
144	515 (鎭州普化)	165		
145	514 (鎭州普化)	166	海印超信, 上方日益	
146	508 (五臺秘魔巖)	167	黃龍慧南, 海印超信, 崇勝珙	
147	607 (臨濟義玄)	168	白雲守端, 保寧仁勇, 東林常總, 眞淨克文, 宏智正覺, 上方日益, 張商英, 佛眼清遠	潙山擧問仰山 인용
148	633 (臨濟義玄)	169	大洪報恩, 大洪守遂, 張商英, 大慧宗杲	
149	608 (臨濟義玄)	170	眞淨克文,	潙山問仰山 인용
150	617 (臨濟義玄)	171	保寧仁勇, 上方日益, 竹庵士珪, 大慧宗杲	
151	615 (臨濟義玄)	172	智海本逸, 宏智正覺, 佛鑑慧懃, 大慧宗杲	
152	616 (臨濟義玄)	173	石霜楚圓, 浮山法遠, 海印超信, 大慧宗杲	
153	767 (定上座)	174	雪竇重顯, 宏智正覺, 佛鑑慧懃	南華知昺拈 본칙 臨濟
154	635 (臨濟義玄)	175	黃龍慧南, 南明法泉, 保寧仁勇, 東林常總, 靈源惟淸, 宏智正覺, 上方日益, 佛鑑慧懃, 南華知昺, 竹庵士珪, 大慧宗杲	
155	639 (睦州陳尊宿)	176	楊傑, 長靈守卓, 竹庵士珪, 大慧宗杲	축약 인용
156	640 (睦州陳尊宿)	177	海印超信	
157	656 (睦州陳尊宿)	178		
158	435 (趙州從諗)	179 (嚴陽尊者)	黃龍慧南, 眞淨克文, 宏智正覺, 佛眼清遠	

159	846 (大隨法眞)	180	智門光祚, 雪竇重顯, 智海本逸, 道吾悟眞, 南明法泉, 法雲法秀, 保寧仁勇	
160	848 (大隨法眞)	181	智門光祚, 南明法泉, 保寧仁勇, 東林常總, 佛眼淸遠	
161	853 (靈樹如敏)	182	瑯琊慧覺, 智海智淸	
162	590 (靈雲志勤)	183	首山省念 2수, 神鼎洪諲, 智海本逸, 浮山法遠, 雲峯文悅, 黃龍慧南 2수, 南明法泉, 楊傑, 保寧仁勇, 眞淨克文, 惠洪覺範, 圓悟克勤, 佛眼淸遠, 南華知昺, 大慧宗杲, 竹庵士珪 2수	
163	592 (靈雲志勤)	184	南明法泉, 保寧仁勇	
164	552 (金華俱胝)	185	雪竇重顯, 佛眼淸遠, 大慧宗杲	본칙 끝 인용
165	664 (德山宣鑒)	186	保寧仁勇	
166	665 (德山宣鑒)	187	保寧仁勇, 大洪守遂, 東林常總, 上方日益, 佛眼淸遠	
167	666 (德山宣鑒)	188	上方日益	雪竇 염고
168	672 (德山宣鑒)	189	大洪報恩, 大洪守遂, 張商英	
169	667 (德山宣鑒)	190	海印超信	法眼, 圓明密, 雪竇 염고
170	671 (德山宣鑒)	191	海印超信, 保寧仁勇, 宏智正覺, 上方日益	
171	668 (德山宣鑒)	192	宏智正覺, 張商英, 大慧宗杲, 竹庵士珪	
172	632 (臨濟義玄)	193	海印超信	본칙 德山
173	680 (洞山良价)	194	本覺守一	본칙 후반
174	687 (洞山良价)	195	南明法泉, 宏智正覺, 佛眼淸遠, 大慧宗杲	
175	686 (洞山良价)	196	雪竇重顯, 長靈守卓	
176	685 (洞山良价)	197	保寧仁勇, 宏智正覺	
177	696 (洞山良价)	198	投子義靑	
178	558 (石霜慶諸)	199	南明法泉, 保寧仁勇, 南華知昺	玄沙
179	556 (石霜慶諸)	200	投子義靑, 保寧仁勇	
180	564 (漸源仲興)	201	雪竇重顯, 保寧仁勇, 長靈守卓, 圓悟克勤	
181	713 (夾山善會)	202	丹霞子淳, 宏智正覺	
182	720 (夾山善會)	203	投子義靑	

183	715 (夾山善會)	204	投子義靑, 丹霞子淳, 竹庵士珪, 大慧宗杲	
184	714 (夾山善會)	205	投子義靑, 智海本逸	
185	746 (淸平令遵)	206	瑯琊慧覺, 法雲法秀, 宏智正覺, 南華知昺	
186	726 (投子大同)	207	雪竇重顯, 長靈守卓, 竹庵士珪, 大慧宗杲	
187	729 (投子大同)	208	投子義靑, 南明法泉, 長靈守卓, 佛鑑慧懃, 大慧宗杲	
188	727 (投子大同)	209	投子義靑, 智海本逸, 保寧仁勇	
189	732 (投子大同)	210	智海本逸	
190	569 (仰山慧寂)	211	南華知昺	
191	573 (仰山慧寂)	212	海印超信, 保寧仁勇, 智海智淸	
192	381 (潙山靈雨)	213		본칙 仰山
193	572 (仰山慧寂)	214	宏智正覺, 本覺守一	
194	575 (仰山慧寂)	215	保寧仁勇	
195	600 (香嚴智閑)	216	汾陽善昭, 南明法泉, 保寧仁勇, 石門元易, 上方日益	
196	756 (興化存獎)	219	智門光祚, 宏智正覺 2수, 上方日益	玄覺徵
197	761 (興化存獎)	220	海印超信, 竹庵士珪, 大慧宗杲	
198	759 (興化存獎)	221	海印超信, 竹庵士珪, 大慧宗杲	
199	758 (興化存獎)	222	海印超信, 東林常總, 眞淨克文, 大慧宗杲, 竹庵士珪	
200	751 (三聖慧然)	223	保寧仁勇, 佛鑑慧懃, 大慧宗杲, 竹庵士珪	
201	923 (霍山景通)	225	保寧仁勇	
202	932 (九峯道虔)	228	海印超信, 南明法泉, 保寧仁勇, 智海智淸, 丹霞子淳, 上方日益, 張商英, 宏智正覺, 大洪守遂	
203	946 (洛浦元安)	229	投子義靑, 宏智正覺	본칙 후반 興化 代
204	947 (洛浦元安)	230	丹霞子淳	
205	967 (太原海湖)	231	丹霞子淳	
206	826 (巖頭全豁)	232	保寧仁勇	
207	831 (巖頭全豁)	233	海印超信, 大洪守遂, 大慧宗杲, 竹庵士珪	

208	832 (巖頭全豁)	234	大慧宗杲, 竹庵士珪	
209	833 (巖頭全豁)	235	海印超信	
220	830 (巖頭全豁)	236	海印超信, 大潙慕喆, 上方日益	
211	828 (巖頭全豁)	237	長靈守卓	
212	780 (雪峯義存)	238	保寧仁勇	
213	781 (雪峯義存)	239	佛眼淸遠	
214	810 (雪峯義存)	240	雪竇重顯, 東林常總, 宏智正覺	
215	793 (雪峯義存)	242		
216	789 (雪峯義存)	243	雪竇重顯, 智海本逸, 眞淨克文, 宏智正覺	
217	788 (雪峯義存)	244	雪竇重顯, 圓悟克勤	長慶問雲門
218	795 (雪峯義存)	245	保寧仁勇	
219	812 (雪峯義存)	246	興敎洪壽, 保寧仁勇	
220	785 (雪峯義存)	247		
221	794 (雪峯義存)	248	智海本逸, 保寧仁勇	
222	816 (雪峯義存)	249	保寧仁勇	
223	783 (雪峯義存)	250	上方日益	雪竇
224	790 (雪峯義存)	251	雪竇重顯, 海印超信, 眞淨克文 2수, 上方日益, 大慧宗杲, 竹庵士珪	
225	856 (雲居道膺)	252	南明法泉, 楊傑, 天章元善	
226	890 (曹山本寂)	254	南華知昺	玄覺
227	895 (龍牙居遁)	255	投子義靑	
228	894 (龍牙居遁)	256	雪竇重顯, 宏智正覺	
229	870 (疎山匡仁)	258	大慧宗杲, 竹庵士珪	
230	917 (越州乾峯)	259	丹霞子淳, 保寧仁勇, 慈受懷深, 圓悟克勤	
231	919 (越州乾峯)	260		
232	918 (越州乾峯)	261	宏智正覺, 長靈守卓, 大慧宗杲, 竹庵士珪	
233	1164 (鎭州寶壽)	262	黃龍慧南, 保寧仁勇, 眞淨克文, 大潙慕喆, 智海智淸, 上方日益, 南華知昺, 大慧宗杲, 竹庵士珪	
234	1163 (鎭州寶壽)	263	五祖法演, 南華知昺	
235	1192 (芭蕉慧淸)	264	投子義靑, 智海本逸, 保寧仁勇, 大慧宗杲	

236	985 (玄沙師備)	267	雪竇重顯, 大慧宗杲, 竹庵士珪	法眼, 雲居錫, 玄沙, 雲門
237	993 (玄沙師備)	268	大慧宗杲, 竹庵士珪	
238	984 (玄沙師備)	269	南明法泉, 保寧仁勇, 佛眼清遠	東禪齊, 雪竇
239	987 (玄沙師備)	270	大潙慕喆	
240	992 (玄沙師備)	271	南明法泉, 法雲法秀	
241	991 (玄沙師備)	272	天衣義懷	
242	1000 (玄沙師備)	273	投子義靑	
243	1109 (長慶慧稜)	274	雪竇重顯	
244	1118 (鏡淸道怤)	277	智海本逸, 保寧仁勇	
245	1119 (鏡淸道怤)	278	雪竇重顯, 楊傑, 圓悟克勤	
246	1122 (鏡淸道怤)	279	雪竇重顯	
247	1121 (鏡淸道怤)	280	圓悟克勤	본칙 차이
248	1128 (翠巖令參)	281	雪竇重顯, 大洪守遂, 死心悟新	長慶, 雲門, 保福, 翠巖芝
249	1133 (太原孚)	282	南明法泉, 圓悟克勤	
250	1134 (太原孚)	283		
251	1011 (雲門文偃)	284	雪竇重顯, 圓悟克勤	
252	1012 (雲門文偃)	285	雪竇重顯, 圓悟克勤	
253	1009 (雲門文偃)	286	雪竇重顯, 海印超信, 大洪報恩, 上方日益	
254	1014 (雲門文偃)	287	上方日益, 慈受懷深, 圓悟克勤, 大慧宗杲, 竹庵士珪	
255	1081 (雲門文偃)	288	智門光祚, 眞淨克文, 竹庵士珪	
256	1073 (雲門文偃)	289	智門光祚, 南明法泉	
257	1023 (雲門文偃)	290	智門光祚, 淨因惟嶽, 楊傑, 佛鑑慧懃	
258	1016 (雲門文偃)	291	雪竇重顯, 投子義靑, 天衣義懷, 浮山法遠, 黃龍慧南, 道吾悟眞, 白雲守端, 東林常總, 眞淨克文, 張商英	
259	1019 (雲門文偃)	292	雪竇重顯, 智海本逸, 五祖法演, 佛眼淸遠	
260	1020 (雲門文偃)	293	雪竇重顯, 智海本逸	
261	1007 (雲門文偃)	294	雪竇重顯, 宏智正覺	
262	1035 (雲門文偃)	295	南明法泉, 黃龍慧南, 楊傑, 大洪守遂, 眞淨克文	
263	1042 (雲門文偃)	296	雪竇重顯, 圓悟克勤	

264	1022 (雲門文偃)	297	雪竇重顯, 智海本逸, 石霜楚圓, 雲峯文悅, 眞淨克文	
265	1034 (雲門文偃)	298	南明法泉, 眞淨克文	
266	1078 (雲門文偃)	299	竹庵士珪, 大慧宗杲	
267	1015 (雲門文偃)	300	雪竇重顯, 靈源惟淸, 長靈守卓, 佛鑑慧懃	
268	1018 (雲門文偃)	301	智海本逸, 黃龍慧南, 楊傑, 保寧仁勇, 慧林德遜, 眞淨克文, 東林常總, 張商英, 大慧宗杲	
269	1017 (雲門文偃)	302	雪竇重顯, 上方日益	
270	1013 (雲門文偃)	303	南明法泉, 楊傑	
271	1037 (雲門文偃)	304	智海本逸, 宏智正覺	
272	1024 (雲門文偃)	305	智海本逸, 大愚守芝, 眞淨克文	
273	1055 (雲門文偃)	306	眞淨克文	
274	1041 (雲門文偃)	308	圓悟克勤	
275	1010 (雲門文偃)	309	雪竇重顯	
276	1068 (雲門文偃)	310		
277	1099 (雲門文偃)	311		
278	1247 (風穴延昭)	316	雪竇重顯, 保寧仁勇, 圓悟克勤	
279	1249 (風穴延昭)	317	雪竇重顯, 宏智正覺	
280	1248 (風穴延昭)	318	海印超信, 竹庵士珪, 大慧宗杲	
281	1250 (風穴延昭)	319	海印超信, 道吾悟眞, 雲峯文悅, 眞淨克文, 上方日益	
282	1251 (風穴延昭)	320	智海本逸, 浮山法遠, 海印超信, 張商英	
283	1272 (明招德謙)	321	南明法泉, 竹庵士珪, 大慧宗杲	
284	1207 (羅漢桂琛)	322	雲峯文悅, 靈源惟淸, 宏智正覺	『염』에 운봉 염고로 인용
285	1278 (大龍智洪)	323	雪竇重顯	
286	1275 (薦福思)	325	大洪守遂	
287	1222 (巴陵顥鑑)	327	智海本逸, 保寧仁勇	
288	1220 (巴陵顥鑑)	328	雪竇重顯, 長靈守卓	
289	1219 (巴陵顥鑑)	329	雪竇重顯, 海印超信, 保寧仁勇	
290	1221 (巴陵顥鑑)	330	投子義靑, 保寧仁勇	
291	1225 (香林澄遠)	332	雪竇重顯	

292	1224 (香林澄遠)	333	雪竇重顯, 智海本逸, 上方日益, 宏智正覺	『염』에 설두 염고로 인용
293	1229 (洞山守初)	334	保寧仁勇, 慈受懷深, 佛眼淸遠	
294	1230 (洞山守初)	335	智門光祚, 雪竇重顯, 投子義靑, 浮山法遠, 大愚守芝, 海印超信, 道吾悟眞, 雲峯文悅, 南明法泉, 白雲守端, 張商英, 南華知昺, 佛眼淸遠	
295	1320 (首山省念)	336	神鼎洪諲, 道吾悟眞, 海印超信, 保寧仁勇, 眞淨克文, 宏智正覺, 南華知昺, 竹庵士珪, 大慧宗杲	
296	1321 (首山省念)	338	智海本逸, 南明法泉, 眞淨克文	
297	1290 (法眼文益)	340	雪竇重顯, 投子義靑, 天衣義懷, 智海本逸, 南明法泉, 白雲守端, 慈受懷深, 上方日益, 長靈守卓, 南華知昺, 圓悟克勤	
298	1291 (法眼文益)	341	楊傑, 東林常總	
299	1293 (法眼文益)	342	智海本逸, 保寧仁勇, 南明法泉, 宏智正覺	
300	1281 (智門光祚)	345	雪竇重顯, 長靈守卓, 佛鑑慧懃	
301	1282 (智門光祚)	346	雪竇重顯	
302	1335 (汾陽善昭)	347	智海本逸, 南明法泉, 上方日益, 佛鑑慧懃	
303	1345 (廣慧元璉)	350		본칙 초반 생략
304	1368 (北禪智賢)	351		
305	1386 (石霜楚圓)	355	智海本逸	
306	1379 (瑯琊慧覺)	356	大洪守遂, 宏智正覺, 圓悟克勤, 佛鑑慧懃	
307	1390 (大愚守芝)	357	南明法泉, 竹庵士珪, 大慧宗杲	
308	1398 (黃龍慧南)	358	眞淨克文 3수	
309	1403 (楊岐方會)	360	保寧仁勇, 竹庵士珪, 大慧宗杲	
310	1404 (老宿)	362	智海本逸	

3장 『禪門拈頌集』의 편찬과 雲門宗·曹洞宗의 어록

1. 雪竇 7部集의 수용과 영향

설두 7부집은 북송의 운문종을 대표하는 雪竇重顯(980~1053)의 어록이다. 그는 자가 隱之, 속성이 李氏이며, 遂州(四川省 遂寧縣)에서 태어났다.[1] 그는 어렸을 때부터 세간을 떠날 생각을 가졌으나 부모의 반대로 인해 咸平 연간(998~1003) 무렵 부모가 돌아간 후에 출가하게 되었다. 그는 처음 교학을 배웠지만 만족하지 못하고 湖北省 襄陽으로 가서 石門蘊聰(995~1032)의 문하에서 3년간 수행하였다. 석문의 지시로 그는 隨州의 智門光祚(?~1031)에게 나아가 깨닫고 그의 법을 이었다.

이후 그는 蘇州의 洞庭翠峯寺에 머물렀고, 明州知事로 부임한 曾會

---

1) 설두의 생애에 대해서는 治平 2년(1065)에 呂夏卿이 지은 塔銘을 기본 자료로 활용하였다. 呂夏卿 撰, 「明州雪竇山資聖寺第六祖明覺大師塔銘」, 『雪竇明覺大師語錄』(柳田聖山·椎名宏雄 編, 『禪學典籍叢刊』 2, 臨川書店, 1999, 23~25쪽). 또한 주 7)의 永井政之, 柳田聖山의 논문과 함께 『天聖廣燈錄』 권23, 『建中靖國續燈錄』 권3, 『禪林僧寶傳』 권11, 『佛祖歷代通載』 권17 등을 참고하였다.

의 후원을 받아 설두산 資聖寺로 들어가 31년간 주지로 머물렀다. 그는 증회, 李遵勗, 賈昌朝 등 당대 명문의 지식인들과 교유하였고, 그들의 후원을 받았다. 특히 이준욱의 上表로 紫衣를 하사받았고, 가창조의 上奏로 明覺大師라는 호를 하사받았다.

설두의 어록인 『雪竇明覺大師語錄』(7권 2책)은 그의 생존 중에 제자들에 의해 편집되었다. 그의 어록은 후세에 많은 선 문헌을 낳은 원천이었으며, 명대 이후 모든 대장경에 수록되었고, 다양한 단행본도 적지 않을 정도로 선종사에 커다란 영향을 미쳤다. 그럼에도 불구하고 그의 어록 전반에 대한 문헌 연구는 그렇게 많지 않다.[2]

그의 저작에 대해서는 그가 입적한 후 13년째 되던 해인 治平 2년(1065)에 尙書 呂夏卿이 쓴 塔銘에 구체적으로 서술되어 있다. 탑명에는 편집자로서 문하의 선승 8명의 이름과 『洞庭語錄』,[3] 『雪竇開堂錄』,[4] 『瀑泉集』,[5] 『祖英集』,[6] 『頌古集』,[7] 『拈古集』,[8] 『雪竇後錄』[9]이라고 하는

---

2) 永井政之,「雪竇の語錄の成立に関する一考察: 雲門宗研究のための文獻整理」,『駒澤大學大學院佛教學研究會年報』6, 1972; 永井政之,「雪竇の語錄の成立に関する一考察(二): 頌古百則の典據を考える」,『駒澤大學大學院佛教學研究會年報』7, 1973a; 永井政之,「雪竇頌古の展開について」,『印度學佛教學研究』22-1, 1973b; 永井政之,「雪竇の語錄の成立に関する一考察(三)」,『駒澤大學大學院佛教學研究會年報』8, 1974; 柳田聖山,「雪竇頌古の世界について」,『禪文化研究所紀要』10, 1978; 柳田聖山,「解說」,『禪の語錄 15 雪竇頌古』, 筑摩書房, 1981; 椎名宏雄,「『明覺禪師語錄』諸本の系統」,『駒澤大學佛教學部論集』26, 1995; 椎名宏雄,「解題」,『禪學典籍叢刊』2, 臨川書店, 1999.

3) 原題名은 『住蘇州洞庭翠峰寺語』이며, 編者는 惟蓋竺이다.

4) 원제명은 『明州雪竇明覺大師開堂語錄』이며, 天聖 4년(1026)에 성립되었다. 편자는 文珍이며, 曾會居士의 서문이 있다.

5) 원제명은 『雪竇和尙明覺大師瀑泉集』이며, 天聖 8년(1030)에 성립되었다. 편자는 圓應이며, 그의 서문이 있다.

6) 원제명은 『慶元府雪竇明覺大師祖英集』이며, 天聖 10년(1032)에 성립되었다. 편자는 勝業文政이며, 그의 서문이 있다.

7) 원제명은 『雪竇顯和尙明覺大師頌古集』이며, 寶元 1년(1038) 이후에 성립되었다. 편자는 遠塵이며, 崑山曇玉의 서문이 있다.

8) 원제명은 『雪竇和尙拈古』이며, 天聖 10년(1032)에 성립되었다. 편자는 允誠·思恭이며, 그들이 쓴 서문이 있다.

9) 원제명은 『雪竇和尙後錄』이며, 편자가 寶慶子環이며, 如玉의 서문이 있다.

7부집의 題名이 기록되어 있다. 다만, 탑명에 서술된 7부집의 순서는
개별 문헌이 성립된 연도에 준해서 기록되지는 않았다.[10]

그런데 설두 어록의 간행본 가운데 현존 유일의 송판은 북경도서
관에 소장된 5권 5책본이며, 四部叢刊 속편 집부에 수록된 雪竇四集과
일치한다. 이 송판은 寧宗의 즉위(1195) 이후에 7부집 가운데 어록 관
련 3집을 제외하고 게송, 시가 등의 문학적 작품만을 5권 5책 세트로
간행되었다.[11]

따라서 설두의 어록은 송판, 원판이 남아 있지만, 모두 4부만의 집
성이고 7부 전부를 집성한 문헌은 五山版인 동양문고 소장본이 유일
하다.[12] 이 오산판은 開禧 원년(1205)에 설두산에서 德雲이 간행하였
던 송판을 正應 2년(1289)에 복각한 覆宋版이다.[13]

7부집 가운데 『동정어록』, 『개당록』, 『폭천집』, 『설두후록』 등이 어
록이라면, 『조영집』은 시문집에 해당한다. 또한 『송고집』, 『염고집』
은 착어를 모은 것이다. 특히 송고는 어록과 시문의 융합을 보인 것이

10) 7부집의 성립은 『동정어록』, 『개당록』, 『설두후록』, 『폭천집』, 『조영집』, 『염고집』, 『송
고집』순으로 이루어졌다. 永井政之, 앞의 논문(1972), 椎名宏雄, 앞의 논문(1995),
201~202쪽.
11) 椎名宏雄, 위의 논문(1995), 204~206쪽.
12) 龜井孝等共編 『岩崎文庫貴重書書誌解題』 I, 東洋文庫, 1991, 78~79쪽; 椎名宏雄, 앞의 글
(1999), 369~372쪽.
13) 설두 7부집이 언제 처음 판각되었는지에 대해서는 『조정사원』을 통해 짐작할 수 있다.
『조정사원』은 선문의 어록과 선적의 어구 2400여를 대상으로 한 훈고인데, 그 가운데
대략 절반이 설두의 7부집을 대상으로 하였다. 『조정사원』에 훈고의 대상이 된 설두의
7부집을 권별로 보면 권1 후반 『雪竇洞庭錄』, 권2 『雪竇後錄』, 『雪竇瀑泉集』, 『雪竇拈古』,
『雪竇頌古』, 권3 『雪竇祖英』 上, 권4 『雪竇祖英』 下, 『雪竇開堂錄』, 『雪竇拾遺』 29則 등의
순이다. 따라서 각 집의 성립순과 다르고 여허경의 답명에서 가리키는 7부집의 명칭
순시와도 일치하지 않는다. 『조정사원』이 사용한 설두 7부집은 현존 송판과 판식을 달
리하는 북송판이었고, 초각본이었을 것으로 짐작된다. 『통요』에 수록된 설두의 어구를
보면 7부집의 간행본과 관련이 없고, 제방에 전존하고 있던 어록과 어구 중에 골라
채록하였던 것으로 보인다. 그러므로 7부집의 초각본은 1093년에 『통요』가 성립되었던
때에서 1108년에 『조정사원』이 편성되었던 시점 사이에 출현하였던 것으로 짐작된다.
椎名宏雄, 앞의 논문(1995), 226~228쪽.

며, 설두의 독자성을 잘 드러낸다.14) 한편, 7부집 가운데 일찍부터 단독으로 간행되었던 것이 『송고집』과 『조영집』이다. 전자는 남송 초기에 원오극근이 새롭게 평창, 착어를 붙인 『벽암록』이 성립되면서 南藏에 제외되기도 하였다. 후자는 완전히 게송, 시가의 문학적인 작품이었기 때문에 송대 이후 몇 번씩 별도로 간행되었다.15)

이와 같이 7부집의 구성과 내용에서 알 수 있듯이 고칙 공안에 대한 비평이 두드러지게 드러난다. 이러한 공안 비평은 본래 당 말의 설봉에게 비롯되는 福州 불교의 융성에 의해 수집된 어록 자료를 기초로 법안종의 선승들이 특히 화제가 된 고칙에 대해 스스로의 견해를 착어로 더하기 시작하면서 비롯되었다.

북송대에 이르면 이러한 흐름이 점차 성행하여 분양선소의 「선현삼백칙」을 비롯하여 고칙에 송과 착어를 붙이는 것이 일반화되어 갔다. 설두는 북송 초 절강 지역을 중심으로 전개한 운문종의 선문학을 집대성하였고, 그의 7부집은 송대 선사상의 흐름에서 공안 비평이라는 문자선의 정수를 담은 문헌이다.

그러면 설두 7부집이 『염송집』의 편찬에 미친 영향이 어떠한가를 살펴보기로 한다. 『염송집』에 설두의 착어가 어떻게 인용되고 있는지를 그의 저작인 7부집을 대상으로 비교, 분석하여, 뒤의 〈표 III-1〉과 같이 정리하였다.

〈표 III-1〉에서 드러나듯이 설두의 착어는 『염송집』에 전부 273칙에 인용될 만큼 그 인용 빈도가 대단히 높다. 이러한 인용 빈도는 설두가 대혜종고, 굉지정각, 원오극근 등과 함께 『염송집』에 수록된 착어가 많은 대표적인 선승이라는 사실을 확인시켜 준다. 또한 그의 착어는 『조영집』을 제외하고 7부집에서 고루 인용되었다. 12세기 이래

---

14) 永井政之, 『雲門(唐代の禪僧 11)』, 臨川書店, 2008, 226~227쪽.
15) 椎名宏雄, 앞의 논문(2005), 220~226쪽.

고려 선종계에서 운문종의 기본적인 선적을 두루 입수하였기 때문에 수선사에서도 이를 충실하게 반영한 것으로 보인다.

착어의 대상이 된 조사의 고칙 공안은 운문문언 23칙, 조주종심 23칙, 설봉의존 14칙, 현사사비 9칙, 장경혜릉과 남전보원이 8칙, 보복종전 7칙, 세존, 목주진존숙, 덕산선감, 투자대동 등이 6칙, 경청도부 5칙 등의 순이다. 이들 조사 가운데 운문이 가장 많고, 또 덕산-설봉-경청-현사, 장경, 보복으로 이어지는 계보가 중시되는 사실이 주목된다. 곧 설두가 중시하는 고칙은 설봉 문하이거나 운문과 관련된다.

실제 설두는 스스로 운문의 정계라고 하는 의식이 강하였다. 예를 들어 설두의『송고집』은 100칙 가운데 무려 18칙이 운문이며, 운문 이외에 설봉 문하의 선승들의 본칙도 장경혜릉 8칙을 포함하여 18칙이다. 이러한 수치는 확실히 설두가 운문종의 계승자라는 의식을 염두에 두고 있음을 알 수 있다. 아울러 송고의 내용에서도 설두가 운문에 호의적인 사실을 확인할 수 있다.[16) 또한 설두의『동정어록』에는 상식적인 탑명과는 느낌을 달리하는「雪峯和尚塔銘幷序」가 수록되었는데,[17) 운문만이 아니라 설봉의 정계라는 의식도 있었다.[18)

그런데 설두의 착어는 대어, 별어가 일부 있지만, 염고와 송고가 압도적으로 많다. 그 가운데 이른바「설두송고」라 불리는『송고집』은 제77칙 한 칙을 제외하고 모두 인용되었다.『염고집』도 일부를 제외하고 대부분 인용되었다. 염고는『통요』에서 인용된 것과 대부분 중복된다. 그것은『통요』의 저본으로 설두의 염고가 많이 활용되었기 때문이다. 그에 비해 송고는『송고연주』에 인용된 것과 상당수 중복되지만, 대부분 설두의『송고집』을 비롯한 7부집에서 인용되었다.

---

16) 永井政之, 앞의 글(1973a), 15~17쪽.

17) 柳田聖山·椎名宏雄 編, 앞의 책, 34c~35a.

18) 설봉의 문하에는 玄沙師備, 雲門文偃 등이 배출되어 五代에서 宋初에 걸쳐 운문종, 법안종이 형성되었다. 鈴木哲雄,『唐五代禪宗史』, 山喜房佛書林, 1985, 464~469쪽.

이러한 결과는 『통요』가 기본적으로 설두의 염고를 중시하였고, 『송고연주』의 경우도 송고의 집성에서 기본적으로 설두의 송고가 차지하는 비중이 크기 때문이다. 이러한 경향은 북송 이후 공안 비평에서 차지하는 설두의 위상이나 영향력이 반영된 것이다. 따라서 수선사에서 『염송집』을 편찬할 때에 전체 구성이나 염고와 송고를 인용할 때에 『통요』와 『송고연주』를 기본 문헌으로 활용하였지만, 설두의 착어는 그의 7부집이 기본적으로 활용되었다.

한편, 『염송집』에 다양한 착어가 수록되었지만, 대개 염고와 송고로 나눌 수 있으며, 그 가운데에도 송고의 비중이 크다. 이러한 구성은 송대 선에서 공안 비평이 주로 송고를 통해 유행된 것과 관련된다. 더욱이 설두의 착어는 『염송집』의 착어 가운데 송고의 모두에 놓이는 경우가 적지 않다. 그만큼 설두의 송고는 공안 비평의 정수로서 송고를 대표하는 위상을 갖고 있었음이 반영되고 있다.

반면에 송고의 효시를 이루는 분양선소의 「송고백칙」은 인용 빈도가 적은 편이다. 분양의 송고는 『염송집』의 181, 421, 511, 600, 631, 784, 985칙 등 불과 7칙에 그칠 뿐이다. 이러한 양상은 북송대 선종계에서 설두의 송고를 비롯한 착어가 공안 비평의 대명사로 성행되었던 것이 고려 선종계에서도 마찬가지였음을 보여 준다.

〈표 III-1〉 『염송집』에 인용된 설두중현의 착어 일람[19]

번호	『염송집』 칙수 (조사)	설두 착어	출전	비고
1	2 (世尊)	別云 拈古 (30칙)	『瀑泉集』 21a~21b 『拈古集』 52a	『통요』
2	6 (世尊)	頌古 (79칙)	『頌古集』 71c	『연주』, 『벽암』 9칙

---

19) 설두 7부집은 五山版 『雪竇明覺大師語錄』 영인본(柳田聖山·椎名宏雄 編, 『禪學典籍叢刊』 2, 臨川書店, 1999)을 이용하였다. 설두의 착어 중에 괄호 안에 표시한 송고의 칙수는 「송고백칙」의 순서에 따라 붙인 것이다. 마찬가지로 염고의 칙수도 「염고백칙」의 순서에 따라 붙인 것이다.

3	14 (世尊)	拈古	『洞庭語錄』 30c	『통요』
4	16 (世尊)	頌古 (65칙) 拈古 拈古	『頌古集』 69c~69d 『洞庭語錄』 32c 『洞庭語錄』 31b	『연주』, 『벽암』 65칙 『통요』 『통요』
5	24 (世尊)	拈古	『雪竇後錄』 37c	『통요』
6	31 (世尊)	上堂云	『開堂錄』 8a	
7	49 (楞嚴經)	頌古 (94칙)	『頌古集』 73c~73d	『연주』, 『벽암』 94칙
8	52 (楞嚴經)	頌古 (83칙) 拈古	『頌古集』 72a~72b 『벽암』(T48-205a)	『벽암』 78칙 『벽암』 78칙 본칙
9	58 (金剛經)	頌古 (97칙)	『頌古集』 74a	『연주』, 『벽암』 97칙
10	60 (諸佛要集經)	垂語云	『瀑泉集』 16d	
11	62 (維摩)	頌古 (88칙) 拈古 云	『頌古集』 72c~72d 『통요』 『속등록』(X78-654a)	『연주』, 『벽암』 84칙 『연주』 송고만 인용
12	69 (須菩提)	示衆擧云	『雪竇後錄』 37a	『통요』
13	70 (舍利佛)	拈古	『雪竇後錄』 38d	『통요』
14	95 (師子尊者)	拈古	『洞庭語錄』 30b	『통요』
15	98 (達磨)	頌古 (1칙)	『頌古集』 61a~61b	『연주』, 『벽암』 1칙
16	110 (六祖慧能)	頌古 頌古 拈古 (44칙)	『祖英集』 90d 『祖英集』 90d 『拈古集』 53c	『통요』
17	122 (永嘉玄覺)	拈古 (5칙)	『拈古集』 49b~49c	『통요』
18	129 (南陽慧忠)	云	『통요』	
19	131 (南陽慧忠)	拈古 (89칙)	『拈古集』 59a~59b	
20	132 (南陽慧忠)	頌古 (99칙) 頌古	『頌古集』 74b~74c	『연주』, 『벽암』 99칙 『연주』, 『속등록』
21	146 (南陽慧忠)	云 (3회) 頌古 (18칙) 拈古	『벽암』(T48-157c~158a) 『頌古集』 63a~63b 『雪竇後錄』 38c	본칙에 인용 『연주』, 『벽암』 18칙 『통요』
22	149 (清源行思)	拈古	『洞庭語錄』 30c~30d	『통요』
23	164 (馬祖道一)	頌古 (75칙)	『頌古集』 70d~71a	『연주』, 『벽암』 73칙
24	165 (馬祖道一)	拈古 (22칙)	『拈古集』 51a	『통요』
25	169 (馬祖道一)	頌古 (3칙)	『頌古集』 61b	『연주』, 『벽암』 3칙
26	175 (耽源眞應)	拈古 (77칙)	『拈古集』 57c	『통요』
27	177 (百丈懷海)	頌古 (53칙)	『頌古集』 67d~68a	『연주』, 『벽암』 53칙
28	178 (百丈懷海)	拈古	『雪竇後錄』 41d~42a	

		拈古	『雪竇後錄』37b	『통요』
29	181 (百丈懷海)	拈古	『拈古集』49a~49b	『통요』
30	182 (百丈懷海)	頌古 (26칙)	『頌古集』64b	『연주』, 『벽암』26칙
31	185 (百丈懷海)	頌古 (72칙) 頌古 (73칙) 頌古 (74칙)	『頌古集』70b~70c	『연주』 『염송』3칙을 1칙으로 『벽암』70, 71, 72칙
32	189 (魯祖寶雲)	拈古 (8칙)	『拈古集』49c~49d	『통요』
33	190 (伏牛自在)	拈古 (94칙)	『拈古集』59d	『통요』
34	192 (三角總印)	拈古 (41칙)	『拈古集』53b	『통요』
35	194 (麻谷寶徹)	着語(2회) 頌古 (31칙)	『벽암』(T48-170a) 『頌古集』65a	본칙에 인용 『연주』, 『벽암』31칙
36	199 (鹽官齊安)	頌古 (78칙) 代	『頌古集』71b 『통요』	『연주』, 『벽암』91칙
37	200 (鹽官齊安)	上堂云 代云	『雪竇後錄』42a~42b 『瀑泉集』17a	『통요』
38	204 (南泉普願)	拈古 (70칙)	『拈古集』56c~56d	본칙 차이, 『통요』
39	206 (南泉普願)	拈古	『洞庭語錄』31d	
40	207 (南泉普願)	頌古 (63칙) 頌古 (64칙)	『頌古集』69b~69c	『연주』 『염』2칙을 1칙으로
41	208 (南泉普願)	頌古 (71칙)	『頌古集』70b	『연주』, 『벽암』69칙
42	209 (南泉普願)	頌古 (40칙)	『頌古集』66a~66b	『연주』, 『벽암』40칙
43	210 (南泉普願)	拈古 (20칙)	『拈古集』50d~51a	
44	211 (南泉普願)	拈古 (34칙)	『拈古集』52c	
45	220 (南泉普願)	拈古 (58칙)	『拈古集』55a~55b	『통요』
46	251 (盤山寶積)	拈古	『洞庭語錄』29a~29b	
47	252 (盤山寶積)	云	『雪竇後錄』37b	
48	253 (盤山寶積)	頌古 (37칙)	『頌古集』65d	『연주』, 『벽암』37칙
49	255 (歸宗智常)	拈古	『洞庭語錄』33c~33d	『통요』
50	256 (歸宗智常)	拈古	『雪竇後錄』43a~43b	『통요』
51	257 (歸宗智常)	別	『瀑泉集』20c	『통요』
52	266 (大梅法常)	拈古 (72칙)	『拈古集』55d~56a	『통요』
53	267 (大梅法常)	拈古 (65칙)	『拈古集』55a	『통요』
54	269 (大梅法常)	拈古 (84칙)	『拈古集』58b~58c	『통요』
55	276 (百丈惟政)	頌古 (28칙)	『頌古集』64c~64d	『연주』
56	277 (石鞏慧藏)	拈古	『雪竇後錄』37d	『통요』

57	278 (石鞏慧藏)	拈古	『雪竇後錄』 38c〜38d	『통요』
58	281 (鎭州金牛)	頌古 (76칙) 頌古 着語云	『頌古集』 71a 『연등』 『통요』	『연주』,『벽암』 74칙
59	286 (則川)	拈古 (45칙)	『拈古集』 53c〜53d	『통요』
60	297 (烏臼)	頌古 (80칙)	『頌古集』 71c〜71d	『벽암』 75칙
61	298 (烏臼)	拈古 (62칙)	『拈古集』 55c	『통요』
62	305 (鄧隱峯)	拈古	『洞庭語錄』 31d	『통요』
63	307 (龐居士)	別 頌古 (42칙)	『통요』 『頌古集』 66b〜66c	『벽암』 42칙
64	323 (丹霞天然)	頌古 (81칙)	『頌古集』 71d〜72a	『벽암』 76칙
65	326 (藥山惟儼)	拈古	『雪竇後錄』 37d	『통요』
66	342 (藥山惟儼)	云 頌古 (86칙)	『통요』 『頌古集』 72c	본칙에 인용 『벽암』 76칙
67	347 (長髭曠)	拈古	『洞庭語錄』 30d〜31a	『통요』
68	348 (長髭曠)	拈古	『洞庭語錄』 33b	
69	349 (石樓和尙)	拈古 (14칙)	『拈古集』 50b	『통요』
70	369 (潙山靈祐)	拈古 (78칙)	『拈古集』 57c〜57d	본칙 인용 방식 차이
71	374 (潙山靈祐)	頌古 (24칙)	『頌古集』 64a〜64b	『연주』,『벽암』 24칙
72	390 (黃蘗希運)	頌古 (11칙)	『頌古集』 62c	『연주』,『벽암』 11칙
73	391 (黃蘗希運)	拈古	『雪竇後錄』 37c	『통요』
74	394 (黃蘗希運)	代	『瀑泉集』 19c	
75	397 (黃蘗希運)	拈古	『洞庭語錄』 32b〜32c	단독
76	399 (大慈寰中)	拈古 (25칙)	『拈古集』 51c	『통요』
77	400 (大慈寰中)	拈古 (86칙)	『拈古集』 58c〜58d	
78	408 (趙州從諗)	頌古 (45칙)	『頌古集』 66d	『연주』,『벽암』 45칙
79	409 (趙州從諗)	頌古 (30칙)	『頌古集』 64d	『연주』,『벽암』 30칙
80	410 (趙州從諗)	頌古 (9칙)	『頌古集』 62b	『연주』,『벽암』 9칙
81	412 (趙州從諗)	云	『開堂錄』 11d〜12a	
82	413 (趙州從諗)	頌古 (2칙) 拈古	『頌古集』 61b〜61c 『洞庭語錄』 31c	『벽암』 2칙 『통요』
83	414 (趙州從諗)	頌古 (57칙)	『頌古集』 68c〜68d	『벽암』 57칙
84	415 (趙州從諗)	頌古 (58칙) 上堂擧云	『頌古集』 68d 『雪竇後錄』 37b	『벽암』 58칙 『통요』
85	416 (趙州從諗)	頌古 (59칙)	『頌古集』 68d〜69a	단독,『벽암』 59칙

86	418 (趙州從諗)	頌古 (85칙)	『頌古集』 72b~72c	『연주』, 『벽암』 80칙
87	419 (趙州從諗)	拈古 (39칙)	『拈古集』 53a	
88	421 (趙州從諗)	頌古 頌古	『祖英集』 上 83d	『연주』
89	429 (趙州從諗)	拈古	『雪竇後錄』 42b	『통요』
90	433 (趙州從諗)	拈古 (76칙)	『拈古集』 57b~57c	『통요』
91	434 (趙州從諗)	頌古 頌古 (96칙) 頌古	『頌古集』 74a	『연주』, 『벽암』 96칙 본칙 차이
92	438 (趙州從諗)	頌古 (52칙)	『頌古集』 67d	『연주』, 『벽암』 52칙
93	453 (趙州從諗)	拈古 (15칙)	『拈古集』 50c	『통요』
94	471 (趙州從諗)	拈古	『雪竇後錄』 37c	단독
95	472 (趙州從諗)	拈古	『開堂錄』 9a	
96	479 (趙州從諗)	拈古	『雪竇後錄』 45b	
97	485 (趙州從諗)	拈古	『洞庭語錄』 33a~33b	단독
98	486 (趙州從諗)	拈古 (26칙)	『拈古集』 51c	『통요』
99	488 (趙州從諗)	上堂云	『開堂錄』 6c~6d	
100	493 (長沙景岑)	頌古 (36칙) 着語云	『頌古集』 65c~65d 『통요』	『연주』, 『벽암』 36칙
101	499 (子湖利蹤)	拈古	『雪竇後錄』 39a~39b	『통요』
102	503 (茱萸)	拈古 (71칙)	『拈古集』 56d	『통요』, 본칙 『傳燈錄』
103	514 (鎭州普化)	拈古 (40칙)	『拈古集』 53a~53b	『통요』
104	521 (雲巖曇晟)	頌古	『祖英集』 上 77d	『연주』
105	524 (雲巖曇晟)	別云	『瀑泉集』 21c	『통요』
106	525 (雲巖曇晟)	別云	『瀑泉集』 20c	『통요』
107	532 (道吾宗智)	頌古 (92칙)	『頌古集』 73b~73c	『연주』, 『벽암』 89칙
108	533 (船子德誠)	拈古 (97칙)	『拈古集』 60a	
109	536 (椑樹慧省)	拈古	『洞庭語錄』 32d~33a	
110	538 (翠微無學)	拈古	『雪竇後錄』 44d~45a	『통요』
111	545 (本生和尙)	拈古 (48칙)	『拈古集』 53d~54a	『통요』
112	552 (金華俱胝)	頌古 (19칙) 拈古 (81칙)	『頌古集』 63b 『拈古集』 58a	『연주』, 『벽암』 19칙 『정법』
113	564 (漸源仲興)	着語 頌古 (55칙)	『頌古集』 68a~68c	본칙 세주에 인용 『연주』, 『벽암』 55칙
114	567 (仰山惠寂)	拈古 (6칙)	『拈古集』 49c	본칙에 拈古 수록

115	568 (仰山慧寂)	頌古 (34칙)	『頌古集』 65b~65c	『벽암』 34칙
116	577 (仰山慧寂)	云	『瀑泉集』 20b	『통요』
117	587 (仰山慧寂)	頌古 (70칙)	『頌古集』 70b	『벽암』 68칙
118	590 (靈雲志勤)	云	『雪竇後錄』 43a	
119	600 (香嚴智閑)	拈古 (7칙)	『拈古集』 49c	
120	602 (香嚴智閑)	拈古 (53칙)	『拈古集』 54c	
121	605 (京兆米胡)	拈古	『洞庭語錄』 30b	『통요』
122	614 (臨濟義玄)	拈古 (11칙)	『拈古集』 50a	『통요』, 『擊節錄』 無
123	617 (臨濟義玄)	云	『開堂錄』 9b	『통요』
124	625 (臨濟義玄)	拈古	『開堂錄』 9d	『통요』
125	637 (睦州義玄)	拈古 (13칙)	『拈古集』 50b	『통요』
126	639 (睦州陳尊宿)	拈古 (42칙)	『拈古集』 53b	『통요』
127	643 (睦州陳尊宿)	頌古 (10칙)	『頌古集』 62b~62c	『벽암』 10칙
128	644 (睦州陳尊宿)	拈古 (55칙)	『拈古集』 54d	『통요』
129	645 (睦州陳尊宿)	拈古	『洞庭語錄』 32a~32b	『통요』
130	646 (睦州陳尊宿)	拈古 (68칙)	『拈古集』 56b~56c	『통요』
131	660 (烏石靈觀)	拈古	『洞庭語錄』 31a~31b	『통요』
132	661 (烏石靈觀)	拈古	『開堂錄』 9c	『통요』
133	662 (徑山道欽)	拈古 (36칙)	『拈古集』 52c~52d	
134	664 (德山宣鑒)	拈古	『洞庭語錄』 31a	
135	666 (德山宣鑒)	着語云(3회) 頌古 (4칙)	『통요』 『頌古集』 61c~61d	본칙에 인용 『벽암』 4칙
136	667 (德山宣鑒)	拈古 (1칙)	『拈古集』 48d~49a	『통요』
137	668 (德山宣鑒)	拈古 (87칙)	『拈古集』 58d~59a	
138	670 (德山宣鑒)	拈古 (60칙)	『拈古集』 55b~55c	
139	671 (德山宣鑒)	拈古 (18칙)	『拈古集』 50c~50d	
140	686 (洞山良价)	頌古 (43칙)	『頌古集』 66c	『연주』, 『벽암』 43칙
141	689 (洞山良价)	拈古 (90칙)	『拈古集』 59b	
142	711 (夾山善會)	拈古	『雪竇後錄』 40h	
143	717 (夾山善會)	拈古	『雪竇後錄』 45a	『통요』, 단독
144	726 (投子大同)	頌古 (41칙)	『頌古集』 66b	『연주』, 『벽암』 41칙
145	728 (投子大同)	頌古 (84칙)	『頌古集』 72b	『벽암』 79칙
146	729 (投子大同)	拈古	『雪竇後錄』 42c	『통요』
147	737 (投子大同)	拈古	『洞庭語錄』 33a	

148	741 (投子大同)	拈古 (91칙)	『拈古集』59b~59c	
149	744 (投子大同)	拈古 (98칙)	『拈古集』60a~60b	『통요』
150	749 (保壽延沼)	拈古	『雪竇後錄』38b	『통요』
151	756 (興化存獎)	拈古	『雪竇後錄』38a	『통요』
152	758 (興化存獎)	拈古 (23칙)	『拈古集』51b	
153	767 (定上座)	頌古 (32칙)	『頌古集』65a~65b	『연주』, 『벽암』 32칙
154	774 (桐峰庵主)	頌古 (88칙) 拈古	『頌古集』72d~73a 『정법』(X67-615c)	『연주』, 『벽암』 85칙 단독
155	782 (雪峰義存)	拈古	『雪竇後錄』40d~41a	『통요』
156	783 (雪峰義存)	拈古 (2칙)	『拈古集』49a	
157	784 (雪峰義存)	拈古 (85칙)	『拈古集』58c	
158	785 (雪峰義存)	拈古 (9칙)	『拈古集』49d	『통요』
159	788 (雪峰義存)	頌古 (5칙)	『頌古集』61d	『연주』, 『벽암』 5칙
160	789 (雪峰義存)	頌古 (22칙)	『頌古集』63d~64a	『연주』, 『벽암』 22칙
161	790 (雪峰義存)	頌古 (49칙) 拈古 (93칙)	『頌古集』67b 『拈古集』59c~59d	『연주』, 『벽암』 49칙
162	792 (雪峰義存)	拈古 (80칙)	『拈古集』57d~58a	『통요』
163	803 (雪峰義存)	拈古 (64칙)	『拈古集』55d~56a	
164	807 (雪峰義存)	拈古 (35칙)	『拈古集』52c	『통요』
165	810 (雪峰義存)	頌古 (51칙)	『頌古集』67c~67d	『연주』, 『벽암』 51칙
166	811 (雪峰義存)	拈古 (49칙)	『拈古集』54a	『통요』
167	812 (雪峰義存)	拈古 (88칙)	『拈古集』59a	
168	823 (雪峰義存)	拈古	『瀑泉集』21c~21d	『통요』
169	826 (巖頭全豁)	拈古 (43칙)	『拈古集』53b~53c	『통요』
170	835 (巖頭全豁)	頌古 (68칙)	『頌古集』70a	『벽암』 66칙
171	846 (大隨法眞)	頌古 (29칙)	『頌古集』64d	『연주』, 『벽암』 29칙
172	847 (大隋法眞)	拈古 (63칙)	『拈古集』55d	『통요』
173	857 (雲居道膺)	頌古	『祖英集』上 79d	
174	890 (曹山本寂)	別	『瀑泉集』20d	
175	894 (龍牙居遁)	頌古 (20칙) 頌古 拈古	『頌古集』63b~63c 『연주』(X65-659b) 『洞庭語錄』32c~32d	『연주』, 『벽암』 20칙 『통요』
176	911 (白水本仁)	拈古(29칙)	『拈古集』51d~52a	『통요』
177	912 (白水本仁)	云	『정법』(X67-589c)	

178	914 (欽山文邃)	拈古 (12칙)	『拈古集』50a	『통요』
179	915 (欽山文邃)	頌古 (56칙)	『頌古集』68c	『벽암』 56칙
180	917 (越州乾峯)	拈古 拈古	『雪竇後錄』41c 『開堂錄』9d	『통요』
181	918 (越州乾峯)	代	『雪竇後錄』44b	『통요』
182	919 (越州乾峯)	拈古	『雪竇後錄』41c	『통요』
183	923 (霍山景通)	拈古 (56칙)	『拈古集』54d~55a	본칙 조금 차이
184	946 (洛浦元安)	拈古 (92칙)	『拈古集』59c	본칙 조금 차이
185	970 (保福從展)	拈古 (83칙)	『拈古集』58b	『통요』
186	971 (保福從展)	示衆擧云	『洞庭語錄』33c	단독, 『통요』
187	972 (保福從展)	別	『瀑泉集』21d~22a	『통요』
188	973 (保福從展)	頌古	『祖英集』上 83a	
189	974 (保福從展)	拈古	『開堂錄』9b~9c	단독
190	975 (保福從展)	拈古 (19칙)	『拈古集』50d	단독
191	976 (保福從展)	拈古 (73칙)	『拈古集』57a	
192	982 (玄沙師備)	拈古 (95칙)	『拈古集』59d	『통요』
193	984 (玄沙師備)	拈古 (57칙)	『拈古集』55a	『통요』
194	985 (玄沙師備)	頌古 (91칙) 拈古 (52칙)	『頌古集』73a~73b 『拈古集』54c	『연주』, 『벽암』 88칙 『통요』
195	986 (玄沙師備)	拈古 (69칙)	『拈古集』56c	
196	988 (玄沙師備)	拈古 (79칙)	『拈古集』57d	
197	989 (玄沙師備)	別	『瀑泉集』20a	
198	990 (玄沙師備)	別	『瀑泉集』20d~21a	본칙에 인용
199	995 (玄沙師備)	拈古	『開堂錄』9d~10a	『통요』
200	1004 (玄沙師備)	代	『瀑泉集』17a	
201	1006 (雲門文偃)	頌古 (60칙)	『頌古集』69a~69b	『벽암』 60칙
202	1007 (雲門文偃)	頌古 (50칙)	『頌古集』67c	『연주』, 『벽암』 50칙
203	1008 (雲門文偃)	頌古 (67칙)	『頌古集』69d~70a	『벽암』 83칙
204	1009 (雲門文偃)	頌古 (6칙)	『頌古集』62a	『연주』, 『벽암』 6칙
205	1010 (雲門文偃)	頌古 (90칙)	『頌古集』73a	『연주』, 『벽암』 87칙
206	1011 (雲門文偃)	頌古 (89칙)	『頌古集』73a	『연주』, 『벽암』 86칙
207	1012 (雲門文偃)	頌古 (62칙)	『頌古集』69b	『연주』, 『벽암』 62칙
208	1015 (雲門文偃)	頌古 (27칙)	『頌古集』64c	『연주』, 『벽암』 27칙
209	1016 (雲門文偃)	頌古	『祖英集』上 82d	『연주』

		頌古		
210	1017 (雲門文偃)	頌古 (39칙)	『頌古集』 66a	『연주』, 『벽암』 39칙
211	1019 (雲門文偃)	頌古 (14칙)	『頌古集』 62d	『연주』, 『벽암』 14칙
212	1020 (雲門文偃)	頌古 (15칙)	『頌古集』 62d~63a	『연주』, 『벽암』 15칙
213	1022 (雲門文偃)	頌古 (82칙)	『頌古集』 72a	『연주』, 『벽암』 77칙
214	1027 (雲門文偃)	頌古 頌古	『祖英集』 上 80a	
215	1028 (雲門文偃)	拈古	『雪竇後錄』 42b	『통요』
216	1031 (雲門文偃)	拈古	『雪竇後錄』 42d	단독, 『통요』
217	1036 (雲門文偃)	頌古 (54칙)	『頌古集』 68a	『벽암』 54칙
218	1042 (雲門文偃)	頌古 (47칙)	『頌古集』 67a	『연주』, 『벽암』 47칙
219	1047 (雲門文偃)	拈古 (38칙)	『拈古集』 52d~53a	『통요』
220	1063 (雲門文偃)	拈古	『雪竇後錄』 41b	『통요』
221	1064 (雲門文偃)	別 拈古 (66칙)	『拈古集』 56a~56b	본칙에 인용 『통요』
222	1069 (雲門文偃)	拈古 (46칙)	『拈古集』 53d	
223	1070 (雲門文偃)	頌古	『祖英集』 下 88b	
224	1105 (長慶慧稜)	頌古 (94칙)	『頌古集』 73c~73d	『벽암』 95칙
225	1109 (長慶慧稜)	頌古 (23칙)	『頌古集』 64a	『연주』, 『벽암』 23칙
226	1110 (長慶慧稜)	拈古 (10칙)	『拈古集』 49d~50a	
227	1111 (長慶慧稜)	拈古	『雪竇後錄』 39b	『통요』
228	1113 (長慶慧稜)	拈古	『洞庭語錄』 32b	단독
229	1114 (長慶慧稜)	拈古	『開堂錄』 10a	『통요』
230	1115 (長慶慧稜)	拈古 (74칙)	『拈古集』 57a~57b	단독
231	1116 (長慶慧稜)	拈古 (24칙)	『拈古集』 51b~51c	『통요』
232	1118 (鏡淸道怤)	拈古 (27칙)	『拈古集』 51d~52a	『통요』
233	1119 (鏡淸道怤)	頌古 (46칙)	『頌古集』 66d~67a	『연주』, 『벽암』 46칙
234	1122 (鏡淸道怤)	頌古 (16칙) 拈古	『頌古集』 63a 『雪竇後錄』 40c	『연주』, 『벽암』 16칙 『통요』
235	1124 (鏡淸道怤)	拈古	『雪竇後錄』 41a~41b	단독, 『통요』
236	1125 (鏡淸道怤)	拈古	『洞庭語錄』 30c	『통요』
237	1128 (翠巖令參)	頌古 (8칙)	『頌古集』 62a~62b	『벽암』 8칙
238	1131 (太原孚)	拈古 (50칙)	『拈古集』 54a~54b	『통요』

239	1136 (鼓山神晏)	拈古 (54칙)	『拈古集』54c~54d	『통요』
240	1138 (安國明眞)	拈古 (51칙)	『拈古集』54b	『통요』
241	1153 (南院慧顒)	拈古 (82칙)	『拈古集』58a~58b	『통요』
242	1164 (鎭州保壽)	拈古 (16칙)	『拈古集』50c	
243	1181 (禾山澄源)	頌古 (44칙)	『頌古集』66c~66d	『벽암』44칙
244	1194 (資福如寶)	云 頌古 (33칙)	『통요』 『頌古集』65b	『벽암』33칙
245	1216 (報慈光雲)	拈古 (96칙)	『拈古集』60a	단독, 『통요』
246	1217 (王延彬)	云 頌古 (48칙)	『벽암』(T48-183c) 『頌古集』67a~67b	본칙에 인용 『벽암』48칙
247	1219 (巴陵顥鑑)	頌古 (13칙)	『頌古集』62d	『연주』, 『벽암』13칙
248	1220 (巴陵顥鑑)	頌古 (99칙)	『頌古集』74b~74c	『연주』, 『벽암』100칙
249	1221 (巴陵顥鑑)	拈古 (75칙)	『拈古集』57b	본칙 차이
250	1224 (香林澄遠)	拈古 (28칙)	『拈古集』51d	『연주』
251	1225 (香林澄遠)	頌古 (17칙)	『頌古集』63a	『연주』, 『벽암』17칙
252	1229 (洞山守初)	拈古 (21칙)	『拈古集』51a	『통요』, 『격절록』무
253	1230 (洞山守初)	頌古 (12칙)	『頌古集』62c~62d	『연주』, 『벽암』12칙
254	1238 (北禪悟空)	拈古 (67칙)	『拈古集』56d	단독, 『통요』
255	1247 (風穴延昭)	頌古 (38칙)	『頌古集』65d~66a	『연주』, 『벽암』38칙
256	1248 (風穴延昭)	拈古 (59칙)	『拈古集』55b	『통요』
257	1249 (風穴延昭)	頌古 (61칙) 拈古	『頌古集』69b 『벽암』(T48-193b)	『연주』, 『벽암』61칙 『벽암』61칙에서 인용
258	1278 (大龍智洪)	頌古 (66칙)	『頌古集』69d	『연주』, 『벽암』82칙
259	1281 (智門光祚)	頌古 (21칙)	『頌古集』63c~63d	『연주』, 『벽암』21칙
260	1282 (智門光祚)	頌古 (93칙) 拈古 (61칙)	『頌古集』73c 『拈古集』55c	『연주』, 『벽암』90칙
261	1283 (智門光祚)	拈古 (33칙)	『拈古集』52b	
262	1285 (蓮華峯祥庵主)	頌古 (25칙)	『頌古集』64b	『벽암』25칙
263	1290 (法眼文益)	頌古 (7칙)	『頌古集』62a	『벽암』7칙
264	1295 (法眼文益)	拈古 (4칙)	『拈古集』52h	『통요』
265	1350 (天平從漪)	頌古 (98칙)	『頌古集』74a~74b	『벽암』98칙
266	1427 (金陵寶誌)	拈古	『洞庭語錄』30c	본칙에 인용
267	1430 (傅大士)	頌古 (69칙)	『頌古集』70a~70b	『연주』, 『벽암』67칙
268	1431 (傅大士)	拈古	『雪竇後錄』39a 『洞庭語錄』31b	『통요』

269	1434 (南嶽慧思)	拈古	『洞庭語錄』 31c	『통요』
270	1436 (文殊)	頌古 (35칙)	『頌古集』 65c	『벽암』 35칙
271	1450 (一老宿)	拈古	『洞庭語錄』 31a	『통요』
272	1459 (大宋皇帝)	代	『瀑泉集』 19b	『통요』
273	1460 (大宋皇帝)	代	『瀑泉集』 19a	『통요』

2. 운문종 어록의 수용과 영향

운문종은 설봉의존의 법맥을 계승한 雲門文偃(864~949)에 의해 개창되었다.[20] 운문종은 운문의 제자인 德山緣密(10세기 후반), 香林澄遠(908~987), 雙泉師寬(10세기 후반), 洞山守初(910~990) 등이 출현하여 종파의 틀을 갖추기 시작하였다. 이후 운문종을 대표하는 설두중현과 佛日契崇(1007~1072)이 활약하면서 전성기를 맞이하였다. 이후 운문종은 법계로 보면 4세인 설두중현에서 9세까지, 시기적으로는 11세기 전반에서 12세기 전반까지 전성기를 구가하였다. 그러나 북송이 몰락하고 남송에 이르면 운문종의 세력은 두드러지게 쇠퇴하였다.

전성기의 운문종에는 설두를 계승한 天衣義懷(993~1064)의 문하에서 대표적인 선승들이 배출되면서 사상적인 흐름을 주도하였다. 천의의 문하에는 慧林宗本(1020~1099), 圓通法秀(1027~1090), 佛日智才 등이 등장하였다. 이어 종본의 문하에서 法眞守一(생몰년 미상), 廣靈希祖(생몰년 미상), 淨慈善本(생몰년 미상), 法雲善本(1035~1109) 등이 배출되었다. 그 외에 長蘆宗賾(생몰년 미상), 慈受懷深(1077~1131) 등이 활약하였다. 설두 계열 이외에 五祖師戒(생몰년 미상), 開先善暹(생몰년 미상), 上方齊岳(생몰년 미상), 智海本逸(생몰년 미상), 佛印了元(1032~1098), 天

---

20) 永井政之, 「雲門文偃傳」, 『駒澤大學大學院佛敎學會年報』 5, 1971; 『唐代の禪僧11 雲門』, 臨川書店, 2008, 第1章 참조.

章元楚(생몰년 미상), 大覺懷璉(1009~1090), 南明法泉(생몰년 미상) 등이 대표적인 인물로 활약하였다.[21]

　이와 같이 운문종은 북송대 선종계를 대표하는 선승들을 배출하였던 만큼 당연히 그들의 어록도 많이 편집되어 간행되었다. 그러나 남송 이후 운문종이 급격히 쇠퇴하였고, 간화선이 성행하면서 운문종의 어록은 선문 일반에서 점차 사라지게 되었다. 따라서 현전하는 운문종의 어록은 그렇게 많지 않다. 여기서는 고려 선종계에 수용되었거나 『염송집』에 인용되었던 운문종의 어록에 대해 살펴보기로 한다.

　운문의 어록인 『雲門匡眞大師廣錄』(이하 『운문광록』[22])은 문인 守堅이 편집하였으며, 현존 『운문광록』의 행록 이후를 제외하고 대부분 수록되어 있다. 이어 皇祐 5년(1053) 이전에 간행된 古刻 3권본이 있으며, 이는 『조정사원』 주석의 저본이기도 하다. 이후 황우 5년에 이루어진 천의의 회의 수정본, 熙寧 9년(1076)의 蘇澥 刊正本, 소흥 13~15년(1143~1145)의 圓覺宗演 교감본 등이 차례로 이루어졌다. 종연의 교감본은 咸淳 3년(1267)에 각심거사가 『고존숙어록』의 부록으로서 중간하였다.[23]

---

21) 永井政之, 위의 책, 第3章 참조.
22) 설봉, 운문, 현사 능 세 선승에게는 모두 광록이 전하고 있다. 그런데 설봉록과 현사록은 광록과 어록 사이에 크게 차이가 없으므로 廣本과 略本과 같은 관계가 아니다. 따라서 광록이란 호칭은 양적인 것만을 의미하는 것이 아니라 자파의 위대한 조사라고 하는 의식과 관련된다. 椎名宏雄, 「『雪峯廣錄』と『雪峯紀年錄』」, 『曹洞宗研究員研究生研究紀要』 14, 1982, 61~61쪽.
23) 『운문광록』에 대해서는 다음의 글을 참조하기 바란다. 永井政之, 「雲門の語錄の成立に關する一考察」, 『宗學研究』 13, 1971; 「祖庭事苑の基礎的研究」, 『駒澤大學佛教學部論集』 4, 1973; 椎名宏雄, 「『雲門廣錄』とその抄錄本の系統」, 『宗學研究』 24, 1982.

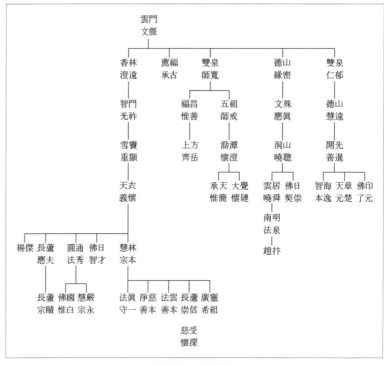

〈운문종의 법계도〉

『智門光祚語錄』은 현재 단독의 어록은 남아 있지 않고『고존숙어요』
에 수록되어 있다. 장로종색의『慈覺禪師語錄』은 현전하는 판본이 없
다. 그런데 최근 시이나 코유에 의해 고마자와 대학 도서관의 江田文
庫에 소장된 필사본이 학계에 소개되어 그 내용을 알 수 있게 되었
다.24) 이 어록은 시자인 祖大 등이 기록하였으며, 大觀 3년(1109)에 쓴
呂希哲의 서문이 있어 편찬과 간행 시기를 짐작할 수 있다.

전체 구성은 서문에 이어 종색이 주석한 사찰에서 행한 법어를 상
중하 3권으로 나뉘어 수록하였다. 卷上에 長蘆崇福禪院에서 행한 상

---

24) 椎名宏雄,「『慈覺禪師語錄』(翻刻)」,『駒澤大學禪硏究所年報』20, 2008;「長蘆宗賾撰『慈覺
禪師語錄』の出現とその意義」,『印度學佛敎學硏究』57-2, 2009.

당, 소참 등 34편이 수록되어 있고, 이어 洪濟禪院에서 행한 상당, 소참 등 197편이 卷中까지 이어져 수록되어 있다. 또한 이어서 擧古 50편이 수록되어 있고, 卷下에는 상당 등 80편이 기록되어 있다.

자수회심(1077~1132)의 『慈受深和尙廣錄』 4권은 시자인 善淸 등이 편찬하고, 韓駒의 서문을 붙여 소흥 5년(1135)에 간행되었다. 전체 구성은 권1에 資福禪寺語錄, 焦山禪寺語錄, 慧林禪寺語錄이, 권2에 偈讚과 보유인 擬寒山詩, 권3에 慧林禪寺陞堂頌古(上), 권4에 頌古(下) 등으로 이루어져 있다.

고려 선종계에 운문종의 선적이 수용되었던 양상은 관련 자료가 거의 없기 때문에 구체적인 역사상을 파악하기가 쉽지 않다. 그러나 『염송집』에는 운문종의 선적이 적지 않게 수록되어 있으므로 수선 사가 운문종의 선에 대한 관심과 이해가 어떠한가를 살펴볼 수 있다. 필자는 운문종의 어록이 『염송집』의 편찬에 어떻게 활용되었는지를 분석하여 뒤의 표와 같이 정리하였다.

전체 표를 통해 착어의 인용 횟수가 많은 순서는 법진수일(206), 남명법천(134), 지해본일(120), 대각회련(107), 자수회심(60), 운문문언(47), 장로종색(47), 원통법수(41), 천의의회(31), 오조사계(30), 불인요원(21), 개선선섬(20), 상방제악(18), 지문광조(17), 정자선본(16), 광령희조(13), 천장원초(10), 불일지재(8) 등의 순이다. 착어의 인용 횟수가 많은 것은 설두중현(273)이지만, 설두 이외에도 운문종의 법진수일, 남명법천, 대각회련 등의 인용 횟수는 대단히 많다.

또한 운문종의 법계에서 운문문언-향림징원-지문광조-설두중현-천의의회-혜림종본-법진수일로 이어지는 선승들의 착어가 대부분을 차지한다. 이러한 양상은 설두중현이 공안 비평의 유행을 선도하였던 것이라든지 설두의 법계가 운문종을 주도한 것과 대체로 일치한다. 이 가운데 대각회련, 남명법천 등은 고려불교계와 관계가 있거나 다른 저술이 간행되기도 하였으므로 이들의 착어가 많이 인용된 것으로 짐작된다.

이에 반해 설두와 함께 운문종을 대표하는 불일계숭의 저술은『염송집』98칙에「眞諦無聖論」만 전문 그대로 인용될 뿐이다. 이 글은 계숭의 대표적인 저술인『보교편』(1061)의 마지막에 수록되어 있다. 불일계숭은 대각국사 의천과 교류하였으며,『신편제종교장총록』권3에『보교편』이 수록되어 있으므로 의천 당시에 이미 고려에 소개되었다.[25] 그럼에도 불구하고『염송집』에 계숭의 영향력이 거의 보이지 않는 것은 계숭의 저술에는 송고, 염고 등 공안 비평에 대한 글이 거의 없기 때문이 아닐까 추측된다.

다음으로 운문종 선승들의 착어의 내용에 대해 살펴보기로 한다. 〈표Ⅲ-2〉에서 운문문언의 착어는 송고가 전혀 없고 代7회, 別2회가 인용된 것에 비해 염고가 47회나 인용되어 있어 염고의 비중이 압도적으로 많다. 〈표Ⅲ-3〉에서 지문광조의 착어는 염고가 없고, 상당, 시중이 모두 2회인 것에 비해 송고가 15회나 인용되어 송고의 비중이 대단히 많다.

〈표Ⅲ-4〉에서 오조사계의 착어는 송고가 전혀 없고, 代3회, 別1회에 불과하지만 염고가 23회 인용되어 압도적인 비중을 차지한다. 〈표Ⅲ-5〉에서 상방제악의 착어는 염고가 7회, 상당운 11회이며, 송고가 전혀 없다. 〈표Ⅲ-6〉에서 개선선섬의 착어는 염고 2회, 상당거운 15회, 별 1회, 대 2회 등이다. 〈표Ⅲ-7〉에서 불인요원의 착어는 상당 10회, 송고 11회 등이 인용되어 있다.

〈표Ⅲ-8〉에서 천장원초의 착어는 송고 11회, 운 4회 등이다. 〈표Ⅲ-9〉에서 지해본일의 착어는 송고 73회, 염고 3회, 상당운 41회, 운 2회, 대 2회 등이다. 〈표Ⅲ-10〉에서 천의의회의 착어는 소참 2회, 상당 6회, 염고 3회, 상당운 5회, 송고 15회 등이다. 〈표Ⅲ-11〉에서 원통법

---

25)「大宋沙門契崇書」,『大覺國師外集』권5(『한불전』4, 564쪽).

수의 착어는 운 18회, 염고 17회, 송고 7회 등이다.

〈표 Ⅲ-12〉에서 대각회련의 착어는 염고가 2회에 그치는 데에 비해 송고가 105회 인용되어 압도적으로 많다. 〈표 Ⅲ-13〉에서 불일지재의 착어는 상당운 4회, 송고 3회, 염고 2회 등이다. 〈표 Ⅲ-14〉에서 광령희조의 착어는 상당운 5회, 만참운 1회, 염고 3회, 송고 1회, 운 3회 등이다.

〈표 Ⅲ-15〉에서 남명법천의 착어는 송고가 102회로 압도적으로 많고, 염고 20회, 상당운 6회, 소참운 2회, 대 6회, 별 2회, 시중운 1회 등의 순으로 인용되어 있다. 〈표 Ⅲ-16〉에서 장로종색의 착어는 상당운 11회, 소참 2회, 염고 14회, 운 15회, 송고 5회 등이다.

〈표 Ⅲ-17〉에서 법진수일의 착어는 송고가 122회로 가장 많으며, 운 30회, 염고 60회 대운 2회, 별 3회 등이다. 〈표 Ⅲ-18〉에서 정자선본의 착어는 상당운 5회, 소참 2회, 대운 4회, 운 2회, 별운 1회, 송고 2회 등이다. 〈표 Ⅲ-19〉에서 자수회심의 착어는 송고 35회, 상당운 21회, 소참 3회, 염고 1회 등이다.

이상에서 운문종 선승들의 착어 인용에 대한 내용 분석을 통해 운문종의 착어는 대개 설두중현을 전후로 하여 내용이 크게 바뀌는 것을 알 수 있다. 가장 두드러진 변화는 설두 이전의 운문종에서는 염고의 비중이 높았지만, 설두 이후에는 송고의 비중이 높아졌다는 사실이다.

설두의 착어는 염고와 송고가 모두 중시되지만 『설두송고』가 더 중시되었다. 앞서 살펴본 바와 같이 『염송집』에서 설두의 송고는 『설두송고』 77칙을 제외하고 모두 인용되었고, 『염송집』의 착어 가운데 모두에 놓이는 경우가 적지 않을 만큼 매우 중시되었다. 그것은 설두의 송고가 공안 비평의 정수이자 송대 송고를 대표하는 위상을 갖고 있었기 때문이다. 따라서 설두 이후의 운문종에서 송고가 차지하는 비중이 높아졌던 경향이 운문종 선승들의 어록에도 반영되어 있으며, 그러한 흐름이 『염송집』의 편찬에도 일정하게 반영되었다고 하겠다.

또한 『염송집』에 수록된 운문종의 착어는 기본적으로 문자선의 이해와 관련되기 때문에 문자선으로 귀결되기 이전의 운문선의 본질적인 성격과 거리가 있다. 본래 운문문언의 선은 고정된 형태가 아니었으며, 선의 심화과정을 3단계로 나누어볼 수 있다. 이리야 요시타카는 운문의 선을 法身觀의 변천에 따라 세 시기로 나누었다. 곧 초기는 이념적인 법신의 탐구, 중기는 법신의 육체화, 또는 신체로서의 법신의 능동화이며, 만기는 그 법신을 더욱 초월하고자 하는 견지, 게다가 구극절대적인 것을 끊임없이 깨끗이 끊어 버리고자 하는 지향이 있다고 한다.26)

그러나 운문 이후의 선은 견해를 자유롭게 전환하는 것이 가능한 주체의 확립이 소홀하게 되어 法身向上·自己向上이라는 것을 잊어버렸다. 끊임없이 자기를 변혁하면서 '향상'으로 걸음을 멈추지 않았던 운문선의 본질은 운문의 개성에 의한 것이 크고, 쉽게 따라가기 쉽지 않은 것이었다. 더욱이 문하의 선승들은 안이하게 天然自在한 실상을 그대로 도라고 하는 것에 안주하게 되었다고 생각하였고, 시와 문학과 결합되어 문자선의 세계로 흘러갔다.27)

그리하여 운문에 관한 적지 않은 공안이 『설두송고』에 수록되었고, 『벽암록』에서 제창되었다. 『벽암록』에서 가장 많이 들고 있는 공안이 운문의 것으로 전체 100칙 가운데 18칙이나 된다. 그런데 『벽암록』에서 운문선을 취급하는 방식은 본래의 운문선과 전혀 다르다. 거기에는 운문의 한 칙 한 칙이 각각 완결한 법의 세계로서 고정되었다. 운문 자신이 한 칙 한 칙의 그것을 차례로 극복하여갔고, 끊임없이 한곳에 머물지 않고 스스로를 초극하는 모습과 다른 것이다. 따라서 『염송집』에 수록된 운문종의 어록은 문자선의 이해와 관련된 내용으로 일관되어

---

26) 入矢義高, 「雲門の禪·その〈向上〉ということ」, 『增補自己と超越』, 岩波書店, 2012, 86~87쪽.
27) 西口芳男, 「黃龍慧南の臨濟宗轉向と泐潭懷澄: 附錄 『宗門撫英集』の位置とその資料的價値」, 240~241쪽.

있으며, 운문선 본래의 생생한 모습이나 본질과 다르다고 하겠다.

한편,『염송집』에 수록된 송대 선적을 검토해 보면 전체적으로 임제종의 착어가 가장 많지만, 북송 시기에는 운문종의 비중이 크다는 사실을 알 수 있다. 남송 이후 운문종이 쇠퇴하였고, 고려 선종계에서 간화선이 본격적으로 수용되고, 공안 비평에 대한 관심이 점차 적어지면서 운문종의 선적에 대한 관심이 줄어들게 되었다. 이러한 불교사의 흐름에 따라 현전하는 운문종의 문헌이 별로 남아 있지 않지만,『염송집』을 통해 12~13세기 고려 불교계에서 운문종의 사상적 영향이 적지 않았던 면을 확인할 수 있다.

또한『염송집』에 수록된 운문종 선승들의 착어는 북송대 선종사의 복원을 위한 자료적 가치를 갖고 있다. 현재 운문종의 어록이 많이 남아 있지 않고, 운문종에 대한 연구도 소외되어 있다. 표에서 확인할 수 있듯이『염송집』에 수록된 운문종의 착어는 대단히 방대하다. 이 가운데 법진수일, 남명법천, 지해본일, 대각회련, 원통법수, 천의의회, 오조사계, 불인요원, 개선선섬, 상방제악, 정자선본, 광령희조, 천장원초, 불일지재 등의 어록은 현재 남아있지 않다. 따라서『염송집』에 수록된 이들의 착어는 모두 逸書 자료로서 북송대 운문종의 어록을 재구성할 수 있으므로 송대 선종사 연구를 위한 자료적 가치가 적지 않다.

〈표 III-2〉『염송집』에 인용된 雲門文偃의 착어 일람

번호	『염송집』칙수 (조사)	착어	출전	비고
1	2 (世尊)	拈古	『統要』	본칙에 인용
2	3 (世尊)	云	『雲』上(X68-97c)	
3	56 (金剛經)	擧云	『雲』中(X68-105a)	
4	68 (須菩提)	拈古	『雲』中(X68-106a)	
5	80 (迦葉)	擧云	『雲』中(X68-101c)	
6	94 (摩拏羅尊者)	云	『雲』中(X68-105b)	
7	106 (三祖僧璨)	擧云	『雲』下(X68-111a)	

8	131 (南陽慧忠)	云	『雲』中(X68-104a)	본칙에 인용
9	141 (南陽慧忠)	云	『雲』中(X68-102c~103a)	
10	142 (南陽慧忠)	拈古	『雲』中(X68-101c)	『統要』
11	206 (南泉普願)	拈古	『雲』中(X68-105b)	『統要』
12	215 (南泉普願)	代云 代云	『雲』中(X68-106b) 『統要』	『統要』
13	223 (南泉普願)	拈古	『雲』中(X68-105a)	『統要』
14	250 (盤山寶積)	舉云 舉云 云	『雲』中(X68-102a) 『雲』中(X68-101a) 『雲』中(X68-101ab)	
15	429 (趙州從諗)	拈古	『雲』中(X68-100c)	『統要』
16	503 (茱萸)	拈古	『雲』中(X68-103a)	『統要』
17	511 (遂州良遂)	云	『雲』中(X68-103bc)	『統要』
18	524 (雲巖曇晟)	云	『雲』中(X68-106c)	『統要』
19	559 (石霜慶諸)	代	『雲』中(X68-103c)	
20	562 (石霜慶諸)	代云	『雲』中(X68-103c)	『統要』
21	568 (仰山惠寂)	云	『雲』中(X68-100b)	본칙 인용
22	578 (仰山惠寂)	云	『雲』中(X68-101b)	『統要』, 『聯燈』 단독 착어
23	594 (靈雲志勤)	舉云	『雲』中(X68-102c)	
24	676 (德山宣鑒)	拈古	『統要』887b6	『大藏一覽』
25	688 (洞山良价)	拈古	『雲』中(X68-104a)	
26	712 (夾山善會)	拈古	『雲』中(X68-103a)	
27	716 (夾山善會)	拈古 舉云	『雲』中(X68-102a) 『雲』中(X68-101b)	
28	764 (灌溪志閑)	拈古	『雲』中(X68-104a)	
29	786 (雪峯義存)	舉云	『雲』中(X68-106c)	
30	800 (雪峯義存)	舉云 舉云	『雲』中(X68-101a) 『雲』中(X68-101b)	『聯燈』 『統要』
31	823 (雪峯義存)	別, 代語	『雲』中(X68-106b)	『統要』
32	825 (雪峯義存)	拈古	『雲』中(X68-102c)	
33	847 (大隨法眞)	別	『雲』中(X68-105c)	『統要』
34	867 (雲居道膺)	云	『雲』中(X68-107a)	『統要』
35	907 (龍牙居遁)	舉云 云	『雲』中(X68-105b) 『雲』中(X68-105b)	

36	960 (韶山寰普)	代云	『雲』中(X68-106b)	『統要』, 代語 3회
37	983 (玄沙師備)	拈古	『雲』中(X68-102c)	
38	985 (玄沙師備)	擧古	『雲』中(X68-105c~106a)	『統要』
39	1005 (玄沙師備)	拈古	『雲』中(X68-105b)	『統要』
40	1105 (長慶慧稜)	拈古		
41	1129 (翠巖令參)	代云	『雲』中(X68-106c)	『正法』
42	1195 (資福如寶)	云	『雲』中(X68-100c)	『統要』, 단독
43	1196 (資福如寶)	擧云	『雲』中(X68-103a)	단독
44	1218 (王延彬)	云	『雲』中(X68-107a)	『統要』
45	1249 (風穴延昭)	拈古	『統要』	
46	1424 (生法師)	云	『雲』中(X68-103c)	
47	1429 (傅大士)	擧云	『雲』中(X68-101c)	

〈표 III-3〉 『염송집』에 인용된 智門光祚의 착어 일람

번호	『염송집』 칙수 (조사)	착어	출전	비고
1	6 (世尊)	頌古	『智』13쪽(『古』222b)	
2	130 (南陽慧忠)	上堂	『智』5쪽(『古』218bc)	
3	206 (南泉普願)	示衆擧云	『智』9쪽(『古』220a)	
4	213 (南泉普願)	頌古	『智』15쪽(『古』223b)	
5	284 (汾州無業)	頌古	『智』13쪽(『古』222b)	
6	438 (趙州從諗)	頌古	『智』15쪽(『古』223b)	
7	756 (興化存奬)	頌古	『智』16쪽(『古』223c)	
8	789 (雪峯義存)	頌古	『智』13쪽(『古』222b)	
9	793 (雪峯義存)	頌古	『智』14쪽(『古』222c)	
10	846 (大隨法眞)	頌古	『智』14쪽(『古』222d)	『聯珠』
11	848 (大隨法眞)	頌古	『智』15쪽(『古』223a)	『聯珠』
12	1023 (雲門文偃)	頌古	『智』14쪽(『古』222cd)	『聯珠』
13	1073 (雲門文偃)	頌古	『智』14쪽(『古』222c)	『聯珠』
14	1081 (雲門文偃)	頌古	『智』14쪽(『古』222d)	『聯珠』
15	1110 (長慶慧稜)	頌古	『智』16쪽(『古』223d)	
16	1116 (長慶慧稜)	頌古	『智』16쪽(『古』223d)	
17	1230 (洞山守初)	頌古	『智』15쪽(『古』223a)	『聯珠』

〈표 III-4〉『염송집』에 인용된 五祖師戒의 착어 일람

번호	『염송집』 칙수 (조사)	착어	비고	번호	『염송집』 칙수 (조사)	착어	비고
1	13 (世尊)	拈古	『統要』	16	508 (五臺秘魔嵓)	運	『統要』
2	16 (世尊)	拈古	『統要』	17	558 (石霜慶諸)	代	『統要』
3	76 (賓頭盧尊者)	云	『統要』	18	573 (仰山惠寂)	云	『統要』
4	81 (迦葉)	云	『統要』	19	662 (徑山道欽)	云	
5	110 (六祖慧能)	拈古	『統要』	20	666 (德山宣鑒)	拈古	『統要』
6	203 (南泉普願)	云		21	695 (洞山良价)	云	『統要』
7	214 (南泉普願)	拈古	『統要』	22	766 (定州善崔)	別云	『統要』
8	224 (南泉普願)	代	『統要』	23	847 (大隨法眞)	拈古	『統要』
9	228 (南泉普願)	云	『統要』	24	894 (龍牙居遁)	拈古	『統要』
10	245 (南泉普願)	云	『統要』	25	987 (玄沙師備)	云	『統要』
11	325 (藥山惟儼)	拈古	『統要』	26	1118 (鏡淸道怤)	拈古	『統要』
12	389 (黃蘗希運)	云	『統要』	27	1164 (鎭州2世保壽)	云	
13	390 (黃蘗希運)	代	『統要』	28	1181 (禾山澄遠)	拈古	
14	439 (趙州從諗)	拈古		29	1366 (興福可勳)	擧云	
15	486 (趙州從諗)	拈古	『統要』	30	1434 (南嶽慧思)	拈古	『統要』

〈표 III-5〉『염송집』에 인용된 上方齊岳의 착어 일람

번호	『염송집』 칙수 (조사)	착어	번호	『염송집』 칙수 (조사)	착어
1	94 (摩拏羅尊者)	上堂擧云	10	716 (夾山善會)	擧云
2	100 (達磨)	上堂云	11	788 (雪峯義存)	上堂擧云
3	146 (南陽慧忠)	拈古	12	795 (雪峯義存)	拈古
4	151 (淸源行思)	拈古	13	849 (大隨法眞)	上堂擧云
5	203 (南泉普願)	擧云	14	917 (越州乾峯)	拈古
6	205 (南泉普願)	上堂擧云	15	919 (越州乾峯)	上堂擧云
7	281 (金牛和尙)	拈古	16	1207 (羅漢桂琛)	拈古
8	640 (睦州道蹤)	擧云	17	1229 (洞山守初)	擧云
9	666 (德山宣鑒)	拈古	18	1290 (法眼文益)	云

〈표 III-6〉 『염송집』에 인용된 開先善暹의 착어 일람

번호	『염송집』 칙수 (조사)	착어	비고	번호	『염송집』 칙수 (조사)	착어	비고
1	123 (永嘉玄覺)	上堂擧云		11	981 (玄沙師備)	拈古	
2	167 (馬祖道一)	擧云	단독	12	1007 (雲門文偃)	拈古	
3	199 (鹽官齊安)	擧代云		13	1022 (雲門文偃)	上堂擧云	
4	407 (趙州從諗)	上堂擧云		14	1035 (雲門文偃)	上堂擧云	
5	444 (趙州從諗)	別云		15	1048 (雲門文偃)	上堂擧云	
6	508(五臺秘魔嵓)	代云		16	1049 (雲門文偃)	上堂擧云	
7	648 (睦州道蹤)	上堂擧云	단독	17	1247 (風穴延昭)	上堂擧云	
8	787 (雪峯義存)	上堂擧云		18	1272 (明招德謙)	上堂擧云	
9	867 (雲居道膺)	擧云		19	1298 (法眼文益)	上堂擧云	
10	973 (保福從展)	上堂擧云		20	1304 (法眼文益)	擧云	

〈표 III-7〉 『염송집』에 인용된 佛印了元의 착어 일람

번호	『염송집』 칙수 (조사)	착어	비고	번호	『염송집』 칙수 (조사)	착어	비고
1	5 (世尊)	頌古		12	568 (仰山惠寂)	上堂擧云	
2	62 (維摩)	頌古		13	668 (德山宣鑒)	上堂擧云	
3	81 (迦葉)	頌古		14	758 (興化存獎)	上堂擧云	
4	92 (迦耶舍多)	頌古		15	782 (雪峯義存)	上堂擧云	
5	98 (達磨)	頌古		16	898 (龍牙居遁)	頌古	
6	100 (達磨)	頌古		17	918 (越州乾峯)	頌古	
7	105 (二祖慧可)	頌古		18	985 (玄沙師備)	上堂擧云	
8	108 (四祖道信)	頌古		19	1019 (雲門文偃)	上堂擧云	
9	119 (南嶽懷讓)	頌古	『聯珠』	20	1164 (鎭州2世保壽)	上堂擧云	
10	412 (趙州從諗)	上堂擧云		21	1429 (傅大士)	上堂擧云	
11	492 (長沙景岑)	擧云					

〈표 III-8〉 『염송집』에 인용된 天章元誵의 착어 일람

번호	『염송집』 칙수 (조사)	착어	번호	『염송집』 칙수 (조사)	착어
1	148 (淸源行思)	頌古 頌古	6	617 (臨濟義玄)	上堂擧云
2	401 (大慈寰中)	上堂擧云	7	793 (雪峯義存)	頌古
3	408 (趙州從諗)	頌古	8	917 (越州乾峯)	上堂擧云

		頌古				
4	421 (趙州從諗)	頌古 頌古 頌古		9	1009 (雲門文偃)	上堂擧云
5	590 (靈雲志勤)	頌古 頌古		10	1035 (雲門文偃)	頌古

〈표 III-9〉『염송집』에 인용된 智海本逸의 착어

번호	『염송집』 칙수 (조사)	착어	비고	번호	『염송집』 칙수 (조사)	착어	비고
1	2 (世尊)	上堂云		62	637 (睦州道蹤)	上堂云	
2	5 (世尊)	頌古 上堂云		63	670 (德山宣鑒)	上堂云	
3	6 (世尊)	頌古		64	677 (德山宣鑒)	上堂云	
4	13 (世尊)	頌古		65	686 (洞山良价)	上堂云	
5	14 (世尊)	頌古		66	687 (洞山良价)	上堂云	
6	16 (世尊)	上堂云		67	697 (洞山良价)	頌古	
7	40 (法華經)	上堂云		68	704 (洞山良价)	頌古	
8	51 (楞嚴經)	上堂云		69	742 (投子大同)	頌古	
9	60 (諸佛要集經)	上堂云		70	785 (雪峯義存)	上堂云	
10	62 (維摩)	頌古		71	788 (雪峯義存)	上堂云	
11	65 (文殊)	頌古		72	789 (雪峯義存)	頌古	『聯珠』
12	81 (迦葉)	頌古		73	794 (雪峯義存)	頌古	『聯珠』
13	94 (摩拏羅)	上堂云		74	795 (雪峯義存)	頌古	
14	97 (般若多羅)	上堂云		75	814 (雪峯義存)	上堂云	
15	98 (達磨)	頌古		76	846 (大隨法眞)	頌古	『聯珠』
16	100 (達磨)	頌古		77	848 (大隨法眞)	頌古	
17	101 (達磨)	頌古		78	855 (雲居道膺)	頌古	
18	113 (六祖慧能)	頌古		79	918 (越州乾峯)	上堂云	
19	123 (永嘉玄覺)	上堂云		80	928 (佛巖暉)	頌古	
20	130 (南陽慧忠)	拈古		81	1011 (雲門文偃)	頌古	
21	148 (淸源行思)	頌古		82	1014 (雲門文偃)	上堂云	
22	162 (馬祖道一)	拈古		83	1018 (雲門文偃)	頌古	『聯珠』
23	166 (馬祖道一)	頌古		84	1019 (雲門文偃)	頌古	『聯珠』
24	169 (馬祖道一)	上堂云		85	1020 (雲門文偃)	頌古	『聯珠』

		上堂云					
25	178 (百丈懷海)	上堂云		86	1022 (雲門文偃)	頌古	『聯珠』
26	181 (百丈懷海)	頌古		87	1023 (雲門文偃)	頌古	
27	182 (百丈懷海)	頌古		88	1024 (雲門文偃)	頌古	『聯珠』
28	184 (百丈懷海)	頌古		89	1037 (雲門文偃)	頌古	『聯珠』
29	208 (南泉普願)	上堂云		90	1047 (雲門文偃)	上堂云	
30	212 (南泉普願)	頌古	『聯珠』	91	1048 (雲門文偃)	上堂云	
31	256 (歸宗智常)	拈古		92	1056 (雲門文偃)	頌古	
32	278 (石鞏慧藏)	頌古		93	1061 (雲門文偃)	頌古 上堂云	
33	280 (中邑洪恩)	頌古		94	1083 (雲門文偃)	上堂云	
34	292 (南園曇晟)	頌古		95	1105 (長慶慧稜)	上堂云	
35	325 (藥山惟儼)	云		96	1118 (鏡清道怤)	頌古	『聯珠』
36	396 (黃蘗希運)	頌古		97	1171 (雲居道膺)	頌古	
37	408 (趙州從諗)	上堂云		98	1172 (雲居道膺)	頌古	
38	410 (趙州從諗)	頌古		99	1181 (澄源無殷)	頌古	
39	411 (趙州從諗)	頌古	『聯珠』	100	1186 (護國守澄)	頌古	
40	412 (趙州從諗)	頌古		101	1192 (芭蕉慧情)	頌古	
41	414 (趙州從諗)	頌古		102	1224 (香林澄遠)	頌古	『聯珠』
42	415 (趙州從諗)	頌古		103	1230 (洞山守初)	頌古	
43	417 (趙州從諗)	頌古		104	1251 (風穴延昭)	頌古	『聯珠』
44	421 (趙州從諗)	頌古		105	1290 (法眼文益)	頌古	『聯珠』
45	429 (趙州從諗)	頌古	『聯珠』	106	1293 (法眼文益)	頌古	『聯珠』
46	430 (趙州從諗)	上堂云		107	1295 (法眼文益)	上堂云 上堂云	
47	431 (趙州從諗)	上堂云		108	1314 (清溪洪進)	頌古	
48	434 (趙州從諗)	頌古		109	1321 (首山省念)	頌古	『聯珠』
49	441 (趙州從諗)	頌古		110	1335 (汾陽善昭)	頌古	『聯珠』
50	478 (趙州從諗)	頌古		111	1336 (汾陽善昭)	上堂云	
51	479 (趙州從諗)	頌古		112	1386 (石霜楚圓)	頌古	『聯珠』
52	499 (子湖利蹤)	頌古	『聯珠』	113	1429 (傅大士)	上堂云	
53	502 (子湖利蹤)	上堂云		114	1430 (傅大士)	頌古	『聯珠』
54	511 (遂州良遂)	頌古	『聯珠』	115	1431 (傅大士)	上堂云	
55	521 (雲巖曇晟)	頌古		116	1433 (杜順和尙)	上堂云	

56	590 (靈雲志勤)	頌古	『聯珠』	117	1436 (文殊)	頌古	
57	598 (香嚴智閑)	上堂云云		118	1437 (文殊)	頌古	
58	599 (香嚴智閑)	頌古		119	1450 (老宿)	頌古	
59	600 (香嚴智閑)	上堂云		120	1459 (大宋皇帝)	代	
60	615 (臨濟義玄)	上堂云		121	1460 (大宋皇帝)	代	
61	619 (臨濟義玄)	頌古					

〈표 III-10〉『염송집』에 인용된 天衣義懷의 착어 일람

번호	『염송집』칙수 (조사)	착어	비고	번호	『염송집』칙수 (조사)	착어	비고
1	1 (世尊)	上堂云		17	418 (趙州從諗)	頌古	『聯珠』
2	13 (世尊)	上堂云		18	421 (趙州從諗)	頌古	『聯珠』
3	16 (世尊)	頌古		19	430 (趙州從諗)	上堂	
4	21 (世尊)	頌古		20	785 (雪峯義存)	拈古	
5	23 (世尊)	上堂云		21	793 (雪峯義存)	頌古	
6	31 (世尊)	小參		22	857 (雲居道膺)	云	
7	32 (世尊)	頌古	『聯珠』	23	979 (玄沙師備)	上堂	
8	55 (金剛經)	上堂云	X68-376b	24	991 (玄沙師備)	頌古	『聯珠』
9	101 (達磨)	頌古	『聯珠』	25	1016 (雲門文偃)	頌古	『聯珠』
10	110 (六祖慧能)	頌古		26	1048 (雲門文偃)	頌古	
11	115 (六祖慧能)	上堂云		27	1065 (雲門文偃)	上堂	
12	155 (崇山峻極)	小參		28	1290 (法眼文益)	頌古	『聯珠』
13	184 (百丈懷海)	上堂		29	1310 (修山主)	上堂	X68-375c 『統要』
14	335 (藥山惟儼)	云		30	1361 (報慈玄覺)	頌古	
15	357 (潙山靈祐)	上堂		31	1398 (黃龍慧南)	頌古	
16	375 (潙山靈祐)	頌古					

〈표 III-11〉『염송집』에 인용된 圓通法秀의 착어 일람

번호	『염송집』칙수 (조사)	착어	비고	번호	『염송집』칙수 (조사)	착어	비고
1	55 (金剛經)	擧云		22	746 (淸平令遵)	上堂擧云	송고
2	65 (文殊)	拈古		23	798 (雪峯義存)	拈古	
3	101 (達磨)	頌古	『聯珠』	24	802 (雪峯義存)	擧云	

번호	칙수 (조사)	착어	비고	번호	칙수 (조사)	착어	비고
4	110 (六祖慧能)	頌古	『聯珠』	25	808 (雪峯義存)	拈古	단독
5	125 (永嘉玄覺)	上堂擧云		26	815 (雪峯義存)	拈古	단독
6	130 (南陽慧忠)	頌古	『聯珠』	27	846 (大隨法眞)	頌古 頌古	『聯珠』
7	161 (馬祖道一)	拈古		28	906 (龍牙居遁)	擧云	단독
8	200 (鹽官齊安)	上堂擧云		29	977 (越州鑑眞)	云	
9	227 (南泉普願)	拈古		30	1052 (雲門文偃)	拈古	
10	249 (盤山寶積)	擧云		31	1062 (雲門文偃)	擧云	
11	311 (龐居士)	上堂擧云		32	1079 (雲門文偃)	拈古	
12	321 (丹霞天然)	拈古		33	1097 (雲門文偃)	擧云	
13	351 (天皇道吾)	拈古		34	1119 (鏡清道怤)	擧云	
14	381 (潙山靈祐)	擧云		35	1200 (羅山道閑)	拈古	
15	387 (潙山靈祐)	拈古	단독	36	1295 (法眼文益)	擧云	『聯燈』
16	417 (趙州從諗)	頌古	『聯珠』	37	1303 (法眼文益)	拈古	
17	450 (趙州從諗)	擧云		38	1312 (修山主)	拈古	단독
18	502 (子湖利蹤)	擧云		39	1313 (修山主)	拈古	
19	503 (茱萸和尙)	拈古	『統要』	40	1357 (雪竇重顯)	擧云	단독
20	539 (翠微無學)	拈古	단독	41	1390 (大愚守芝)	頌古	
21	558 (石霜慶諸)	云	『統要』				

〈표 III-12〉 『염송집』에 인용된 大覺懷璉의 착어 일람

번호	『염송집』 칙수 (조사)	착어	비고	번호	『염송집』 칙수 (조사)	착어	비고
1	9 (世尊)	頌古		55	649 (睦州道蹤)	拈古	
2	11 (世尊)	頌古		56	662 (徑山道欽)	頌古	
3	12 (世尊)	頌古	단독	57	666 (德山宣鑒)	頌古	
4	14 (世尊)	頌古		58	668 (德山宣鑒)	頌古	
5	16 (世尊)	頌古		59	669 (德山宣鑒)	頌古	단독
6	20 (世尊)	頌古		60	671 (德山宣鑒)	頌古	
7	26 (世尊)	頌古		61	673 (德山宣鑒)	頌古	단독
8	65 (文殊)	頌古		62	675 (德山宣鑒)	頌古	단독
9	68 (須菩提)	頌古		63	677 (德山宣鑒)	頌古	
10	81 (迦葉)	頌古		64	747 (鳥窠道林)	頌古	
11	82 (迦葉)	頌古	단독	65	749 (鎮州保壽)	頌古	

12	129 (南陽慧忠)	頌古		66	753 (魏府大覺)	頌古	
13	131 (南陽慧忠)	頌古		67	766 (定州善崔)	頌古	
14	134 (南陽慧忠)	頌古		68	768 (定上座)	頌古	
15	152 (荷澤神會)	頌古		69	776 (覆盆庵主)	頌古	단독
16	153 (破竈墮)	頌古		70	785 (雪峯義存)	頌古	
17	169 (馬祖)	頌古		71	789 (雪峯義存)	頌古	
18	178 (百丈懷海)	頌古		72	797 (雪峯義存)	頌古	
19	181 (百丈懷海)	頌古		73	798 (雪峯義存)	頌古	
20	182 (百丈懷海)	頌古		74	799 (雪峯義存)	頌古	
21	196 (麻谷寶徹)	頌古	단독	75	814 (雪峯義存)	頌古	
22	199 (鹽官齊安)	頌古		76	817 (雪峯義存)	頌古	단독
23	202 (鹽官齊安)	頌古		77	826 (巖頭全豁)	頌古	
24	204 (南泉普願)	頌古		78	842 (高亭簡)	頌古	
25	207 (南泉普願)	頌古		79	846 (大隨法眞)	頌古	
26	208 (南泉普願)	頌古		80	847 (大隨法眞)	頌古	
27	226 (南泉普願)	頌古		81	850 (大隨法眞)	頌古	
28	236 (南泉普願)	頌古	단독	82	894 (龍牙居遁)	頌古	
29	238 (南泉普願)	頌古		83	896 (龍牙居遁)	頌古	
30	256 (歸宗智常)	頌古		84	907 (龍牙居遁)	頌古	
31	263 (歸宗智常)	頌古	단독	85	917 (越州乾峯)	頌古	
32	302 (華林善覺)	頌古		86	1042 (雲門文偃)	頌古	
33	368 (溈山靈祐)	頌古		87	1076 (雲門文偃)	拈古	단독
34	389 (黃蘗希運)	頌古		88	1077 (雲門文偃)	頌古	
35	391 (黃蘗希運)	頌古		89	1118 (鏡淸道怤)	頌古	
36	404 (古靈神贊)	頌古		90	1147 (金峯從志)	頌古	단독
37	410 (趙州從諗)	頌古		91	1164 (鎮州2世寶壽)	頌古	
38	411 (趙州從諗)	頌古		92	1165 (西院思明)	頌古	
39	424 (趙州從諗)	頌古		93	1181 (澄源無殷)	頌古	
40	451 (趙州從諗)	頌古	단독	94	1188 (石門獻蘊)	頌古	
41	476 (趙州從諗)	頌古		95	1201 (羅山道閑)	頌古	
42	508 (五臺秘魔嵓)	頌古		96	1203 (木平善道)	頌古	
43	512 (鎮州普化)	頌古		97	1272 (明招德謙)	頌古	
44	514 (鎮州普化)	頌古		98	1291 (法眼文益)	頌古	

번호	『염송집』 칙수 (조사)	착어	비고	번호	『염송집』 칙수 (조사)	착어	비고
45	557 (石霜慶諸)	頌古		99	1305 (修山主)	頌古	단독
46	571 (仰山惠寂)	頌古		100	1321 (首山省念)	頌古	
47	572 (仰山惠寂)	頌古		101	1332 (首山省念)	頌古	
48	580 (仰山惠寂)	頌古		102	1436 (文殊)	頌古	
49	584 (仰山惠寂)	頌古	단독	103	1437 (文殊)	頌古	
50	599 (香嚴智閑)	擧云		104	1438 (無着)	頌古	단독
51	608 (臨濟義玄)	頌古		105	1440 (佛陁波利)	頌古	
52	610 (臨濟)	頌古		106	1443 (寒山)	頌古	
53	617 (臨濟)	頌古		107	1446 (天台拾得)	頌古	단독
54	618 (臨濟)	頌古					

〈표 III-13〉『염송집』에 인용된 佛日智才의 착어 일람

번호	『염송집』 칙수 (조사)	착어	번호	『염송집』 칙수 (조사)	착어
1	199 (鹽官齊安)	上堂擧云	5	499 (子湖利蹤)	上堂擧云
2	219 (南泉普願)	拈古	6	614 (臨濟)	上堂擧云
3	410 (趙州從諗)	頌古	7	620 (臨濟)	拈古
4	420 (趙州從諗)	頌古	8	1013 (雲門文偃)	頌古

〈표 III-14〉『염송집』에 인용된 廣靈希祖의 착어 일람

번호	『염송집』 칙수 (조사)	착어	번호	『염송집』 칙수 (조사)	착어
1	69 (須菩提)	上堂擧云	8	505 (池州甘贄)	上堂擧云
2	100 (達磨)	上堂擧云	9	901 (龍牙居遁)	擧云
3	149 (淸源行思)	晩參擧云	10	977 (越州鑑眞)	擧云
4	205 (南泉普願)	拈古	11	1048 (雲門文偃)	頌古
5	339 (藥山惟儼)	拈古	12	1194 (資福如寶)	拈古
6	344 (藥山惟儼)	擧云	13	1443 (寒山子)	上堂擧云
7	417 (趙州從諗)	上堂擧云			

〈표 III-15〉『염송집』에 인용된 南明法泉의 착어 일람

번호	『염송집』 칙수 (조사)	착어	비고	번호	『염송집』 칙수 (조사)	착어	비고
1	5 (世尊)	頌古		68	615 (臨濟義玄)	拈古	
2	14 (世尊)	頌古		69	622 (臨濟義玄)	頌古	
3	18 (世尊)	頌古	『聯珠』	70	635 (臨濟義玄)	頌古	『聯珠』

4	20 (世尊)	拈古		71	640 (睦州道蹤)	頌古	
5	24 (世尊)	拈古		72	651 (睦州道蹤)	頌古	
6	32 (世尊)	頌古	『聯珠』	73	670 (德山宣鑒)	頌古	
7	55 (金剛經)	頌古		74	684 (洞山良价)	拈古	
8	71 (舍利佛)	頌古	『聯珠』	75	687 (洞山良价)	頌古	『聯珠』
9	76 (賓頭盧尊者)	頌古	『聯珠』	76	704 (洞山良价)	頌古	
10	98 (達磨)	拈古		77	715 (夾山善會)	上堂擧云	
11	100 (達磨)	拈古		78	729 (投子大同)	頌古	『聯珠』
12	101 (達磨)	頌古		79	745 (清平令遵)	頌古	
13	110 (六祖慧能)	小參云		80	764 (灌溪志閑)	頌古	
14	122 (永嘉玄覺)	上堂擧云		81	796 (雪峯義存)	頌古	
15	129 (南陽慧忠)	頌古		82	805 (雪峯義存)	拈古	
16	130 (南陽慧忠)	頌古	『聯珠』	83	809 (雪峯義存)	拈古	
17	164 (馬祖道一)	拈古		84	813 (雪峯義存)	頌古	
18	169 (馬祖道一)	頌古	『聯珠』	85	837 (巖頭全豁)	頌古	
19	181 (百丈懷海)	頌古	『聯珠』	86	842 (高亭簡)	上堂擧云	
20	183 (百丈懷海)	頌古		87	843 (陳操尙書)	頌古	
21	189 (魯祖寶雲)	代		88	846 (大隨法眞)	頌古	『聯珠』
22	192 (三角總印)	拈古		89	847 (大隨法眞)	頌古	
23	203 (南泉普願)	頌古	『聯珠』	90	848 (大隨法眞)	頌古	『聯珠』
24	206 (南泉普願)	頌古		91	850 (大隨法眞)	頌古	
25	209 (南泉普願)	頌古		92	856 (雲居道膺)	頌古	『聯珠』
26	211 (南泉普願)	頌古	『聯珠』	93	911 (白水本仁)	拈古	
27	213 (南泉普願)	頌古		94	924 (大禪佛)	頌古	
28	215 (南泉普願)	頌古		95	932 (九峯道虔)	頌古	『聯珠』
29	221 (南泉普願)	代云		96	940 (湧泉景欣)	代	
30	225 (南泉普願)	代	細註	97	960 (韶山寰普)	代	
31	229 (南泉普願)	頌古		98	982 (玄沙師備)	拈古	
32	246 (南泉普願)	頌古	『聯珠』	99	984 (玄沙師備)	頌古	『聯珠』
33	261 (歸宗智常)	頌古		100	992 (玄沙師備)	頌古	『聯珠』
34	273 (洪州水潦)	拈古		101	1013 (雲門文偃)	頌古	『聯珠』
35	278 (石鞏慧藏)	頌古		102	1018 (雲門文偃)	頌古	
36	290 (西堂智藏)	頌古		103	1034 (雲門文偃)	頌古	『聯珠』

37	299 (興善惟寬)	頌古		104	1035 (雲門文偃)	頌古 上堂云	『聯珠』
38	324 (藥山惟儼)	上堂擧云		105	1060 (雲門文偃)	頌古	
39	327 (藥山惟儼)	頌古		106	1071 (雲門文偃)	頌古	
40	347 (長髭曠)	拈古		107	1072 (雲門文偃)	頌古	
41	357 (潙山靈祐)	頌古		108	1073 (雲門文偃)	頌古	『聯珠』
42	371 (潙山靈祐)	頌古	『聯珠』	109	1077 (雲門文偃)	拈古	
43	383 (潙山靈祐)	拈古		110	1105 (長慶慧稜)	頌古	
44	390 (黃蘗希運)	頌古	『聯珠』	111	1117 (長慶慧稜)	頌古	
45	408 (趙州從諗)	頌古		112	1123 (鏡淸道怤)	頌古	
46	409 (趙州從諗)	頌古	『聯珠』	113	1133 (孚上座)	頌古	『聯珠』
47	411 (趙州從諗)	頌古 小參擧云	『聯珠』	114	1145 (金峯從志)	頌古	
48	412 (趙州從諗)	頌古	『聯珠』	115	1186 (護國守澄)	頌古	
49	424 (趙州從諗)	拈古		116	1192 (芭蕉慧情)	拈古	
50	426 (趙州從諗)	頌古		117	1223 (巴陵顥鑑)	頌古	
51	429 (趙州從諗)	頌古		118	1230 (洞山守初)	頌古	『聯珠』
52	430 (趙州從諗)	頌古	『聯珠』	119	1240 (智門師寬)	頌古	
53	441 (趙州從諗)	頌古		120	1243 (智門師寬)	頌古	
54	476 (趙州從諗)	頌古		121	1272 (明招德謙)	頌古	『聯珠』
55	479 (趙州從諗)	頌古	『聯珠』	122	1290 (法眼文益)	頌古	『聯珠』
56	487 (趙州從諗)	代		123	1293 (法眼文益)	頌古	『聯珠』
57	488 (長沙景岑)	頌古		124	1303 (法眼文益)	拈古	
58	521 (雲巖曇晟)	頌古		125	1321 (首山省念)	頌古	『聯珠』
59	555 (石霜慶諸)	拈古		126	1335 (汾陽善昭)	頌古	『聯珠』
60	558 (石霜慶諸)	頌古	『聯珠』	127	1341 (葉縣歸省)	頌古	
61	571 (仰山惠寂)	頌古		128	1352 (雪竇重顯)	頌古	
62	585 (仰山惠寂)	頌古		129	1367 (洞山曉矣)	頌古	
63	590 (靈雲志勤)	頌古	『聯珠』	130	1384 (石霜楚圓)	頌古	
64	592 (靈雲志勤)	頌古	『聯珠』	131	1390 (大愚守芝)	頌古	『聯珠』
65	595 (靈雲志勤)	頌古		132	1443 (寒山子)	別	
66	598 (香嚴智閑)	示衆擧云		133	1447 (布袋)	頌古	『聯珠』
67	600 (香嚴智閑)	頌古	『聯珠』	134	1449 (布袋)	上堂擧云	

번호	『염송집』 칙수 (조사)	착어	출전	비고
1	6 (世尊)	拈古	『洪濟』 1(『慈』上)	
2	13 (世尊)	拈古	『擧古』 4(『慈』中)	
3	14 (世尊)	上堂擧云	『擧古』 3(『慈』中)	
4	18 (世尊)	上堂擧云	『慈』上, 26	
5	33 (世尊)	擧云	『擧古』 1(『慈』中)	
6	55 (金剛經)	擧云	『洪濟』 22(『慈』上)	
7	81 (迦葉)	擧云	『擧古』 2(『慈』中)	
8	97 (般若多羅)	上堂擧云	『慈』下, 48	
9	101 (達磨)	上堂	『慈』中, 97	
10	106 (三祖)	云	『洪濟』 40(『慈』上)	
11	110 (六祖慧能)	頌古	『洪濟』 16(『慈』上)	圓通禪師頌 생략
12	111 (六祖慧能)	云	『擧古』 48(『慈』中)	
13	151 (淸源行思)	拈古	『擧古』 26(『慈』中)	
14	178 (百丈懷海)	頌古		
15	181 (百丈懷海)	云	『擧古』 18(『慈』中)	
16	205 (南泉普願)	上堂	『洪濟』 83(『慈』上)	본칙 중복 생략
17	248 (盤山寶積)	拈古	『擧古』 9(『慈』中)	
18	281 (金牛和尙)	上堂	『洪濟』 58(『慈』上)	
19	283 (金牛和尙)	云	『擧古』 12(『慈』中)	
20	319 (龐居士)	上堂云	『慈』下, 59	
21	321 (丹霞天然)	小參	『慈』上, 21	
22	325 (藥山惟儼)	拈古	『慈』下, 22	
23	328 (藥山惟儼)	云	『擧古』 27(『慈』中)	
24	412 (趙州從諗)	頌古		
25	494 (長沙景岑)	云	『擧古』 36(『慈』中)	
26	559 (石霜慶諸)	上堂	『慈』中, 194	
27	567 (仰山慧寂)	頌古		

---

28) 종색의 어록은 시이나 코유 선생이 고마자와대학 도서관 江田文庫에 소장된 필사본을
   소개한 椎名宏雄, 「『慈覺禪師語錄』(飜刻)」, 『駒澤大學禪硏究所年譜』 20, 2008을 이용하였
   다. 표에서 숫자는 시이나의 번각본에서 상당 등이나 擧古의 각 칙에 편의상 붙인 것이
   며, 卷上에 수록된 『洪濟禪院語錄』은 『洪濟』로 줄여 표시하였다.

28	571 (仰山惠寂)	拈古	『舉古』 6(『慈』中)	
29	590 (靈雲志勤)	上堂云	『慈』下, 75	
30	711 (夾山善會)	上堂云	『洪濟』43(『慈』上)	
31	751 (三聖慧然)	拈古	『舉古』 20(『慈』中)	
32	785 (雪峯義存)	拈古	『舉古』 16(『慈』中)	
33	801 (雪峯義存)	舉云	『舉古』 8(『慈』中)	
34	802 (雪峯義存)	拈古	『舉古』 11(『慈』中)	
35	853 (靈樹如敏)	小參云	『洪濟』13(『慈』上)	
36	863 (雲居道膺)	拈古	『舉古』 21(『慈』中)	
37	899 (龍牙居遁)	拈古	『慈』下, 10	
38	979 (玄沙師備)	云	『舉古』31(『慈』中)	
39	980 (玄沙師備)	云	『舉古』13(『慈』中)	
40	1006 (雲門文偃)	上堂云	『慈』下, 62	
41	1016 (雲門文偃)	拈古	『舉古』15(『慈』中)	
42	1035 (雲門文偃)	頌古		
43	1128 (翠巖令參)	上堂云	『慈』上, 3	
44	1283 (智門光祚)	云	『舉古』32(『慈』中)	
45	1293 (法眼文益)	云	『舉古』7(『慈』中)	
46	1295 (法眼文益)	云	『舉古』29(『慈』中)	
47	1437 (文殊)	拈古	『舉古』5(『慈』中)	

〈표 III-17〉『염송집』에 인용된 法眞守一의 착어 일람표

번호	『염송집』 칙수 (조사)	착어	비고	번호	『염송집』 칙수 (조사)	착어	비고
1	2 (世尊)	云		104	590 (靈雲志勤)	頌古	
2	5 (世尊)	頌古		105	599 (香嚴智閑)	頌古	
3	16 (世尊)	頌古		106	600 (香嚴智閑)	拈古	
4	18 (世尊)	頌古		107	602 (香嚴智閑)	拈古	
5	21 (世尊)	頌古		108	607 (臨濟義玄)	頌古	
6	31 (世尊)	頌古		109	614 (臨濟義玄)	云	
7	47 (圓覺經)	頌古		110	617 (臨濟義玄)	頌古	
8	55 (金剛經)	頌古		111	637 (睦州道蹤)	云	
9	65 (文殊)	頌古		112	643 (睦州道蹤)	拈古	
10	76 (賓頭盧尊者)	頌古		113	647 (睦州道蹤)	頌古	

11	89 (馬鳴)	頌古			114	666 (德山宣鑒)	拈古	
12	97 (般若多羅)	頌古			115	674 (德山宣鑒)	拈古	단독
13	98 (達磨)	頌古			116	680 (洞山良价)	頌古	『聯珠』
14	101 (達磨)	頌古			117	689 (洞山良价)	頌古	
15	106 (三祖僧璨)	云			118	690 (洞山良价)	拈古	
16	110 (六祖慧能)	頌古 云			119	706 (洞山良价)	頌古	
17	115 (六祖慧能)	頌古			120	723 (石梯和尙)	拈古	
18	119 (南嶽懷讓)	頌古			121	724 (投子大同)	頌古	
19	121 (南嶽懷讓)	頌古			122	744 (投子大同)	云	
20	122 (永嘉玄覺)	頌古			123	756 (興化存獎)	云	
21	123 (永嘉玄覺)	頌古			124	767 (定上座)	拈古	
22	130 (南陽慧忠)	頌古			125	771 (雲山和尙)	頌古	
23	131 (南陽慧忠)	頌古 云			126	778 (嚴上座)	拈古	
24	146 (南陽慧忠)	頌古			127	784 (雪峯義存)	頌古	
25	148 (淸源行思)	頌古			128	790 (雪峯義存)	拈古	
26	164 (馬祖道一)	拈古			129	791 (雪峯義存)	拈古	
27	165 (馬祖道一)	拈古			130	793 (雪峯義存)	頌古	
28	169 (馬祖道一)	頌古			131	812 (雪峯義存)	拈古	
29	178 (百丈懷海)	頌古			132	834 (巖頭全豁)	拈古	단독
30	183 (百丈懷海)	頌古			133	842 (高亭簡)	拈古	
31	184 (百丈懷海)	頌古			134	847 (大隨法眞)	云	
32	185 (百丈懷海)	拈古			135	855 (雲居道膺)	云	
33	194 (麻谷寶徹)	着語			136	868 (華嚴休靜)	別	
34	205 (南泉普願)	頌古			137	882 (曹山本寂)	頌古	
35	206 (南泉普願)	拈云			138	885 (曹山本寂)	頌古	단독
36	207 (南泉普願)	代云			139	894 (龍牙居遁)	拈古	
37	208 (南泉普願)	拈古			140	898 (龍牙居遁)	頌古	
38	209 (南泉普願)	拈古			141	901 (龍牙居遁)	頌古	
39	215 (南泉普願)	云			142	902 (龍牙居遁)	頌古	
40	218 (南泉普願)	頌古			143	903 (龍牙居遁)	頌古	
41	220 (南泉普願)	拈古			144	911 (白水本仁)	拈古	
42	244 (南泉普願)	拈古			145	912 (白水本仁)	拈古	

No.	則 (人名)	유형	비고	No.	則 (人名)	유형	비고
43	252 (盤山寶積)	頌古		146	913 (欽山문 ?)	拈古	
44	253 (盤山寶積)	頌古		147	915 (欽山문 ?)	云	
45	255 (歸宗智常)	云		148	919 (越州乾峯)	頌古	
46	271 (大珠慧海)	頌古		149	923 (霍山景通)	云	
47	276 (百丈惟政)	拈古		150	940 (湧泉景欣)	拈古	
48	277 (石鞏慧藏)	頌古		151	946 (洛浦元安)	云	
49	278 (石鞏慧藏)	頌古 云		152	947 (洛浦元安)	云	
50	279 (中邑洪恩)	頌古 拈古		153	977 (越州鑑眞)	拈古	
51	286 (則川和尚)	拈古		154	978 (玄沙師備)	頌古	
52	287 (則川和尚)	拈古	單獨	155	979 (玄沙師備)	頌古 頌古	
53	291 (西山亮座主)	頌古		156	985 (玄沙師備)	頌古 云	
54	313 (龐居士)	拈古		157	986 (玄沙師備)	頌古	
55	314 (龐居士)	拈古		158	987 (玄沙師備)	頌古	
56	348 (長髭曠)	拈古		159	988 (玄沙師備)	別云	
57	349 (石樓和尚)	云		160	996 (玄沙師備)	頌古	單獨
58	355 (潙山靈祐)	頌古		161	997 (玄沙師備)	頌古	
59	357 (潙山靈祐)	頌古		162	1005 (玄沙師備)	別	
60	359 (潙山靈祐)	拈古		163	1008 (雲門文偃)	頌古	
61	360 (潙山靈祐)	頌古		164	1010 (雲門文偃)	頌古	
62	370 (潙山靈祐)	頌古		165	1014 (雲門文偃)	頌古	
63	372 (潙山靈祐)	頌古		166	1015 (雲門文偃)	頌古	
64	379 (潙山靈祐)	頌古		167	1022 (雲門文偃)	頌古	
65	382 (潙山靈祐)	頌古 拈古		168	1027 (雲門文偃)	頌古	
66	388 (黃蘗希運)	頌古		169	1035 (雲門文偃)	頌古	
67	407 (趙州從諗)	頌古 云	문답 차이	170	1036 (雲門文偃)	拈古	
68	409 (趙州從諗)	頌古		171	1038 (雲門文偃)	拈古	
69	411 (趙州從諗)	頌古		172	1047 (雲門文偃)	云	
70	412 (趙州從諗)	頌古		173	1064 (雲門文偃)	頌古 拈古	

71	417 (趙州從諗)	頌古		174	1080 (雲門文偃)	拈古	단독
72	419 (趙州從諗)	云		175	1081 (雲門文偃)	頌古	
73	429 (趙州從諗)	頌古		176	1083 (雲門文偃)	頌古	
74	453 (趙州從諗)	云		177	1084 (雲門文偃)	頌古	단독
75	458 (趙州從諗)	拈古		178	1087 (雲門文偃)	拈古	
76	477 (趙州從諗)	拈古		179	1109 (長慶慧稜)	拈古	
77	489 (長沙景岑)	云		180	1112 (長慶慧稜)	拈古	
78	493 (長沙景岑)	頌古		181	1118 (鏡清道怤)	頌古 云	
79	499 (子湖利蹤)	頌古		182	1122 (鏡清道怤)	拈古	
80	500 (子湖利蹤)	拈古		183	1130 (大原孚)	頌古	단독
81	503 (鄂州茱萸)	頌古 拈古		184	1131 (大原孚)	頌古 拈古	
82	505 (池州甘贄)	拈古		185	1132 (大原孚)	拈古	
83	507 (池州甘贄)	拈古		186	1161 (南院慧顒)	拈古	
84	508 (五臺秘魔嵓)	頌古		187	1177 (同安常察)	拈古	단독
85	515 (鎭州普化)	拈古		188	1201 (羅山道閑)	代	
86	532 (道吾宗智)	頌古		189	1203 (木平善道)	頌古	
87	541 (石室善道)	云		190	1218 (王延彬)	云	
88	544 (天仙和尙)	頌古	단독	191	1224 (香林澄遠)	頌古	
89	545 (本生和尙)	拈古		192	1229 (洞山守初)	頌古 云	
90	549 (龍潭崇信)	頌古	단독	193	1282 (智門光祚)	頌古	
91	561 (石霜慶諸)	拈古		194	1285 (蓮花峯庵主)	頌古 拈古	
92	564 (漸源仲興)	頌古		195	1293 (法眼文益)	頌古 拈古	
93	567 (仰山惠寂)	拈古		196	1297 (法眼文益)	頌古	
94	568 (仰山惠寂)	頌古		197	1299 (法眼文益)	拈古	
95	569 (仰山惠寂)	頌古		198	1352 (雪竇重顯)	頌古	
96	570 (仰山惠寂)	頌古		199	1372 (天衣義懷)	頌古	
97	572 (仰山惠寂)	頌古		200	1374 (天衣義懷)	頌古	단독
98	573 (仰山惠寂)	頌古		201	1375 (天衣義懷)	頌古	
99	574 (仰山惠寂)	頌古		202	1427 (金陵寶誌)	頌古	『聯珠』
100	576 (仰山惠寂)	頌古		203	1429 (傅大士)	云	

101	583 (仰山慧寂)	頌古		204	1430 (傅大士)	拈古
102	586 (仰山慧寂)	頌古		205	1434 (南嶽慧思)	頌古
103	587 (仰山慧寂)	頌古		206	1436 (文殊)	頌古

〈표 III-18〉『염송집』에 인용된 淨慈善本의 착어 일람

번호	『염송집』 칙수 (조사)	착어	번호	『염송집』 칙수 (조사)	착어
1	2 (世尊)	上堂云	9	686 (洞山良价)	代云
2	110 (六祖慧能)	小参云	10	818 (雪峯義存)	上堂云
3	221 (南泉普願)	代云	11	864 (雲居道膺)	代云
4	293 (五洩靈黙)	小参云	12	866 (雲居道膺)	上堂云
5	502 (子湖利蹤)	云	13	1009 (雲門文偃)	上堂云
6	520 (雲巖曇晟)	別云	14	1035 (雲門文偃)	上堂
7	633 (臨濟義玄)	頌古	15	1453 (古德)	云
8	672 (德山宣鑒)	頌古	16	1455 (肥田庵主)	代

〈표 III-19〉『염송집』에 인용된 慈受懷深의 착어 일람

번호	『염송집』 칙수 (조사)	착어	출전	비고
1	2 (世尊)	頌古	『聯珠』481c15	『보등』461c4
2	6 (世尊)	拈古		
3	19 (世尊)	上堂舉云	X73-122c	
4	32 (世尊)	頌古	X73-130b	『聯珠』488b
5	65 (文殊)	上堂舉云	X73-103b	
6	120 (南嶽懷讓)	頌古	X73-131c	『聯珠』522b
7	146 (南陽慧忠)	上堂舉云	X73-121c	
8	181 (百丈懷海)	頌古	X73-130c	『聯珠』529a
9	184 (百丈懷海)	頌古	X73-129c	
10	205 (南泉普願)	頌古	X73-131b	『聯珠』537b
11	279 (中邑洪恩)	頌古	X73-123b	『聯珠』547c
12	284 (汾州無業)	上堂云	X73-126c~127a	
13	289 (西堂地藏)	上堂舉云	X73-122c	단독
14	370 (潙山靈祐)	頌古	X73-130a	『聯珠』566a 『보등』461b
15	393 (黃蘗希運)	頌古	X73-130a	『聯珠』610b

16	408 (趙州從諗)	上堂擧云	X73-128a	
17	411 (趙州從諗)	頌古	X73-130a	『聯珠』595a
18	412 (趙州從諗)	頌古	X73-131b	
19	421 (趙州從諗)	頌古	X73-131c	
20	436 (趙州從諗)	頌古	X73-131b	『聯珠』596b
21	446 (趙州從諗)	上堂擧云	X73-128b	단독
22	449 (趙州從諗)	上堂擧云	X73-127c	
23	450 (趙州從諗)	上堂擧云		活句 참구
24	453 (趙州從諗)	上堂擧云	X73-126b	
25	455 (趙州從諗)	頌古	X73-131c	
26	457 (趙州從諗)	頌古	X73-129c	『聯珠』587a
27	492 (長沙景岑)	頌古	X73-130a	『聯珠』570c
28	533 (船子德誠)	小參擧云		
29	568 (仰山惠寂)	上堂擧云	X73-124a	
30	590 (靈雲志勤)	上堂擧云	X73-125b	
31	647 (睦州道蹤)	上堂擧云	X73-128b	
32	687 (洞山良价)	上堂擧云	X73-119c	
33	690 (洞山良价)	上堂擧云	X73-125a	
34	784 (雪峯義存)	小參擧云		
35	791 (雪峯義存)	上堂擧云	X73-121a	
36	795 (雪峯義存)	頌古	X73-130b	『聯珠』651c
37	859 (雲居道膺)	上堂擧云	X73-128a	
38	875 (疎山光仁)	頌古	X73-130b	『聯珠』662b
39	917 (越州乾峯)	頌古	『聯珠』662c	
40	984 (玄沙師備)	小參擧云	『聯珠』670c	송고 앞 생략
41	1014 (雲門文偃)	頌古	『聯珠』678b	
42	1016 (雲門文偃)	頌古	『聯珠』680a	
43	1022 (雲門文偃)	頌古	X73-131bc	『聯珠』681c
44	1035 (雲門文偃)	上堂擧云	X73-119c	
45	1053 (雲門文偃)	頌古	X73-129c	『聯珠』685a 단독
46	1079 (雲門文偃)	頌古	X73-131a	『聯珠』685b
47	1086 (雲門文偃)	頌古	X73-130c	『聯珠』688c
48	1087 (雲門文偃)	頌古	X73-131c	『聯珠』686b

49	1119 (鏡淸道怤)	頌古	X73-131a	『聯珠』675a
50	1133 (孚上座)	上堂擧云	X73-121b	
51	1229 (洞山守初)	頌古		『聯珠』699c
52	1230 (洞山守初)	頌古	X73-131a	『聯珠』700c 『보등』461c
53	1282 (智門光祚)	頌古	X73-126c	『聯珠』708a
54	1290 (法眼文益)	頌古 上堂云	X73-93c	『聯珠』704a
55	1297 (法眼文益)	頌古	『聯珠』705c	
56	1373 (天衣義懷)	頌古	X73-129c	『聯珠』716b 단독
57	1430 (傅大士)	頌古	X73-130a	『聯珠』
58	1434 (南嶽慧思)	上堂擧云	X73-100b	
60	1462 (龐婆)	頌古	X73-130b	『聯珠』691c, 단독

3. 『宏智錄』의 수용과 영향

『굉지록』은 송대 조동종을 대표하는 宏智正覺(1091~1157)의 어록
이다. 굉지는 입적한 후에 소흥 28년(1158)에 받은 시호이다. 그는 법
명이 정각이며, 천동산에 오래 주석하였기 때문에 천동이라 불리기
도 한다.29) 그는 산서성 隰縣에서 태어났으며, 그의 아버지 宗道는 황
룡혜남의 제자인 慧林德遜의 문하에서 수행하여 李行者라고 불릴 정
도로 불교와 인연이 깊었다. 굉지는 7세에 불전을 읽고, 11세에 향리
의 淨明寺에서 출가하였다. 이어 그는 14세에 구족계를 받고, 18세에
少林寺에서 여름을 지내고, 가을에 龍門 香山寺의 枯木法成(1071~1128)
에게 나아갔다.

---

29) 굉지정각의 전기는 1차 자료로서 1158년에 周葵가 찬한 「宏智禪師妙光塔銘」, 趙令衿이
    찬한 「勅諡宏智禪師後錄序」, 1166년에 王伯庠이 찬한 「勅諡宏智禪師行業記」 등이 있다.
    그 외에 『聯燈會要』를 비롯한 각종 전등사서가 참조가 되는데, 이 글에서는 石井修道,
    『宋代禪宗史の硏究』, 大東出版社, 1987, 295~326쪽을 주로 참조하였다.

굉지는 고목의 문하에서 오래 머무르지 않고, 고목의 법형인 단하자순이 鄧州의 단하산 서하사에서 교화하고 있다는 것을 듣고 단하산으로 갔다. 그는 단하자순의 아래에서 수년간 수행하여 政和 3년(1113)에 깨달음을 얻게 되었다. 다음 해에 자순은 병으로 인해 唐州 大乘山의 西庵으로 물러났는데, 이 무렵 자순이 『송고』를 찬술하였다. 굉지는 그 후 자순이 수주 대홍산 保壽禪院의 4세 주지가 되면서 따라가고, 정화 7년(1117)에 입적할 때까지 스승을 모셨다. 이 무렵 조동종은 대홍산에서 종세를 확대해 가고 있었다.[30]

이후 굉지는 32세에 圓通寺, 長蘆寺를 거쳐 泗州의 普照禪寺에서 개당하였다. 이후 정강의 변으로 북송이 몰락하는 국가적인 격변이 일어났고, 그는 靖康 2년(1127)에 34세로 舒州의 太平興國禪院으로 들어갔다. 이어 그는 江州의 能仁禪寺에 잠깐 머물다가, 당시 66세의 원오극근이 주지하고 있던 雲居眞如禪院에 머물렀다. 이때에 그는 원오의 강력한 추천에 의해 長蘆崇福禪院에 들어갔고, 이어 眞州 天寧寺에서 개당하였다.

이 무렵 금의 공격이 계속되었으므로 그는 난을 피해 眞歇淸了가 있던 보타낙가산으로 갔다. 그러다가 마침내 建炎 3년(1129)에 天童寺에서 上堂하였고, 입적할 때까지 28년간 머물렀다. 그가 천동사에서 주지를 하면서 1,200여 선승이 모일 만큼 종세가 크게 확대되었다.

이상에서 굉지정각의 생애를 간략하게 살펴보았다. 다음으로 굉지의 어록인 『굉지록』의 판본과 구성에 대해 살펴보기로 한다. 『굉지록』은 일본 오이타현 泉福寺에 소장된 6권본 송판이 현존 最古의 판본이며, 일본 조동종의 개조인 도겐(道元)이 가져왔다고 알려져 있다.[31] 천

---

30) 石井修道, 「攻媿集にみられる禪宗資料: 投子義靑の法系を中心として」, 『東方宗教』 39, 1972; 「芙蓉道楷と丹霞子淳」, 『駒澤大學佛敎學部論集』 3, 1972; 「慧照慶預と眞歇淸了と宏智正覺と」, 『駒澤大學佛敎學部硏究紀要』 36, 1978 참조.

31) 『굉지록』의 서지 사항이나 구성 및 내용에 대해서는 石井修道, 「宏智廣錄考」, 『駒澤大學

복사본은 본래 소흥 27년(1157)에 智宣, 悟遷 등에 의해 간행된 것이다.

이외에도 4권본 송판과 원판이 알려져 있지만, 현재 일본에서 가장 많이 유포된 것은 寶永 5년(1706)에 간행된 9권본 『宏智禪師廣錄』이다. 속장경과 대정신수대장경에 수록된 굉지의 어록은 보영본을 토대로 한 것이다. 그런데 보영본은 천복사본을 토대로 하면서도 9책으로 이루어져 있고, 구성도 다르므로 이 글에서는 천복사본을 이용하였다.

한편, 『굉지록』은 어록과 광록이 있는 것처럼 보이지만, 실제 어록과 광록이 같은 계통의 것이다. 천복사본 6책을 分冊, 정리한 것이 보영본 9권, 곧 『굉지선사광록』이었다. 또 천복사본은 6책을 한꺼번에 모아 개판한 것이 아니고, 어록도 천동사에 주석하였던 30년간의 1/3만 현존하므로 처음부터 광록의 체계는 없었던 것으로 추측된다.[32]

천복사본의 구성은 어록이 형성된 시기에 따라 편집되었으며, 차례대로 보면 다음과 같다. 권1은 성립 시기의 순서대로 『泗州大聖普照禪寺語錄』, 『舒州太平興國禪院語錄』, 『江州廬山圓通崇勝禪院語錄』, 『江州能仁禪寺語錄』, 『眞州長蘆崇福禪院語錄』, 小參, 偈頌, 僧堂記 등이 수록되어 있다. 다음으로 권2에 『泗州普照覺和尙頌古』(이하 『宏智頌古』), 『眞州長蘆覺和尙拈古』(이하 『宏智拈古』), 권3에 『明州天童山覺和尙語錄』, 권4에 『明州天童山覺和尙小參』, 『天童覺和尙法語』, 권5에 『天童覺和尙眞贊』, 권6에 『明州天童山覺和尙眞贊偈頌』, 下火, 偈頌 등이 수록되어 있다.

위의 전체 구성을 보면 『굉지록』이 통일된 형식을 갖추지 못하였고, 각 시자에 의한 편집이 소박하게 이루어졌음을 알 수 있다. 또한 일반적으로 굉지의 선은 黙照禪으로 불리며, 간화선을 완성한 대혜 종고와 비슷한 시기에 활동하면서 남송 이후 송대 신문의 양대 문파

　　佛敎學部硏究紀要』 30, 1972; 「宋版 『宏智錄』 六冊について」, 『禪籍善本古注集成 宏智錄』
　　上, 名著普及會, 1984, 521~554쪽 참조.

32) 石井修道, 앞의 논문(1972), 110~111쪽. 아울러 천복사본의 서지 사항이나 가치에 대해
　　서는 石井修道의 글에 상세하게 소개되어 있으므로 참조하기 바란다.

로서 대립적인 선으로 이해하고 있다. 그러나 통념과는 달리 『굉지록』에는 수많은 고칙 공안을 사용하였고, 그에 대한 착어가 방대하게 수록되어 있다.

더욱이 굉지는 대혜종고와 대단히 친밀한 사이였다. 예를 들어 소흥 26년(1156)에 대혜가 報恩光孝寺에서 개당하였을 때에 굉지가 白槌師를 하였다.[33] 또한 그에 대한 답례로 대혜가 天童寺를 방문하였고, 이어 굉지의 추천으로 대혜가 阿育王寺 주지를 맡았다. 아울러 굉지는 입적하기 전에 대혜에게 후사를 부탁할 정도였다.[34]

종래 고려 선종사에서 굉지의 사상적 영향이 어떠한가를 직접 보여 주는 자료가 거의 없기 때문에 관련 연구 성과도 찾아보기 어려울 정도이다. 그런데 굉지의 어록이 『염송집』을 비롯한 고려 선적에 폭넓게 인용되어 있다. 『염송집』에 굉지의 착어가 어떻게 인용되고 있는지를 『굉지록』과 비교, 분석하여 뒤의 〈표 III-20〉으로 정리하였다.

먼저, 굉지의 착어는 『염송집』에 모두 286칙에 인용되었다. 이러한 인용 빈도는 대혜종고와 쌍벽을 이루며, 굉지가 설두중현, 원오극근 등과 함께 『염송집』에 착어가 많이 수록된 대표적인 선승이었음을 보여 준다. 그것은 수선사가 송대 조동종을 대표하는 인물인 굉지의 착어를 최대한 수록하고자 한 편찬 방침과 관련되는 것으로 보인다.

한편, 『염송집』에 굉지가 착어를 붙인 본칙이 많은 조사를 보면 조주종심, 운문문언 16회, 동산양개 13회, 설봉의존, 남천보원 12회, 법안문익 8회, 조산본적 7회, 임제의현, 협산선회, 현사사비, 세존, 남양혜충 6회, 마조도일, 위산영우, 앙산혜적, 목주진존숙 5회, 석상경제, 대자환중, 암두전활, 운거도응, 장경혜릉, 풍혈연소 4회 등의 순이다.

이 가운데 운문문언, 동산양개, 설봉의존, 법안문익, 조산본적, 석

---

33) 「師紹興二十六年十一月二十三日」, 『大慧普覺禪師住育王廣利禪寺語錄』 권5, T47-829.
34) 石井修道, 앞의 책(1987), 326쪽.

상경제, 운거도응 등이 청원계에 해당하고, 특히 동산양개, 조산본적, 석상경제, 운거도응 등은 조동종 계열의 조사이다. 이러한 경향은 굉지가 조동종 조사의 고칙 공안을 중시하였던 것이 『염송집』에서 거의 그대로 수용되었던 것으로 보인다.

그리고 굉지의 착어는 『굉지록』 6권 가운데 1~4권에 수록된 것이 『염송집』에 주로 많이 인용되었다. 아울러 권2에 수록된 송고, 염고 뿐만이 아니라 권1, 3, 4에 수록된 상당과 소참을 통해서도 착어를 많이 인용하였다. 한편, 하나의 소참을 고칙 공안에 맞게 둘로 나누어 인용하는 경우가 여러 군데 보이는데, 이것도 역시 수선사에서 『염송집』을 편찬하면서 송대 선승들의 착어를 최대한 수록하고자 한 편집 방향과 관련되는 것으로 보인다.

그런데 굉지의 착어 가운데 『굉지록』 권2에 수록된 『굉지송고』와 『굉지염고』는 『염송집』에 대부분 그대로 수록되었다. 『굉지염고』는 장로사 시기에 편찬되었는데, 2, 23, 29, 41, 55, 68, 71, 85, 86, 95칙 등 10칙을 제외하고 대부분 인용하였다. 더욱이 『굉지송고』는 100칙을 전부 인용하였다.[35] 따라서 『굉지송고』와 『굉지염고』는 굉지의 착어를 대표하는 것으로서 『염송집』의 기본적인 수록 대상이었다.

『굉지송고』는 『굉지록』 권2에 『泗州普照覺和尙頌古』로 수록되어 있으므로 굉지가 泗州 普照寺에서 주지를 하던 무렵, 곧 宣和 6년(1124)에서 靖康 2년(1127) 사이로 추정된다. 굉지의 스승인 단하자순이 저술한 『백칙송고』의 출전이 주로 조동종 선승인 것과 달리 『굉지송고』는 기본적으로 『설두송고』의 영향을 강하게 받았다.[36] 『굉지송고』

---

35) 굉지의 시재는 원오극근으로부터 인정받을 정도였다. 石井修道 編, 『宏智錄』 上, 515a. "適遊雲居, 圓悟勤禪師見其提唱, 以偈送之. 有一千五百老禪將之語, 然弁才三昧, 自然成文 非出於思惟也."

36) 建炎 3년(1129)에 굉지의 제자 聞庵嗣宗이 쓴 「長蘆覺和尙頌古拈古集序」 『굉지록』 上, 81쪽에 "爲萬世之龜鑑 明覺首唱於其前 (…중략…) 長蘆和尙 撫古德機緣二百則 頌以宣其義 拈以振其綱 揚淮瑞兩席之光 繼雪竇百年之踵"라는 구절에서 설두의 영향력이 잘 드러난다.

에는 『설두송고』가 1차 자료로 보이는 고칙이 많다. 『설두송고』와 같은 고칙이 29칙이며, 본칙의 표현도 완전히 같은 것이 25칙이나 될 정도이다.[37] 또한 『굉지록』의 상당이나 소참에서 설두의 염고를 인용하는 경우도 상당수 드러난다.

이와 같이 굉지는 설두의 영향을 적지 않게 받았지만, 운문종의 설두와 다른 선의 경지를 드러내고자 하였다. 『설두송고』의 본칙이 운문종의 조사가 중심인 것에 비해 『굉지송고』는 조동종 계열의 조사들의 고화가 많다. 그 출전은 『설두송고』에 기초를 두면서도, 독자적인 어구로 고친 예도 적지 않다. 그는 설두를 존경하면서도 설두 당시에 있었던 임제종에 대응하고자 하는 의식을 불식하고, 불법의 근본이 좌선에 있는 것을 쫓고자 노력하였다.[38] 굉지의 경우 유명한 고칙의 취급 방법이 전혀 다르며, 굉지의 송고는 그 중심 과제가 좌선에 있었던 것이다.

그러면 굉지가 공안 비평에 깊은 관심을 갖고 그것을 학인의 접화에 기본적으로 활용하였던 양상을 어떻게 이해해야 할까. 앞서 언급한 바와 같이 송고는 분양선소에 의해 시도되었으나 질적인 측면에서 새롭게 제시된 것은 『설두송고』였다.

이후 운문종, 임제종에서 송고가 유행하게 되면서 조동종에서도 이러한 공안 비평이 나타났다. 투자의청의 『投子頌古』, 단하자순의 『丹霞頌古』 등은 북송의 조동종을 대표하는 송고백칙이다. 『四家錄』은 설두, 굉지, 투자, 단하 등 4가의 송고를 모은 것이다. 굉지가 쓴 『단하송고』의 서문에서 드러나듯이 굉지는 단하자순의 법맥을 계승하였던 만큼 『단하송고』를 간행하고 그것을 직접 이용하였다. 다만,

---

37) 椎林晧堂, 「雪竇頌古と宏智頌古」, 『日本佛教學會年報』 22, 1957, 72~74쪽에서는 두 송고집의 공통 고칙이 30칙이며, 『설두송고』의 南泉斬猫의 본칙이 2칙으로 나누어져 있기 때문이라고 하였다.

38) 石井修道, 「宏智錄の歷史的性格(上): 宏智頌古拈古を中心として」, 『宗學研究』 14, 1972.

『단하송고』의 경우 100칙 모두가 청원계 조사에 관한 것이지만,『굉지송고』의 고칙은 五家를 평등하게 취급하고 있다.[39]

그렇다면 수선사는『염송집』을 편찬하면서 굉지선의 본령을 어떻게 이해하고 수용하였을까.『염송집』에 굉지의 착어를 인용한 기준이 무엇이고, 그것을 어떻게 이해하는지에 대한 설명이 전혀 없기 때문에 이러한 문제를 해명하는 것이 쉽지 않다. 이 글에서는 굉지선의 본령이 잘 드러나는 고칙 공안과 착어를 통해 살펴보기로 한다.

『염송집』98칙은 유명한「達磨廓然無聖」인데, 착어에『설두송고』(1칙)와『굉지송고』(2칙)의 송고가 모두 인용되어 있다. 또 99칙은 달마의「九年面壁 黙然而坐」이야기가 본칙으로 제시되어 있다. 그런데 설두와 굉지가 같은 고칙을 다루고 있지만 이해 방식이 다르다. 굉지 송고의 중심과제는 면벽구년의 좌선에 있는 것이 일목요연하다.[40] 굉지가 좌선을 중시한 것은 그의「坐禪箴」에도 잘 드러난다. 그는 묵묵히 좌선할 때에 그대로 證의 세계가 드러난다고 말한다. 곧 굉지선의 특징은 修와 證을 둘이 아니라고 하고, 證이 본래 갖추어져 있다고 설하는 것이다. 굉지에게는 悟, 覺과 같은 깨달음을 거의 말하지 않고, 證이라는 말이 많다.[41]

그런데 수선사가 굉지의 착어를 인용할 때에 과연 굉지선의 본령을 의식하면서 수록하였는지를 알 수 없다. 그것은 설두의 착어가 함께 수록되어 있으므로 두 착어의 차이가 의식되지 않은 것에서 잘 드러난다. 더욱이 이러한 문제는『염송집』98칙에 대혜종고의 착어가 인용되어 있지 않은 것과도 관련된다.『염송집』99칙에 죽암사규의 송고와 함께 내혜의 송고가 인용되어 있으나 그것은 죽암과 대혜가 함께 저술한『동림송고』에서 인용된 것이다.

---

39) 椎名宏雄,「元版『四家錄』とその資料」,『駒澤大學佛敎學部論集』10, 1979.
40) 石井修道,「黙照禪の確立」, 앞의 책(1987), 341~342쪽.
41) 石井修道,「黙照禪の確立」, 위의 책, 345쪽.

이러한 인용 구성은 수선사가 대혜의 묵조선 비판을 거의 의식하지 않거나 충분히 이해하지 못했던 것이 아닐까. 그것은『염송집』이 송대의 공안 비평을 광범위하게 수록하는 데에 목적이 있었고, 간화선을 표방하는 대혜선의 본령에 초점을 맞추지 않았던 것에서 잘 드러난다.

이러한 경향은『염송집』이 조동종의 대표적인 공안 비평을 집성하는 데에 그친 한계와 관련된다. 이러한 문제는 단적으로『염송집』에 4家 평창록이 전혀 반영되지 않은 것에서 잘 드러난다. 4가 평창록이란 설두중현, 굉지정각, 투자의청, 단하자순 등의 송고 100칙에 대해 원오극근, 萬松行秀(1166~1246), 林泉從倫 등이 각기 평창 등을 붙여 만든 제창록인『벽암록』,『從容錄』,『空谷集』,『虛堂集』 등을 이르는 것이다.42)

이 가운데『공곡집』과『허당집』은 편찬 시기가 다르므로 수선사에서 입수할 수 없었던 문헌이다.43) 하지만,『벽암록』과『종용록』은 편찬 시기나 내용으로 보아 수선사에서 주목할 만한 문헌이었다.『벽암록』은 1125년에,『종용록』이 1224년에 각각 간행되었다.44) 따라서『벽암록』과『종용록』은 1246년에『염송집』이 증보, 편찬될 때에 참조할 수 있는 문헌으로 보인다. 수선사가 이러한 문헌을 주목하지 않은 이유를 구체적으로 알 수 없지만, 이러한 문헌을 충분히 이해할 만한 수준이 되지 못한 것과 관련이 있는 것이 아닐까.

한편, 굉지의 사상적인 영향은『염송집』이외에도 보인다. 예를 들

---

42) 만송행수가 굉지의 염고 100칙에 대해 평창을 붙인『請益錄』이 존재하였음에도 불구하고, 4가 평창록에는 임제종의『벽암록』이 포함되었다. 그것은『벽암록』이『설두송고』를 기반으로 하면서 북송 선문에서 제시된 공안 비평의 정수를 담은 문헌이었기 때문에 조동종에서도 당연히 수용하고 중시할 수밖에 없었던 것으로 생각된다. 달리 말한다면, 공안 비평이 종파와 관계없이 송대 선종계에서 널리 성행되었다는 사실을 잘 보여 준다. 다만, 4가 평창록은 송고의 배열이 굉지, 설두, 투자, 단하의 순으로 되어 있다. 송고의 성립순으로 본다면 가장 늦게 이루어진『굉지송고』가 먼저 배치된 것은 조동종의 입장이 반영된 것이라 하겠다.

43) 임천종륜이 投子義靑의 송고에 대한 제창한『空谷集』이 1285년에 간행되었고, 丹霞子淳의 송고에 대한 평창을 제시한『虛堂集』이 1295년에 간행되었다.

44) 椎名宏雄,「『從容錄』諸本の系統」,『宗學硏究』 39, 1997.

어 진각국사 혜심의 「狗子無佛性話揀病論」은 모두에 굉지가 소참을 행할 때에 제시한 본칙과 송고를 그대로 인용하고 있다.[45] 더욱이 원문은 『염송집』 147칙에도 수록되어 있다.[46] 또한 일연의 저술인 『중편조동오위』 卷中에 天童四借頌, 逐位頌에 天童覺五位頌이 수록되어 있다.[47] 더욱이 일연이 보충한 부분에도 굉지의 상당이 인용되어 있다.[48] 종래 거의 주목되지 않았던 문제이지만, 대부분 공안 비평과 관련된 내용이다. 이와 같이 조동종의 공안 비평이 다양한 형태로 고려 선종계에서 수용되었던 것은 문자선이 광범위하게 유행하였던 양상을 보여 준다.

〈표 III-20〉 『염송집』에 인용된 굉지의 착어 일람[49]

번호	『염송집』 칙수	굉지 착어	출전	비고
1	6 (世尊)	頌古	권2, 1(82쪽)	『송고』(1), 『연주』
2	9 (世尊)	上堂擧云	권1, 47(19쪽)	
3	16 (世尊)	頌古	권3, 140(190~191쪽)	
4	27 (世尊)	頌古	권2, 4(83쪽)	『송고』(4)
5	32 (世尊)	拈古	권3, 52(134쪽)	『염고』(52)
6	33 (世尊)	拈古	권2, 1(120쪽)	『염고』(1)
7	38 (華嚴經)	頌古	권2, 67(107쪽)	『송고』(67)
8	47 (圓覺經)	頌古	권2, 45(99쪽)	『송고』(45)
9	49 (楞嚴經)	頌古	권2, 88(115쪽)	『송고』(88)
10	52 (楞嚴經)	上堂擧云	권1, 76(27쪽)	

45) 『한불전』 6, 69쪽. 원문은 『굉지록』 권1, 180(68쪽)에 수록된 것과 같으며, 위의 표에서 알 수 있듯이 『염송집』에도 인용되어 있다.
46) 「狗子無佛性話揀病論」에는 굉지의 착어 외에도 五祖法演, 眞淨克文의 송고도 『염송집』에 수록된 것을 그대로 인용하고 있다.
47) 『한불전』 6권, 226~229, 232쪽.
48) 『한불전』 6권, 240쪽.
49) 『굉지록』은 천복사본을 이용하였다. 출전의 숫자는 천복사본 『굉지록』의 권별 순서를 붙인 번호를 그대로 따랐다. 비고의 「송고」와 「염고」의 번호는 각각 「굉지송고」, 「굉지염고」의 칙수이다.

11	55 (金剛經)	上堂擧云 拈古	권3, 270(226쪽) 권2, 16(125쪽)	『염고』(16)
12	58 (金剛經)	頌古	권2, 58(104쪽)	『송고』(58)
13	62 (諸佛要集經)	頌古	권2, 48(100쪽)	『송고』(48)
14	81 (迦葉)	頌古 頌古 頌古	권3, 288(231쪽) 권3, 288(231쪽) 권3, 200(207쪽)	『연주』
15	97 (般若多羅)	頌古	권2, 3(82~83쪽)	『송고』(3), 『연주』
16	98 (達磨)	頌古	권2, 2(82쪽)	『송고』(2)
17	101 (達磨)	上堂云	권3, 15(156쪽)	
18	105 (二祖慧可)	小參擧云	권1, 168(59쪽)	
19	119 (南嶽懷讓)	小參擧云	권1, 178(67쪽)	
20	120 (南嶽懷讓)	上堂擧云 上堂擧云	권3, 153(194쪽) 권3, 242(218쪽)	
21	129 (南陽慧忠)	拈古	권2, 50(134쪽)	『염고』(50)
22	130 (南陽慧忠)	拈古	권2, 33(129쪽)	『염고』(33)
23	131 (南陽慧忠)	頌古	권2, 42(98쪽)	『송고』(42)
24	133 (南陽慧忠)	上堂擧云	권3, 261(224쪽)	단독
25	144 (南陽慧忠)	上堂擧云	권1, 66(24쪽)	단독
26	146 (南陽慧忠)	頌古	권2, 85(113쪽)	『송고』(85)
27	147 (淸源行思)	頌古	권3, 284(229~230쪽)	
28	148 (淸源行思)	頌古	권2, 5(83쪽)	『송고』(5), 『연주』
29	157 (馬祖道一)	頌古	권3, 277(228쪽)	『연주』
30	161 (馬祖道一)	頌古 頌古	권3, 14(156쪽) 권3, 222(213쪽)	『연주』
31	164 (馬祖道一)	頌古	권2, 6(83~84쪽)	『송고』(6)
32	165 (馬祖道一)	拈古	권2, 17(125쪽)	『염고』(17)
33	169 (馬祖道一)	頌古	권2, 36(95쪽)	『송고』(36), 『연주』
34	181 (百丈懷海)	小參	권4, 4(243쪽)	
35	184 (百丈懷海)	頌古	권2, 8(84쪽)	『송고』(8)
36	185 (百丈懷海)	頌古 頌古	권1, 85(29쪽) 권3, 269(226쪽)	
37	188 (魯祖寶雲)	頌古 上堂擧云 上堂擧云	권2, 23(90쪽) 권1, 144(50~51쪽) 권3, 58(169쪽)	『송고』(23)
38	189 (魯祖寶雲)	上堂擧云	권1, 83(29쪽)	

		上堂擧云	권1, 156(54쪽)	
39	194 (麻谷寶徹)	頌古	권2, 16(88쪽)	『송고』(16)
40	199 (鹽官齊安)	頌古	권2, 25(91쪽)	『송고』(25), 『연주』
41	205 (南泉普願)	拈古	권2, 76(141쪽)	『염고』(76)
42	206 (南泉普願)	拈古	권2, 61(137쪽)	『염고』(61)
43	207 (南泉普願)	頌古	권2, 9(85쪽)	『송고』(9)
44	208 (南泉普願)	拈古	권2, 4(121쪽)	『염고』(4)
45	209 (南泉普願)	頌古	권2, 91(116쪽)	『송고』(91)
46	211 (南泉普願)	頌古	권2, 93(117쪽)	『송고』(93), 『연주』
47	212 (南泉普願)	拈古	권2, 51(134쪽)	『염고』(51)
48	233 (南泉普願)	上堂擧云	권3, 201(207쪽)	단독
49	235 (南泉普願)	頌古	권2, 69(107쪽)	『송고』(69)
50	237 (南泉普願)	拈古	권2, 99(148쪽)	『염고』(99)
51	239 (南泉普願)	上堂擧云	권3, 196(206쪽)	권4, 35(295쪽)에 본칙, 曹山문답 인용
52	240 (南泉普願)	上堂擧云	권3, 138(190쪽)	『연주』
53	266 (大梅法常)	小参擧云	권1, 175(65~66쪽)	
54	273 (水潦和尙)	拈古	권2, 94(147쪽)	『염고』(94)
55	276 (百丈惟政)	上堂擧云	권1, 157(54쪽)	
56	278 (石鞏慧藏)	拈古	권2, 43(132쪽)	『염고』(43)
57	279 (石鞏慧藏)	頌古	권2, 72(109쪽)	『송고』(72)
58	292 (南園曇藏)	拈古	권2, 69(139쪽)	『염고』(69)
59	295 (龍山和尙)	上堂擧云	권3, 7(154쪽)	
60	296 (龍山和尙)	拈古 上堂擧云	권2, 26(127쪽) 권3, 216(211~212쪽)	『염고』(26), 단독
61	301 (京兆興平)	頌古	권3, 129(187쪽)	단독
62	312 (龐居士)	上堂擧云	권3, 165(198쪽)	
63	321 (丹霞天然)	上堂	권3, 195(205~206쪽)	
64	326 (藥山惟儼)	頌古 頌古	권2, 7(84쪽) 권3, 257(223쪽)	『송고』(7) 『연주』
65	335 (藥山惟儼)	頌古	권1, 54(21쪽)	
66	347 (長髭曠)	頌古	권3, 177(201쪽)	『연주』
67	357 (潙山靈祐)	頌古	권2, 87(115쪽)	『송고』(87)
68	366 (潙山靈祐)	頌古	권2, 37(96쪽)	『송고』(37), 단독

69	369 (潙山靈祐)	頌古 上堂	권2, 15(87쪽) 권3, 263(224쪽)	『송고』(15), 『연주』
70	371 (潙山靈祐)	拈古 小參	권2, 28(128쪽) 권4, 21(271쪽)	『염고』(28)
71	374 (潙山靈祐)	頌古 上堂擧云	권2, 60(104쪽) 권3, 172(199쪽)	『송고』(60), 『연주』
72	388 (黃蘗希運)	拈古 小參擧云	권2, 62(137쪽) 권4, 4(243쪽)	『염고』(62)
73	390 (黃蘗希運)	頌古	권2, 53(102쪽)	『송고』(53)
74	393 (黃蘗希運)	上堂擧云	권3, 75(173쪽)	
75	399 (大慈寰中)	拈古	권2, 73(140쪽)	『염고』(73), 『염』示衆
76	400 (大慈寰中)	小參擧云	권4, 31(290쪽)	
77	401 (大慈寰中)	拈古	권2, 93(146쪽)	『염고』(93)
78	402 (大慈寰中)	拈古	권2, 83(143쪽)	『염고』(83)
79	408 (趙州從諗)	頌古	권3, 68(172쪽)	
80	410 (趙州從諗)	小參擧云	권1, 177(66~67쪽)	
81	411 (趙州從諗)	頌古 上堂擧云	권1, 6(8쪽) 권3, 211(210쪽)	
82	412 (趙州從諗)	頌古	권2, 10(85쪽)	『송고』(10)
83	413 (趙州從諗)	拈古 小參	권2, 97(147쪽) 권4, 11(253~255쪽)	『염고』(97)
84	415 (趙州從諗)	上堂擧云	권3, 83(176쪽)	
85	417 (趙州從諗)	頌古 頌古	권2, 18(88~89쪽) 권1, 180(68쪽)	『송고』(18)
86	421 (趙州從諗)	頌古	권2, 47(99쪽)	『송고』(47)
87	428 (趙州從諗)	上堂擧云 示衆擧云 小參	권3, 23(159쪽) 권3, 251(221쪽) 권4, 13(257~259쪽)	
88	429 (趙州從諗)	頌古 頌古 頌古	권2, 39(96쪽) 권3, 259(223쪽) 권3, 294(232쪽)	『송고』(39), 『연주』
89	430 (趙州從諗)	拈古	권2, 24(127쪽)	『염고』(24)
90	434 (趙州從諗)	小參擧云	권4, 23(275쪽)	
91	435 (趙州從諗)	頌古 小參 小參 小參	권2, 57(103쪽) 권4, 27(283~284쪽) 권4, 8(248쪽) 권4, 8(249~250쪽)	『송고』(57), 『연주』

92	439 (趙州從諗)	拈古	권2, 81(143쪽)	『염고』(81)
93	461 (趙州從諗)	上堂擧云	권3, 92(177~178쪽)	단독
94	488 (趙州從諗)	頌古	권2, 79(111쪽)	『송고』(79)
95	491 (長沙景岑)	拈古	권2, 66(138쪽)	『염고』(66)
96	492 (長沙景岑)	頌古	권3, 104(181쪽)	
97	493 (長沙景岑)	上堂	권3, 218(212쪽)	
98	501 (子湖利蹤)	上堂擧云	권3, 214(211쪽)	단독
99	522 (雲巖曇晟)	拈古	권2, 75(141쪽)	『염고』(75), 단독
100	524 (雲巖曇晟)	頌古	권2, 21(90쪽)	『송고』(21), 『연주』
101	528 (道吾宗智)	頌古	권2, 83(113쪽)	『송고』(83), 단독
102	532 (道吾宗智)	頌古 上堂	권2, 54(102쪽) 권4, 9(250~251쪽)	『송고』(54), 『연주』
103	534 (船子德誠)	上堂擧云 上堂擧云	권1, 62(23쪽) 권1, 163(56쪽)	
104	552 (金華俱胝)	頌古	권2, 84(113쪽)	『송고』(84)
105	553 (末山尼)	頌古 小參擧云	권1, 173(64쪽) 권3, 169(198쪽)	
106	556 (石霜慶諸)	頌古	권3, 88(177쪽)	
107	557 (石霜慶諸)	拈古 拈古 小參	권2, 14(124쪽) 권3, 279(229쪽) 권1, 171(61~62쪽)	『염고』(14)
108	558 (石霜慶諸)	拈古	권2, 84(144쪽)	『염고』(84)
109	560 (石霜慶諸)	拈古	권2, 31(128쪽)	『염고』(31), 단독
110	564 (漸源仲興)	上堂擧云 上堂擧云	권3, 10(155쪽) 권3, 155(195쪽)	
111	565 (漸源仲興)	上堂擧云	권3, 203(208쪽)	
112	566 (漸源仲興)	拈古	권2, 20(126쪽)	『염고』(20), 단독
113	567 (仰山慧寂)	頌古 小參擧云	권2, 26(91쪽) 권4, 36(295~296쪽)	『송고』(26)
114	568 (仰山慧寂)	拈古	권2, 63(138쪽)	『염고』(63)
115	571 (仰山慧寂)	頌古	권2, 77(110쪽)	『송고』(77)
116	572 (仰山慧寂)	頌古 示衆擧云	권2, 90(115~116쪽) 권3, 281(229쪽)	『송고』(90), 『연주』
117	574 (仰山慧寂)	頌古	권2, 32(94쪽)	『송고』(32)
118	590 (靈雲志勤)	頌古 小參	권3, 298(233쪽) 권4, 1(238쪽)	

119	591 (靈雲志勤)	拈古 小參	권2, 42(131쪽) 권4, 17(264~265쪽)	『염고』(42)
120	600 (香嚴智閑)	拈古	권2, 7(122쪽)	『염고』(7)
121	601 (香嚴智閑)	拈古 上堂 上堂	권2, 49(133쪽) 권3, 78(174쪽) 권3, 193(205쪽)	『염고』(49)
122	602 (香嚴智閑)	上堂擧云	권3, 225(214쪽)	『굉』趙州문답만 인용
123	604 (京兆米胡)	頌古	권2, 62(105쪽)	『송고』(62)
124	607 (臨濟義玄)	頌古	권2, 86(114쪽)	『송고』(86), 『연주』
125	614 (臨濟義玄)	上堂擧云	권3, 290(232쪽)	
126	615 (臨濟義玄)	頌古	권2, 95(117쪽)	『송고』(95), 『연주』
127	616 (臨濟義玄)	拈古	권2, 25(127쪽)	『염고』(25)
128	617 (臨濟義玄)	頌古	권2, 38(96쪽)	『송고』(38)
129	635 (臨濟義玄)	頌古	권2, 13(87쪽)	『송고』(13), 『연주』
130	636 (睦州陳尊宿)	上堂擧云	권1, 92(34쪽)	
131	637 (睦州陳尊宿)	上堂擧云 上堂擧云	권3, 96(180쪽) 권3, 199(207쪽)	『염』 본칙 睦州, 『굉』 僧問南泉.
132	638 (睦州陳尊宿)	拈古	권2, 14(124쪽)	『염고』(15)
133	644 (睦州陳尊宿)	拈古	권2, 98(148쪽)	『염고』(98)
134	646 (睦州陳尊宿)	拈古	권2, 3(120쪽)	『염고』(3)
135	668 (德山宣鑒)	頌古	권2, 55(103쪽)	『송고』(55), 『연주』
136	671 (德山宣鑒)	頌古 拈古	권2, 14(87쪽) 권3, 120(185~186쪽)	『송고』(14), 『연주』
137	681 (洞山良价)	頌古 上堂擧云	권2, 49(100쪽) 권1, 36(16쪽)	『송고』(49)
138	683 (洞山良价)	頌古	권3, 223(213쪽)	단독
139	684 (洞山良价)	頌古 上堂擧云	권2, 56(103쪽) 권1, 72(26쪽)	『송고』(56)
140	685 (洞山良价)	頌古	권2, 98(119쪽)	『송고』(98)
141	686 (洞山良价)	頌古 上堂擧云	권1, 171(62쪽) 권3, 159(196~197쪽)	
142	687 (洞山良价)	頌古 上堂 上堂 示衆	권2, 89(115쪽) 권3, 238(216~217쪽) 권1, 122(42쪽) 권3, 265(225쪽)	『송고』(89), 『연주』
143	688 (洞山良价)	上堂擧云 拈古	권1, 17(11쪽) 권2, 36(130쪽)	『염고』(36)

144	689 (洞山良价)	拈古	권2, 100(148쪽)	『염고』(100)
145	690 (洞山良价)	拈古	권2, 5(121쪽)	『염고』(5)
146	691 (洞山良价)	拈古	권2, 89(145쪽)	『염고』(89), 단독
147	696 (洞山良价)	上堂擧云	권1, 126(46쪽)	
148	702 (洞山良价)	上堂擧云	권1, 117(40쪽)	단독
149	707 (洞山良价)	頌古 上堂擧云 小參	권2, 94(117쪽) 권1, 20(12쪽) 권1, 176(66쪽)	『송고』(94), 단독
150	711 (夾山善會)	拈古 上堂	권2, 40(131쪽) 권1, 90(31쪽)	『염고』(40)
151	712 (夾山善會)	小參	권4, 21(270~271쪽)	
152	713 (夾山善會)	頌古	권2, 68(107쪽)	『송고』(68), 『연주』
153	714 (夾山善會)	拈古	권1, 86(30쪽)	
154	715 (夾山善會)	上堂	권3, 42(164쪽)	
155	720 (夾山善會)	頌古	권3, 64(171쪽)	
156	723 (石梯和尙)	拈古	권2, 38(130쪽)	『염고』(38)
157	725 (投子大同)	頌古	권3, 297(233쪽)	
158	726 (投子大同)	頌古 小參 小參	권2, 63(105쪽) 권1, 172(62~63쪽) 권4, 13(258쪽)	『송고』(63)
159	732 (投子大同)	上堂	권1, 84(29쪽)	
160	746 (淸平令遵)	上堂擧云 擧云	권1, 56(21쪽) 권3, 230(215쪽)	『연주』
161	751 (三聖慧然)	拈古	권2, 64(138쪽)	
162	756 (興化存奬)	頌古 頌古	권2, 97(118쪽) 권2, 97(118~119쪽)	『송고』(97)에 2수 『연주』 모두 수록
163	765 (灌溪志閑)	拈古	권2, 67(139쪽)	『염고』(67), 단독
164	767 (定上座)	頌古 上堂擧云	권3, 255(222쪽) 권1, 121(41쪽)	『연주』
165	784 (雪峯義存)	小參擧云	권1, 167(58쪽)	
166	785 (雪峯義存)	拈古	권2, 32(129쪽)	『염고』(32)
167	788 (雪峯義存)	小參擧云	권4, 23(276쪽)	
168	789 (雪峯義存)	頌古	권2, 24(91쪽)	『송고』(24), 『연주』
169	790 (雪峯義存)	頌古	권2, 33(94쪽)	『송고』(33)
170	795 (雪峯義存)	上堂	권1, 55(21쪽)	

171	797 (雪峯義存)	拈古	권2, 11(123쪽)	『염고』(11)
172	800 (雪峯義存)	拈古 拈古	권2, 19(125쪽) 권3, 2(152쪽)	『염고』(19)
173	806 (雪峯義存)	拈古	권2, 91(146쪽)	『염고』(91)
174	810 (雪峯義存)	頌古	권2, 50(101쪽)	『송고』(50), 『연주』
175	811 (雪峯義存)	拈古	권2, 74(141쪽)	『염고』(74)
176	812 (雪峯義存)	拈古	권2, 53(135쪽)	『염고』(53)
177	826 (巖頭全豁)	頌古	권2, 22(90쪽)	『송고』(22)
178	827 (巖頭全豁)	拈古	권2, 60(137쪽)	『염고』(60), 단독
179	831 (巖頭全豁)	上堂擧云	권3, 146(193쪽)	
180	836 (巖頭全豁)	頌古	권2, 75(109~110쪽)	『송고』(75), 단독
181	845 (陳操尙書)	拈古	권2, 89(145쪽)	『염고』(89)
182	846 (大隨法眞)	頌古	권2, 30(93쪽)	『송고』(30)
183	856 (雲居道膺)	頌古	권3, 207(209쪽)	
184	857 (雲居道膺)	頌古 頌古	권3, 189(204쪽) 권3, 148(193쪽)	
185	858 (雲居道膺)	小參擧云	권4, 33(292~293쪽)	
186	859 (雲居道膺)	小參擧云	권4, 5(244~245쪽)	
187	877 (曹山本寂)	頌古	권2, 73(109쪽)	『송고』(73)
188	878 (曹山本寂)	拈古 拈古	권2, 45(132쪽) 권3, 39(164쪽)	『염고』(45), 단독
189	879 (曹山本寂)	拈古	권2, 72(140쪽)	『염고』(72)
190	880 (曹山本寂)	示衆	권3, 247(219~220쪽)	
191	881 (曹山本寂)	拈古 上堂擧云	권3, 126(186~187쪽) 권1, 44(18쪽)	
192	882 (曹山本寂)	頌古	권2, 52(101~102쪽)	『송고』(52)
193	891 (曹山本寂)	上堂擧云	권3, 232(216쪽)	
194	894 (龍牙居遁)	頌古	권2, 80(112쪽)	『송고』(80), 『연주』
195	902 (龍牙居遁)	拈古	권2, 79(142쪽)	『염고』(79)
196	909 (洞山師虔)	頌古 小參擧云	권2, 59(104쪽) 권1, 170(60쪽)	『송고』(59)
197	912 (白水本仁)	拈古 拈古	권2, 46(132~133쪽) 권2, 88(144~145쪽)	『염고』(46) 『염고』(88)
198	915 (欽山文邃)	拈古	권2, 80(142쪽)	『염고』(80)
199	917 (越州乾峯)	拈古	권2, 59(136쪽)	『염고』(59)

200	918 (越州乾峯)	頌古	권2, 61(105쪽)	『송고』(61), 『연주』
201	919 (越州乾峯)	拈古	권2, 22(126쪽)	『염고』(22)
202	931 (大光居誨)	上堂擧云	권3, 33(161쪽)	
203	932 (九峯道虔)	頌古	권2, 96(118쪽)	『송고』(96), 『연주』
204	933 (九峯道虔)	小參擧云	권3, 27(160쪽)	
205	934 (九峯道虔)	頌古 上堂擧云	권2, 66(106~107쪽) 권1, 142(50쪽)	『송고』(66), 단독
206	939 (石柱和尙)	拈古	권1, 49(19~20쪽)	
207	946 (洛浦元安)	頌古	권2, 35(95쪽)	『송고』(35), 『연주』
208	947 (洛浦元安)	上堂擧云	권1, 9(9쪽)	
209	958 (洛浦元安)	頌古	권2, 41(97~98쪽)	『송고』(41)
210	962 (韶山寰普)	拈古	권2, 34(129쪽)	『염고』(34)
211	970 (保福從展)	拈古	권2, 21(126쪽)	『염고』(21)
212	981 (玄沙師備)	頌古	권2, 81(113쪽)	『송고』(81)
213	982 (玄沙師備)	拈古	권2, 9(123쪽)	『염고』(9)
214	985 (玄沙師備)	拈古	권2, 82(143쪽)	『염고』(82)
215	986 (玄沙師備)	拈古	권2, 87(144쪽)	『염고』(87)
216	989 (玄沙師備)	拈古	권2, 65(138쪽)	『염고』(65)
217	1001 (玄沙師備)	頌古 拈古	권3, 206(208쪽) 권2, 77(141쪽)	『염고』(77)
218	1007 (雲門文偃)	頌古 上堂擧云	권2, 99(119쪽) 권3, 236(216쪽)	『송고』(99), 『연주』
219	1008 (雲門文偃)	頌古	권2, 31(93)	『송고』(31)
220	1009 (雲門文偃)	拈古	권2, 70(140쪽)	『염고』(70)
221	1012 (雲門文偃)	頌古	권2, 92(116쪽)	『송고』(92)
222	1014 (雲門文偃)	頌古	권2, 82(112쪽)	『송고』(82)
223	1015 (雲門文偃)	上堂擧云	권3, 186(203쪽)	
224	1017 (雲門文偃)	拈古	권2, 44(132쪽)	『염고』(44)
225	1018 (雲門文偃)	頌古 頌古	권2, 19(89쪽) 권3, 175(200쪽)	『송고』(19)
226	1022 (雲門文偃)	頌古 上堂擧云	권2, 78(111쪽) 권3, 161(197쪽)	『송고』(78)
227	1025 (雲門文偃)	頌古 小參	권2, 11(86쪽) 권4, 33(291~292쪽)	『송고』(11)
228	1037 (雲門文偃)	擧云	권3, 43(164~165쪽)	『연주』

		上堂擧云	권1, 160(55쪽)	
229	1040 (雲門文偃)	拈古	권2, 58(136쪽)	『염고』(58)
230	1044 (雲門文偃)	拈古	권2, 27(128쪽	『염고』(27)
231	1046 (雲門文偃)	頌古 頌古	권3, 72(173쪽) 권3, 144(192쪽)	
232	1058 (雲門文偃)	拈古	권2, 47(133쪽)	『염고』(47), 단독
233	1077 (雲門文偃)	頌古	권2, 40(97쪽)	『송고』(40)
234	1105 (長慶慧稜)	擧云 上堂擧云	권3, 151(194쪽) 권3, 226(214쪽)	
235	1106 (長慶慧稜)	拈古	권2, 30(128쪽)	『염고』(30)
236	1109 (長慶慧稜)	上堂擧云 示衆擧云	권3, 191(204쪽) 권3, 262(264~265쪽)	
237	1114 (長慶慧稜)	拈古	권2, 54(135쪽)	『염고』(54)
238	1119 (鏡淸道怤)	拈古	권3, 55(168쪽)	
239	1128 (鏡淸道怤)	頌古	권2, 71(108쪽)	『송고』(71)
240	1142 (金峯從志)	拈古	권2, 56(135~136쪽)	『염고』(56)
241	1148 (曹山了悟)	拈古 上堂擧云	권2, 57(136쪽) 권1, 2(6쪽)	『염고』(57)
242	1164 (鎭州寶壽)	上堂擧云	권1, 124(46쪽)	
243	1175 (同安常察)	小參擧云	권4, 25(279쪽)	
244	1183 (護國守澄)	頌古 上堂擧云 小參擧云	권3, 219(212쪽) 권1, 67(25쪽) 권1, 179(68쪽)	
245	1184 (護國守澄)	上堂擧云	권3, 205(208쪽)	
246	1185 (護國守澄)	頌古	권2, 28(92쪽)	『송고』(28)
247	1191 (襄州廣德)	拈古	권2, 18(125쪽)	『염고』(18), 단독
248	1192 (芭蕉慧情)	拈古	권2, 48(133쪽)	『염고』(48)
249	1194 (資福如寶)	上堂擧云	권1, 16(11쪽)	
250	1200 (羅山道閑)	頌古	권2, 43(98쪽)	『송고』(43) 石霜 문답 빠짐
251	1207 (羅漢桂琛)	頌古 頌古 上堂	권2, 12(86쪽) 권2, 12(86쪽) 권3, 198(206~207쪽)	『송고』(12) 2수 연속 『연주』
252	1212 (淨衆歸信)	拈古	권2, 13(124쪽)	『염고』(13)
253	1219 (巴陵顯鑑)	上堂	권1, 148(52쪽)	
254	1220 (巴陵顯鑑)	拈古	권2, 35(129쪽)	『염고』(35)

255	1224 (香林澄遠)	頌古 頌古	권3, 285(230쪽) 권3, 252(221쪽)	『연주』
256	1228 (德山緣密)	頌古 小參	권2, 46(99쪽) 권4, 29(286~288쪽)	『송고』(46) 小參 전체 인용
257	1234 (深明二上座)	上堂擧云	권3, 18(157쪽)	
258	1247 (風穴延昭)	頌古	권2, 29(93쪽)	『송고』(29)
259	1248 (風穴延昭)	拈古 小參	권2, 8(123쪽) 권4, 13(256~257쪽)	『염고』(8)
260	1249 (風穴延昭)	頌古 上堂擧云	권2, 34(95쪽) 권3, 157(195~196쪽)	『송고』(34), 『연주』
261	1260 (風穴延昭)	小參擧云	권1, 181(70~71쪽)	단독
262	1263 (芭蕉繼徹)	拈古	권2, 92(146쪽)	『염고』(92)
263	1281 (智門光祚)	頌古 拈古 上堂擧云	권1, 158(54~55쪽) 권2, 12(123~124쪽) 권1, 158(54~55쪽)	권3, 271(226쪽) 『염고』(12)
264	1283 (智門光祚)	頌古	권3, 135(189~190쪽)	
265	1285 (蓮華峯祥庵主)	拈古	권2, 10(123쪽)	『염고』(10)
266	1287 (法眼文益)	頌古	권2, 20(89쪽)	『송고』(20), 단독
267	1293 (法眼文益)	頌古	권2, 17(88쪽)	『송고』(17), 『연주』
268	1294 (法眼文益)	頌古 擧云	권2, 27(92쪽) 권3, 5(153쪽)	『송고』(27)
269	1296 (法眼文益)	頌古	권2, 64(106쪽)	『송고』(64)
270	1297 (法眼文益)	拈古	권2, 39(130~131쪽)	『염고』(39)
271	1298 (法眼文益)	頌古	권2, 74(109쪽)	『송고』(74)
272	1299 (法眼文益)	上堂擧云	권1, 18(12쪽)	
273	1302 (法眼文益)	頌古	권2, 51(101쪽)	『송고』(51), 단독
274	1306 (修山主)	拈古	권2, 37(130쪽)	『염고』(37)
275	1314 (淸溪洪進)	頌古	권2, 70(108쪽)	『송고』(70)
276	1318 (大陽警玄)	擧云	권3, 202(208쪽)	단독
277	1319 (大陽警玄)	上堂擧云	권3, 101(180~181쪽)	
278	1320 (寶應省念)	頌古 頌古	권2, 65(106쪽) 권3, 48(167쪽)	『송고』(65), 『연주』
279	1323 (首山省念)	頌古	권2, 76(110쪽)	『송고』(76)
280	1325 (首山省念)	上堂擧云	권3, 235(216쪽)	정확한 인용 증거
281	1359 (淸凉法燈)	拈古	권2, 6(122쪽)	『염고』(6)

282	1371 (興陽剖)	頌古	권2, 44(98쪽)	『송고』(44), 단독
283	1379 (瑯琊慧覺)	頌古	권2, 100(119쪽)	『송고』(100), 『연주』
284	1427 (金陵寶誌)	拈古	권2, 78(142쪽)	『염고』(78)
285	1449 (布袋和尙)	拈古	권2, 96(147쪽)	『염고』(96)
286	1457 (古德)	頌古	권1, 137(48쪽)	단독

4. 조동종 어록의 수용과 영향

曹洞宗은 洞山良价(807~869)와 그 문하의 曹山本寂(840~901)의 계보
를 잇는 문파로서 형성되었지만, 그다지 종풍을 떨치지 못하였다. 더
욱이 조동종은 같은 청원계인 법안종과 운문종이 확산되면서 세력
을 잃어버리게 되었다. 다만, 당말 오대에 강서에서 하나의 사원을 중
심으로 동일 법계의 선승에 의해 유지되었던 조동종의 거점이 몇 군
데에 존재하였다.

이 시기 조동종의 사상적인 흐름은 동산보다는 조산의 五位思想을
중심으로 한 종풍이 전면적으로 표면화되었다. 다만, 동산의 법맥은
조산보다는 문하의 雲居道膺을 통해 주로 전승되어갔다. 운거도응의
문하에서 同安道丕-同安觀志-梁山緣觀-大陽警玄으로 계보가 조동종
의 명맥을 유지하였다.[50]

그런데 송 중기에 投子義靑(1032~1083)이 등장하면서 조동종은 서서
히 종세를 회복하게 되었다. 투자는 본래 임제종의 부산법원(991~1067)
의 법맥을 이었지만, 조동종의 대양경현(943~1027)에게 조동종의 법계
를 代付받았다.[51] 투자는 안휘성 舒州의 白雲山 海會禪院과 投子山 勝因
禪院 등에서 활약하였으나 조동종 발전의 근거지가 되지 못하였다.

---

50) 石井修道, 「洞山派下の消長」, 『宋代禪宗史の硏究』, 大東出版社, 1987, 197~208쪽.
51) 石井修道, 「大陽警玄と投子義靑の代付問題」, 위의 책, 209~233쪽.

투자의 문하에 大洪報恩(1058~1111), 芙蓉道楷(1043~1118) 등의 제자가 배출되었다. 紹聖 원년(1094)에 대홍보은이 호북성 隨州 大洪山에 주석하면서 이곳은 조동종이 발전하는 기초가 쌓이게 되었다. 이어 대홍산의 제2대 주지가 된 부용도해는 보은이 쌓은 기반을 토대로 우수한 인재를 배출하여 북송대 조동종 교단이 발전하는 데에 기여하였다.[52] 보은의 문하에는 大洪守邃(1072~1147)가 배출되었으나 그다지 종세가 이어지지 못하였다.

그와 달리 부용의 문하에는 石門元易(1052~1137), 枯木法成(1071~1128), 丹霞子淳(1064~1117)등이 배출되면서 조동종의 흐름을 주도하였다. 특히 단하자순은 대홍산의 제4대 주지이며, 하남성 南陽縣의 丹霞山 棲霞寺에 주석하면서 조동종을 다시 일으켰다. 그는 사천성 劍州에서 태어났고, 속성이 賈氏이다. 그는 어려서 출가하여 처음 교학을 배웠다가 선으로 나아갔다. 그는 호남성 大潙山의 大潙慕喆에게 나아가 배웠고, 이어 진정극문, 대홍보은 등에게 배웠다. 그러나 깨달음의 기연이 없었으므로 단하는 마지막으로 대양산의 부용을 찾아가 그의 문하에서 깨달음을 얻었다.

이후 단하는 王信玉에게 초대를 받아 하남성 南陽縣의 丹霞山 棲霞寺에 출세하였다. 단하산은 石頭希遷 문하의 天然이 주석한 곳이었고, 단하자순이 이곳에 머물면서 오랫동안 폐사되었던 것을 크게 부흥시켰다. 그는 10년간 주석하다가 병으로 인해 大乘山 普嚴禪院의 西庵으로 물러났다. 다음 해에 그는 대승산 保壽禪院의 제4대 주지가 되었고, 2년 후에 입적하였다. 그의 종풍은 게송을 많이 남겼는데『頌古』를 통해 조동종의 입장을 명확히 한 점에 의의가 있다.[53]

단하자순에 이르러 대홍산은 계율과 가람이 부흥되고 규범이 정비

---

52) 石井修道, 「隨州大洪山における曹洞宗の復興」, 위의 책, 234~253쪽.
53) 石井修道, 「丹霞子淳の宗風」, 『宗教研究』50-3, 1976.

되어 조동종이 이곳에서 성립, 전승되었다. 이러한 기반은 단하 문하의 선승들의 활약에 따라 크게 발전되었다.[54] 대표적인 인물이 부용의 三賢孫으로 불린 慧照慶預(1078~1140), 眞歇淸了(1088~1151), 굉지정각이었다. 이들의 활약에 의해 조동종은 호북성에서 절강, 복건으로 발전하였고, 당시 임제종에 대응하게 되었다.[55] 굉지의 문하에는 聞庵嗣宗(1085~1153)과 石窓法恭(1101~1181) 등이 배출되었다.[56]

이상에서 송대 조동종의 흐름을 간략하게 살펴보았다. 12세기 이후 조동종의 선이 고려 선종계에 수용된 양상은 관련 자료가 없기 때문에 구체적인 양상을 알 수 없다. 그런데『염송집』에 조동종 어록이 풍부하게 인용되어 있으므로 고려 선종에서 조동종의 선에 대한 관심이 어떠한가를 살펴볼 수 있다. 필자는 조동종 선승들의 착어가『염송집』에 어떻게 인용되었는가를 분석하여 뒤의 표와 같이 정리하였다. 그 결과 다음과 같은 사실을 알 수 있게 되었다.

〈표Ⅲ-21〉에서 대양경현의 착어는 6회 인용되었으며, 주로 염고, 대로 구성되었다. 〈표Ⅲ-22〉에서 고목법성의 착어는 20회 인용되었는데, 염고가 4회에 불과하고 나머지가 모두 상당에서 인용되었다. 〈표Ⅲ-23〉에서 석문원이의 착어는 모두 17칙에 걸쳐 인용되었는데, 그 가운데 송고 14회, 염고 2회, 상당 2회 등으로서 송고의 비중이 크다.

〈표Ⅲ-24〉에서 대홍수수의 착어는 모두 40칙에 걸쳐 인용되었는데, 거의 대부분이 송고이다. 〈표Ⅲ-25〉에서 대홍보은의 착어는 모두 78칙에 걸쳐 인용되었는데, 염고 44회, 송고 37회, 대 2, 운 1회 순이다. 〈표Ⅲ-28〉에서 진헐청료의 착어는 모두 15칙에 걸쳐 인용되었는데, 상당 3회를 제외하고 대부분 염고이다. 진헐은 굉지정각과 함께

---

54) 石井修道, 앞의 책, 245~248쪽.

55) 石井修道, 앞의 책, 254~275쪽.

56) 佐藤秀孝,「雪竇山の聞庵嗣宗について」,『曹洞宗研究紀要』15, 1983;「宏智禪師の晚年の行實について」,『曹洞宗研究紀要』16, 1984 참조.

남송 초에 조동종을 대표하는 선승임에도 불구하고, 그의 위상에 비해 『염송집』에는 별로 중시되지 않고 있다. 〈표 III-29〉에서 취암사종의 착어는 모두 47칙에 인용되었는데, 염고 31회, 송고 18, 운 2회 등의 순으로 염고의 비중이 다소 크다.

〈표 III-26〉에서 투자의청의 착어는 모두 91칙에 걸쳐 인용되었는데, 대부분이 송고이다. 투자의 어록인 『舒州投子靑禪師語錄』은 卷上에 白雲山海會禪院語錄, 投子山勝因禪院語錄, 師答同霖十問, 偈頌眞贊이 卷下에 頌古百則과 行狀이 수록되어 있다.[57] 표에서 알 수 있듯이 투자의 착어는 대부분 송고백칙에서 인용되었다.

〈표 III-27〉에서 단하자순의 착어는 모두 104칙에 걸쳐 인용되었는데, 송고 92회, 상당 8회, 소참 2회, 운 3회, 별 1회 등으로 송고의 비중이 압도적이다.[58] 이 가운데 송고는 『단하송고』에서 56, 59, 65, 78, 83, 84, 95, 98, 100칙을 제외하고 『염송집』에 대부분 수록되었다. 단하자순의 경우 착어의 대상이 대부분 청원-약산 계통만의 송고라는 특징을 갖고 있다.[59]

이상에서 알 수 있듯이 조동종의 착어 가운데 굉지정각 다음으로 투자의청과 단하자순의 착어가 가장 많이 인용되었다. 의청의 『投子頌古』, 자순의 『丹霞頌古』는 북송 조동종을 대표하는 송고백칙이다. 현재 타이완의 국립중앙도서관에 소장된 元版 『四家錄』[60]은 설두, 굉

---

57) 石井修道, 「宋代曹洞宗禪籍考: 投子義靑の二種の語錄」, 『駒澤大學佛敎學部硏究紀要』 35, 1977.

58) 단하자순의 저작은 政和 8년(1118)에 韓韶가 쓴 塔銘에 의하면 어록, 게송, 송고 4권이 있다고 하지만, 자순이 단하산 이전의 10년간의 어록은 남아 있지 않다. 椎名宏雄, 「『丹霞子淳禪師語錄』の文獻史的考察」, 『柳隆眞博士古稀記念論集 禪の眞理と實踐』, 春秋社, 2005 참조.

59) 石井修道, 「丹霞子淳の宗風: 頌古を中心として」, 『宗敎硏究』 50-3, 1976, 165쪽.

60) 송대의 선종 각파는 경쟁적으로 자파의 원류를 이루는 조사 4명의 어록을 모아, 그것을 '四家錄'이라고 부르며 중시하였다. 이는 동일 분야에서 4인의 대가를 세우는 중국의 전통을 따른 것이다. 임제종에서는 북송 말에 『馬祖四家錄』(1085)이, 남송에 이르러 『黃龍四家錄』(1141), 『慈明四家錄』(1153) 등이 편찬되었다. 조동종에서는 이보다 늦지만, 설두, 굉지, 투자, 단하 등의 송고에 대한 평창록을 총서 형태의 四家評唱錄으로 만들어

지, 투자, 단하 등 4가의 송고를 모은 것이며, 그 가운데 굉지가 쓴 『단하송고』의 서문이 주목된다.[61] 곧 굉지가 자순의 법맥을 계승하였던 만큼 『단하송고』를 간행하고 그것을 직접 이용하였던 것이다.

『염송집』에는 투자, 단하, 굉지로 이어지는 북송 말, 남송 초의 조동종을 대표하는 송고가 대부분 수록되어 있다. 이러한 양상은 수선사에서 『염송집』을 편찬할 때에 조동종의 대표적인 공안 비평을 그대로 소개하고자 하는 의도가 있었던 것으로 생각된다.

한편 진헐청료의 착어는 염고가 많은 편인데, 그의 저작의 내용과 관련되는 것으로 보인다. 그의 저술로는 『眞州長蘆了和尙劫外錄』, 『眞歇和尙拈古』 등이 남아 있는데, 서명과 그 내용을 보면 염고가 차지하는 비중이 크다. 그런데 그의 착어가 특별히 중시되지 않았지만, 그렇다고 무시되는 수준도 아니었다. 주지하듯이 대혜종고가 간화선을 완성하면서 당시 선종계의 가장 큰 폐단으로 진헐청료의 黙照邪禪을 지목하면서 통렬하게 비판하였다.[62] 그럼에도 불구하고 수선사에서는 대혜의 비판을 의식한 점이 드러나지 않으며, 조동종의 대표적인 선승으로서 진헐의 착어를 인용하고 있다.

한편, 『염송집』에 인용된 조동종의 어록은 대부분 일서 자료의 가치를 갖고 있다. 대양경현, 고목법성, 석문원이, 대홍수수, 대홍보은, 진헐청료, 문암사종 등의 어록은 현재 남아 있지 않거나 일부만 전해지고 있다. 따라서 이들의 착어는 조동종의 어록을 복원하여 송대 조종동의 흐름과 선을 이해하고 연구하는 자료로서의 가치를 갖고 있다.

제시하였다.

61) 椎名宏雄, 「元版 『四家錄』とその資料」, 『駒澤大學佛敎學部論集』 10, 1979.

62) 石井修道, 「大慧宗杲とその弟子たち(六): 眞歇淸了との關係をめぐって」, 『印度學佛敎學研究』 23-1, 1974.

〈표 Ⅲ-21〉『염송집』에 인용된 大陽警玄의 착어 일람

번호	『염송집』 칙수 (조사)	착어	비고	번호	『염송집』 칙수 (조사)	착어	비고
1	11 (世尊)	拈古	『통요』, 『연등』	4	206 (南泉普願)	謂衆曰	『승보전』
2	96 (婆舍斯多)	拈古	『통요』, 『연등』	5	693 (洞山良价)	拈古	『통요』
3	101 (達磨)	拈古	『통요』, 『연등』	6	946 (洛浦元安)	代	『통요』

〈표 Ⅲ-22〉『염송집』에 인용된 枯木法成의 착어 일람

번호	『염송집』 칙수 (조사)	착어	비고	번호	『염송집』 칙수 (조사)	착어	비고
1	33 (世尊)	上堂舉云		11	720 (夾山善會)	拈古	
2	110 (六祖慧能)	上堂舉云		12	727 (投子大同)	上堂舉云	
3	178 (百丈懷海)	上堂舉云		13	734 (投子大同)	拈古	
4	211 (南泉普願)	拈古		14	818 (雪峯義存)	上堂舉云	
5	237 (南泉普願)	上堂舉云		15	859 (雲居道膺)	上堂舉云	
6	240 (南泉普願)	上堂舉云		16	911 (白水本仁)	上堂舉云	
7	250 (盤山寶積)	上堂云		17	1131 (孚上座)	上堂舉云	
8	369 (潙山靈祐)	上堂舉云		18	1181 (澄源無殷)	上堂舉云	
9	686 (洞山良价)	拈古		19	1229 (洞山守初)	上堂舉云	
10	696 (洞山良价)	上堂舉云		20	1248 (風穴延昭)	上堂舉云	

〈표 Ⅲ-23〉『염송집』에 인용된 石門元易의 착어 일람

번호	『염송집』 칙수 (조사)	착어	비고	번호	『염송집』 칙수 (조사)	착어	비고
1	32 (世尊)	頌古	『연주』	10	687 (洞山良价)	頌古	
2	151 (淸源行思)	頌古		11	708 (幽溪和尙)	頌古	
3	161 (馬祖道一)	頌古	『연주』	12	712 (夾山善會)	頌古	
4	278 (石鞏慧藏)	頌古 拈古		13	747 (鳥窠道林)	頌古 拈古	
5	322 (丹霞天然)	頌古		14	788 (雪峯義存)	上堂舉云	『보등』
6	375 (潙山靈祐)	頌古		15	902 (龍牙居遁)	頌古	
7	421 (趙州從諗)	頌古		16	949 (洛浦元安)	頌古	
8	557 (石霜慶諸)	上堂舉云		17	1024 (雲門文偃)		
9	600 (香嚴智閑)	頌古	『연주』				

<표 III-24> 『염송집』에 인용된 大洪守遂[63]의 착어 일람

번호	『염송집』 칙수 (조사)	착어	비고	번호	『염송집』 칙수 (조사)	착어	비고
1	2 (世尊)	頌古		21	907 (龍牙居遁)	云	
2	6 (世尊)	頌古	『聯珠』	22	932 (九峯道虔)	頌古	『聯珠』
3	47 (圓覺經)	頌古		23	987 (玄沙師備)	頌古	
4	54 (金剛經)	頌古		24	1022 (雲門文偃)	頌古	
5	59 (金剛經)	頌古		25	1035 (雲門文偃)	頌古	『聯珠』
6	193 (三角總印)	頌古		26	1128 (翠巖令參)	頌古	『聯珠』
7	227 (南泉普願)	頌古		27	1185 (護國守澄)	頌古 頌古 頌古	
8	250 (盤山寶積)	頌古		28	1199 (報慈藏嶼)	頌古	
9	353 (潮州大顚)	頌古		29	1237 (薦福承古)	頌古	
10	421 (趙州從諗)	頌古 頌古		30	1239 (趙橫山柔)	頌古	
11	481 (趙州從諗)	云		31	1275 (薦福院思)	頌古	『聯珠』
12	492 (長沙景岑)	頌古	『聯珠』	32	1297 (法眼文益)	頌古	
13	510 (五臺智通)	頌古	『聯珠』	33	1299 (法眼文益)	頌古	
14	665 (德山宣鑒)	頌古 頌古	『聯珠』	34	1320 (首山省念)	頌古	
15	672 (德山宣鑒)	頌古	『聯珠』	35	1332 (首山省念)	頌古	
16	745 (清平令遵)	頌古 頌古		36	1361 (報慈玄覺)	頌古	
17	784 (雪峯義存)	頌古		37	1379 (瑯琊慧覺)	頌古	『聯珠』
18	831 (巖頭全豁)	頌古	『聯珠』	38	1394 (大洪報恩)	頌古	단독
19	841 (巖頭全豁)	頌古		39	1434 (南嶽慧思)	頌古	
20	842 (高亭簡)	頌古		40	1454 (菩提庵主)	頌古	단독

<표 III-25> 『염송집』에 인용된 大洪報恩의 착어 일람

번호	『염송집』 칙수 (조사)	착어	비고	번호	『염송집』 칙수 (조사)	착어	비고
1	2 (世尊)	頌古		40	595 (靈雲志勤)	頌古	
2	5 (世尊)	頌古		41	608 (臨濟義玄)	拈古	

---

63) 『염송집』에 淨嚴遂로 표기된 경우도 있다.

3	6 (世尊)	頌古		42	618 (臨濟義玄)	拈古	
4	14 (世尊)	拈古		43	622 (臨濟義玄)	拈古	
5	16 (世尊)	頌古 頌古		44	633 (臨濟義玄)	頌古	『聯珠』
6	62 (維摩)	頌古		45	658 (睦州陳尊宿)	代	
7	65 (文殊)	頌古		46	662 (徑山道欽)	頌古	
8	81 (迦葉)	頌古		47	672 (德山宣鑒)	頌古	『聯珠』
9	98 (達磨)	頌古		48	679 (雪竇常通)	代	
10	110 (六祖慧能)	頌古 頌古 頌古		49	699 (洞山良价)	拈古	
11	112 (六祖慧能)	頌古		50	703 (洞山良价)	拈古	
12	119 (南嶽懷讓)	頌古 頌古		51	709 (神山僧密)	拈古	
13	125 (永嘉玄覺)	頌古		52	710 (夾山善會)	頌古	
14	139 (南陽慧忠)	拈古		53	724 (投子大同)	拈古	
15	172 (石頭希遷)	拈古		54	740 (投子大同)	頌古	
16	184 (百丈懷海)	頌古 拈古		55	748 (鳥窠道林)	拈古	
17	199 (鹽官齊安)	頌古		56	802 (雪峯義存)	拈古	
18	207 (南泉普願)	拈古		57	820 (雪峯義存)	拈古	
19	325 (藥山惟儼)	拈古		58	824 (雪峯義存)	拈古	
20	333 (藥山惟儼)	拈古		59	837 (巖頭全豁)	拈古	
21	335 (藥山惟儼)	頌古		60	838 (巖頭全豁)	拈古	
22	337 (藥山惟儼)	拈古		61	861 (雲居道膺)	拈古	
23	338 (藥山惟儼)	拈古		62	865 (雲居道膺)	拈古	
24	340 (藥山惟儼)	拈古		63	880 (曹山本寂)	拈古	
25	342 (藥山惟儼)	拈古		64	882 (曹山本寂)	拈古	
26	345 (藥山惟儼)	拈古		65	898 (龍牙居遁)	拈古	
27	360 (潙山靈祐)	拈古		66	938 (儿峯道虔)	拈古	
28	363 (潙山靈祐)	拈古		67	943 (覆船洪荐)	拈古	
29	382 (潙山靈祐)	拈古		68	970 (保福從展)	頌古 頌古	
30	408 (趙州從諗)	頌古		69	1003 (玄沙師備)	拈古	
31	417 (趙州從諗)	頌古		70	1009 (雲門文偃)	頌古	『聯珠』

		頌古 頌古 頌古				
32	457 (趙州從諗)	拈古		71	1023 (雲門文偃)	頌古
33	524 (雲巖曇晟)	拈古		72	1098 (雲門文偃)	頌古 頌古
34	530 (道吾宗智)	拈古		73	1126 (鏡淸道怤)	拈古
35	532 (道吾宗智)	頌古		74	1200 (羅山道閑)	頌古
36	548 (本空)	拈古		75	1204 (永安善靜)	拈古
37	553 (末山尼)	云		76	1291 (法眼文益)	頌古 頌古
38	567 (仰山惠寂)	拈古		77	1342 (葉縣歸省)	拈古
39	574 (仰山惠寂)	頌古		78	1393 (雲居道齊)	頌古

〈표 III-26〉『염송집』에 인용된 投子義靑의 착어 일람

번호	『염송집』 칙수 (조사)	착어	출전	비고
1	45 (圓覺經)	上堂云	『投子錄』 卷上(X71-737a)	
2	130 (南陽慧忠)	頌古	『投子頌古』 86(X71-749b)	
3	146 (南陽慧忠)	頌古	『投子頌古』 17(X71-745a)	
4	147 (淸源行思)	頌古	『投子頌古』 1(X71-744a)	
5	161 (馬祖道一)	頌古	『投子頌古』 18(X71-745b)	
6	174 (石頭希遷)	頌古	『投子頌古』 2(X71-744a)	
7	182 (百丈懷海)	頌古		『投子頌古』 78
8	207 (南泉普願)	頌古	『投子頌古』 23(X71-745b)	
9	249 (盤山寶積)	上堂擧云	『投子錄』 卷上(X71-737a)	
10	321 (丹霞天然)	頌古	『投子頌古』 25(X71-745c)	
11	339 (藥山惟儼)	小參	『投子錄』 卷上(X71-736a)	
12	346 (藥山惟儼)	頌古	『投子頌古』 3(X71-744a)	
13	369 (潙山靈祐)	頌古	『投子頌古』 91(X71-750a)	
14	411 (趙州從諗)	頌古	『投子頌古』 21(X71-745b)	
15	412 (趙州從諗)	頌古	『投子頌古』 93(X71-750a)	
16	459 (趙州從諗)	頌古	『投子頌古』 95(X71-750a)	『投子錄』 大陽堅 『염송집』 교감
17	475 (趙州從諗)	頌古	『投子頌古』 44(X71-746c)	

18	476 (趙州從諗)	頌古	『投子頌古』 50(X71-747a)	
19	490 (長沙景岑)	頌古	『投子頌古』 19(X71-745b)	
20	520 (雲巖曇晟)	頌古	『投子頌古』 5(X71-744b)	
21	526 (道吾宗智)	頌古	『投子頌古』 20(X71-745b)	
22	530 (道吾宗智)	頌古	『投子頌古』 4(X71-744b)	
23	537 (高沙彌)	頌古	『投子頌古』 7(X71-744c)	
24	556 (石霜慶諸)	頌古	『投子頌古』 8(X71-744c)	
25	557 (石霜慶諸)	頌古	『投子錄』 11(X71-745a)	
26	563 (石霜慶諸)	上堂	『投子錄』卷上(X71-736b)	
27	590 (靈雲志勤)	頌古	『投子頌古』 16(X71-745a)	
28	604 (京兆米胡)	頌古 拈古	『投子頌古』 34(X71-746a) 『投子頌古』 34	
29	621 (臨濟義玄)	頌古	『投子頌古』 64(X71-748a)	
30	623 (臨濟義玄)	別		
31	696 (洞山良价)	頌古	『投子頌古』 85(X71-749b)	
32	710 (夾山善會)	頌古	『投子頌古』 6(X71-744b)	
33	714 (夾山善會)	頌古	『投子頌古』 47(X71-747a)	
34	715 (夾山善會)	頌古	『投子頌古』 29(X71-746a)	
35	720 (夾山善會)	頌古	『投子頌古』 10(X71-744c)	
36	727 (投子大同)	拈古	『投子頌古』 97(X71-750b)	염, 송 모두 인용
37	729 (投子大同)	頌古	『投子頌古』 49(X71-747a)	염송 교감
38	734 (投子大同)	頌古	『投子頌古』 33(X71-746a)	
39	735 (投子大同)	頌古	『投子頌古』 55(X71-747b)	
40	762 (興化存獎)	頌古 拈古	『投子頌古』 94(X71-750a) 『投子頌古』 94	
41	769 (襄州歷村)	頌古	『投子頌古』 79(X71-749a)	
42	804 (雪峯義存)	頌古	『投子頌古』 39(X71-746b)	
43	806 (雪峯義存)	頌古 拈古	『投子頌古』 81(X71-749a) 『投子頌古』 81	
44	822 (雪峯義存)	頌古	『投子頌古』 35(X71-746b)	
45	831 (巖頭全豁)	頌古	『投子頌古』 53(X71-747b)	
46	848 (大隨法眞)	頌古	『投子頌古』 22(X71-745b)	
47	859 (雲居道膺)	頌古	『投子頌古』 24(X71-745c)	
48	874 (疎山光仁)	頌古	『投子頌古』 27(X71-745c)	

49	895 (龍牙居遁)	頌古	『投子頌古』9(X71-744c)	염송 교감
50	902 (龍牙居遁)	頌古	『投子頌古』15(X71-745a)	
51	925 (南塔光湧)	頌古	『投子頌古』56(X71-747b)	
52	926 (南塔光湧)	頌古	『投子頌古』45(X71-747a)	
53	927 (南塔光湧)	頌古	『投子頌古』51(X71-747a)	
54	930 (崇福演教)	頌古	『投子頌古』76(X71-748c)	
55	946 (洛浦元安)	頌古 拈古	『投子頌古』26(X71-745c) 『投子頌古』26	
56	949 (洛浦元安)	上堂拈古	『投子錄』卷上(X71-737a)	
57	954 (洛浦元安)	頌古	『投子頌古』69(X71-748a)	
58	962 (韶山寰普)	頌古	『投子頌古』13(X71-745a)	
59	1000 (玄沙師備)	頌古	『投子頌古』43(X71-746c)	
60	1016 (雲門文偃)	頌古	『投子頌古』89(X71-749c)	
61	1022 (雲門文偃)	頌古	『投子頌古』42(X71-746c)	
62	1023 (雲門文偃)	頌古	『投子頌古』46(X71-747a)	
63	1061 (雲門文偃)	頌古	『投子頌古』36(X71-746b)	
64	1148 (曹山慧霞)	頌古 上堂擧云	『投子頌古』30(X71-746a) 『投子錄』卷上(X71-738a)	조동오위 관련
65	1181 (禾山澄遠)	頌古	『投子頌古』73(X71-748b)	
66	1188 (石門蘊聰)	拈古	『投子錄』卷上(X71-737c)	본래 擧大哥
67	1192 (芭蕉慧情)	頌古 拈古	『投子頌古』98(X71-750b) 『投子頌古』98(X71-750b)	拈古, 頌古순
68	1193 (芭蕉慧情)	頌古	『投子頌古』70(X71-748b)	
69	1197 (重雲智暉)	頌古	『投子頌古』28(X71-745c)	
70	1221 (巴陵顥鑑)	頌古	『投子頌古』48(X71-747a)	
71	1226 (香林澄遠)	頌古	『投子頌古』65(X71-748a)	『投子錄』大隨
72	1228 (德山緣密)	頌古 拈古	『投子頌古』96(X71-750a) 『投子頌古』96(X71-750a)	
73	1230 (洞山守初)	頌古	『投子頌古』88(X71-749c)	
74	1239 (趙橫山柔)	頌古	『投子頌古』62(X71-747c)	
75	1253 (風穴延昭)	頌古 拈古	『投子頌古』90(X71-750a) 『投子頌古』90(X71-749c)	
76	1255 (風穴延昭)	頌古	『投子頌古』32(X71-746a)	
77	1257 (風穴延昭)	頌古	『投子頌古』59(X71-747c)	
78	1258 (風穴延昭)	頌古	『投子頌古』54(X71-747b)	

79	1263 (芭蕉繼徹)	頌古	『投子頌古』71(X71-748b)	
80	1264 (梁山緣觀)	頌古 拈古	『投子頌古』77(X71-749a) 『投子頌古』77(X71-748b)	순서 바뀜
81	1269 (梁山緣觀)	頌古	『投子頌古』14(X71-745a)	
82	1290 (法眼文益)	頌古	『投子頌古』92(X71-750a)	
83	1322 (首山省念)	頌古	『投子頌古』52(X71-747b)	
84	1325 (首山省念)	頌古	『投子頌古』61(X71-747c)	
85	1326 (首山省念)	頌古	『投子頌古』60(X71-747c)	
86	1327 (首山省念)	頌古	『投子頌古』41(X71-746c)	
87	1333 (文殊應眞)	頌古	『投子頌古』80(X71-749a)	
88	1351 (天平從漪)	頌古	X71-768a	
89	1376 (浮山法遠)	頌古 拈古	『投子頌古』99(X71-750b) 『投子頌古』99(X71-750b)	
90	1377 (浮山法遠)	頌古	『投子頌古』100(X71-750b)	
91	1428 (傅大士)	頌古 拈古	『投子頌古』40(X71-746c) 『投子頌古』40(X71-746b)	拈古, 頌古 순

〈표 III-27〉 『염송집』에 인용된 丹霞子淳의 착어 일람[64]

번호	염송집 칙수 (조사)	착어	출전	비고
1	101 (達磨)	上堂擧云		
2	118 (蒙山道明)	上堂		
3	147 (淸源行思)	頌古	『丹霞頌古』(1)	
4	171 (石頭希遷)	頌古	『丹霞頌古』(2)	
5	308 (龐居士)	上堂		
6	325 (藥山惟儼)	頌古	『丹霞頌古』(3)	
7	343 (藥山惟儼)	頌古	『丹霞頌古』(6)	
8	412 (趙州從諗)	頌古	『丹霞錄』(X71-759c)	
9	428 (趙州從諗)	別云		
10	434 (趙州從諗)	上堂		
11	523 (雲巖曇晟)	頌古	『丹霞頌古』(9)	

64) 이 글에서는 至正 2년(1342)에 간행된 元版 『四家錄』에 수록된 『丹霞淳禪師頌古』를 이용하였다. 이 원판은 현재 타이완의 국립중앙도서관에 소장되어 있다. 椎名宏雄, 「元版『四家錄』とその資料」, 『駒澤大學佛敎學部論集』 10, 1979 참조.

12	527（道吾宗智）	頌古	『丹霞頌古』(10)	
13	531（道吾宗智）	頌古	『丹霞頌古』(7)	
14	534（船子德誠）	頌古	『丹霞頌古』(4)	
15	535（椑樹慧省）	頌古	『丹霞頌古』(5)	
16	554（石霜慶諸）	頌古	『丹霞頌古』(15)	
17	564（漸源仲興）	頌古	『丹霞頌古』(16)	
18	687（洞山良价）	頌古 云	『丹霞頌古』(17)	
19	690（洞山良价）	頌古	『丹霞頌古』(8)	
20	692（洞山良价）	頌古	『丹霞頌古』(18)	
21	694（洞山良价）	頌古	『丹霞頌古』(20)	
22	695（洞山良价）	上堂		
23	701（洞山良价）	頌古	『丹霞頌古』(19)	
24	713（夾山善會）	頌古 小參	『丹霞頌古』(14)	
25	715（夾山善會）	頌古	『丹霞頌古』(11)	
26	718（夾山善會）	頌古	『丹霞頌古』(12)	
27	719（夾山善會）	頌古	『丹霞頌古』(13)	
28	751（三聖慧然）	上堂		
29	780（雪峯義存）	云		
30	860（雲居道膺）	頌古	『丹霞頌古』(48)	
31	870（疎山光仁）	頌古	『丹霞頌古』(47)	
32	872（疎山光仁）	頌古	『丹霞頌古』(46)	
33	876（白馬遁儒）	頌古	『丹霞頌古』(52)	
34	879（曹山本寂）	頌古	『丹霞頌古』(45)	
35	883（曹山本寂）	頌古	『丹霞頌古』(44)	
36	887（曹山本寂）	頌古	『丹霞頌古』(43)	
37	901（龍牙居遁）	頌古	『丹霞頌古』(50)	
38	909（洞山師虔）	頌古	『丹霞頌古』(49)	
39	911（白水本仁）	頌古	『丹霞頌古』(51)	
40	916（天童咸啓）	頌古	『丹霞頌古』(54)	
41	917（越州乾峯）	頌古 上堂	『丹霞頌古』(53)	

42	921 (洞山道詮)	頌古	『丹霞頌古』(55)	
43	931 (大光居誨)	頌古	『丹霞頌古』(39)	
44	932 (九峯道虔)	頌古	『丹霞頌古』(38)	
45	933 (九峯道虔)	頌古	『丹霞頌古』(37)	
46	935 (九峯道虔)	頌古	『丹霞頌古』(36)	
47	939 (鳳翔石柱)	頌古	『丹霞頌古』(42)	
48	940 (湧泉景欣)	頌古	『丹霞頌古』(40)	
49	941 (湖南文殊)	頌古	『丹霞頌古』(41)	
50	946 (洛浦元安)	小參		
51	947 (洛浦元安)	頌古	『丹霞頌古』(23)	
52	949 (洛浦元安)	頌古	『丹霞頌古』(27)	
53	950 (洛浦元安)	頌古	『丹霞頌古』(28)	
54	951 (洛浦元安)	頌古	『丹霞頌古』(25)	
55	952 (洛浦元安)	頌古	『丹霞頌古』(22)	
56	953 (洛浦元安)	頌古	『丹霞頌古』(21)	
57	955 (洛浦元安)	頌古	『丹霞頌古』(26)	
58	956 (洛浦元安)	頌古	『丹霞頌古』(24)	
59	959 (韶山寰普)	頌古	『丹霞頌古』(29)	
60	961 (韶山寰普)	頌古	『丹霞頌古』(30)	
61	963 (四禪和尙)	頌古	『丹霞頌古』(33)	
62	964 (鳳翔天蓋)	頌古	『丹霞頌古』(35)	
63	965 (上藍令超)	頌古	『丹霞頌古』(32)	
64	966 (黃山月輪)	頌古	『丹霞頌古』(31)	
65	967 (大原海湖)	頌古	『丹霞頌古』(34)	
66	1006 (雲門文偃)	上堂		
67	1140 (育王弘通)	頌古	『丹霞頌古』(75)	
68	1146 (金峯從志)	頌古	『丹霞頌古』(76)	
69	1149 (荷玉玄悟)	頌古	『丹霞頌古』(74)	
70	1150 (蜀川西禪)	頌古	『丹霞頌古』(77)	
71	1166 (新羅泊岩)	頌古	『丹霞頌古』(60)	
72	1167 (新羅泊岩)	頌古	『丹霞頌古』(61)	
73	1168 (新羅泊岩)	頌古	『丹霞頌古』(62)	
74	1169 (新羅大嶺)	頌古	『丹霞頌古』(67)	

75	1170（新羅雲住）	頌古	『丹霞頌古』(70)	
76	1171（雲居道簡）	頌古	X71-768a	
77	1173（同安丕）	頌古	『丹霞頌古』(68)	
78	1176（同安常察）	頌古	『丹霞頌古』(69)	
79	1178（同安常察）	頌古	『丹霞頌古』(64)	
80	1180（同安志）	頌古	『丹霞頌古』(82)	
81	1182（渤潭明）	頌古	『丹霞頌古』(63)	
82	1183（護國守澄）	頌古	『丹霞頌古』(73)	
83	1184（護國守澄）	頌古	『丹霞頌古』(72)	
84	1189（石門蘊聰）	頌古	『丹霞頌古』(80)	
85	1190（萬銅廣德）	頌古	『丹霞頌古』(82)	
86	1198（白雲善藏）	頌古	『丹霞頌古』(66)	
87	1203（木平善道）	頌古	『丹霞頌古』(58)	
88	1206（青峰傳楚）	頌古	『丹霞頌古』(57)	
89	1212（淨衆歸信）	頌古	『丹霞頌古』(81)	
90	1213（石門慧徹）	頌古	『丹霞頌古』(86)	
91	1214（廣福道隱）	頌古	『丹霞頌古』(87)	
92	1263（芭蕉繼徹）	云		
93	1266（梁山緣觀）	頌古	『丹霞頌古』(89)	
94	1267（梁山緣觀）	頌古	『丹霞頌古』(90)	
95	1270（梁山緣觀）	頌古	『丹霞頌古』(88)	
96	1279（廣德周）	頌古	『丹霞頌古』(85)	
97	1309（修山主）	小參	X71-756c	
98	1316（大陽警玄）	頌古	『丹霞頌古』(91)	
99	1317（大陽警玄）	頌古	『丹霞頌古』(92)	
100	1369（投子義青）	頌古	『丹霞頌古』(93)	
101	1370（投子義青）	頌古	『丹霞頌古』(94)	
102	1395（大洪報恩）	頌古	『丹霞頌古』(99)	
103	1396（大陽楷）	頌古	『丹霞頌古』(96)	
104	1397（大陽楷）	頌古	『丹霞頌古』(97)	

번호	『염송집』 칙수 (조사)	착어	비고	번호	『염송집』 칙수 (조사)	착어	비고
1	37 (世尊)	拈古		9	590 (靈雲志勤)	上堂云	
2	54 (金剛經)	擧云	『大慧錄』 13, T47-864a	10	635 (臨濟義玄)	擧云	
3	115 (六祖慧能)	擧云		11	677 (德山宣鑒)	擧云	
4	146 (南陽慧忠)	拈古		12	932 (九峯道虔)	拈古	
5	246 (南泉普願)	拈古		13	958 (洛浦元安)	拈古	
6	375 (潙山靈祐)	拈古		14	1429 (傅大士)	上堂擧云	
7	404 (古靈神贊)	拈古		15	1449 (布袋)	上堂擧云	
8	552 (金華俱胝)	擧云					

〈표 III-29〉 『염송집』에 인용된 聞庵嗣宗[66]의 착어 일람

번호	『염송집』 칙수 (조사)	착어	비고	번호	『염송집』 칙수 (조사)	착어	비고
1	3 (世尊)	頌古		25	614 (臨濟)	拈古	
2	16 (世尊)	拈古		26	681 (洞山良价)	拈古	
3	95 (師子尊者)	拈古		27	690 (洞山良价)	拈古	
4	101 (達磨)	頌古 拈古		28	695 (洞山良价)	拈古	
5	110 (六祖慧能)	頌古		29	705 (洞山良价)	拈古	
6	159 (馬祖道一)	頌古		30	715 (夾山善會)	拈古	
7	169 (馬祖道一)	頌古		31	746 (淸平令遵)	頌古	
8	184 (百丈懷海)	拈古		32	806 (雪峯義存)	拈古	
9	207 (南泉普願)	頌古 拈古		33	831 (巖頭全豁)	頌古	
10	226 (南泉普願)	頌古		34	870 (疎山光仁)	拈古	
11	239 (南泉普願)	拈古		35	880 (曹山本寂)	拈古	
12	334 (藥山惟儼)	拈古		36	918 (越州乾峯)	頌古 頌古	
13	337 (藥山惟儼)	拈古		37	923 (翟州景通)	擧云	
14	378 (潙山靈祐)	拈古		38	949 (洛浦元安)	拈古	

---

65) 진헐은 설봉산에 주석한 적이 있으므로 『염송집』에 雪峯了로 표기된 경우도 있다.

66) 雪竇嗣宗, 翠巖嗣宗이라고도 하며, 『염송집』에 翠巖宗으로 표기된 경우가 많다.

15	380 (潙山靈祐)	拈古		39	966 (黃山月輪)	拈古	
16	386 (潙山靈祐)	頌古	단독	40	1004 (玄沙師備)	拈古	
17	389 (黃蘗希運)	拈古		41	1131 (孚上座)	擧云	
18	412 (趙州從諗)	頌古		42	1133 (孚上座)	拈古	
19	453 (趙州從諗)	頌古		43	1192 (芭蕉慧情)	頌古	
20	505 (池州甘贄)	拈古		44	1248 (風穴延昭)	拈古	
21	564 (漸源仲興)	頌古		45	1259 (風穴延昭)	拈古	단독
22	574 (仰山惠寂)	拈古		46	1311 (修山主)	拈古	단독
23	591 (靈雲志勤)	頌古		47	1336 (興福可勤)	拈古	
24	597 (香嚴智閑)	頌古					

5. 거사 어록의 수용과 영향

당대에 선은 불교계만이 아니라 문인에게도 확산되었다. 이러한 경향은 송대에 이르러 더욱 확대되어 사대부 사회에서 선이 유행하게 되었다. 당대에 있었던 문인과 선종의 교유가 부분적인 현상이었다면 송대에는 전반적인 문화 현상으로 확대되었다. 송대에 선승과 교유한 사대부의 수는 비약적으로 증대하였고, 나아가 사대부문화와 선종문화의 상호 침투가 다방면에 걸쳐 이루어졌다.[67]

이러한 현상에 대한 비판 내지는 반발로서 송대에 사대부가 과격할 정도로 불교 또는 선종을 비판한 언설이 많이 나타났다. 이러한 사대부의 불교 비판은 그만큼 강하게 비판하지 않으면 곤란할 정도로 선의 영향이 넓고 깊었던 사실을 반증한다고 하겠다.[68]

---

67) 이에 대한 연구 성과는 대단히 많으며, 근래의 성과로는 다음의 글을 참고하기 바란다. 명법, 『선종과 송대 사대부의 예술정신』, 싸아이알, 2009.

68) 사대부와 선의 관계는 송학의 귀결인 주자학이 선을 중심으로 한 불교와의 대결을 통해 일정하게 사상적 영향을 받기도 하고, 그러한 과정을 통해 새로운 인간관, 세계관을 형성하면서, 결국 선이 가진 현실적, 사상적 한계를 극복하고 새로운 사상체계를 완성하였던 사상사적 흐름과 구조에서 잘 드러난다(荒木見悟, 『新版佛敎と儒敎』, 硏文出版,

사대부는 거사로서 선승들과 교류하면서 선의 깨달음을 이룰 정도로 높은 수준을 달성한 이도 적지 않았다. 그리하여 사대부가 전등사서에 입전될 만큼 그들의 선의 경지가 선사들에게 인정을 받았다. 물론 구도를 위한 참선만이 아니라 사대부사회에서 교유의 도구로서, 또는 인맥 형성의 수단으로서 선에 접근하는 자가 적지 않았다.

다만, 이러한 상황을 사대부가 선종문화에 수용된 것이라고만 보는 것은 일면적이다. 사대부와 선문의 교유라고 하는 풍조는 승려 측에서 통속화한 현상이기도 하다. 선승의 교양과 사대부의 교양이 동질이고, 또는 많은 선승이 사대부와 동일 계층에서 나왔다는 것을 보여 준다.

송대에 사대부와 선승의 교류는 사대부문화라고 하는 공통의 토양의 위에 성립하였다. 유교적 교양을 매개로 선을 깨닫게 되고, 고전시문의 소양을 통해 깨달음의 경지가 표현된다. 사대부문화에 있어서 선은 이미 이질적인 것이 아니고, 선승에게도 사대부의 문자문화는 필수 교양이었다. 선이 송대 문화에 커다란 영향력을 발휘할 수 있었던 것은 결코 선의 일방적인 우위를 보이는 것이 아니다. 그것은 오히려 선이 사대부사회의 유기적인 일부가 되었던 것이라 할 수 있다.[69]

앞서 서술한 바와 같이 蘇軾(1036~1101), 黃庭堅(1045~1105) 등 江西詩派의 시문학에 선의 영향이 강하며, 이러한 경향은 후대까지 적지 않은 영향을 미쳤다. 소식의 시문에는 불교적인 발상과 불전을 기반으로 한 표현이 많이 보인다. 명대에는 그의 작품 가운데 선승과 禪寺

1993 참조). 또한 荒木見悟, 「宋元時代の佛敎·道敎に関する硏究回顧」, 『久留米大學比較文化紀要』 1, 1987에서 종래 일본학계에서 송대 유학과 불교와의 교섭사에 대한 연구 태도와 문제점을 잘 지적하고 있다. 유교 연구자들은 송학에 있어서 불교적 요소를 과소평가하고, 불교학에서는 불교의 송유에 대한 영향력을 강조하고자 하는 종파적 편견을 갖고 있었다. 한국학계의 경우도 이와 유사한 경향이 있으며, 사상사적 시각에서 엄밀하고 새롭게 접근할 필요가 있다고 하겠다.

69) 小川隆, 「禪宗の生成と發展」, 沖本克己 編, 『興隆·發展する佛敎』(新アジア佛敎史07), 佼成出版社, 2010, 315~321쪽.

에 관련되는 것을 모은 『東坡禪喜集』이 편찬되었다. 소식은 구법당의 중심인물로서 정쟁에 휘몰리는 시기에 大覺懷璉과 교류하였다. 대각회련은 선종의 교설이 유교, 도교의 사상과 일치하는 것을 지적하고자 하였다.[70)

蘇軾의 「次韻水官詩」(『東坡續集』 권1)에 대각회련이 소식의 아버지 蘇洵에게 初唐의 閻立本의 수관의 그림을 증정하였다는 기록이 있다. 이러한 기록은 당시 사대부의 회화 애호가 사원과 승려에게도 공통의 것이었다는 것을 보여 준다. 또 「淨因院畵記」(『東坡集』 권31)에 대각회련을 계승한 정인도진이 의뢰한 대나무와 고목을 정인원에 그렸다고 한다. 정인원에서 대각회련 등을 중심으로 승속을 가리지 않고 회화 애호가 이루어졌던 상황을 보여 준다.[71)

나아가 거사들은 선승과 마찬가지로 공안에 대한 비평을 다양한 형태의 착어로 남겼다. 이 가운데 일부 거사는 공안 비평을 모은 문헌을 남기기도 하였다. 이러한 흐름을 반영하여 『염송집』에는 송대 거사들의 착어가 적지 않게 수록되어 있다. 뒤의 표를 통해 알 수 있듯이 楊傑, 趙抃, 張商英, 本然居士, 李埴 등의 착어가 『염송집』에 적지 않게 수록되어 있다.

먼저, 양걸(생몰년 미상)은 자가 次公 혹은 無爲人이며, 호가 無爲子, 無爲居士이다. 그는 여러 선승과 교유하였으며, 만년에 天衣義懷를 만나 龐居士의 機語를 참구하였고, 천의의회의 법맥을 이었다. 그는 『마조사가록』의 서문을 썼으며, 『無爲集』 15권 등 문집 20여 권과 樂記 5권을 남겼다.[72)

조변(1008~1084)은 自號가 知非子, 시호가 淸獻, 자가 閱道이며, 衢州

---

70) 蘇軾, 「宸奎閣碑」 『東坡集』 권33
71) 湯淺陽子, 「蘇軾の詩における佛典受容について-『維摩經』『楞嚴經』を中心に-」, 『中國文學報』 59, 1999 참조.
72) 『宋史』 443, 楊傑傳, 『續傳燈錄』 8, 517쪽.

西安 출신이다. 그는 武安軍節度推官, 殿中侍御史 등을 거쳐 神宗 대에 參知政事를 지냈다. 그는 남명법천을 비롯한 선승들과 교류하였다. 그의 문집으로 趙淸獻集이 있으며, 선문 어록을 발췌하여 염고와 송고 100편을 지은 『拈古頌』이 있었으나 현전하지 않는다.[73]

장상영(1043~1121)은 사천성 新津 출신이며, 자가 天覺, 시호가 文忠, 호가 無盡居士이다. 그는 왕안석의 신법당에 협력하였지만, 구법당과도 관계를 가졌다. 그는 황룡파의 東林常總을 비롯하여 兜率從悅, 晦堂祖心, 惠洪覺範, 眞淨克文 등의 선승들과 교유하였고, 양기파의 원오극근과도 밀접한 관계를 가졌다.[74]

또한 그는 『楞嚴經』에 補注刪修한 『淸淨海眼經』을 저술하였다. 대혜종고가 修證의 구조를 『대승기신론』의 始覺, 本覺을 사용하여 설하였는데, 이들 용어의 전거를 『대승기신론』이 아니라 장상영의 『청정해안경』을 사용하였다. 더욱이 『가태보등록』을 편찬하였던 뇌암정수가 『청정해안경』에 대항하여 『楞嚴經合論』(10권)을 저술하기도 하였다.[75]

이식(1161~1238)은 자가 季允, 호가 悅齋, 시호가 文肅이며, 李翥의 일곱 번째 아들이다. 그는 예부시랑, 형부상서 등을 역임하였으며, 悅齋集이라는 문집을 남겼다.

『염송집』에 거사들의 착어는 선승들의 착어 다음에 인용되어 있으며, 거사들의 착어만을 따로 수록하였다. 전등사서에는 송대 거사들이 전법한 법계에 따라 수록되어 있지만, 수선사에서는 이러한 법맥을 그대로 따르지 않고 선승과 별개로 이들의 착어만을 모아 배열하였다.

〈표Ⅲ-30〉에서 앙결의 착어는 모두 30칙에 인용되어 있는데, 전부

---

73) 조변의 생애에 대해서는 『宋史』 316-7 下 참조. 그의 『염고송』은 남아 있지 않지만, 「拈古頌序」가 『丹淵集』 25-1下에 남아 있다.
74) 阿部肇一, 「無盡居士張商英について」, 『增訂中國禪宗史の研究』, 研文出版, 1986, 393~412쪽.
75) 廣田宗玄, 「張商英の『淸淨海眼經』について」, 『印度學佛教學研究』 참조.

송고이다. 〈표Ⅲ-31〉에서 조변의 착어는 『염송집』에 모두 60칙에 인용되어 있는데, 대부분이 송고이다. 조변의 착어는 인용 횟수가 적지 않지만, 단독 착어가 8회나 되므로 꽤 중시된 면을 볼 수 있다.

〈표Ⅲ-32〉에서 장상영의 착어는 모두 48칙에 인용되어 있는데, 전부 송고이다. 〈표Ⅲ-33〉에서 본연거사의 착어는 모두 22칙에 인용되어 있으며, 역시 모두 송고이다. 〈표Ⅲ-34〉에서 이식의 착어는 모두 134칙에 인용되어 있어 인용 횟수가 대단히 많다. 또한 그의 착어는 모두 송고이며, 6회가 단독 착어이다.

이상에서 살펴본 바와 같이 거사들의 착어는 5명의 착어가 『염송집』에 수록되어 있는데, 인용 횟수가 선승들에 비해 결코 적지 않다. 특히 이식의 착어는 송대 각 종파의 대표적인 선승을 제외하면 인용 횟수가 대단히 많은 편이다. 더욱이 이들 거사들의 착어는 하나의 고칙 공안에 단독 착어로 인용된 곳도 꽤 있다. 이러한 경향은 송대 거사들의 공안 비평 수준이 선지식에 버금갈 정도로 높은 수준이라는 사실이 반영된 것이라 하겠다.

나아가 수선사는 이러한 송대 사상계의 동향을 어느 정도 파악하여 거사들의 착어를 수록하였던 것이 아닌가 생각된다. 앞서 서술한 바와 같이 이인로, 이규보의 사례에서 잘 드러나듯이 수선사 당시에 문인 사회에 선이 확산되고 선승들과 교류한 사실을 고려한다면 그들의 관심과 사상적인 수요에 대한 대응도 어느 정도 감안하였을 것으로 생각된다.

한편, 송대 거사들의 착어는 모두 현전하지 않으므로 일서 자료의 가치를 갖고 있다. 지금까지 송대 선종사 연구에서는 이러한 자료에 주목한 적이 없으므로 향후 관련 연구에 도움이 된다. 나아가 이러한 일서 자료는 송대 문학사 및 사상사 연구를 위한 자료적 가치를 갖고 있다.

<表 III-30>『염송집』에 인용된 楊傑의 착어 일람

번호	『염송집』 칙수 (조사)	착어	비고	번호	『염송집』 칙수 (조사)	착어	비고
1	5 (世尊)	頌古		16	729 (投子大同)	頌古	
2	148 (淸源行思)	頌古		17	856 (雲居道膺)	頌古	
3	169 (馬祖道一)	頌古		18	882 (曹山本寂)	頌古	
4	178 (百丈懷海)	頌古		19	918 (越州乾峯)	頌古	
5	188 (魯祖寶雲)	頌古		20	983 (玄沙師備)	頌古	
6	206 (南泉普願)	頌古		21	1013 (雲門文偃)	頌古	
7	324 (藥山惟儼)	頌古		22	1018 (雲門文偃)	頌古	
8	421 (趙州從諗)	頌古		23	1024 (雲門文偃)	頌古	
9	429 (趙州從諗)	頌古		24	1035 (雲門文偃)	頌古	
10	443 (趙州從諗)	頌古		25	1230 (洞山守初)	頌古	
11	459 (趙州從諗)	頌古		26	1291 (法眼文益)	頌古	
12	590 (靈雲志勤)	頌古		27	1292 (法眼文益)	頌古	
13	639 (睦州陳尊宿)	頌古		28	1299 (法眼文益)	頌古	
14	647 (睦州陳尊宿)	頌古		29	1352 (雪竇重顯)	頌古	
15	680 (洞山良价)	頌古		30	1361 (報慈玄覺)	頌古	

<표 III-31>『염송집』에 인용된 趙抃의 착어 일람

번호	『염송집』 칙수 (조사)	착어	비고	번호	『염송집』 칙수 (조사)	착어	비고
1	10 (世尊)	頌古	단독	34	436 (趙州從諗)	頌古 頌古	
2	28 (世尊)	頌古	단독	35	437 (趙州從諗)	垂問	
3	34 (世尊)	頌古	단독	36	444 (趙州從諗)	頌古	
4	39 (華嚴經)	頌古	단독	37	445 (趙州從諗)	頌古	
5	62 (維摩)	頌古		38	456 (趙州從諗)	頌古	단독
6	94 (摩拏羅尊者)	頌古		39	495 (長沙景岑)	頌古	
7	107 (三祖)	頌古		40	499 (子湖利蹤)	頌古	
8	121 (南嶽懷讓)	頌古		41	508 (五臺秘魔嵓)	頌古	
9	122 (永嘉玄覺)	頌古		42	512 (鎭州普化)	頌古	
10	130 (南陽慧忠)	頌古		43	541 (石室善道)	頌古	
11	135 (南陽慧忠)	頌古		44	552 (金華俱胝)	頌古	
12	169 (馬祖道一)	頌古		45	555 (石霜慶諸)	頌古	

13	172 (石頭希遷)	頌古		46	558 (石霜慶諸)	頌古	
14	176 (終南山惟政)	頌古	단독	47	567 (仰山惠寂)	頌古	
15	178 (百丈懷海)	頌古		48	590 (靈雲志勤)	頌古	
16	189 (魯祖寶雲)	頌古		49	614 (臨濟義玄)	頌古	
17	238 (南泉普願)	頌古		50	617 (臨濟義玄)	頌古	
18	273 (洪州水潦)	頌古		51	637 (睦州陳尊宿)	頌古	
19	294 (浮盃和尙)	頌古		52	671 (德山宣鑒)	頌古	
20	302 (華林善覺)	頌古		53	686 (洞山良价)	頌古	
21	319 (龐居士)	頌古		54	747 (鳥窠道林)	頌古	
22	336 (藥山惟儼)	頌古		55	783 (雪峯義存)	頌古	
23	347 (長髭曠)	頌古		56	785 (雪峯義存)	頌古	
24	355 (潙山靈祐)	頌古		57	826 (巖頭全豁)	頌古	
25	356 (潙山靈祐)	頌古		58	829 (巖頭全豁)	頌古	
26	365 (潙山靈祐)	頌古		59	904 (龍牙居遁)	頌古	
27	389 (黃蘗希運)	頌古		60	914 (欽山文邃)	頌古	
28	403 (古靈神贊)	頌古	단독	61	923 (霍山景通)	頌古	
29	406 (趙州從諗)	頌古		62	970 (保福從展)	頌古	
30	412 (趙州從諗)	頌古 云		63	1107 (長慶慧稜)	頌古	단독
31	419 (趙州從諗)	頌古		64	1249 (風穴延昭)	頌古	
32	430 (趙州從諗)	頌古 代云		65	1459 (大宋皇帝)	頌古	
33	434 (趙州從諗)	頌古		66	1460 (大宋皇帝)	頌古	

〈표 III-32〉 『염송집』에 인용된 張商英의 착어 일람

번호	염송집 칙수 (조사)	착어	비고	번호	염송집 칙수 (조사)	착어	비고
1	2 (世尊)	頌古		25	347 (長髭曠)	頌古	『聯珠』
2	5 (世尊)	頌古		26	354 (潮州大顚)	頌古	
3	22 (世尊)	頌古		27	357 (潙山靈祐)	頌古	
4	27 (世尊)	頌古		28	374 (潙山靈祐)	頌古	『聯珠』
5	58 (金剛經)	頌古	『聯珠』	29	412 (趙州從諗)	頌古	『聯珠』
6	63 (維摩)	頌古		30	453 (趙州從諗)	頌古	『聯珠』
7	67 (堅意菩薩)	頌古		31	459 (趙州從諗)	頌古	
8	81 (迦葉)	頌古	『聯珠』	32	497 (長沙景岑)	頌古	

9	100 (達磨)	頌古	『聯珠』	33	505 (甘贄行者)	頌古	『聯珠』
10	103 (達磨)	頌古		34	508 (秘魔巖和尚)	頌古	
11	116 (崇嶽慧安)	頌古		35	607 (臨濟義玄)	頌古	『聯珠』
12	148 (清源行思)	頌古		36	633 (臨濟義玄)	頌古	『聯珠』
13	169 (馬祖道一)	頌古	『聯珠』	37	668 (德山宣鑒)	頌古	『聯珠』
14	181 (百丈懷海)	頌古	『聯珠』	38	672 (德山宣鑒)	頌古	『聯珠』
15	184 (百丈懷海)	頌古	『聯珠』	39	710 (夾山善會)	頌古	
16	193 (三角總印)	頌古		40	747 (鳥窠道林)	頌古	
17	203 (南泉普願)	頌古		41	758 (興化存獎)	頌古	
18	207 (南泉普願)	頌古		42	932 (九峯道虔)	頌古	『聯珠』
19	223 (南泉普願)	頌古		43	1016 (雲門文偃)	頌古	『聯珠』
20	231 (南泉普願)	頌古		44	1018 (雲門文偃)	頌古	『聯珠』
21	294 (浮盃和尚)	頌古		45	1230 (洞山守初)	頌古	『聯珠』
22	302 (華林善覺)	頌古		46	1251 (風穴延昭)	頌古	『聯珠』
23	321 (丹霞天然)	頌古	『聯珠』	47	1398 (黃龍慧南)	頌古	
24	335 (藥山惟儼)	頌古	『聯珠』	48	1449 (布袋和尚)	頌古	

〈표 III-33〉『염송집』에 인용된 本然居士의 착어 일람

번호	『염송집』칙수 (조사)	착어	비고	번호	『염송집』칙수 (조사)	착어	비고
1	16 (世尊)	頌古		12	439 (趙州從諗)	拈古	
2	32 (世尊)	頌古		13	513 (鎮州普化)	拈古	
3	161 (馬祖道一)	頌古		14	640 (睦州陳尊宿)	頌古	
4	181 (百丈懷海)	頌古		15	667 (德山宣鑒)	頌古	
5	182 (百丈懷海)	頌古		16	826 (巖頭全豁)	拈古	
6	207 (南泉普願)	頌古		17	870 (疎山光仁)	頌古	
7	276 (百丈惟政)	頌古		18	901 (龍牙居遁)	拈古	
8	322 (丹霞天然)	拈古		19	1012 (雲門文偃)	頌古	
9	357 (潙山靈祐)	頌古		20	1018 (雲門文偃)	頌古	
10	373 (潙山靈祐)	頌古		21	1041 (雲門文偃)	頌古	
11	408 (趙州從諗)	頌古		22	1230 (洞山守初)	頌古	

〈표 III-34〉 『염송집』에 인용된 李塦의 착어 일람

번호	『염송집』 칙수 (조사)	착어	비고	번호	『염송집』 칙수 (조사)	착어	비고
1	2 (世尊)	頌古		68	512 (鎭州普化)	頌古	
2	5 (世尊)	頌古		69	516 (鎭州普化)	頌古	단독
3	16 (世尊)	頌古		70	521 (雲巖曇晟)	頌古	
4	18 (世尊)	頌古		71	571 (仰山惠寂)	頌古	
5	29 (世尊)	頌古	단독	72	587 (仰山惠寂)	頌古	
6	30 (世尊)	頌古	단독	73	590 (靈雲志勤)	頌古	
7	32 (世尊)	頌古		74	594 (靈雲志勤)	頌古	
8	33 (世尊)	頌古		75	598 (香嚴智閑)	頌古	
9	35 (世尊)	頌古		76	600 (香嚴智閑)	頌古	
10	47 (圓覺經)	頌古		77	607 (臨濟義玄)	頌古	
11	50 (楞嚴經)	頌古		78	610 (臨濟義玄)	頌古	
12	57 (金剛經)	頌古		79	614 (臨濟義玄)	頌古	
13	68 (須菩提)	頌古		80	615 (臨濟義玄)	頌古	
14	72 (殃崛摩羅)	頌古		81	620 (臨濟義玄)	頌古	
15	73 (障蔽魔王)	頌古		82	630 (臨濟義玄)	頌古	
16	76 (賓頭盧尊者)	頌古		83	640 (睦州陳尊宿)	頌古	
17	81 (迦葉)	頌古		84	645 (睦州陳尊宿)	頌古	단독
18	91 (僧伽難提)	頌古		85	654 (睦州陳尊宿)	頌古	
19	97 (般若多羅)	頌古		86	680 (洞山良价)	頌古	
20	121 (南嶽懷讓)	頌古		87	685 (洞山良价)	頌古	
21	130 (南陽慧忠)	頌古		88	693 (洞山良价)	頌古	
22	148 (淸源行思)	頌古		89	715 (夾山善會)	頌古	
23	155 (崇山峻極)	頌古		90	723 (石梯和尙)	頌古	
24	156 (馬祖道一)	頌古		91	729 (投子大同)	頌古	
25	164 (馬祖道一)	頌古		92	746 (淸平令遵)	頌古	
26	181 (百丈懷海)	頌古		93	759 (興化存奬)	頌古	
27	184 (百丈懷海)	頌古		94	784 (雪峯義存)	頌古	
28	202 (鹽官齊安)	頌古		95	786 (雪峯義存)	頌古	
29	206 (南泉普願)	頌古		96	789 (雪峯義存)	頌古	
30	207 (南泉普願)	頌古		97	813 (雪峯義存)	頌古	
31	221 (南泉普願)	頌古		98	846 (大隋法眞)	頌古	

32	222 （南泉普願）	頌古		99	848 （大隨法眞）	頌古	
33	234 （南泉普願）	頌古		100	854 （靈樹如敏）	頌古	
34	244 （南泉普願）	頌古		101	855 （雲居道膺）	頌古	
35	248 （盤山寶積）	頌古		102	863 （雲居道膺）	頌古	
36	254 （盤山寶積）	頌古		103	869 （疎山光仁）	頌古	
37	255 （歸宗智常）	頌古		104	875 （疎山光仁）	頌古	
38	259 （歸宗智常）	頌古	단독	105	917 （越州乾峯）	頌古	
39	266 （大梅法常）	頌古		106	918 （越州乾峯）	頌古	
40	267 （大梅法常）	頌古		107	919 （越州乾峯）	頌古	
41	275 （百丈惟政）	頌古		108	987 （玄沙師備）	頌古	
42	276 （百丈惟政）	頌古		109	991 （玄沙師備）	頌古	
43	278 （石鞏慧藏）	頌古		110	992 （玄沙師備）	頌古	
44	281 （金牛和尙）	頌古		111	1005 （玄沙師備）	頌古	
45	294 （浮盃和尙）	頌古		112	1014 （雲門文偃）	頌古	
46	302 （華林善覺）	頌古		113	1106 （長慶慧稜）	頌古	
47	314 （龐居士）	頌古		114	1125 （鏡淸道怤）	頌古	
48	320 （丹霞天然）	頌古		115	1133 （孚上座）	頌古	
49	343 （藥山惟儼）	頌古		116	1135 （鼓山神晏）	頌古	
50	347 （長髭曠）	頌古		117	1164 （鎭州2世保壽）	頌古	
51	353 （潮州大顚）	頌古		118	1165 （西院思明）	頌古	
52	354 （潮州大顚）	頌古		119	1192 （芭蕉慧情）	頌古	
53	357 （潙山靈祐）	頌古		120	1230 （洞山守初）	頌古	
54	367 （潙山靈祐）	頌古		121	1249 （風穴延昭）	頌古	
55	371 （潙山靈祐）	頌古		122	1294 （法眼文益）	頌古	
56	390 （黃檗希運）	頌古		123	1306 （修山主）	頌古	
57	406 （趙州從諗）	頌古		124	1314 （淸溪洪進）	頌古	
58	412 （趙州從諗）	頌古		125	1320 （首山省念）	頌古	
59	417 （趙州從諗）	頌古		126	1336 （汾陽善昭）	頌古	
60	421 （趙州從諗）	頌古		127	1350 （天平從漪）	頌古	
61	429 （趙州從諗）	頌古		128	1367 （洞山曉聰）	頌古	단독
62	432 （趙州從諗）	頌古		129	1390 （大愚守芝）	頌古	
63	444 （趙州從諗）	頌古		130	1398 （黃龍慧南）	頌古	
64	476 （趙州從諗）	頌古		131	1427 （金陵寶誌）	頌古	

65	492（長沙景岑）	頌古		132	1431（傅大士）	頌古	
66	508（秘魔嵒）	頌古		133	1443（寒山）	頌古	
67	511（遂州良遂）	頌古		134	1460（大宋皇帝）	頌古	

4장 『禪門拈頌集』의 편찬과 臨濟宗의 선적

1. 초기 임제종[1] 어록의 수용과 영향

임제종은 동아시아 불교계에 가장 폭넓은 영향을 미쳤던 선종의 종파였다. 그러나 임제종의 개조로 불리는 臨濟義玄(?~886)의 시대에는 종파 의식이 나타나지 않았다. 唐의 말기에서 五代에 걸쳐 정치적, 사회적 혼란이 이어지고 있었으며 임제 문파는 그렇게 종세가 강하지 않았다. 임제의 문하인 興化存獎(830~888), 南院慧顒(860~930) 등이 활동하던 무렵에는 임제종이 부각되지도 못하였다.

이러한 사실은 후대에 임제종의 법통을 강조하기 위해 風穴延昭(896~973) 이후에 중점을 두어 법통을 제시하는 데에서 알 수 있다.[2]

---

1) 唐末에서 宋初에 걸쳐 임제의 법맥은 홍화존장-남원혜옹-풍혈연소-首山省念-汾陽善昭-石霜楚圓으로 이어졌다. 이후 黃龍慧南과 楊岐方會가 등장하여 각각 황룡파와 양기파로 분화, 발전하였다. 따라서 이 글에서 초기 임제종은 황룡파와 양기파로 분화되기 이전의 임제종을 가리킨다.

2) 柳田聖山, 「興化存獎の史傳とその語錄」, 『禪學研究』 48, 1958; 「臨濟栽松の話と風穴延昭の出生」, 『禪學研究』 51, 1961 참조.

따라서 풍혈 이후의 자료가 풍부한 것에 비해 그 이전의 대한 기록은 대단히 적다.3) 홍화존장, 남원혜옹 등이 활동하던 무렵에 침체되었던 임제종은 풍혈연소와 首山省念의 활약에 의해 부활하였다.

수산의 문하에는 분양선소(974~1024), 石門蘊聰(965~1032), 葉縣歸省(951~1036), 神鼎洪諲(생몰년 미상), 廣慧元璉(951~1036) 등이 배출되었다. 이들의 활약에 의해 임제종은 송대 선종계에서 점차 확산되어 갔다.4) 아울러 이들의 활동 지역이 주로 화중이므로 임제종이 서서히 중앙으로 확산되었다.5)

수산의 문파는 국가와 사대부의 외호 아래 서서히 확산되었다. 이러한 분위기는 정인도진이 신종의 칙명에 의해 智海寺와 慧林寺의 주지를 맡았고, 대위모철이 소성 원년(1094)에 지해사에 들어갔던 것에서 잘 드러난다.6)

초기 임제종의 계보에서는 분양선소의 문하에서 石霜楚圓(986~1039), 大愚守芝(생몰년 미상), 瑯琊慧覺(생몰년 미상) 등이 배출되었다. 대우수지의 문하에서 雲峯文悅(998~1062)이 대표적인 선승으로 출현하였지만, 석상초원의 문하에서 배출된 선승들이 임제종의 흐름을 주도하였다. 석상의 문하에서 황룡혜남, 양기방회, 道吾悟眞(생몰년 미상), 翠巖可眞(생몰년 미상), 蔣山贊元(?~1086) 등이 배출되었으며, 취암가진의 문하에는 대위모철이 활약하였다.

풍혈연소는 鏡淸道怤에게 나아가 배웠으나 깨닫지 못하였고, 이후 남원의 문하에서 법을 이었다. 그는 汝州(하남성) 風穴寺에서 주석하면서 많은 제자를 배출하였다.7) 그의 어록으로 『風穴衆吼集』이 있었으

---

3) 柳田聖山, 「南院慧顒」, 『禪學研究』 50, 1960 참조.
4) 柳田聖山, 「總說」, 『禪の文化』, 京都大學人文科學研究所, 1988 참조.
5) 阿部肇一, 『中國禪宗史の硏究』(增訂版), 硏文出版, 1986, 285~286쪽.
6) 柳田聖山, 『禪文獻の硏究』, 法藏館, 2006, 27쪽.
7) 풍혈의 전기는 『禪林僧寶傳』 권3에 실린 내용이 자세하다. 한편, 풍혈사의 간략한 사지는 佐佐木章格, 「汝州風穴寺と風穴延昭」, 『中國佛蹟見聞記』 10, 1990에 소개되어 있다.

나 현전하지 않으며, 『조정사원』 권6에 주석이 남아 있다. 『風穴禪師語錄』은 현재 『고존숙어록』 권7에 수록되어 있다. 이 어록은 풍혈의 略傳과 상당 어구 등을 모은 것으로 永樂 초년(1403 무렵)에 간행되었다.

분양선소는 70여 명의 선지식을 두루 찾아가 수행한 후에 수산성념의 문하에서 깨달음을 얻었다. 이후 그는 汾州大中寺 太子禪院에 머물면서 30년간 대중을 지도하였다. 그의 제자인 석상초원이 모은 『汾陽無德禪師語錄』이 남아 있다.[8]

분양선소의 송고인 先賢三百則은 송대 이후의 공안 비평의 선구를 이룬다. 분양선소가 만든 송고는 고인의 문답을 고칙으로 하고, 그 취지를 운문으로 검토하고 자신의 의견을 덧붙인 것이다. 곧 공안을 예로 들어 운문으로 해석하고 평론하는 것이다. 그의 분양송고는 어록 3권 가운데 卷中에 수록된 先賢一百則에 해당한다.

그가 송고백칙을 만든 동기는 『전등록』의 성립과 관련된다. 『전등록』이 上進된 경덕 원년(1004)에 그는 58세였는데, 『전등록』 권13에 자신의 이름과 상당어가 되어 있는 것을 보고 놀랐다고 한다. 그리하여 그는 入藏을 축하하는 찬을 짓고 서를 썼다.[9] 분양 송고의 출처는 『조당집』, 『조주록』, 『운문광록』, 『전등록』 등을 참조한 것으로 짐작된다.

석상초원은 분양선소의 문하에서 깨달음을 얻었으며, 7년간 분양을 모셨다가 承天智嵩에게 나아갔다. 그는 승천의 추천으로 楊億과 만나 교유하였다. 이후 筠州 洞山에서 수좌가 되었고, 양억의 도움을 받아 南原에서 3년간 주지를 하였다. 또한 그는 石霜山 崇勝寺 등에 머물면서 닝아혜긱, 이준욱 등과 교유하였다.

석문온총은 처음 법안종의 百丈道常에게 배웠다가, 汝州의 수산성

---

8) 景德傳燈錄研究會 編, 『景德傳燈錄』 5, 禪文化研究所, 2013, 135~136쪽.
9) 『汾陽無德禪師語錄』 卷上(T47-603a).

넘에게 나아가 3년간 수행하였다. 이후 그는 大陽警玄, 智門師戒 등을 거쳐 석문산에 이르렀다. 그의 어록은 석문산에서 상당한 법어를 모은 『石門山慈照禪師鳳巖集』이 있으며, 『고존숙어요』에 『石門蘊聰語錄』으로 수록되어 있다.

浮山法遠(991~1076)은 후한 班固(32~92)의 九流를 본받아 널리 불조의 教義를 찾고 先德의 機語를 모아 浮山九帶를 지었다.[10] 구대는 1 佛正法眼帶, 2 佛法藏帶, 3 理貫帶, 4 事貫帶, 5 理事縱橫帶, 6 屈曲帶, 7 妙挾兼帶, 8 金鍼雙鎖帶, 9 平懷常實帶 등이다.[11]

불국유백의 저작은 『佛國禪師文殊指南圖贊』, 八牛圖頌 등이 있었다. 전자는 장상영의 서가 있고, 『화엄경』 입법계품에 기반하여 선재동자의 남순 이야기를 54매의 그림과 찬으로 보인 것으로 초심자를 위한 책이다. 후자는 普明의 『牧牛圖頌』, 廓庵의 『十牛圖頌』에 선행한 선불교의 입문서이다.[12]

이상에서 초기 임제종의 흐름과 어록이 어떻게 편찬되었는지를 간략하게 살펴보았다. 초기 임제종의 어록이 고려 선종계에 어떻게 수용되었는지에 대해서는 관련 기록이 거의 남아 있지 않아 구체적인 상황을 알 수 없다. 그런데 『염송집』에는 초기 임제종 선승들의 착어가 적지 않게 수록되어 있어 고려 선종계에 미친 사상적인 영향을 살펴볼 수 있다. 이에 대해 검토하기 위해 『염송집』에 인용된 초기 임제종 선승들의 착어를 조사, 분석하여 뒤의 표와 같이 정리하였다. 그 결과 다음과 같은 내용을 알 수 있게 되었다.

먼저, 착어 인용 횟수는 해인초신(132), 낭야혜각(87), 대위모철(71), 대우수지(51), 운봉문열(49), 장산찬원(21), 향산온량(16), 부산법원(15), 분양선소(13), 신정홍인(11), 도오오진(11), 수산성념(5), 석문온

---

10) 石井修道, 「浮山法遠の人と思想」, 『禪文化研究所紀要』 24, 1998 참조.

11) 『宏智禪師廣錄』 권5(T48-63c~64a).

12) 椎名宏雄, 「『佛國禪師文殊指南圖贊』の諸本」, 『華嚴學論集』, 大藏出版, 1998 참조.

총(5), 도천야부(5),13) 법화전거(4) 등의 순이다.

다음으로 착어의 내용을 살펴보면 다음과 같다. 〈표 IV-1〉에서 수산성념의 착어는 염고 3회, 송고 2회, 상당 1회이다. 〈표 IV-2〉에서 분양선소의 착어는 송고 7회, 代 4회, 염고 3회, 別 1회 등이다. 〈표 IV-3〉에서 신정홍인의 착어는 염고 4회, 송고 6회, 소참 1회, 운 1회이다. 〈표 IV-4〉에서 대우수지의 착어는 염고 48회, 송고 2회, 상당 2회, 시중 1회이다.

〈표 IV-5〉에서 낭야혜각의 착어는 염고 54회, 운 11회, 송고 9회, 상당 15회, 시중 1회 등이다. 〈표 IV-6〉에서 부산법원의 착어는 염고 3회, 운 4회, 송고 7회, 상당 1회 등이다. 〈표 IV-7〉에서 석상초원의 착어는 송고 3회, 상당 1회 문 1회 등이다. 〈표 IV-8〉에서 운봉문열의 착어는 염고 27회, 운 10회, 송고 11회, 상당 2, 문답 1회 등이다. 〈표 IV-9〉에서 도오오진의 착어는 송고 7회, 염고 1회, 운 1회, 상당 2회 등이다. 〈표 IV-10〉에서 향산온량의 착어는 상당 10회, 대운 3회, 송고 2회, 운 1회, 원상 1회 등이다.

〈표 IV-11〉에서 취암가진의 착어는 염고 10회, 운 2회 송고 1회 등이다. 〈표 IV-12〉에서 장산찬원의 착어는 상당 13회, 송고 4회, 운 4회, 청익 1회 등이다. 〈표 IV-13〉에서 해인초신의 착어는 송고 109회, 상당 22회, 염고 16회, 운 1회, 소참 1회 등이다. 〈표 IV-13〉에서 대위모철의 착어는 염고 58회, 운 10회, 송고 4회, 시중 1회 등이다.

이상에서 분석한 결과를 통해 초기 임제종의 착어는 다양하지만 대체로 염고의 비중이 크다. 송대 선종계에서 송고의 비중이 커지게 된 것은 설두중현이 송고백칙을 제시한 이후이기 때문에 북송 초기의 임제종에서는 송고보다 염고가 유행하였던 것으로 보인다.

아울러 이러한 경향과 관련하여 송고의 시초라 할 수 있는 분양선

---

13) 『염송집』 54, 55, 56, 57, 58칙에 착어가 인용되어 있다.

소의 송고가 7회 인용되는 데에 그칠 정도로『염송집』에는 특별히 중
시되지 않는다. 그와 관련된 사실을 밝힌 것이 없기 때문에 무어라 단
정할 수 없지만, 적어도 수선사에서 임제종의 법통을 의식하지 않았
고, 송고의 경우 설두송고를 기본적으로 중시하였기 때문이 아닌가
생각된다.

한편, 초기 임제종의 선승 가운데 석문온총, 부산법원, 향산온량,
취암가진,[14] 장산찬원, 해인초신, 대위모철[15] 등의 어록은 현전하지
않는다. 따라서『염송집』에 인용된 이들의 착어는 逸書 자료의 가치
를 갖고 있다.[16] 이러한 착어는 초기 임제종의 어록을 상당수 복원할
수 있으므로 초기 임제종의 흐름과 선을 연구하는 기초 자료이다.

〈표 IV-1〉『염송집』에 인용된 首山省念의 착어 일람

번호	『염송집』칙수 (고칙 조사)	착어	출전	비고
1	65 (文殊)	拈古		『統要』
2	278 (石鞏慧藏)	拈古		『統要』
3	371 (潙山靈祐)	拈古		『統要』
4	590 (靈雲志勤)	頌古 頌古	『首山錄』24쪽(『古』74b) X68-51c24	『聯珠』
5	761 (興化存獎)	上堂擧云	『古』8, X68-48c6	

---

14) 『翠巖眞禪師語錄』은 黃庭堅이 쓴 서문이 『予章黃先生文集』에 수록되어 있다. 또한 취암
   어록의 발췌본이 『續古尊宿語要』권1에 수록되어 있다. 石井修道, 위의 글, 117쪽.

15) 『大潙喆禪師語錄』은 黃庭堅이 쓴 서문이 남아 있다. 石井修道, 위의 글, 117~118쪽.

16) 초기 임제종의 일서는 낭야혜각의 문하인 東山居實의 『東山長老語錄』(3권), 섭현귀성의
   제자인 石門守進의 『石門進禪師語錄』, 도오오진의 제자인 智燈의 『燈禪師語錄』(2권), 대
   위모철-普融道平의 문하인 智京의 『智京語錄』등이 확인되지만, 『염송집』에 인용되지
   않았다. 石井修道, 「宋代禪籍逸書序跋考(二)」, 『駒澤大學佛敎學部論集』9, 1978, 115~118
   쪽 참조.

〈표 IV-2〉『염송집』에 인용된 汾陽善昭의 착어 일람

번호	『염송집』 칙수 (조사)	착어	출전	비고
1	81 (迦葉)	拈古	『汾陽錄』2, T47-616a8	
2	95 (師子尊者)	別云	『汾陽錄』2, T47-616c1	
3	97 (般若多羅)	拈古	『汾陽錄』2, T47-616c5	
4	181 (馬祖道一)	頌古 拈古	『汾陽錄』2, T47-608a3	『統要』
5	323 (丹霞天然)	代云	『汾陽錄』2, T47-617b18	
6	402 (大慈寰中)	代云	『汾陽錄』2, T47-617c24	
7	421 (趙州從諗)	頌古	『汾陽錄』2, T47-610c14	
8	511 (遂州良遂)	頌古	『汾陽錄』2, T47-613a10	
9	600 (香嚴智閑)	頌古	『汾陽錄』2, T47-613b28	
10	631 (臨濟義玄)	頌古	『汾陽錄』1, T47-597b7	
11	784 (雪峯義存)	頌古	『汾陽錄』2, T47-613a15	
12	985 (玄沙師備)	頌古	『汾陽錄』2, T47-611c12	
13	1059 (雲門文偃)	代云	『汾陽錄』2, T47-617c10	『統要』

〈표 IV-3〉『염송집』에 인용된 石門蘊聰의 착어 일람

번호	『염송집』 칙수 (조사)	착어	비고	번호	『염송집』 칙수 (조사)	착어	비고
1	181 (百丈懷海)	云	『統要』	4	646 (睦州陳尊宿)	云	
2	380 (溈山靈祐)	拈古		5	894 (龍牙居遁)	拈古	『統要』
3	512 (鎭州普化)	云					

〈표 IV-4〉『염송집』에 인용된 神鼎洪諲의 착어 일람

번호	『염송집』 칙수 (조사)	착어	출전	비고
1	142 (南陽慧忠)	拈古	『神』8~9쪽(『古』92bc)	『統要』
2	146 (南陽慧忠)	拈古	『神』7쪽(『古』91d)	
3	211 (南泉普願)	頌古	『神』6쪽(『古』91a)	『聯珠』
4	230 (南泉普願)	拈古	『神』9쪽(『古』92d)	
5	375 (溈山靈祐)	頌古	『神』5쪽(『古』90d)	
6	499 (子湖利蹤)	小參 云	『神』5쪽(『古』90cd)	
7	590 (靈雲志勤)	頌古	『神』15쪽(『古』95c)	『聯珠』
8	900 (龍牙居遁)	頌古	『神』7쪽(『古』91d)	

9	1320 (首山省念)	頌古 頌古	『神』14쪽(『古』95b)		『聯珠』
10	1324 (首山省念)	擧云	『禪林僧寶傳』14(X79-520)		단독
11	1329 (首山省念)	拈古	『神』7쪽(『古』91c)		

〈표 IV-5〉『염송집』에 인용된 法華全擧의 착어 일람

번호	『염송집』칙수 (조사)	착어	출전	비고
1	219 (南泉普願)	上堂云		
2	410 (趙州從諗)	上堂頌古	『法華語要』6~7쪽(『古』119bc)	
3	590 (靈雲志勤)	曰		大愚守芝 문답
4	896 (龍牙居遁)	小參 云	『法華語要』9쪽(『古』120d)	

〈표 IV-6〉『염송집』에 인용된 大愚守芝의 착어 일람

번호	『염송집』칙수 (조사)	착어	출전	비고
1	14 (世尊)	拈古	『守』5쪽(『古』129a)	『統要』
2	16 (世尊)	拈古	『守』4쪽(『古』128d)	『統要』
3	81 (迦葉)	拈古	『守』4~5쪽(『古』128d)	『統要』
4	88 (脇尊者)	拈古	『守』5쪽(『古』129a)	『統要』
5	95 (師子尊者)	拈古	『守』5쪽(『古』129b)	『統要』
6	101 (達磨)	拈古	『守』14쪽(『古』133c)	『統要』
7	112 (六祖慧能)	拈古	『守』13쪽(『古』133a)	『統要』
8	149 (淸源行思)	拈古	『守』6쪽(『古』129d)	『統要』
9	151 (淸源行思)	拈古	『守』6쪽(『古』129c)	『統要』
10	188 (魯祖寶雲)	拈古 拈古	『守』8쪽(『古』130d) 『守』14쪽(『古』133c)	『統要』 약간 차이
11	207 (南泉普願)	拈古	『守』12쪽(『古』132d)	『統要』
12	208 (南泉普願)	拈古	『守』11쪽(『古』132b)	『統要』
13	228 (南泉普願)	拈古	『守』13쪽(『古』133b)	원문 此二人, 『統要』
14	235 (南泉普願)	示衆云	『守』3쪽(『古』128b)	원문 上堂云
15	268 (大梅法常)	拈古	X68-259b	『統要』
16	277 (石鞏慧藏)	拈古	『守』10쪽(『古』131d)	『統要』
17	280 (中邑洪恩)	拈古	『守』14쪽(『古』133c)	
18	293 (五洩靈黙)	拈古	『守』6쪽(『古』129d)	『統要』

19	305 (鄧隱峯)	拈古	『守』8쪽(『古』130d)	『統要』
20	326 (藥山惟儼)	拈古	『守』7쪽(『古』130b)	『統要』
21	333 (藥山惟儼)	拈古	『守』7쪽(『古』130a)	『統要』
22	339 (藥山惟儼)	拈古	『守』15쪽(『古』134b)	
23	369 (潙山靈祐)	拈古	『守』12쪽(『古』132d)	
24	399 (大慈寰中)	拈古	『守』8쪽(『古』130c)	
25	417 (趙州從諗)	拈古	『守』13쪽(『古』133a)	『統要』
26	440 (趙州從諗)	拈古	『守』15쪽(『古』134b)	
27	500 (子湖利蹤)	拈古	『守』13쪽(『古』133b)	『統要』
28	508 (五臺秘魔嵓)	拈古	『守』14쪽(『古』133d)	
29	527 (道吾宗智)	拈古	『守』7쪽(『古』130b)	
30	579 (仰山惠寂)	拈古	『守』14쪽(『古』133d)	
31	600 (香嚴智閑)	拈古	『守』11쪽(『古』132a)	『統要』
32	618 (臨濟義玄)	拈古	『守』9쪽(『古』131b)	『統要』
33	660 (烏石靈觀)	拈古	『守』8쪽(『古』130c)	『統要』
34	667 (德山宣鑒)	拈古	『守』16쪽(『古』134c)	
35	670 (德山宣鑒)	拈古	『守』10쪽(『古』131c)	
36	672 (德山宣鑒)	上堂云	『守』3쪽(『古』128bc)	
37	689 (洞山良价)	拈古	『守』9쪽(『古』131a)	
38	756 (興化存獎)	拈古	『守』9쪽(『古』131a)	『統要』
39	770 (幽州譚空)	拈古	『守』7쪽(『古』130a)	『統要』
40	894 (龍牙居遁)	拈古	『守』11쪽(『古』132b)	『統要』
41	896 (龍牙居遁)	拈古	『守』12쪽(『古』132c)	『統要』
42	923 (霍山景通)	拈古	『守』10쪽(『古』131d)	
43	985 (玄沙師備)	拈古	『守』11쪽(『古』132a)	『統要』
44	998 (玄沙師備)	拈古	『守』11쪽(『古』132a)	『統要』
45	1024 (雲門文偃)	頌古		『聯珠』
46	1128 (翠巖令參)	拈古 上堂云	『守』2쪽(『古』127b) 『守』3쪽(『古』128a)	『統要』
47	1230 (洞山守初)	頌古		『聯珠』
48	1359 (淸涼泰欽)	拈古	『守』2쪽(『古』127c)	『統要』
49	1431 (傅大士)	拈古	『守』5쪽(『古』129b)	『統要』
50	1434 (南嶽慧思)	拈古	『守』5쪽(『古』129b)	『統要』
51	1436 (文殊)	拈古	『守』15쪽(『古』134a)	

〈표 Ⅳ-7〉『염송집』에 인용된 瑯琊慧覺의 착어 일람

번호	『염송집』 칙수 (조사)	착어	출전	비고
1	2 (世尊)	拈古	『瑯』(X68-318b)	『統要』
2	16 (世尊)	拈古	『瑯』(X68-317b)	『統要』
3	55 (金剛經)	上堂云	『瑯』(X68-311ab)	
4	62 (維摩)	拈古	『瑯』(X68-319c)	『統要』
5	65 (文殊)	拈古		『統要』
6	78 (小乘毗沙論)	拈古	『瑯』(X68-319b)	
7	90 (龍樹)	頌古		『正法』, 『聯珠』
8	95 (師子尊者)	拈古		『統要』
9	105 (二祖慧可)	云		『統要』
10	110 (六祖慧能)	頌古	『聯珠』 514a	
11	160 (馬祖道一)	上堂云	『瑯』(X68-311c)	
12	162 (馬祖道一)	拈古	『瑯』(X68-320c)	
13	186 (百丈懷海)	拈古	『瑯』(X68-319b)	
14	188 (魯祖寶雲)	上堂	『瑯』(X68-313b)	상당 전체 인용
15	210 (南泉普願)	拈古	『瑯』(X68-320c)	
16	219 (南泉普願)	云		『統要』, 『연등』
17	249 (盤山寶積)	云		『統要』, 『연등』, 『正法』
18	273 (洪州水潦)	拈古	『瑯』(X68-320c)	
19	280 (中邑洪恩)	拈古		『統要』
20	326 (藥山惟儼)	拈古		『統要』
21	342 (藥山惟儼)	拈古	『瑯』(X68-319a)	
22	357 (潙山靈祐)	示衆云 上堂云	『瑯』(X68-312a)	『正法』, 『연등』
23	369 (潙山靈祐)	上堂	『瑯』(X68-315b)	
24	371 (潙山靈祐)	拈古 云		『연등』 『統要』
25	395 (黃蘗希運)	拈古	『瑯』(X68-319b)	
26	396 (黃蘗希運)	拈古	『瑯』(X68-318c)	
27	412 (趙州從諗)	拈古		『統要』, 『연등』
28	421 (趙州從諗)	頌古		『正法』, 『聯珠』
29	424 (趙州從諗)	拈古	『瑯』(X68-319a)	
30	439 (趙州從諗)	拈古	『瑯』(X68-317c)	염송 간략 인용

31	460 (趙州從諗)	拈古	『瑯』(X68-318c)	고칙 염송 생략
32	465 (趙州從諗)	拈古	『瑯』(X68-319a)	
33	479 (趙州從諗)	拈古		『연등』
34	489 (長沙景岑)	拈古		『統要』, 『연등』
35	497 (長沙景岑)	上堂云	『瑯』(X68-313c)	염송 고칙, 운 구분
36	552 (金華俱胝)	頌古		『正法』
37	555 (石霜慶諸)	拈古	『瑯』(X68-320b)	
38	558 (石霜慶諸)	拈古	『瑯』(X68-319c)	『統要』
39	567 (仰山惠寂)	上堂云	『瑯』(X68-315a)	
40	572 (仰山惠寂)	拈古	『瑯』(X68-317b)	
41	598 (香嚴智閑)	拈古		『統要』
42	599 (香嚴智閑)	上堂	『瑯』(X68-317a)	
43	617 (臨濟義玄)	拈古	『瑯』(X68-318c)	
44	619 (臨濟義玄)	拈古	『瑯』(X68-319c)	
45	626 (臨濟義玄)	拈古	『瑯』(X68-317c)	
46	631 (臨濟義玄)	上堂	『瑯』(X68-312b)	『正法』
47	646 (睦州道蹤)	拈古	『瑯』(X68-318b)	
48	667 (德山宣鑒)	拈古		『統要』
49	676 (德山宣鑒)	拈古		
50	695 (洞山良价)	拈古	『瑯』(X68-320b)	『統要』
51	715 (夾山善會)	拈古	『瑯』(X68-317c)	『統要』
52	746 (清平令遵)	頌古 上堂云	『정법』583c~584a 『瑯』(X68-315c)	
53	750 (鎭州保壽)	拈古	『瑯』(X68-320b)	
54	761 (興化存獎)	拈古		『연등』
55	766 (定州善崔)	拈古	『瑯』(X68-317c)	
56	773 (虎溪庵主)	頌古	『瑯』(X68-316a)	
57	775 (桐峰庵主)	拈古	『瑯』(X68-321a)	
58	796 (雪峯義存)	拈古	『瑯』(X68-321a)	
59	799 (雪峯義存)	上堂	『瑯』(X68-313a)	
60	806 (雪峯義存)	拈古		『연등』
61	826 (巖頭全豁)	拈古	『瑯』(X68-318a)	
62	830 (巖頭全豁)	云	『瑯』(X68-319b)	
63	838 (巖頭全豁)	拈古	『瑯』(X68-319b)	

64	853 (靈樹如敏)	頌古	『瑯』(X68-315a)	細註 『瑯』에서 인용 『聯珠』
65	855 (雲居道膺)	拈古	『瑯』(X68-319a)	
66	888 (曹山本寂)	上堂云	『瑯』(X68-313b)	
67	889 (曹山本寂)	拈古	『瑯』(X68-318b)	
68	917 (越州乾峯)	拈古	『瑯』(X68-319a)	
69	1099 (雲門文偃)	云		『統要』, 『연등』
70	1119 (鏡淸道怤)	云	『瑯』(X68-317c)	
71	1123 (鏡淸道怤)	拈古	『瑯』(X68-320c)	
72	1137 (鼓山神晏)	拈古	『瑯』(X68-317c)	
73	1164 (鎭州2世保壽)	拈古	『瑯』(X68-318a)	
74	1175 (同安常察)	拈古	『瑯』(X68-320a)	
75	1176 (同安常察)	上堂	『瑯』(X68-316a)	
76	1211 (安國慧球)	云		『統要』
77	1230 (洞山守初)	頌古		『聯珠』, 『正法』
78	1249 (風穴延昭)	拈古		『統要』
79	1253 (風穴延昭)	上堂擧云	『瑯』(X68-313ab)	細註 『瑯』에서 인용
80	1268 (梁山緣觀)	云	『瑯』(X68-316a)	내용 차이
81	1336 (汾陽善昭)	頌古	『瑯』(X68-314b)	
82	1337 (汾陽善昭)	拈古	『瑯』(X68-312a)	
83	1338 (汾陽善昭)	上堂云	『瑯』(X68-311a)	
84	1361 (報慈玄覺)	云		『統要』, 『연등』
85	1434 (南嶽慧思)	拈古		『統要』
86	1437 (文殊)	拈古	『瑯』(X68-320b)	『統要』
87	1452 (老宿)	云		『統要』, 『연등』

〈표 Ⅳ-8〉 『염송집』에 인용된 浮山法遠의 착어 일람

번호	『염송집』 칙수 (조사)	착어	비고	번호	『염송집』 칙수 (조사)	착어	비고
1	101 (達磨)	云		9	751 (三聖慧然)	拈古	
2	235 (南泉普願)	擧云		10	833 (巖頭全豁)	上堂擧云	
3	407 (趙州從諗)	云		11	870 (疎山光仁)	拈古	『統要』
4	412 (趙州從諗)	頌古	『聯珠』	12	1016 (雲門文偃)	頌古	頌古 10首 『聯珠』
5	421 (趙州從諗)	頌古	『聯珠』	13	1230 (洞山守初)	頌古	송고 3수

							『聯珠』
6	590 (靈雲志勤)	頌古	『聯珠』	14	1251 (風穴延昭)	頌古	『聯珠』
7	616 (臨濟義玄)	頌古	『聯珠』	15	1328 (首山省念)	擧云	
8	715 (夾山善會)	拈古	『統要』				

〈표 IV-9〉『염송집』에 인용된 石霜楚圓의 착어 일람

번호	『염송집』 칙수 (조사)	착어	비고
1	412 (趙州從諗)	頌古	『聯珠』
2	616 (臨濟義玄)	頌古	『聯珠』
3	1022 (雲門文偃)	頌古	『聯珠』, 『자』 X69-196b, 『고』 68-68b
4	1229 (洞山守初)	問黃龍	『聯燈』, 『僧寶傳』, 『보등』
5	1323 (首山省念)	上堂擧云	『자』 187b10, 『인천안목』, 『광등록』, 『연등』, 『승보전』

〈표 IV-10〉『염송집』에 인용된 雲峯文悅의 착어 일람[17)]

번호	『염송집』 칙수 (조사)	착어	출전	비고
1	1 (世尊)	上堂云	『次住法輪』 20쪽(『古』 145a)	
2	2 (世尊)	拈古	『初住翠巖』 6쪽(『古』 138b)	『統要』
3	14 (世尊)	拈古	『後住雲峯』 33쪽(『古』 151c)	『統要』
4	36 (世尊)	拈古	『後住雲峯』 34쪽(『古』 152a)	『統要』
5	70 (舍利佛)	云	『後住雲峯』 30쪽(『古』 150a)	
6	93 (婆修盤頭)	云	『後住雲峯』 27쪽(『古』 148c)	
7	203 (南泉普願)	拈古	『後住雲峯』 34쪽(『古』 152b)	
8	206 (南泉普願)	拈古	『後住雲峯』 33쪽(『古』 151d)	
9	217 (南泉普願)	拈古	『後住雲峯』 31쪽(『古』 150c)	
10	252 (盤山寶積)	拈古	『後住雲峯』 29쪽(『古』 149c)	
11	293 (五洩靈黙)	拈古	『後住雲峯』 30쪽(『古』 150a)	내용 차이, 『統要』
12	388 (黃蘗希運)	拈古	『後住雲峯』 25쪽(『古』 147d)	
13	391 (黃蘗希運)	拈古	『後住雲峯』 26~27쪽(『古』 148b)	『統要』
14	407 (趙州從諗)	頌古	『偈頌』 40쪽(『古』 155a)	
15	408 (趙州從諗)	問答	『後住雲峯』 35쪽(『古』 152d)	

---

17) 『初住翠巖語錄』은 『初住翠巖』, 『次住法輪語錄』은 『次住法輪』, 『後住雲峯語錄』은 『後住雲
峯』으로 각각 표기하였다.

16	411 (趙州從諗)	頌古	『偈頌』40쪽(『古』155b)	『聯珠』
17	412 (趙州從諗)	頌古	『偈頌』40쪽(『古』155b)	『聯珠』
18	421 (趙州從諗)	頌古 頌古	『偈頌』40쪽(『古』155a)	『聯珠』
19	429 (趙州從諗)	拈古	『後住雲峯』26쪽(『古』148a)	『統要』
20	590 (靈雲志勤)	頌古	『偈頌』40쪽(『古』155a)	『聯珠』
21	625 (臨濟義玄)	拈古	『初住翠巖』1쪽(『古』135d)	『統要』
22	638 (睦州道蹤)	拈古 云	『後住雲峯』33쪽(『古』151c) 『後住雲峯』29쪽(『古』149d)	『統要』
23	640 (睦州道蹤)	云	『後住雲峯』29쪽(『古』149c)	
24	647 (睦州道蹤)	拈古		『統要』
25	664 (德山宣鑒)	云	『後住雲峯』35쪽(『古』152c)	『統要』
26	716 (夾山善會)	上堂云	『後住雲峯』34쪽(『古』152a)	
27	756 (興化存獎)	拈古	『後住雲峯』32쪽(『古』151b)	『統要』
28	788 (雪峯義存)	拈古	『後住雲峯』26쪽(『古』148b)	내용 차이 『統要』
29	899 (龍牙居通)	拈古	『次住法輪』21쪽(『古』145d)	
30	986 (玄沙師備)	拈古	『後住雲峯』26쪽(『古』148a)	
31	1016 (雲門文偃)	頌古 頌古	『偈頌』41쪽(『古』155c) 『偈頌』41쪽(『古』155c)	
32	1022 (雲門文偃)	頌古	『偈頌』40~41쪽(『古』155b)	『聯珠』
33	1044 (雲門文偃)	拈古	『後住雲峯』27쪽(『古』148c)	
34	1052 (雲門文偃)	云	『次住法輪』20쪽(『古』145b)	
35	1156 (南院慧顒)	拈古	『後住雲峯』33쪽(『古』151d)	『統要』
36	1164 (鎭州2世保壽)	拈古	『後住雲峯』32쪽(『古』151a)	
37	1203 (木平善道)	拈古	『後住雲峯』30쪽(『古』150b)	
38	1207 (羅漢桂琛)	拈古	『後住雲峯』32쪽(『古』151b)	
39	1224 (香林澄遠)	云	『後住雲峯』36쪽(『古』153a)	
40	1230 (洞山守初)	頌古	『偈頌』41쪽(『古』155c)	『聯珠』
41	1250 (風穴延昭)	頌古	『偈頌』40쪽(『古』155b)	『聯珠』
42	1283 (智門光祚)	云	『後住雲峯』35쪽(『古』152d)	
43	1295 (法眼文益)	拈古	『後住雲峯』31쪽(『古』150c)	『統要』
44	1301 (法眼文益)	拈古	『後住雲峯』24쪽(『古』147a)	
45	1336 (汾陽善昭)	云	『後住雲峯』27쪽(『古』148c)	『統要』

46	1343 (葉縣歸省)	云	『後住雲峯』31쪽(『古』150c)	『統要』
47	1347 (石門蘊聰)	頌古	『偈頌』40쪽(『古』155b)	
48	1355 (雪竇重顯)	拈古	『後住雲峯』33쪽(『古』151c)	『統要』
49	1359 (清凉泰欽)	拈古	『後住雲峯』35쪽(『古』147c)	『統要』

〈표 IV-11〉『염송집』에 인용된 道吾悟眞의 착어 일람

번호	『염송집』 칙수 (조사)	착어	출전	비고
1	16 (世尊)	云		『統要』
2	375 (潙山靈祐)	頌古	『道』9쪽(『古』170d)	
3	421 (趙州從諗)	頌古	『道』10쪽(『古』171a)	
4	590 (靈雲志勤)	頌古	『道』10쪽(『古』171b)	
5	698 (洞山良价)	上堂云	『道』2쪽(『古』167a)	
6	846 (大隨法眞)	上堂云	『道』6쪽(『古』169a)	
7	863 (雲居道膺)	頌古	『道』10쪽(『古』171a)	
8	998 (玄沙師備)	拈古		『統要』, 『正法』
9	1016 (雲門文偃)	頌古	『道』9쪽(『古』170d)	『聯珠』
10	1230 (洞山守初)	頌古	『道』10쪽(『古』171a)	『聯珠』
11	1320 (首山省念)	頌古	『道』2쪽(『古』167b)	『聯珠』

〈표 IV-12〉『염송집』에 인용된 香山蘊良의 착어 일람표

번호	『염송집』 칙수 (조사)	착어	비고	번호	『염송집』 칙수 (조사)	착어	비고
1	112 (六祖慧能)	上堂擧云 圓相		9	635 (臨濟義玄)	室中代云	
2	115 (六祖慧能)	頌古		10	746 (清平令遵)	擧云	
3	159 (馬祖)	上堂擧云		11	758 (興化存獎)	上堂擧云	
4	164 (馬祖)	上堂擧云		12	784 (雪峯義存)	頌古	
5	169 (馬祖)	上堂擧云		13	880 (曹山本寂)	上堂擧云	
6	255 (歸宗智常)	上堂擧云		14	1016 (雲門文偃)	上堂擧云	
7	514 (鎭州普化)	上堂擧云		15	1022 (雲門文偃)	代云	
8	607 (臨濟義玄)	代云		16	1052 (雲門文偃)	上堂擧云	

〈표 Ⅳ-13〉『염송집』에 인용된 翠巖可眞의 착어 일람

번호	『염송집』 칙수 (조사)	착어	비고	번호	『염송집』 칙수 (조사)	착어	비고
1	8 (世尊)	拈古	『統要』	8	390 (黃蘗希運)	拈古	『統要』
2	16 (世尊)	云	『統要』	9	506 (池州甘贄)	拈古	『統要』
3	17 (世尊)	拈古	『統要』	10	668 (德山宣鑒)	拈古	
4	32 (世尊)	問答		11	900 (龍牙居遁)	拈古	
5	76 (賓頭盧尊者)	拈古	『統要』	12	1157 (南院慧顒)	拈古	『統要』
6	157 (馬祖)	拈古	『統要』	13	1222 (巴陵顯鑑)	擧云	
7	222 (南泉普願)	拈古	『統要』	14	1436 (文殊)	頌古	

〈표 Ⅳ-14〉『염송집』에 인용된 蔣山贊元의 착어 일람

번호	『염송집』 칙수 (조사)	착어	비고	번호	『염송집』 칙수 (조사)	착어	비고
1	2 (世尊)	上堂云		12	598 (香嚴智閑)	上堂擧云	
2	42 (涅槃經)	擧云	단독	13	676 (德山宣鑒)	上堂擧云	
3	43 (涅槃經)	擧云	단독	14	784 (雪峯義存)	上堂擧云	
4	114 (六祖慧能)	擧云	단독	15	1030 (雲門文偃)	頌古	
5	325 (藥山惟儼)	擧云		16	1192 (芭蕉慧淸)	上堂擧云	
6	339 (藥山惟儼)	上堂擧云		17	1298 (法眼文益)	上堂云	
7	412 (趙州從諗)	頌古		18	1313 (修山主)	上堂擧云	
8	425 (趙州從諗)	上堂云		19	1336 (汾陽善昭)	上堂擧云	
9	437 (趙州從諗)	上堂擧云		20	1433 (杜順和尙)	頌古	
10	474 (趙州從諗)	上堂擧云		21	1441 (璘瓚)	上堂擧云	
11	590 (靈雲志勤)	頌古					

〈표 Ⅳ-15〉『염송집』에 인용된 海印超信의 착어 일람

번호	『염송집』 칙수 (조사)	착어	비고	번호	『염송집』 칙수 (조사)	착어	비고
1	1 (世尊)	上堂云		67	625 (臨濟義玄)	拈古	
2	2 (世尊)	頌古 上堂云		68	627 (臨濟義玄)	頌古	
3	4 (世尊)	頌古		69	632 (臨濟義玄)	頌古	『聯珠』
4	5 (世尊)	頌古 小參云		70	635 (臨濟義玄)	頌古	
5	6 (世尊)	頌古	『聯珠』	71	638 (睦州道蹤)	頌古	

6	31 (世尊)	頌古		72	640 (睦州道蹤)	頌古	『聯珠』
7	33 (世尊)	拈古		73	646 (睦州道蹤)	頌古 拈古	
8	37 (世尊)	頌古		74	651 (睦州道蹤)	頌古	
9	50 (楞嚴經)	頌古	『聯珠』	75	665 (德山宣鑒)	頌古	
10	61 (文殊菩薩所說般若經)	頌古		76	666 (德山宣鑒)	頌古	
11	81 (迦葉)	頌古		77	667 (德山宣鑒)	頌古 拈古	『聯珠』
12	101 (達磨)	頌古		78	668 (德山宣鑒)	頌古	
13	110 (達磨)	頌古 拈古		79	671 (德山宣鑒)	頌古	『聯珠』
14	111 (達磨)	頌古		80	708 (幽溪和尚)	拈古	
15	115 (六祖慧能)	頌古		81	715 (夾山善會)	上堂云	
16	119 (南嶽懷讓)	頌古		82	716 (夾山善會)	上堂云	
17	123 (永嘉玄覺)	上堂云	證道歌	83	753 (魏府大覺)	上堂云	
18	130 (南陽慧忠)	頌古 拈古	『聯珠』	84	756 (興化存獎)	頌古	
19	135 (南陽慧忠)	頌古	『聯珠』	85	757 (興化存獎)	頌古	
20	149 (清源行思)	頌古 拈古		86	758 (興化存獎)	頌古	『聯珠』
21	157 (馬祖道一)	頌古	『聯珠』	87	759 (興化存獎)	頌古	『聯珠』
22	164 (馬祖道一)	頌古	『聯珠』	88	761 (興化存獎)	頌古	『聯珠』
23	178 (百丈懷海)	頌古 上堂云 上堂云 上堂云	『聯珠』	89	782 (雪峯義存)	拈古	
24	181 (百丈懷海)	頌古	『聯珠』	90	784 (雪峯義存)	頌古 拈古	
25	182 (百丈懷海)	頌古	『聯珠』	91	785 (雪峯義存)	上堂云	
26	184 (百丈懷海)	頌古	『聯珠』	92	790 (雪峯義存)	頌古	『聯珠』
27	188 (魯祖寶雲)	頌古	『聯珠』	93	807 (雪峯義存)	拈古	
28	203 (南泉普願)	頌古	『聯珠』	94	826 (巖頭全豁)	拈古	
29	204 (南泉普願)	頌古	『聯珠』	95	830 (巖頭全豁)	頌古	『聯珠』
30	208 (南泉普願)	頌古	『聯珠』	96	831 (巖頭全豁)	頌古	『聯珠』
31	245 (南泉普願)	頌古		97	833 (巖頭全豁)	頌古	『聯珠』
32	255 (歸宗智常)	頌古	『聯珠』	98	848 (大隨法眞)	頌古	

33	258 (歸宗智常)	頌古		99	918 (越州乾峯)	頌古	
34	327 (藥山惟儼)	頌古	『聯珠』	100	932 (九峯道虔)	頌古	『聯珠』
35	347 (長髭曠)	上堂云		101	982 (玄沙師備)	頌古	
36	354 (潮州大顚)	頌古	『聯珠』	102	987 (玄沙師備)	拈古	
37	357 (潙山靈祐)	頌古		103	1009 (雲門文偃)	頌古 上堂云	『聯珠』
38	373 (潙山靈祐)	頌古		104	1016 (雲門文偃)	頌古 頌古	
39	375 (潙山靈祐)	頌古	『聯珠』	105	1128 (翠巖令參)	頌古	
40	391 (黃蘗希運)	頌古		106	1131 (孚上座)	頌古	
41	399 (大慈寰中)	上堂云		107	1158 (南院慧顒)	頌古	
42	408 (趙州從諗)	頌古		108	1164 (鎭州2世保壽)	上堂云	
43	409 (趙州從諗)	頌古	『聯珠』	109	1165 (西院思明)	頌古	
44	410 (趙州從諗)	頌古		110	1219 (巴陵顥鑑)	頌古	『聯珠』
45	411 (趙州從諗)	頌古		111	1222 (巴陵顥鑑)	頌古	
46	412 (趙州從諗)	頌古 頌古	『聯珠』	112	1230 (洞山守初)	頌古	『聯珠』
47	421 (趙州從諗)	頌古	『聯珠』	113	1248 (風穴延昭)	頌古	『聯珠』
48	424 (趙州從諗)	頌古		114	1250 (風穴延昭)	頌古	『聯珠』
49	439 (趙州從諗)	上堂云		115	1251 (風穴延昭)	頌古	『聯珠』
50	453 (趙州從諗)	頌古	『聯珠』	116	1306 (修山主)	上堂云	
51	499 (子湖利蹤)	頌古		117	1320 (首山省念)	頌古	『聯珠』
52	505 (池州甘贄)	頌古		118	1321 (首山省念)	頌古	
53	508 (五臺秘魔巖)	頌古 拈古	『聯珠』	119	1323 (首山省念)	頌古	
54	511 (壽州良遂)	頌古 云	『聯珠』	120	1335 (汾陽善昭)	頌古	
55	512 (鎭州普化)	頌古 上堂云	『聯珠』	121	1336 (汾陽善昭)	上堂云 上堂云	
56	513 (鎭州普化)	頌古		122	1361 (報慈玄覺)	頌古	
57	514 (鎭州普化)	頌古	『聯珠』	123	1378 (瑯琊慧覺)	頌古	
58	515 (鎭州普化)	頌古		124	1379 (瑯琊慧覺)	拈古	
59	567 (仰山惠寂)	頌古		125	1380 (瑯琊慧覺)	頌古	
60	573 (仰山惠寂)	頌古	『聯珠』	126	1383 (石霜楚圓)	頌古	
61	576 (仰山惠寂)	上堂云		127	1391 (法華齊舉)	頌古	

62	599 (香嚴智閑)	拈古		128	1398 (黃龍慧南)	頌古
63	611 (臨濟義玄)	頌古		129	1406 (雲峯文悅)	頌古
64	616 (臨濟義玄)	頌古	『聯珠』	130	1429 (傅大士)	上堂云
65	617 (臨濟義玄)	頌古		131	1434 (南嶽慧思)	上堂云
66	622 (臨濟義玄)	頌古	『聯珠』			

〈표 Ⅳ-16〉 『염송집』에 인용된 大潙慕喆의 착어 일람

번호	『염송집』 칙수 (조사)	착어	비고	번호	『염송집』 칙수 (조사)	착어	비고
1	13 (世尊)	拈古		37	667 (德山宣鑒)	頌古 拈古	『統要』
2	16 (世尊)	拈古	『統要』	38	668 (德山宣鑒)	拈古	
3	65 (文殊)	拈古		39	670 (德山宣鑒)	云	
4	71 (舍利佛)	拈古	『統要』	40	695 (洞山良价)	拈古	『統要』
5	131 (南陽慧忠)	拈古		41	737 (投子大同)	云	
6	134 (南陽慧忠)	拈古	『統要』	42	744 (投子大同)	拈古	『統要』
7	136 (南陽慧忠)	云	『統要』	43	749 (鎭州保壽)	拈古	『統要』
8	164 (馬祖道一)	拈古	『統要』	44	788 (雪峯義存)	拈古	『統要』
9	184 (百丈懷海)	頌古		45	790 (雪峯義存)	拈古	
10	190 (伏牛自在)	拈古	『統要』	46	810 (雪峯義存)	拈古	『統要』
11	194 (麻谷寶徹)	拈古	『統要』	47	835 (巖頭全豁)	拈古	『統要』
12	206 (南泉普願)	拈古	『統要』	48	845 (陳操尙書)	拈古	『統要』
13	220 (南泉普願)	拈古	『統要』	49	880 (曹山本寂)	拈古	『統要』
14	245 (南泉普願)	云		50	894 (龍牙居遁)	拈古	『統要』
15	275 (百丈惟政)	拈古	『統要』	51	917 (越州乾峯)	拈古	『統要』
16	298 (烏臼和尙)	拈古	『統要』	52	980 (玄沙師備)	拈古	『統要』
17	313 (龐居士)	拈古	『統要』	53	982 (玄沙師備)	拈古	『統要』
18	385 (潙山靈祐)	云	『統要』	54	987 (玄沙師備)	頌古	『聯珠』
19	390 (黃蘗希運)	拈古	『統要』	55	990 (玄沙師備)	拈古	
20	396 (黃蘗希運)	拈古		56	1038 (雲門文偃)	拈古	
21	400 (大慈寰中)	拈古		57	1046 (雲門文偃)	拈古	『統要』
22	412 (趙州從諗)	頌古 拈古	『統要』	58	1062 (雲門文偃)	拈古	『統要』
23	428 (趙州從諗)	拈古		59	1064 (雲門文偃)	云	『統要』
24	524 (雲巖曇晟)	云		60	1075 (雲門文偃)	拈古	『統要』

25	547 (三平義忠)	云	『統要』	61	1098 (雲門文偃)	云	『統要』
26	568 (仰山惠寂)	拈古	『統要』	62	1134 (孚上座)	拈古	『統要』
27	594 (靈雲志勤)	拈古	『統要』	63	1157 (南院慧顒)	拈古	『統要』
28	598 (香嚴智閑)	拈古	『統要』	64	1164 (鎮州寶壽)	頌古 拈古	『聯珠』
29	603 (京兆米胡)	拈古		65	1165 (西院思明)	拈古	
30	603 (京兆米胡)	拈古	『統要』	66	1194 (資福如寶)	拈古	『統要』
31	610 (臨濟義玄)	拈古	『統要』	67	1207 (羅漢桂琛)	拈古	
32	615 (臨濟義玄)	拈古	『統要』	68	1210 (地藏)	拈古	『統要』
33	623 (臨濟義玄)	云		69	1217 (王延彬)	拈古	
34	634 (臨濟義玄)	拈古	『統要』	70	1218 (王延彬)	拈古	『統要』
35	656 (睦州道蹤)	拈古	『統要』	71	1336 (汾陽善昭)	示衆	『統要』
36	662 (徑山道欽)	拈古					

2. 황룡파 선적의 수용과 영향

송대의 선은 처음 운문종에 의해 주도되었지만, 북송 말에 이르러 운문종이 쇠퇴하면서 임제종이 서서히 부각되었다. 眞宗(998~1022), 仁宗(1023~1063) 무렵에 임제종에서 石霜楚圓(980~1040)의 제자 중에 黃龍慧南과 楊岐方會가 등장하여, 각각 그 문하에 많은 선승을 배출하여 황룡파와 양기파라는 양대 산맥이 형성되었다. 이 가운데 먼저 황룡파가 선종계를 주도하였고, 이어 남송 대에 이르러 양기파가 선종을 석권하였다.

황룡혜남(1002~1069)은 석상초원의 법맥을 계승하였으며, 臨濟下 8세에 해당한다. 그는 隆興府의 黃龍山에 머물며 종풍을 드날렸으며, 그의 선풍은 호남, 호북, 강서 등을 중심으로 확산되었다.[18] 그는 본래 운문종 泐潭懷澄의 법을 이었지만, 회징의 선을 비판하였던 운봉

---

18) 阿部肇一, 『增訂中國禪宗史の硏究』, 硏文出版, 1986, 307~314쪽.

문열의 권유로 석상초원의 문하에 나아가면서 임제종으로 전향하였다.[19] 혜남의 전향은 본래 운문선의 본질이었던 법신 향상, 자기 향상이 사라져갔던 것과 무관하지 않다.[20] 또한 혜남이 운문종에서 임제종으로 전향하였던 동기는 운문종이 쇠퇴하고 임제종으로 수렴되어가는 이유의 일단을 보여 준다고 하겠다.[21]

혜남의 문하에는 東林常總(1025~1091), 晦堂祖心(1025~1100), 眞淨克文(1025~1102), 崑山慧元(1037~1091), 慧林德遜, 仰山行偉(1018~1080), 隆慶景閑(1029~1081), 開元子琦(생몰년 미상), 雲居元祐(1030~1095), 保寧圓璣(1036~1118), 泐潭洪英, 雲蓋守智, 大潙懷秀 등 많은 선승들이 배출되었다. 이들 가운데 동림상총과 회당조심의 문하에서 가장 많은 선승들이 출현하였다. 또한 진정극문의 문하에서 覺範惠洪(1071~1128), 湛堂文準(1061~1115), 兜率從悅(1044~1091) 등이 법을 이었고, 王安石, 張商英 등 거사들도 법맥을 이었다.

이 가운데 황룡파의 주류를 형성하였던 회당조심의 문하에서 靈源惟淸(?~1117), 死心悟新(1043~1114), 草堂善淸(1057~1142) 등이 배출되어 활약하였다. 아울러 영원유청의 법맥은 長靈守卓(1065~1123)-無示介諶-心聞曇賁, 慈航了朴 등으로 이어졌다.[22] 그러나 남송 이후 양기파가 주도적인 종파로 대두하였고, 대혜종고가 간화선을 완성한 후에 선종계를 석권하였다. 그리하여 황룡파는 선종계에서 자취를 감추게 되었다.

---

19) 西口芳男, 「黃龍慧南の臨濟宗轉向と泐潭懷澄: 附錄『宗門撫英集』の位置とその資料的價値」, 『禪文化硏究所紀要』 16, 1990 참조.

20) 入矢義高, 「雲門の禪」, 『增補自己と超越』, 岩波書店, 2012 참조.

21) 西口芳男, 앞의 글, 240~243쪽.

22) 『建中靖國續燈錄』 등 전등사서를 참조하면 황룡파는 2세가 85인, 3세가 114인, 4세가 176인, 5세가 56인, 6세가 19인, 7세가 6인 등 합계 656인의 인명을 확인할 수 있다. 이 가운데 특히 동림상총 문하가 154인, 황룡혜남의 문하가 150인, 진정극문 문하의 64인, 운거원우 문하 36인 등의 순으로 문하 제자가 배출되었다. 石井修道, 「黃龍派の盛衰」, 『宗敎硏究』 49-3, 1976 참조.

황룡파는 자파의 전등사서가 없지만,23) 북송 대에 활약하였던 선 승들의 어록이 편찬되었다. 그러나 황룡파가 남송 이후 명맥을 유지 하지 못하였기 때문에 그들의 어록도 현전하는 것이 많지 않다. 황룡 파의 어록은 현재 四家錄,『고존숙어록』에 수록된 것과 각범의 저작 등을 통해 그 면모를 확인할 수 있다.

『황룡사가록』은 황룡혜남-회당조심-사심오신-초종혜방으로 이 어지는 4가의 어를 집성한 것이다. 이 사가록은 소흥 11년(1141)에 초 종혜방과 법형제에 해당하는 寂星慧泉에 의해 편집되었다. 뒤의 표에 서 알 수 있듯이 황룡혜남, 회당조심, 사심오신의 어록이『염송집』에 적지 않게 인용되어 있다.

진정극문의 어록은 고존숙어록에 수록되어 있다.24) 진정극문은 寶峯克文, 雲庵克文이라고도 불리며, 진정은 생전에 神宗에게 받은 大 師號이다. 그는 대혜종고에게 커다란 영향을 주었기 때문에 대혜파 에서는 황룡파 가운데 진정을 중시하였다.25)

각범혜홍은 진정극문의 제자이며, 대혜의 스승이었던 담당문준 이 각범의 사형이었다. 문준이 입적한 후에 대혜가 그의 법어집을 간 행할 때에 각범을 찾아가 편찬을 상의하였고, 발문까지 부탁하기도 하였다. 각범의 저작은『임간록』(2권),『선림승보전』26)(30권),『臨濟宗 旨』(1권),『智證傳』(1권) 등과 함께 시문 관계 저술인『석문문자선』(30

---

23) 다만, 황룡파 古月道融이 慶元 3년(1197)에 저술한『叢林盛事』가 황룡파 선승들의 활동 을 주로 소개한 문헌으로 남아 있다.

24)『續刊古尊宿語要』에 늑담홍영, 도솔종열, 초당선청, 담당문준, 영원유청, 무시개심, 심 문담분, 자항요박 등의 어록이 있으나 모두 초록이므로 내용이 소략하다.

25) 石井修道,「眞淨克文の人と思想」,『駒澤大學佛敎學部硏究紀要』34, 1976 참조.

26)『선림승보전』30권은 宣和 4년(1122)에 찬술된 것으로 唐末에서 北宋까지 江西를 중심 으로 활약하였던 선승 81명의 전기이며, 법계순이 아니라 列傳體 형식으로 서술되었다. 각범 자신의 법계인 황룡파에 대한 의식이 강하게 드러나며, 그가 외경한 황룡파 3세인 靈源惟淸을 마지막에 서술하였다. 陳垣,『中國佛敎史籍槪論』, 中華書局, 1962, 柳田聖山, 앞의 책 참조.

권),『냉재야화』(10권),『天廚禁臠』(3권) 등이 현전하고 있다. 이외에도 그의 저술로는『僧史』12권,『志林』10권,『易注』3권,『甘露集』30권,『楞嚴尊頂義』,『圓覺皆證義』,『筠溪集』(10권) 등이 있었다.[27]

한편, 이러한 어록 이외에 회당조심과 영원유청에 의해 편집된『冥樞會要』가 있다. 이 책은 회당이 영명연수의『宗鏡錄』을 발췌한 것이며, 제자인 영원유청과 시자인 普燈의 협력으로 완성된 것이다. 이 책은 紹聖 3년(1096)에 3卷 3冊本으로 간행되었고,『종경록』100권의 요약본으로서 선종계에 널리 애독되었다.[28]

이상에서 황룡파의 선적이 송대에 어떻게 간행되었는가에 대해 간략하게 살펴보았다. 앞서 살펴본 바와 같이 황룡파의 선적이 고려 선종계에 수용되는 양상은 12세기에 학일, 탄연의 사례, 이인로가 각범혜홍의 선적에 주목한 사례 등을 통해 확인된다. 특히, 고려 선종이 황룡파와 교류한 사실이나 법통에 대한 인식이『염송집』의 편찬에도 반영되며, 그것은 마지막 본칙이 무시개심의 공안이라는 것에서 잘 드러난다.

이러한 황룡파의 선적이『염송집』의 편찬에 어떻게 활용되고 있는가를 살펴보기 위해 황룡파 선승들의 착어가 어떻게 인용되고 있는지를 분석하여 뒤의 표로 정리하였다. 이러한 분석 결과를 통해 알 수 있는 사실은 다음과 같다.

전체 표를 통해 착어의 인용 횟수가 많은 순서는 심문담분(148), 무시개심(85), 진정극문(62), 회당조심(49), 동림상총(49), 장령수탁(44), 지해지청(43), 황룡혜남(40), 혜림덕손(28), 곤산혜원(27), 사심오신

---

27) 각범은 휘종에게 '寶覺圓明'이라는 법호를 받았고, 흠종에게도 중용되었지만, 무고로 인해 수차례 투옥되고 환속을 당하기도 하였다. 각범의 생애와 사상에 대해서는 다음을 글을 참조하기 바란다. 阿部肇一, 앞의 책, 449~466쪽; 柳田聖山, 「總說」,『禪の文化 資料篇』, 京都大學人文科學研究所, 1988.

28) 椎名宏雄, 「解題」『禪學典籍叢刊』3, 臨川書店, 2000, 423~427쪽.

(25), 자항요박(21), 앙산행위(18), 각범혜홍(12), 개원자기(7) 등의 순이다.29) 이들 가운데 황룡혜남의 직계 제자들이 가장 많이 소개되어 있다. 또한 황룡파 가운데 많은 선승을 배출한 동림상총의 제자들이 거의 없다.

그런데 〈황룡파의 법계도〉에서 드러나듯이 『염송집』에 수록된 착어가 많은 선승들은 혜남의 문하에서 회당조심-영원유청-장령수탁-무시개심-심문담분으로 이어지는 계보이다. 이들 선승이 황룡파의 주류이며, 고려 선종과의 관계가 고려되었기 때문이 아닌가 생각된다.

『염송집』에는 송대 선종계에서 차지하는 위상이 그렇게 높지 않은 심문담분과 무시개심의 착어가 황룡파 가운데 가장 많이 인용되었다. 더욱이 『염송집』 본칙의 마지막을 장식하는 것이 장령수탁과 무시개심이었다. 이러한 사실은 탄연이 무시개심의 법맥을 이었으며, 심문담분과 법형제라는 관계가 중시된 것에서 비롯된 것으로 보인다. 나아가 앞서 서술한 바와 같이 이러한 경향은 13세기 고려 선종계에 이어졌다. 이러한 흐름은 혜심이 수선사에서 『종경촬요』를 간행한다든지, 『계환해능엄경』이 고려 사상계에서 중시되었던 것을 통해 확인할 수 있다.30)

한편, 표에서 드러나듯이 황룡파의 어록은 현전하지 않는 것이 대단히 많다. 그 이유는 앞서 서술한 바와 같이 황룡파가 남송 이후에 양기파로 대체되면서 선종계에서 자취를 감추었기 때문이다. 더욱이 간화선이 확산되면서 북송대 선승들의 어록에 대한 관심이 점차 멀어지게 되었다.

---

29) 착어의 인용 횟수가 적은 황룡파 선승은 保寧圓璣 2회(1207, 751칙), 隆慶景閑 2회(1448, 1398칙), 雲居元祐 2회(32, 421칙), 湛堂文準 4회(49, 521, 1014, 1035칙), 大潙懷秀 4회(1138, 1127, 572, 568칙), 泐潭洪英 2회(208, 2칙) 등이다.

30) 조명제, 「高麗後期 戒環解楞嚴經의 성행과 사상사적 의의-여말 성리학의 수용 기반과 관련하여-」, 『釜大史學』 12, 1988 참조. 탄연의 비문에서 임제종의 법통이 강조되고 있는 것도 무시개심, 심문담분 등이 중시되는 배경과 관련된다.

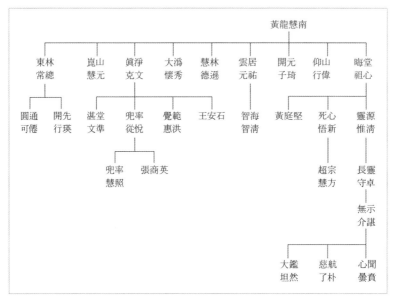

〈황룡파의 법계도〉

다음으로 황룡파 선승들의 착어의 내용과 특징을 살펴보기로 한
다. 먼저 〈표 IV-17〉을 보면, 황룡혜남의 착어는 모두 40칙에 수록되
어 있는데, 상당이 20회로 가장 많이 인용되었으며, 「게송」에서 인용
된 송고는 13회에 불과하다. 상당 법어를 통해 인용된 착어는 염고가
적지 않으며, 송고의 비중이 오히려 적다.

〈표 IV-18〉에서 앙산행위는 전체 18칙에 인용된 착어 중에 송고가
7회 정도에 그치며, 상당, 염고의 인용이 많다. 〈표 IV-19〉에서 개원자
기의 착어는 모두 상당, 염고이다. 〈표 IV-22〉에서 회당조심의 착어
는 모두 49칙에서 인용되고 있지만, 송고는 하나도 없다. 그의 착어는
염고의 비중이 압도적이며, 그 외에 상당, 시중 등이 인용되어 있다.

〈표 IV-23〉에서 사심오신의 착어는 전체 25칙 중에 송고의 인용이
2회에 그치고, 상당, 염고의 비중이 압도적이다. 〈표 IV-33〉에서 자항
요박의 착어는 전체 42칙 중에 상당, 염고 등의 인용이 가장 많고, 송

고는 12칙에 인용되는 데에 그치고 있다. 〈표 IV-27〉에서 지해지청은 전체 43칙 중에 송고가 14칙에, 총 16회가 인용되었지만 전체적으로 다른 착어가 더 많다. 〈표 IV-31〉에서 무시개심도 전체 85칙 중에 송고가 33칙에 모두 37회가 인용되지만, 염고가 전체 42칙에 인용되어 있다.

이에 비해 〈표 IV-20〉에서 혜림덕손은 전체 28칙에 수록된 착어 중에 송고가 20회 인용되어 그 비중이 크다. 〈표 IV-21〉에서 곤산혜원도 전체 27칙에 수록된 착어 중에 송고가 모두 24회나 인용되어 그 비중이 크다. 〈표 IV-24〉에서 동림상총은 전체 49칙 가운데 송고가 28회 인용되었다. 〈표 IV-25〉에서 장령수탁은 전체 44칙 중에 송고가 30칙에 총 31회가 인용되었다. 특히 「게송」에서 인용한 것이 가장 많으며, 「게송」의 전체 송고 가운데 3수를 제외하고 모두 인용되었다.

〈표 IV-26〉에서 진정극문은 전체 62칙 중에 송고가 33칙, 총 48회나 인용되었다. 특히 진정의 송고는 그의 어록 가운데 「게송」에서 전재한 경우가 대부분이다. 송고의 인용이 적지 않지만, 염고도 많이 수록되어 있다. 〈표 IV-32〉에서 심문담분은 전체 148칙 중에 송고가 92칙, 총 97회 인용되어 전체 착어 중에 압도적인 비중을 차지한다.

이상에서 살펴본 바와 같이 황룡파 선승들의 착어는 어느 한쪽에 치우치지 않고 다양하게 수록되었다. 대체로 황룡파 초기의 선승들은 염고, 송고 등이 다양하게 인용되었지만, 장령수탁 이후 황룡파 선승들의 경우에는 송고의 비중이 대체로 큰 편이다. 이러한 양상은 북송 선종계에서 착어가 대개 염고 중심에서 송고 위주로 유행하였던 경향과 대체로 일치한다. 한편, 대부분의 어록에서 상당, 소참 등에서 인용한 착어가 적지 않다.

다음으로 담당문준과 각범혜홍은 황룡파에서 차지하는 위상에 비해 수선사에서 그렇게 중시되지 않았다. 간화선을 대성한 대혜종고는 23세 때에 담당문준의 문하에 들어가 문준이 입적할 때까지 5년간 가르침을 받았다. 이러한 문준의 위상을 고려할 때에 수선사가 왜 그의 착어를 거의 수록하지 않았는지 의문이 들지만, 자료의 한계로 인해 확인할 수 없다.

각범혜홍은 황룡파를 대표 하는 선승의 한 사람이며, 고려 선종계에서 그의 선적이 다양하게 수용되었다. 더욱이 각범의『석문문자선』을 비롯한 저술에 그의 송고가 적지 않게 수록되어 있다. 그럼에도 불구하고 각범의 착어는『염송집』에 12회밖에 인용되지 않을 정도로 인용이 대단히 적다.

〈표 Ⅳ-28〉에서 드러나듯이 각범의 착어는『임간록』,[31]『선림숭보전』,『임제종지』[32]에서 인용되었다. 그런데 각범의 착어는 일반적인 착어 인용과 다르거나 각범과 무관한 내용이 많다. 예를 들어『염송집』본칙 1398칙에 인용된 각범의 착어는 黃龍三關에 대한 이야기와 함께 각범이 雲蓋守智(1025~1115)와 행한 대화를『임간록』에서 모두 그대로 수록하고 있다.

더욱이 본칙 98칙에 인용된 내용은 達觀曇穎(989~1060)이 당시 교학승들이 게송의 번역이 없는 것을 비난하면서 선승들과 논란을 벌이는 것에 대해 선의 참된 도를 잃어버린 것을 비판하면서 달마의 廓然無聖 공안을 거론한 것이다. 본칙 184칙에서는 황룡혜남의 法嗣인 道圓이 百丈野狐 공안을 통해 깨닫게 된 기연과 게송을 인용하였다. 본칙 1233칙은 진정극문이 洞山守初의 깨달은 경지를 칭찬한 글과 게송을 그대로 소개하였다.[33]

---

31)『임간록』은 각범이 尊宿의 高行, 총림의 遺訓, 제불보살의 微旨, 사대부의 餘論 등에 대해 淸談한 것을 기록하여, 大觀 원년(1071)에 간행한 것이다.

32)『臨濟宗旨』는 각범이 先德이 제창한 어구를 들어 三玄三要, 十智同眞, 四賓主 등의 요지 해명에 주력하여 임제종지의 파악을 쉽게 하도록 저술한 것이다.

33)『임간록』에는 진정극문의 기연을 소개하기 전에 각범의 사구와 활구에 대한 견해가 서술되어 있지만,『염송집』에는 전혀 인용되어 있지 않다.『염송집』전체에서 이러한 경향이 보이지만, 각범의 문자선 이해를 둘러싼 비판과 논란이 송대에 적지 않았던

이러한 내용은 모두 각범의 착어가 아니라 『임간록』에 수록된 다른 선승들의 기연과 게송을 그대로 옮긴 것이다. 따라서 각범의 저술에서 각범의 착어가 직접 인용된 것도 있지만, 다른 선승들의 기연과 착어의 전거로 활용된 경우가 더 많다. 이러한 경향은 〈표 IV-29〉와 〈표 IV-30〉에서 볼 수 있듯이 『선림승보전』, 『임간록』을 통해 다른 선승들의 착어가 인용된 것에서도 드러난다.

이와 같이 각범의 착어가 인용된 형식이나 내용도 일반적인 착어와 다르지만, 각범 저술의 내용도 그의 착어가 적게 수록된 이유와 관련된다. 그것은 각범의 대표적인 저작인 『석문문자선』을 통해 잘 드러난다. 이 책은 각범이 평생에 걸쳐 지은 방대한 시문을 집성한 것이다. 이 가운데 권17의 게와 권18, 19의 찬은 적지 않은 양이지만, 『염송집』에 전혀 인용되지 않았다. 그것은 각범의 송고와 찬은 대부분 특정 공안에 대한 것이 아니기 때문에 『염송집』의 형식이나 구성과 어울리지 않아 수록되지 않았던 것이 아닌가 생각된다.

나아가 『염송집』에는 대혜종고가 각범의 문자선에 대해 엄격하게 비판하는 시각도 드러나지 않는다. 『염송집』의 편찬 방침이 문자선의 집성에 있었고, 그러한 성격이 각범에 대한 착어 인용에서도 드러난 것으로 보인다. 이러한 경향은 진정극문의 착어에서 더욱 전형적으로 드러난다.

송대 선종사에서 공안선의 형성과정과 관련하여 진정극문의 사상사적 위상은 無事禪에 대한 비판과 관련하여 주목된다. 진정의 무사선 비판은 주로 그 대상이 동림상총이었다. 상총의 선사상은 '平常無事'와 함께 '知見解會' 곧 이지적 이해에 대한 부정이라고 평가된다. 이러한 선의 특징은 황룡혜남의 사상과 통하며, 혜남을 계승하였던 것

것에 비해 수선사에서는 이러한 문제에 대한 관심이 없거나 거의 의식하지 않았던 것을 알 수 있다.

이다. 실제 상총은 혜남 문하의 필두이며, 황룡파 중의 주류라고 할 수 있다.[34]

진정은 상총이 제시한 '照覺平實의 旨'에 대해 平實도 단순히 일종의 지식이 되어 버려, 학승은 그것에 의존하여 주체성을 잃어버린다고 말한다. 진정은 언어에 대한 교조적인 부정이 평실의 폐해를 일으킨다고 생각하였다. 또한 진정은 무사선을 비판하면서 동시에 깨달음을 대단히 중시하였다.[35] 그는 참된 獅子兒란 언어적 이해를 초월하지 않으면 안 된다고 강조하면서 '지금의 도를 배우는 자는 헤아릴 수 없이 많지만, 견성한 이는 한둘도 되지 않는다'고 깨닫지 못한 것을 비판하였다. 이와 같이 진정이 평상무사선을 비판한 것은 후에 대혜의 『宗門武庫』, 4권본 『普說』 권3 등에 간화선의 골격으로서 계승되었다.[36]

동림상총, 진정극문, 회당조심 등은 모두 황룡혜남의 법맥을 이은 선승들이다. 진정극문과 회당조심은 동림상총에게서 황룡혜남의 도를 알지 못 한다고 평가받았지만, 이들은 오히려 동림상총을 무사선에 지나지 않는다고 비판하였다. 그런데 황룡혜남은 실제 운문종의 늑담회징이 무사선적 종풍에 빠졌기 때문에 운문종에서 임제종으로 전향하였다.[37] 따라서 황룡혜남은 무사선적 종풍과 무사선 비판의 관점을 모두 갖고 있었다. 결국 황룡혜남의 무사선적 종풍이 동림상총에게, 무사선 비판이 진정극문에게 계승되었던 것이다.

그런데 『염송집』에 수록된 진정의 착어는 이러한 송대 황룡파의 선의 흐름과 대체로 무관하다. 진정의 착어는 거의 대부분 염고와 송

---

34) 土屋太祐, 「眞淨克文의 無事禪批判」, 『印度學佛教學研究』 51-1, 2002 참조.
35) 土屋太祐, 「公案禪の成立に關する試論: 北宋臨濟宗の思想史」, 『駒澤大學禪研究所年報』 18, 2007 참조.
36) 石井修道, 앞의 논문(1976) 참조.
37) 西口芳男, 앞의 논문 참조.

고이며, 특히 송고의 비중이 크다. 『진정어록』에서 상당히 많은 착어가 인용, 수록되었음에도 불구하고 무사선에 대한 비판이 보이지 않는다.

이러한 양상은 결국 수선사의 편찬자들이 송대 선종계에서 문자선의 폐단을 비판하고 간화선으로 나아가는 사상적인 동향에 특별히 주목하지 않았던 사실을 보여 준다. 그것은 다시 말해 수선사에서 『염송집』을 편찬한 것은 문자선의 이해에 초점을 맞추었던 것을 다시 한 번 확인할 수 있다.

한편, 황룡파의 어록은 대부분 현전하지 않으므로 황룡파 선승들의 착어는 일서 자료의 가치를 갖고 있다. 『염송집』에 수록된 앙산행위, 개원자기, 혜림덕손, 곤산혜원, 동림상총, 지해지청, 무시개심, 심문담분, 자항요박 등의 착어 자료는 대표적인 황룡파 선승들의 어록을 어느 정도 복원할 수 있다. 이러한 자료는 황룡파의 흐름과 선을 이해하기 위한 기초 자료이며, 나아가 북송 말 남송 초의 선종사의 흐름을 이해하는 데에도 적지 않은 도움을 준다.

〈표 IV-17〉『염송집』에 인용된 黃龍慧南의 착어 일람[38]

번호	『염송집』 칙수 (조사)	착어	출전	비고
1	81 (迦葉)	上堂云	『筠州黃蘗山法語』(X69-201c)	
2	83 (阿難)	擧云	『續補』(X69-207b)	단독
3	112 (六祖慧能)	上堂云	『續補』(X69-206a)	
4	130 (南陽慧忠)	頌古 頌古	「偈頌」(X69-204a)	『聯珠』
5	148 (淸源行思)	頌古	「偈頌」(X69-204a)	『聯珠』
6	149 (淸源行思)	上堂擧云	『黃』(X69-199c)	
7	168 (馬祖道一)	上堂擧云	『續補』(X69-207b)	
8	270 (大珠慧海)	上堂擧云	『黃』(X69-203a)	

38) 『黃』은 『黃龍南禪師語錄』, 『續補』는 『黃龍南禪師語錄續補』를 줄여 표기한 것이다.

9	272 (大珠慧海)	上堂擧云	『續補』(X69-206c)	단독, 원문 示衆
10	316 (龐居士)	頌古	『黃』(X69-202c)	『聯珠』
11	338 (藥山惟儼)	上堂擧云	『黃』(X69-199a)	
12	353 (潮州大顚)	頌古	「偈頌」(X69-203c)	
13	375 (潙山靈祐)	頌古 頌古 頌古	「偈頌」(X69-204b)	『聯珠』
14	411 (趙州從諗)	頌古 頌古	「偈頌」(X69-204a)	『聯珠』
15	412 (趙州從諗)	頌古	「偈頌」(X69-203c)	『聯珠』
16	421 (趙州從諗)	頌古 頌古 頌古	「偈頌」(X69-204a)	인용 순서 바뀜
17	435 (趙州從諗)	頌古	『黃』(X69-201a)	『聯珠』
18	449 (趙州從諗)	上堂擧云	『續補』(X69-207c)	『統要』
19	508 (五臺秘魔嵓)	頌古	「偈頌」(X69-203c)	『聯珠』
20	590 (靈雲志勤)	頌古 頌古 頌古	「偈頌」(X69-203c)	『聯珠』
21	615 (臨濟義玄)	上堂擧云	『黃』(X69-201a)	『統要』
22	635 (臨濟義玄)	頌古	「偈頌」(X69-203c)	『聯珠』
23	656 (睦州道蹤)	上堂擧云	『黃』(X69-201a)	『統要』
24	671 (德山宣鑒)	拈古	『續補』(X69-207c)	
25	754 (魏府大覺)	擧云	『續補』(X69-206a)	
26	758 (興化存奬)	拈古	『續補』(X69-207c)	
27	859 (雲居道膺)	上堂擧云	『續補』(X69-208c)	
28	918 (越州乾峯)	上堂擧云	『黃』(X69-203b)	『統要』
29	987 (玄沙師備)	上堂擧云	『續補』(X69-207c)	『統要』
30	1016 (雲門文偃)	頌古	「偈頌」『黃』(X69-204b)	『聯珠』
31	1018 (雲門文偃)	頌古	「偈頌」『黃』(X69-204b)	『聯珠』
32	1035 (雲門文偃)	上堂云	『黃』(X69-202a)	
33	1038 (雲門文偃)	上堂擧云	『黃』(X69-199c)	
34	1043 (雲門文偃)	上堂擧云	『續補』(X69-208a)	
35	1121 (鏡淸道怤)	上堂擧云	『黃』(X69-202a)	
36	1154 (南院慧顒)	上堂擧云	『黃』(X69-201a)	

37	1164 (鎭州2世寶壽)	頌古	「偈頌」『黃』(X69-203c)	『聯珠』
38	1241 (明教)	上堂擧云	『續補』(X69-208a)	
39	1242 (明教)	云	『續補』(X69-208a)	
40	1282 (智門光祚)	上堂擧云	『續補』(X69-208a)	

〈표 IV-18〉『염송집』에 인용된 仰山行偉의 착어 일람

번호	『염송집』 칙수 (조사)	착어	비고	번호	『염송집』 칙수 (조사)	착어	비고
1	106 (三祖僧璨)	上堂擧云		10	512 (鎭州普化)	上堂云	
2	143 (南陽慧忠)	頌古	단독	11	513 (鎭州普化)	上堂擧云	
3	162 (馬祖道一)	上堂擧云		12	640 (睦州道蹤)	上堂擧云	
4	338 (藥山惟儼)	拈古		13	1016 (雲門文偃)	上堂云	
5	408 (趙州從諗)	頌古		14	1043 (雲門文偃)	上堂擧云	
6	411 (趙州從諗)	上堂擧云		15	1230 (洞山守初)	頌古	
7	412 (趙州從諗)	頌古		16	1291 (法眼文益)	頌古	
8	421 (趙州從諗)	頌古		17	1320 (首山省念)	頌古	
9	423 (趙州從諗)	上堂擧云		18	1347 (石門蘊聰)	擧云	

〈표 IV-19〉『염송집』에 인용된 開元子琦의 착어 일람

번호	『염송집』 칙수 (조사)	착어	비고	번호	『염송집』 칙수 (조사)	착어	비고
1	65 (文殊)	上堂擧云		5	407 (趙州從諗)	上堂云	
2	204 (南泉普願)	上堂擧云		6	457 (趙州從諗)	上堂擧云	
3	265 (大梅法常)	擧云		7	864 (雲居道膺)	擧云	
4	389 (黃蘗希運)	擧云					

〈표 IV-20〉『염송집』에 인용된 慧林德遜[39]의 착어 일람

번호	『염송집』 칙수 (조사)	착어	비고	번호	『염송집』 칙수 (조사)	착어	비고
1	2 (世尊)	上堂擧云		15	667 (德山宣鑒)	小參擧云	
2	32 (世尊)	頌古		16	747 (鳥窠道林)	頌古	
3	180 (百丈懷海)	拈古	단독	17	759 (興化存獎)	上堂擧云	
4	184 (百丈懷海)	頌古		18	894 (龍牙居遁)	頌古	
5	188 (魯祖寶雲)	頌古		19	917 (越州乾峯)	上堂擧云	

---

39) 『염송집』에 佛陀遜으로 표기된 경우가 있다.

6	335 (藥山惟儼)	拈古		20	923 (霍山景通)	頌古	
7	412 (趙州從諗)	頌古		21	987 (玄沙師備)	頌古	
8	421 (趙州從諗)	頌古		22	1016 (雲門文偃)	頌古	
9	429 (趙州從諗)			23	1018 (雲門文偃)	頌古	『聯珠』
10	508 (五臺秘魔喦)	頌古		24	1052 (雲門文偃)	晩參擧云	
11	573 (仰山惠寂)	頌古		25	1164 (鎭州2世寶壽)	頌古	
12	590 (靈雲志勤)	頌古		26	1194 (資福如寶)	擧云	
13	615 (臨濟義玄)	頌古		27	1229 (洞山守初)	頌古	
14	635 (臨濟義玄)	頌古		28	1290 (法眼文益)	頌古	

〈표 IV-21〉『염송집』에 인용된 崑山慧元의 착어 일람

번호	『염송집』칙수 (조사)	착어	비고	번호	『염송집』칙수 (조사)	착어	비고
1	1 (世尊)	頌古		15	357 (潙山靈祐)	頌古	
2	5 (世尊)	頌古		16	412 (趙州從諗)	頌古	
3	8 (世尊)	上堂擧云		17	421 (趙州從諗)	頌古	
4	16 (世尊)	頌古		18	434 (趙州從諗)	頌古 頌古 頌古 頌古	
5	48 (圓覺經)	上堂云		19	462 (趙州從諗)	頌古	
6	55 (金剛經)	上堂擧云		20	503 (鄂州茱萸)	上堂擧云	
7	81 (迦葉)	頌古		21	590 (靈雲志勤)	頌古	
8	130 (南陽慧忠)	頌古		22	662 (徑山道欽)	上堂擧云	
9	148 (淸源行思)	頌古		23	793 (雪峯義存)	頌古	
10	150 (淸源行思)	上堂云		24	919 (越州乾峯)	頌古 頌古	
11	178 (百丈懷海)	頌古 頌古		25	947 (洛浦元安)	頌古	
12	184 (百丈懷海)	頌古		26	1290 (法眼文益)	頌古	
13	321 (丹霞天然)	頌古		27	1424 (生法師)	上堂擧云	
14	335 (藥山惟儼)	上堂云					

〈표 IV-22〉『염송집』에 인용된 晦堂祖心의 착어 일람표

번호	『염송집』칙수 (조사)	착어	출전	비고
1	5 (世尊)	拈古	「室中擧古」(X69-220a)	『統要』
2	45 (圓覺經)	擧云	X69-215a	
3	46 (圓覺經)	擧云	X69-213c9	『聯燈』, 『正法』
4	51 (楞嚴經)	拈古	「室中擧古」(X69-221a)	
5	74 (毗目仙人)	拈古		
6	84 (優波毱多)	擧云	X69-217a	단독
7	86 (彌遮迦尊者)	擧云	X69-217b	단독
8	87 (婆須密尊者)	擧云	X69-214b	
9	98 (達磨)	擧云	「室中擧古」(X69-222c)	문답 포함
10	110 (六祖慧能)	曰	『禪林僧寶傳』(X79-547)	
11	123 (永嘉玄覺)	上堂擧云	X69-218a	
12	129 (南陽慧忠)	擧云	「室中擧古」(X69-223b)	
13	178 (百丈懷海)	上堂擧云	X69-216a	
14	200 (鹽官齊安)	拈古	「室中擧古」(X69-221c)	
15	209 (南泉普願)	拈古	「室中擧古」(X69-220c)	
16	226 (南泉普願)	擧云	X69-214a	
17	242 (南泉普願)	上堂擧云	「室中擧古」(X69-222b)	
18	357 (潙山靈祐)	上堂云	X69-215a	
19	399 (大慈寰中)	擧云	「室中擧古」(X69-220b)	
20	429 (趙州從諗)	擧云	「室中擧古」(X69-221b)	
21	494 (長沙景岑)	上堂擧云	X69-215a	『正法』『聯燈』
22	546 (三平義忠)	拈古	「室中擧古」(X69-222c)	
23	568 (仰山惠寂)	拈古	「室中擧古」(X69-221a)	『統要』
24	639 (睦州道蹤)	拈古	『聯燈』(X79-79b5)	
25	664 (德山宣鑒)	擧云	「室中擧古」(X69-220c)	『統要』
26	716 (夾山善會)	擧云	「室中擧古」(X69-222a)	
27	756 (興化存獎)	拈古	「室中擧古」(X69-221a)	『統要』
28	759 (興化存獎)	擧云	「室中擧古」(X69-220b)	
29	873 (疎山光仁)	擧云	「室中擧古」(X69-220c)	
30	917 (越州乾峯)	擧云	「室中擧古」(X69-223a)	
31	995 (玄沙師備)	擧曰	「室中擧古」(X69-220b)	

32	1002 (玄沙師備)	擧云	「室中擧古」(X69-221c)	
33	1006 (雲門文偃)	拈古	「室中擧古」(X69-220c)	
34	1010 (雲門文偃)	擧曰	「室中擧古」(X69-221c)	문답
35	1068 (雲門文偃)	擧曰	「室中擧古」(X69-222a)	문답
36	1074 (雲門文偃)	拈古	「室中擧古」(X69-221a)	
37	1088 (雲門文偃)	擧	「室中擧古」(X69-221b)	단독
38	1090 (雲門文偃)	擧云	「室中擧古」(X69-221c)	단독
39	1096 (雲門文偃)	擧云	「室中擧古」(X69-221c)	
40	1097 (雲門文偃)	擧云	X69-216a	
41	1105 (長慶慧稜)	擧曰	「室中擧古」(X69-222a)	문답
42	1119 (鏡淸道怤)	拈古	「室中擧古」(X69-220b)	『統要』
43	1153 (南院慧顒)	拈古	「室中擧古」(X69-220b)	『統要』
44	1209 (地藏羅漢)	拈古	「室中擧古」(X69-222b)	
45	1366 (興福可勳)	擧云	X69-214b	
46	1424 (生法師)	示衆云	X69-216a	원문 上堂
47	1444 (寒山)	室中擧 拈古	「室中擧古」(X69-222b)	단독
48	1445 (寒山)	擧云	「室中擧古」(X69-221a)	단독
49	1449 (布袋)	拈古	X69-222c	

〈표 IV-23〉『염송집』에 인용된 死心悟新의 착어 일람

번호	『염송집』 칙수 (조사)	착어	출전	비고
1	48 (圓覺經)	上堂		
2	147 (淸源行思)	上堂擧云		
3	181 (百丈懷海)	上堂云		
4	190 (伏牛山自在)	拈古		
5	267 (大梅法常)	上堂擧云	X69-228b	
6	288 (章敬懷惲)	拈古		
7	410 (趙州從諗)	上堂擧云	X69-227c	
8	492 (長沙景岑)	頌古	X69-227b	『聯珠』
9	556 (石霜慶諸)	上堂擧云	X69-229c	
10	615 (臨濟義玄)	上堂擧云		
11	715 (夾山善會)	上堂擧云		

12	725 (投子大同)	上堂擧云	X69-227b	
13	759 (興化存獎)	拈古		
14	783 (雪峯義存)	上堂擧云		
15	785 (雪峯義存)	上堂擧云		
16	791 (雪峯義存)	頌古		
17	795 (雪峯義存)	上堂擧云		『正法』,『聯燈』
18	811 (雪峯義存)	上堂擧云		
19	812 (雪峯義存)	上堂擧云		
20	858 (雲居道膺)	上堂擧云	X69-229c	
21	981 (玄沙師備)	拈古		『統要』
22	987 (玄沙師備)	擧云		
23	1128 (翠巖令參)	上堂擧云		『聯珠』
24	1164 (鎭州2世寶壽)	拈古		『統要』
25	1194 (資福如寶)	拈古		

〈표 IV-24〉『염송집』에 인용된 東林常總의 착어 일람

번호	『염송집』칙수 (조사)	착어	비고	번호	『염송집』칙수 (조사)	착어	비고
1	2 (世尊)	頌古		21	907 (龍牙居遁)	云	
2	6 (世尊)	頌古	『聯珠』	22	932 (九峯道虔)	頌古	『聯珠』
3	47 (圓覺經)	頌古		23	987 (玄沙師備)	頌古	
4	54 (金剛經)	頌古		24	1022 (雲門文偃)	頌古	
5	59 (金剛經)	頌古		25	1035 (雲門文偃)	頌古	『聯珠』
6	193 (三角總印)	頌古		26	1128 (翠巖令參)	頌古	『聯珠』
7	227 (南泉普願)	頌古		27	1185 (護國守澄)	頌古 頌古 頌古	
8	250 (盤山寶積)	頌古		28	1199 (報慈藏嶼)	頌古	
9	353 (潮州大顚)	頌古		29	1237 (薦福承古)	頌古	
10	421 (趙州從諗)	頌古 頌古		30	1239 (趙橫山柔)	頌古	
11	481 (趙州從諗)	云		31	1275 (薦福院思)	頌古	『聯珠』
12	492 (長沙景岑)	頌古	『聯珠』	32	1297 (法眼文益)	頌古	
13	510 (五臺智通)	頌古	『聯珠』	33	1299 (法眼文益)	頌古	
14	665 (德山宣鑒)	頌古	『聯珠』	34	1320 (首山省念)	頌古	

		頌古					
15	672 (德山宣鑒)	頌古	『聯珠』	35	1332 (首山省念)	頌古	
16	745 (清平令遵)	頌古 頌古		36	1361 (報慈玄覺)	頌古	
17	784 (雪峯義存)	頌古		37	1379 (瑯琊慧覺)	頌古	『聯珠』
18	831 (巖頭全豁)	頌古	『聯珠』	38	1394 (大洪報恩)	頌古	단독
19	841 (巖頭全豁)	頌古		39	1434 (南嶽思)	頌古	
20	842 (高亭簡)	頌古		40	1454 (菩提庵主)	頌古	단독

〈표 IV-25〉『염송집』에 인용된 長靈守卓의 착어 일람

번호	『염송집』칙수 (조사)	착어	출전	비고
1	1 (世尊)	上堂云		
2	2 (世尊)	頌古	「偈頌」(X69-266c)	
3	5 (世尊)	頌古	「偈頌」(X69-267b)	『聯珠』
4	16 (世尊)	頌古	「偈頌」(X69-266c)	『聯珠』
5	24 (世尊)	上堂擧云	X69-260b	
6	62 (維摩)	頌古	「偈頌」(X69-266c)	
7	87 (婆須密尊者)	上堂云	X69-262a	
8	110 (六祖慧能)	頌古	「偈頌」(X69-267a)	『聯珠』
9	130 (南陽慧忠)	頌古	「偈頌」(X69-266c)	『聯珠』
10	159 (馬祖道一)	頌古	「偈頌」(X69-268a)	『聯珠』
11	169 (馬祖道一)	頌古	「偈頌」(X69-267b)	『聯珠』
12	256 (歸宗智常)	上堂云		
13	324 (藥山惟儼)	頌古	「偈頌」(X69-266c)	
14	412 (趙州從諗)	頌古	「偈頌」(X69-267a)	『聯珠』
15	425 (趙州從諗)	云	X69-261b	모두 차이
16	427 (趙州從諗)	頌古		『聯珠』
17	429 (趙州從諗)	上堂擧云	X69-263a	
18	497 (長沙景岑)	頌古	「偈頌」(X69-267b)	
19	517 (天柱崇慧)	上堂擧云	X69-258bc	
20	561 (石霜慶諸)	上堂云		
21	564 (漸源仲興)	頌古	「偈頌」(X69-267a)	『聯珠』
22	639 (睦州道蹤)	頌古	「偈頌」(X69-267c)	『聯珠』

23	641 (睦州道蹤)	頌古	「偈頌」(X69-267a)	
24	672 (德山宣鑒)	頌古	「偈頌」(X69-267b)	
25	686 (洞山良价)	頌古	「偈頌」(X69-267a)	『聯珠』
26	699 (洞山良价)	頌古	260c	
27	711 (夾山善會)	頌古	「偈頌」(X69-267a)	
28	726 (投子大同)	頌古	「偈頌」(X69-266c)	『聯珠』
29	729 (投子大同)	頌古	「偈頌」(X69-267a)	『聯珠』
30	752 (三聖慧然)	頌古	「偈頌」(X69-267b)	
31	768 (定上座)	頌古	「偈頌」(X69-267c)	
32	795 (雪峯義存)	上堂	X69-261c	
33	809 (雪峯義存)	上堂擧云	X69-262c	
34	828 (巖頭全豁)	頌古 頌古	「偈頌」(X69-267b)	『聯珠』
35	866 (雲居道膺)	上堂擧云	X69-260c	
36	918 (越州乾峯)	頌古	「偈頌」(X69-267c)	『聯珠』
37	1015 (雲門文偃)	上堂云	X69-259c	
38	1022 (雲門文偃)	頌古	「偈頌」(X69-267c)	
39	1035 (雲門文偃)	上堂擧云	X69-263a	
40	1070 (雲門文偃)	頌古	「偈頌」(X69-267c)	
41	1220 (巴陵顥鑑)	頌古	「偈頌」(X69-266c)	『聯珠』
42	1281 (智門光祚)	頌古	「偈頌」(X69-267a)	『聯珠』
43	1290 (法眼文益)	頌古	「偈頌」(X69-266c)	『聯珠』
44	1432 (傅大士)	云	X69-259a	단독

〈표 IV-26〉『염송집』에 인용된 眞淨克文의 착어 일람

번호	『염송집』 칙수 (조사)	착어	출전	비고
1	18 (世尊)	上堂云	X68-289a	
2	94 (摩拏羅尊者)	上堂擧云	X68-284a	
3	121 (南嶽懷讓)	上堂云	X68-293c	
4	161 (馬祖道一)	上堂擧云	X68-290a	
5	169 (馬祖道一)	頌古	「偈頌」(X68-297c)	『聯珠』
6	181 (百丈懷海)	頌古	「偈頌」(X68-299a)	『聯珠』
7	184 (百丈懷海)	頌古	「偈頌」(X68-299a)	『聯珠』,『正法』

8	187 (百丈懷海)	上堂擧云 上堂擧云	X68-284b X68-288c	
9	207 (南泉普願)	上堂云	X68-285b	
10	255 (歸宗智常)	上堂擧云	X68-285b	
11	291 (西山亮座主)	上堂擧云	X68-290a	
12	307 (龐居士)	頌古 上堂擧云	『偈頌』(X68-299c) X68-290a	
13	321 (丹霞天然)	上堂云 上堂	X68-281b X68-281b	연속 인용
14	357 (潙山靈祐)	頌古	X68-299b	
15	408 (趙州從諗)	上堂云	X68-279c	세주
16	412 (趙州從諗)	頌古 頌古 上堂擧云	『偈頌』(X68-297c) 『偈頌』(X68-298a) X68-287b	『聯珠』
17	417 (趙州從諗)	頌古	『偈頌』(X68-298b)	『聯珠』, 『正法』, 『聯燈』
18	421 (趙州從諗)	頌古 頌古 頌古 頌古	『偈頌』(X68-297c) 『偈頌』(X68-297c) 『偈頌』(X68-298a) 『偈頌』(X68-298a)	『聯珠』
19	427 (趙州從諗)	上堂擧云	X68-291a	
20	435 (趙州從諗)	頌古	『偈頌』(X68-298b)	『聯珠』
21	498 (長沙景岑)	頌古	『偈頌』(X68-298b)	단독
22	510 (五臺山智通)	上堂擧云	X68-280b	
23	514 (鎭州普化)	上堂擧云	X68-283b	
24	553 (末山尼了然)	頌古	『偈頌』(X68-299b)	『聯珠』
25	590 (靈雲志勤)	頌古 頌古	『偈頌』(X68-298b) 『偈頌』(X68-298b)	『聯珠』
26	598 (香嚴智閑)	上堂擧云	X68-280c	
27	607 (臨濟義玄)	頌古 頌古	『偈頌』(X68-298c) 『偈頌』(X68-298c)	『聯珠』, 『普燈』 『普燈』
28	608 (臨濟義玄)	頌古	『偈頌』(X68-299a)	『聯珠』
29	686 (洞山良价)	上堂擧云	X68-285c	
30	747 (鳥窠道林)	頌古	『偈頌』(X68-298a)	『聯珠』, 『普燈』
31	751 (三聖慧然)	上堂擧云	X68-278c	『普燈』, 『正法』, 『聯燈』
32	758 (興化存奬)	頌古	『偈頌』(X68-299a)	『聯珠』, 『普燈』, 『聯燈』
33	789 (雪峯義存)	頌古	『偈頌』(X68-297b)	『聯燈』, 『正法』

		上堂舉云	X68-284b	『聯燈』
		上堂舉云	X68-276c	
34	790 (雪峯義存)	頌古	『偈頌』(X68-297b)	『聯珠』
		頌古	『偈頌』(X68-297b)	『聯珠』, 『普燈』, 『正法』
		上堂舉云	X68-284a	『聯燈』
35	848 (大隨法眞)	頌古	『偈頌』(X68-297b)	
36	849 (大隨法眞)	上堂舉云	X68-275c	
37	903 (龍牙居遁)	頌古	『偈頌』(X68-298b)	『聯珠』
38	918 (越州乾峯)	小參舉云	X68-282a	『正法』, 『聯燈』
39	1013 (雲門文偃)	上堂舉云	X68-293c	
40	1016 (雲門文偃)	頌古	『偈頌』(X68-297c)	『聯珠』
41	1018 (雲門文偃)	頌古	『偈頌』(X68-299a)	『聯珠』
42	1022 (雲門文偃)	頌古	『偈頌』(X68-298c)	『聯珠』
43	1024 (雲門文偃)	頌古	『偈頌』(X68-297c)	『聯珠』
44	1034 (雲門文偃)	頌古	『偈頌』(X68-297c)	『聯珠』
		頌古	『偈頌』(X68-297c)	
		頌古	『偈頌』(X68-297c)	『聯珠』
		上堂舉云	X68-294a	
45	1035 (雲門文偃)	頌古	『偈頌』(X68-299a)	『聯珠』
		上堂舉云	X68-280c	
46	1055 (雲門文偃)	頌古	『偈頌』(X68-298a)	『聯珠』
47	1067 (雲門文偃)	頌古	『偈頌』(X68-298c)	단독
		頌古	『偈頌』(X68-299a)	
48	1073 (雲門文偃)	上堂舉云	X68-278a	
49	1081 (雲門文偃)	頌古	『偈頌』(X68-298c)	『聯珠』
50	1091 (雲門文偃)	上堂舉云	X68-279b	
		上堂云	X68-283c	
		上堂舉云	X68-295b	
51	1095 (雲門文偃)	上堂舉云	X68-293b	단독
		上堂舉云	X68-286b	
52	1120 (鏡淸道怤)	上堂舉云	X68-293a	
53	1134 (孚上座)	上堂舉云	X68-281a	
54	1164 (鎭州保壽)	頌古	『偈頌』(X68-298a)	순서 바뀜
		頌古	『偈頌』(X68-298a)	『聯珠』, 『正法』
55	1192 (芭蕉慧情)	上堂舉云	X68-287a	
		上堂舉云	X68-285b	
56	1250 (風穴延昭)	頌古	『偈頌』(X68-298b)	『聯珠』, 『正法』

57	1308 (修山主)	上堂擧云	X68-288b	
58	1320 (首山省念)	頌古 頌古	X68-298c X68-298c	순서 바뀜,『聯珠』
59	1321 (首山省念)	頌古 上堂	『偈頌』(X68-297c) X68-295a	『聯珠』
60	1398 (黃龍慧南)	頌古 頌古 頌古	『偈頌』(X68-298a)	3수 연속,『聯珠』
61	1443 (寒山子)	上堂擧云	X68-278a	
62	1449 (布袋)	上堂擧云	X68-273c	

〈표 IV-27〉『염송집』에 인용된 智海智淸의 착어 일람

번호	『염송집』칙수 (조사)	착어	비고	번호	『염송집』칙수 (조사)	착어	비고
1	71 (舍利佛)	上堂云		23	758 (興化存奬)	上堂擧云	
2	80 (迦葉)	擧云		24	828 (巖頭全豁)	頌古	
3	107 (三祖僧璨)	擧云		25	853 (靈樹如敏)	頌古	
4	126 (永嘉玄覺)	擧云		26	855 (雲居道膺)	頌古	
5	146 (南陽慧忠)	上堂擧云		27	894 (龍牙居遁)	頌古	
6	158 (馬祖道一)	擧云		28	918 (越州乾峯)	上堂擧云	
7	200 (鹽官齊安)	上堂擧云		29	932 (九峯道虔)	頌古	
8	308 (龐居士)	上堂擧云		30	936 (九峯道虔)	擧云	단독
9	313 (龐居士)	頌古 頌古		31	985 (玄沙師備)	上堂擧云	
10	334 (藥山惟儼)	上堂擧云		32	987 (玄沙師備)	上堂擧云	
11	354 (潮州大顚)	頌古		33	1074 (雲門文偃)	上堂擧云	
12	356 (潙山靈祐)	頌古		34	1121 (鏡淸道怤)	上堂擧云	
13	375 (潙山靈祐)	頌古		35	1162 (南院慧顒)	擧云	단독
14	391 (黃蘗希運)	上堂擧云		36	1207 (羅漢桂琛)	上堂擧云	
15	405 (大于和尙)	擧云		37	1229 (洞山守初)	頌古	
16	411 (趙州從諗)	頌古 頌古		38	1289 (法眼文益)	上堂擧云	단독
17	431 (趙州從諗)	上堂擧云		39	1309 (修山主)	擧云	修山 主頌
18	573 (仰山惠寂)	頌古		40	1348 (石門蘊聰)	擧云	
19	601 (香嚴智閑)	頌古		41	1362 (天台德韶)	頌古	단독

20	635 (臨濟義玄)	上堂擧云	42	1393 (雲居道齊)	上堂擧云
21	671 (德山宣鑒)	上堂擧云	43	1433 (杜順和尚)	擧云
22	727 (投子大同)	上堂擧云			

〈표 Ⅳ-28〉『염송집』에 인용된 覺範惠洪의 착어 일람

번호	『염송집』 칙수 (조사)	착어	출전	비고
1	32 (世尊)	覺範云	『林間錄』下(X87-266b)	전체 인용
2	74 (毗目仙人)	覺範曰	『臨濟宗旨』(X63-169c)	
3	98 (達磨)	林間錄云	『林間錄』上(X87-249c)	
4	184 (百丈)	林間錄云	『林間錄』下(X87-269c)	전체 인용
5	421 (趙州從諗)	洪覺範曰 僧寶傳云	『禪林僧寶傳』(X79-507b) 『禪林僧寶傳』 권11(X79-514c)	
6	590 (靈雲志勤)	頌古	『林間錄』下(X87-267a)	『연주』 614c
7	875 (疎山光仁)	贊曰	『林間錄』下(X87-264a)	『石門文字禪』
8	894 (龍牙居遁)	贊曰	『禪林僧寶傳』 권9(X79-510a)	
9	1233 (洞山守初)	覺範云	『林間錄』上(X87-251b)	
10	1291 (法眼文益)	贊曰	『禪林僧寶傳』권7(X79-506a)	
11	1398 (黃龍慧南)	林間錄云	『林間錄』上(X87-246b)	전체 인용
12	1405 (道吾悟眞)	頌古	『林間錄』下(X87-265b)	단독

〈표 Ⅳ-29〉『禪林僧寶傳』에서 인용된 착어 일람

번호	『염송집』 칙수 (조사)	착어	『禪林僧寶傳』	비고
1	110 (六祖慧能)	瑞鹿先 頌古 天台德韶示衆 黃龍心問法昌遇曰	권7, X79-507b24 권7, X79-505c22 권28, X79-547b22	『전등록』
2	206 (南泉普願)	大陽延謂衆曰	권13, X79-519a5	
3	336 (藥山惟儼)	雲居簡因僧問	권9, X79-512a2	
4	421 (趙州從諗)	僧寶傳云	권11, X79-514c9	
5	495 (長沙景岑)	僧問永明延壽	권9, X79-510b16	
6	601 (香嚴智閑)	僧問曹山本寂	권1, X79-493c4	『전등록』, 『연주』, 『연등』
7	635 (臨濟義玄)	南院問風穴	권3, X79-496c10	
8	747 (鳥窠道林)	僧問神鼎洪諲	권14, X79-520a16	
9	1229 (洞山守初)	慈明問黃龍南禪師曰	권22, X79-534c22	
10	1324 (首山省念)	神鼎洪諲 擧云	권14, X79-520b4	단독

〈표 IV-30〉『林間錄』에서 인용된 착어 일람

번호	『염송집』 칙수 (조사)	착어	『禪林僧寶傳』	비고
1	1024 (雲門文偃)	大愚守芝 頌古	권2, X87-266b22	
2	1230 (洞山守初)	大愚守芝 頌古	권2, X87-266b20	『연주』
3	1398 (黃龍慧南)	景德順 頌古 景德順 頌古 景德順 頌古 林間錄 云 雲蓋智	권2, X87-274a14 권2, X87-274a15 권2, X87-274a17 권1, X87-246b23 권1, X87-246c4	『연주』 『연주』 『연주』
4	1405 (道吾悟眞)	覺範 頌古	권2, X87-265b18	단독

〈표 IV-31〉『염송집』에 인용된 無示介諶의 착어 일람

번호	염송집 칙수 (조사)	착어	비고	번호	염송집 칙수 (조사)	착어	비고
1	5 (世尊)	頌古 拈古		44	662 (徑山道欽)	頌古	
2	14 (世尊)	拈古		45	711 (夾山善會)	擧云	
3	16 (世尊)	頌古		46	721 (夾山善會)	拈古	
4	52 (楞嚴經)	拈古		47	726 (投子大同)	頌古	
5	87 (婆須密尊者)	云		48	729 (投子大同)	拈古	
6	95 (師子尊者)	頌古		49	747 (鳥窠道林)	拈古 上堂云	
7	102 (達磨)	擧云		50	757 (興化存獎)	拈古	
8	110 (六祖慧能)	擧云		51	782 (雪峯義存)	拈古	
9	112 (六祖慧能)	拈古 上堂云		52	789 (雪峯義存)	頌古	
10	117 (蒙山道明)	頌古		53	793 (雪峯義存)	頌古	
11	145 (南陽慧忠)	拈古		54	821 (雪峯義存)	擧云	단독
12	184 (百丈懷海)	頌古		55	826 (巖頭全豁)	頌古	
13	191 (伏牛自在)	頌古		56	842 (高亭簡)	拈古	
14	215 (南泉普願)	拈古 云		57	848 (大隨法眞)	頌古	
15	224 (南泉普願)	拈古		58	862 (雲居道膺)	云	단독
16	225 (南泉普願)	拈古		59	884 (曹山本寂)	頌古	
17	234 (南泉普願)	拈古		60	997 (玄沙師備)	拈古	
18	235 (南泉普願)	頌古		61	999 (玄沙師備)	拈古	

19	273（洪州水潦）	拈古		62	1007（雲門文偃）	拈古	
20	275（百丈惟政）	拈古		63	1010（雲門文偃）	上堂云	
21	321（丹霞天然）	頌古		64	1013（雲門文偃）	拈古	
22	338（藥山惟儼）	拈古		65	1015（雲門文偃）	頌古 拈古	
23	356（潙山靈祐）	頌古		66	1018（雲門文偃）	頌古 小參擧 云	
24	364（潙山靈祐）	頌古		67	1021（雲門文偃）	拈古	
25	369（潙山靈祐）	拈古		68	1024（雲門文偃）	擧云	
26	372（潙山靈祐）	拈古		69	1030（雲門文偃）	擧云	
27	379（潙山靈祐）	拈古		70	1069（雲門文偃）	拈古	
28	390（黃蘗希運）	頌古		71	1119（鏡淸道怤）	頌古 拈古	
29	412（趙州從諗）	頌古		72	1144（金峯從志）	拈古	
30	417（趙州從諗）	頌古		73	1164（鎭州保壽）	拈古	
31	424（趙州從諗）	頌古		74	1175（同安常察）	拈古	
32	429（趙州從諗）	拈古		75	1200（羅山道閑）	頌古	
33	436（趙州從諗）	頌古 拈古		76	1230（洞山守初）	拈古	
34	453（趙州從諗）	拈古		77	1233（洞山守初）	擧	
35	472（趙州從諗）	拈古		78	1234（深明二上座）	頌古	
36	478（趙州從諗）	拈古		79	1261（風穴延昭）	頌古	
37	492（長沙景岑）	頌古		80	1295（法眼文益）	拈古	
38	551（于迪相公）	擧云		81	1335（汾陽善昭）	頌古	
39	552（金華俱胝）	上堂云		82	1339（汾陽善昭）	頌古 頌古 頌古 頌古 頌古	
40	581（仰山惠寂）	拈古		83	1427（金陵寶誌）	拈古	
41	592（靈雲志勤）	頌古		84	1436（文殊）	頌古	
42	618（臨濟義玄）	小參擧云		85	1456（古德）	云	單독
43	640（睦州道蹤）	拈古					

〈표 IV-32〉『염송집』에 인용된 心聞曇賁의 착어 일람

번호	『염송집』칙수 (조사)	착어	비고	번호	『염송집』칙수 (조사)	착어	비고
1	19 (世尊)	頌古		75	754 (魏府大覺)	頌古	
2	32 (世尊)	頌古		76	758 (興化存奬)	頌古	
3	33 (世尊)	頌古		77	760 (興化存奬)	上堂擧云	
4	36 (世尊)	頌古		78	761 (興化存奬)	上堂擧云	
5	53 (楞嚴經)	頌古		79	780 (雪峯義存)	頌古	
6	55 (金剛經)	頌古		80	781 (雪峯義存)	頌古	
7	66 (文殊)	頌古		81	795 (雪峯義存)	上堂擧云	
8	71 (舍利佛)	頌古		82	810 (雪峯義存)	頌古 頌古 頌古	
9	81 (迦葉)	頌古		83	819 (雪峯義存)	拈古	
10	90 (龍樹)	頌古		84	892 (曹山本寂)	拈古	
11	95 (師子尊者)	頌古		85	902 (龍牙居遁)	頌古	
12	110 (六祖慧能)	頌古		86	929 (大安淸幹)	頌古	單독
13	129 (南陽慧忠)	云		87	932 (九峯道虔)	頌古	
14	131 (南陽慧忠)	頌古		88	937 (九峯道虔)	頌古 頌古	
15	137 (南陽慧忠)	頌古		89	944 (覆船洪荐)	擧云	單독
16	146 (南陽慧忠)	上堂擧云		90	945 (中雲盖)	拈古	
17	154 (破竈墮)	拈古		91	957 (洛浦元安)	頌古	
18	161 (馬祖道一)	頌古		92	1015 (雲門文偃)	頌古 頌古	
19	162 (馬祖道一)	頌古		93	1016 (雲門文偃)	頌古	
20	164 (馬祖道一)	拈古		94	1025 (雲門文偃)	上堂擧云	
21	169 (馬祖道一)	頌古		95	1026 (雲門文偃)	上堂擧云	單독
22	181 (百丈懷海)	頌古		96	1027 (雲門文偃)	頌古	
23	184 (百丈懷海)	頌古		97	1030 (雲門文偃)	拈古	
24	185 (百丈懷海)	頌古		98	1051 (雲門文偃)	頌古	
25	187 (百丈懷海)	頌古		99	1055 (雲門文偃)	頌古	
26	194 (麻谷寶徹)	頌古		100	1072 (雲門文偃)	上堂擧云	
27	197 (麻谷寶徹)	上堂擧云	單독	101	1082 (雲門文偃)	頌古	
28	209 (南泉普願)	頌古 拈古		102	1093 (雲門文偃)	頌古	

29	215 (南泉普願)	上堂擧云		103	1102 (雲門文偃)	擧云	단독
30	250 (盤山寶積)	上堂擧云		104	1118 (鏡清道怤)	頌古	
31	266 (大梅法常)	頌古		105	1121 (鏡清道怤)	頌古	
32	278 (石鞏慧藏)	頌古		106	1128 (翠巖令參)	拈古	
33	298 (烏臼和尙)	頌古		107	1174 (歸宗澹權)	頌古	
34	303 (乳源和尙)	擧云		108	1181 (禾山澄源)	頌古 上堂擧云	
35	312 (龐居士)	頌古		109	1187 (大安山省)	擧云	단독
36	321 (丹霞天然)	頌古		110	1192 (芭蕉慧情)	上堂擧云 拈古	
37	324 (藥山惟儼)	頌古		111	1205 (永安善靜)	拈古	
38	347 (長髭曠)	頌古		112	1211 (安國慧球)	頌古	
39	358 (潙山靈祐)	頌古		113	1220 (巴陵顥鑑)	頌古	
40	359 (潙山靈祐)	拈古		114	1231 (洞山守初)	頌古	
41	364 (潙山靈祐)	法語云		115	1234 (深明二上座)	拈古	
42	370 (潙山靈祐)	頌古 頌古 上堂擧云		116	1241 (智門師寬)	頌古	
43	377 (潙山靈祐)	拈古		117	1247 (風穴延昭)	擧云	
44	400 (大慈寰中)	頌古 上堂擧云		118	1248 (風穴延昭)	頌古 拈古	
45	408 (趙州從諗)	頌古		119	1251 (風穴延昭)	頌古	
46	409 (趙州從諗)	頌古		120	1256 (風穴延昭)	擧云	단독
47	411 (趙州從諗)	拈古		121	1261 (風穴延昭)	頌古 拈古	
48	412 (趙州從諗)	頌古		122	1271 (資福貞邃)	拈古	
49	429 (趙州從諗)	上堂云		123	1273 (明招德謙)	頌古	
50	437 (趙州從諗)	頌古		124	1277 (興陽歸靜)	拈古	
51	479 (趙州從諗)	頌古		125	1281 (智門光祚)	上堂擧云	
52	492 (長沙景岑)	頌古		126	1284 (智門光祚)	拈古	
53	509 (湖南祇林)	頌古		127	1296 (法眼文益)	頌古	
54	543 (石室善道)	拈古		128	1308 (修山主)	擧云	
55	553 (末山尼)	頌古		129	1323 (首山省念)	頌古 上堂擧云	
56	579 (仰山惠寂)	上堂擧云		130	1334 (汾陽善昭)	頌古 拈古	

57	582 (仰山惠寂)	上堂擧云	單독	131	1338 (汾陽善昭)	拈古	
58	590 (靈雲志勤)	頌古		132	1339 (汾陽善昭)	頌古	
59	592 (靈雲志勤)	頌古		133	1355 (雪竇重顯)	上堂擧云	
60	594 (靈雲志勤)	上堂擧云		134	1368 (北禪智賢)	頌古	
61	610 (臨濟義玄)	上堂擧云		135	1379 (瑯琊慧覺)	上堂擧云	
62	630 (臨濟義玄)	擧云		136	1382 (瑯琊慧覺)	擧云	單독
63	635 (臨濟義玄)	頌古		137	1387 (石霜楚圓)	擧云	
64	649 (睦州道蹤)	上堂擧云		138	1401 (黃龍慧南)	擧云	單독
65	664 (德山宣鑒)	頌古		139	1403 (楊岐方會)	頌古	
66	665 (德山宣鑒)	頌古		140	1407 (雲峯文悅)	頌古	
67	668 (德山宣鑒)	頌古 擧云		141	1416 (五祖法演)	頌古	
68	686 (洞山良价)	頌古		142	1422 (長靈守卓)	上堂擧云	單독
69	698 (洞山良价)	擧云		143	1423 (育王介諶)	頌古	單독
70	721 (夾山善會)	頌古		144	1425 (僧肇)	頌古	
71	725 (投子大同)	頌古 上堂擧云		145	1429 (傅大士)	上堂擧云	
72	726 (投子大同)	頌古		146	1433 (杜順和尙)	上堂擧云	
73	739 (投子大同)	擧云		147	1436 (文殊)	頌古	
74	747 (鳥窠道林)	頌古		148	1442 (天台豊干)	拈古	單독

〈표 IV-33〉 『염송집』에 인용된 慈航了朴의 착어 일람

번호	『염송집』 칙수 (조사)	착어	비고	번호	『염송집』 칙수 (조사)	착어	비고
1	32 (世尊)	頌古		22	713 (夾山善會)	上堂擧云	
2	36 (世尊)	小參擧云		23	732 (投子大同)	頌古	
3	76 (賓頭盧尊者)	上堂擧云		24	733 (投子大同)	頌古	
4	95 (師子尊者)	頌古		25	759 (興化存獎)	上堂擧云	
5	110 (六祖慧能)	頌古		26	790 (雪峯義存)	上堂擧云 上堂云	
6	157 (馬祖道一)	擧云		27	803 (雪峯義存)	小參擧云	
7	169 (馬祖道一)	上堂云		28	810 (雪峯義存)	小參擧云	
8	198 (麻谷寶徹)	上堂擧云		29	833 (巖頭全豁)	頌古	
9	201 (鹽官齊安)	上堂擧云		30	911 (白水本仁)	頌古	
10	253 (盤山寶積)	上堂擧云		31	1015 (雲門文偃)	上堂擧云	

11	266 (大梅法常)	頌古		32	1103 (雲門文偃)	上堂擧云	
12	281 (金牛和尙)	上堂擧云		33	1141 (金峯從志)	上堂擧云	
13	295 (龍山和尙)	小參擧云		34	1165 (西院思明)	上堂擧云	
14	321 (丹霞天然)	頌古		35	1175 (同安常察)	上堂擧云	
15	335 (藥山惟儼)	上堂擧云		36	1230 (洞山守初)	頌古 上堂云	
16	369 (潙山靈祐)	上堂擧云		37	1261 (風穴延昭)	上堂擧云	
17	395 (黃蘗希運)	上堂擧云		38	1285 (蓮花峯祥庵主)	上堂擧云	
18	454 (趙州從諗)	上堂擧云		39	1340 (汾陽善昭)	上堂擧云	단독
19	581 (仰山惠寂)	上堂擧云		40	1375 (天衣義懷)	上堂擧云	
20	631 (臨濟義玄)	頌古		41	1398 (黃龍慧南)	頌古	
21	656 (睦州道蹤)	上堂擧云		42	1434 (南嶽慧思)	上堂擧云	

3. 원오 저작의 수용과 영향

園悟克勤(1063~1135)은 임제종 양기파의 대표적인 선승이며, 그의 문하에는 대혜종고와 虎丘紹隆이 배출되어 남송 이후 선종계를 석권 하였다. 극근은 그의 諱이며, 원오는 高宗에게 받은 賜號이다. 또 그는 諡號가 眞覺이며, 徽宗에게 佛果라는 사호를 받았다. 그는 嘉祐 8년 (1063)에 彭州 崇寧(현 四川省)에서 태어났으며, 속성이 駱氏이다40)

그는 17세에 출가하여 圓明敏行에게『능엄경』을 배웠으나 그 내용 을 이해할 수 없었다. 그러다가 그는 병을 얻어 빈사 상태에 빠지는 체험을 하면서 문자언구에 의해서는 생사를 극복하는 것이 불가능 하다는 것을 깨닫고 昭覺寺로 가서 황룡혜남의 제자인 眞覺惟勝의 아 래에서 참구하였다.

그러나 원오는 깨달음의 기연을 얻지 못하고, 25세에 촉을 떠나 동

---

40) 원오에 대한 전기 자료는 孫覿의 「圓悟禪師傳」(『鴻慶居士文集』권42)이 있으며, 이외에 『聯燈會要』권16, 『嘉泰寶燈錄』권11, 『五燈會元』권19, 『續傳燈錄』권25, 『佛祖歷代通載』 권20, 『釋氏稽古略』권4 등에 전기 자료가 있다.

림상총, 대위모철, 회당조심 등에게 나아가 참구하였다. 이후 원오는 成都의 翰林郎 公知章의 추천에 의해 六祖院에서 개당하고, 이어 소각사에 가서 머물렀다. 그는 8년간 촉에 머물다가 다시 荊南에 가서 장상영과 만나 화엄을 비롯하여 유교와 불교의 교의에 대해 담론하였다. 원오는 장상영의 간청에 따라 夾山 靈泉院에 머물렀고, 이어 湘西의 道林寺에 머물렀다.

政和 7년(1117)에 원오는 金陵의 蔣山으로 옮겼고, 宣和 6년(1124)에 天寧 萬壽寺에 개당하였다. 그의 명성이 천하에 알려져, 고종이 圓悟禪師라는 호를 하사하였다. 이후 그는 廬山의 雲居寺, 昭覺寺 등에 머물다가 소흥 5년(1135)에 세수 73세, 법랍 55세로 입적하였다.

원오의 저작은 『圓悟佛果禪師語錄』(이하 『원오어록』) 20권, 『佛果圓悟眞覺禪師心要』(이하 『심요』) 2권, 『佛果圓悟禪師碧巖錄』(이하 『벽암록』) 10권, 『佛果圓悟擊節錄』(이하 『격절록』)[41] 등이 남아 있다. 이 가운데 『원오어록』은 문인 紹隆 등에 의해 편찬되었다. 일본 東福寺에 소장된 2부 4책의 宋版에 소흥 4년(1134)에 작성된 韓駒의 雲居語錄序가 있으므로 이 무렵 『원오어록』이 간행되었던 것으로 보인다. 이 판본에는 한구 외에 張浚, 耿延禧의 서문이 있으며, 東京天寧寺語錄 등 원오가 주석하였던 사찰 7곳에서 행한 법어를 모은 어록이 모두 수록되어 있다.[42]

이후 『원오어록』은 원대에 중간되었으며, 大明 南藏에 입장된 이래 대부분의 대장경에 수록되어 중요한 선어록의 하나가 되었다. 현재 대정신수대장경에 수록된 어록은 역사적으로 몇 번 변천을 거쳐 재편된 것이다. 다만, 『원오어록』은 그의 저술을 모두 망라한 것이 아니며, 『심요』, 『벽암록』, 『격절록』 등이 따로 간행되었다.

---

41) 『격절록』은 설두의 拈古百則에 원오가 착어, 평창을 더해 저술한 것이다. 격절이란 음악의 拍으로, 고칙의 진의를 賞揚한다는 뜻이다. 이것이 언제 간행되었는지는 알 수 없지만, 대개 『벽암록』과 비슷한 시기에 이루어진 것으로 추측된다.

42) 椎名宏雄, 「圓悟の『語錄』と『心要』の諸本」, 『印度學佛敎學硏究』 45-1, 1996 참조.

『심요』2권은 문인 洪福子文에 의해 편찬되었으며, 소흥 15년(1145)에 처음 간행되었다. 이후 嘉熙 2년(1238)에 天台比丘 文侃에 의해 徑山化城寺에서 중간되었다.[43] 상권에 70, 하권에 73 합계 143회의 법어가 수록되어 있다. 이 가운데『심요』상권에 13, 하권에 30 합계 43회 법어가 재가자를 대상으로 한 것이다. 또한『심요』에 수록된 법어의 반이『원오어록』권14~16에도 수록되어 있다.

원오의 저작이 언제, 어떠한 경로를 통해 고려 불교계에 전해졌는지를 알 수 있는 기록이나 문헌이 현재 남아 있지 않아 구체적인 사실을 알 수 없다.『염송집』에 원오의 저작이 많이 인용되어 있으므로 적어도 수선사 단계에서 원오의 저작이 수용되었던 사실을 확인할 수 있다.『염송집』에 원오의 착어가 어떻게 인용되었는가를 뒤의 〈표 IV-34〉로 정리하였다. 그 결과, 다음과 같은 사실을 확인할 수 있게 되었다.

원오의 착어는『염송집』에 모두 177칙에 인용되어 있다.[44] 이러한 인용 횟수는 임제종 선승 가운데 대혜종고 다음으로 많으므로 송대 임제종의 대표적인 선승으로 원오를 중시하였음을 알 수 있다. 다만, 착어의 인용 횟수는 운문종, 조동종을 각각 대표하는 설두중현, 굉지정각의 착어가 각각 273칙, 286칙인 것에 비해 적은 편이다.

다음으로 원오의 착어는 대부분『원오어록』에서 인용되었으므로 어록이 압도적인 비중을 차지한다. 그밖에『심요』에서 8회 인용되었으며,『대혜어록』에서 1회 인용되었다. 그러면『염송집』에 인용된 원오의 착어는 어떠한 내용이며, 수록 범위와 특징은 무엇일까.

원오의 착어는 염고가 96회, 송고가 85회 인용되어 있어 염고와 송고가 착어 가운데 절대적인 비중을 차지한다. 이러한 인용 구성은 송

---

43) 현존하는 송판이 비교적 많이 남아 있으며, 東洋文庫 등에 소장되어 있다.
44) 한편,『염송집』에 원오와 관련된 고칙 공안이 1420, 1421칙에 수록되어 있다.

대 선종계에서 설두중현 이후에 염고보다 송고가 유행하였던 흐름과 다른 양상이다. 수선사에서 원오의 송고보다 염고를 중시한 이유는 알 수 없지만, 후술하듯이 『염송집』에 『벽암록』을 전혀 인용하지 않은 것과 함께 원오 착어의 특징이다.

또한 원오의 착어는 『원오어록』 전체보다는 특정한 항목에서 집중적으로 채택되었다. 본래 『원오어록』의 구성은 권1~8에 上堂, 권8~13에 小參, 권13에 普說, 권14~16에 法語, 권16에 書, 권16~18에 염고, 권18~19에 송고, 권20에 偈頌, 眞讚, 雜著, 佛事 등이 수록되어 있다.

그런데 〈표 IV–34〉에서 드러나듯이 염고의 대부분이 권16~18에서, 또 송고의 거의 대부분이 권18~19에서 인용되었다. 이에 비해 나머지 착어는 상당에서 9회, 소참에서 9회, 보설에서 1회, 법어에서 1회가 인용되어 있다. 따라서 염고, 송고에서 인용된 착어가 압도적으로 많은 것에 비해 상당, 소참, 보설, 법어 등의 비중이 작다. 이러한 착어의 인용 구성으로 볼 때에 수선사에서 원오의 착어에 관심을 가진 것은 대부분 특정 공안에 대한 송고, 염고에 집중되었던 사실을 알 수 있다.

상당, 소참 등의 법어에서 인용된 착어는 『염송집』에 대혜만이 아니라 굉지정각, 佛鑑慧懃 등 다른 선승들의 착어에도 자세하게 인용된 것이 적지 않게 수록되어 있다. 송고, 염고가 압축적인 표현이기 때문에 내용 이해가 쉽지 않은 것에 비해 상당, 소참 등에서 인용된 착어는 표현 형식이 다르고 내용 설명이 자세하기 때문에 선승들의 선에 대한 인식이나 이해가 잘 드러난다. 그런데 원오의 착어는 대부분 공안 비평과 관련된 것이기 때문에 후술하는 바와 같은 원오 선의 본질적인 이해가 드러나지 않는다.

이러한 경향은 『심요』에서 인용된 착어도 마찬가지이며, 대부분 공안 비평으로만 인용되어 있다.[45] 예를 들어 『염송집』 161칙과 412칙에 인용된 원오의 착어는 「示逾上人」에 나오는 내용을 나누어서 수록한 것이다.[46] 『염송집』 550칙에 인용된 원오의 착어에는 活句 참구를 강조하는 내용이 인용되기도 하였지만,[47] 수선사가 이러한 내용을 특별히 강조한 것으로 보이지 않는다. 그것은 『염송집』 668칙에 『심요』에서 인용한 착어에 바로 뒤에 활구 참구를 강조하고 死句를 부정하는 내용이 있지만 아예 인용되지 않았던 것에서도 확인된다.[48]

따라서 『염송집』에는 본칙 공안에 해당하는 원오의 착어를 뽑아 배열하는 것에 그치고, 후술하듯이 無事禪의 이해를 비롯한 원오 선의 본령에 해당하는 내용이 전혀 드러나지 않는다.[49] 이러한 특징은 수선사가 『염송집』을 편찬한 의도가 주로 공안 비평, 곧 문자선에 초점을 맞추었기 때문이다. 이러한 경향은 원오의 대표적인 저작인 『벽암록』이 『염송집』에 인용되지 않은 문제에서 잘 드러난다.[50]

『벽암록』은 원오가 『설두송고』를 몇 군데 사찰에서 순차로 강의하였던 기록을 제자들이 모아 편집하여 1125년에 간행한 것이다. 이러한 성립과정은 『벽암록』의 구성에도 반영되어 있다. 『벽암록』은 각 칙마다 서언에 해당하는 수시, 설두가 고른 고칙 공안인 본칙, 원오의 착어, 설두의 송고, 본칙과 송고에 대한 원오의 평창이라는 형태로 구성되어 있다.

『벽암록』의 현행 판본은 모두 원의 大德 4년(1300)에 張明遠이 개판한 판본을 祖本으로 하고, 약간의 異同이 있지만 유포본이라 한다. 유

---

45) 「示逾上人」(X69-470a). 「示璨上人」(『X69-463c), 「示慧禪人」(X69-464c) 등에서 인용된 내용을 통해 확인된다.

46) 「示逾上人」 『心要』 上(X69-470a).

47) 『圓悟語錄』 13, T47-773c.

48) 「示華藏明首座」 『心要』 上(X69-453c).

49) 원오는 『심요』에서 수행이란 각자 본래 갖추고 있는 본래 맑고 밝은 無爲無事의 마음을 강조하지만, 이 '本分事'의 도리를 실제 깨닫고 증명하지 않으면서 무위무사로 날마다 지내는 것을 부정한다. 이는 「示蘊初監寺」(X69-460c), 「示悟侍者」(X69-494c) 등에 잘 드러난다. 岩村康夫, 「圓悟克勤の『心要』」, 『印度學佛教學研究』 43-1, 1994, 251쪽.

50) 원오의 『격절록』도 『염송집』에 전혀 인용되어 있지 않다.

포본은 중국, 일본에서 반복적으로 중각되었고, 이본이 없는 특징을 갖고 있다. 그 이전의 송대의 형태를 전하는 유일한 사본이 도겐이 일본에 가져온 『佛果碧巖破關擊節』이다. 이는 귀국 직전의 도겐이 白山權現의 도움을 받아 하룻밤에 書寫했다고 하는 전설이 있기 때문에 一夜本 또는 一夜碧巖 등으로 통칭된다. 『설두송고』와 유포본『벽암록』에는 본칙의 배열 자체가 다르지만, 일야본의 구성은『설두송고』와 일치하고, 그것이 송대의 오랜 형태를 전하는 것을 방증한다.[51]

그러면『벽암록』이 고려 선종계에 어떻게 수용되었으며, 그 이해 수준은 어떠할까. 이에 대해 확인할 수 있는 자료가 거의 남아 있지 않아 구체적인 사정을 알 수 없다.[52] 다만, 최남선이 忠肅王 4년(1317)에 간행된『벽암록』을 소장하였다고 하므로 고려시대에『벽암록』이 간행되었던 것으로 보인다.[53]

이와 같이『벽암록』이 고려 선종계에 수용되고 간행된 양상을 확인할 수 없지만, 『선문염송설화』에『벽암록』이 꽤 인용되어 있으므로 고려 선종계에서 어떻게 이해되었는가를 확인할 수 있다.[54] 그 외에『선문보장록』卷中에 1회 인용되어 있다.[55] 이러한 사실은 고려 선

---

51) 末木文美士, 「『碧巖錄』の諸本について」, 『禪文化研究所紀要』18, 1992 참조.

52) 『벽암록』은 중국, 한국에 비해 일본에서 대단히 많이 간행되었다. 특히, 『벽암록』의 주석서는 유독 일본에서 많이 저술되었다. 에도시대 이전의 저술만을 헤아려도 50종을 넘을 정도이다. 駒澤大學圖書館編, 『新纂禪籍目錄』, 1962, 426~432쪽; 末木文美士, 「『碧巖錄』の注釋書について」, 『松ヶ岡文庫研究年報』 7, 1993.

53) 『朝鮮佛敎典籍展覽會目錄』14쪽(椎名宏雄, 『宋元版禪籍の硏究』, 大東出版社, 1993, 67쪽에서 재인용). 그러나 현재 실물이 남아 있지 않으며, 한국고전적종합목록시스템(www.nl.go.kr/korcis)이나 다른 고서목록을 통해서 확인할 수 없다. 『벽암록』은 조선 세조 11년(1465)에 간행된 활자본, 1526년에 간행된 목판본을 제외하고 조선시기에도 그다지 간행되지 않았던 것으로 보인다. 藤本幸夫, 「大東急記念文庫藏朝鮮版について(下)」, 『かがみ』22, 1987; 송정숙, 「『불과원오선사벽암록』의 편찬과 수용」, 『서지학연구』60, 2014 참조.

54) 『벽암록』은 『禪門拈頌說話』에 28회 인용되어 있는데, 『염송집』의 본칙 기준으로 하면 6, 16, 62, 98, 146, 208, 209, 281, 342, 374, 408, 409, 418, 434, 438, 532, 726, 1006, 1011, 1012, 1015, 1042, 1221, 1282, 1350칙 등이다. 이에 대한 문제는 따로 검토하고자 한다.

종계에서 『벽암록』이 어느 정도 수용되었던 양상을 보여 준다. 이에 대한 구체적인 내용 분석과 의미 부여가 이루어져야 하겠지만, 대체적으로 고려후기 선종계에서 『벽암록』이 중시된 것으로 보이지 않는다. 그것은 『염송집』에 수록된 원오의 착어 중에 『벽암록』에서 인용된 것이 전혀 없다는 사실에서 잘 드러난다.

이에 대한 문제는 뒤에서 다시 살펴보기로 하고, 『벽암록』이 『염송집』의 전체 구성에 영향을 미치거나 본칙에 인용된 것은 없을까. 이를 확인하기 위해 필자는 『벽암록』의 본칙 전체를 모두 『염송집』과 비교하여 뒤의 〈표 IV-35〉와 같이 정리하였다.

표에서 알 수 있듯이 본칙은 2칙을 제외하고 모두 중복된다. 그러나 비고에서 제시한 바와 같이 『염송집』의 본칙은 대부분 『통요』에서 인용된 것이며, 그 외에 『송고연주』, 『연등회요』 등을 참조하거나 일부 인용한 것으로 보인다.[56] 더욱이 『벽암록』의 본칙 100칙과 관련이 있는 공안에 원오의 착어가 수록된 경우가 1/3에 불과하다. 이러한 사실을 통해 수선사는 공안집으로서 『벽암록』을 특별히 주목하지 않았으며, 『염송집』의 본칙 구성에도 거의 참조하지 않았던 것으로 보인다.

이러한 경향은 수선사에서 공안선을 어떻게 이해하였는가?라는 문제와 직접 관련되며, 공안집인 『염송집』의 문헌적 성격을 규명하는 문제와 관련된다. 그러면 『염송집』에 『벽암록』에서 제시된 원오의 평창이 전혀 인용되지 않았던 것을 어떻게 이해할 수 있을까.

원오가 광장설을 한 평창은 분량이 많고 내용도 대단히 중요하다. 거기에는 다른 일화와 문답을 인용하면서 원오 자신의 관점을 강의하면서 자주 동시대의 통설을 비판하면서 본칙에 대한 새로운 해석

---

55) 『한불전』 6, 477쪽.
56) 본칙 구성에서도 차이가 나는데, 예를 들어 『벽암록』 70, 71, 72칙은 『염송집』에 하나의 본칙으로 구성되어 있다.

이 서술되어 있다.57)

그것은 다름이 아니라 당시 송대 선의 과제와 관련된다. 본래 '作用卽性'과 '無事'는 '卽心是佛'이라는 근본이념의 구체적인 표현으로서 馬祖禪으로 대표되는 唐代 선의 기조를 이루는 것이다. 이러한 당대 선은 본래 있는 그대로의 본성(=佛性)을 강조하므로 수행도 깨달음도 필요 없다고 주장하게 되면서 부정적인 폐단을 초래하였고, 송대 선승들은 이러한 주장을 비판적인 어감에서 無事禪이라고 불렀다.

이러한 무사선의 풍조는 송대 선종계에서도 폭넓게 확산되었으며, 그에 대한 비판이 북송 대에 서서히 제기되었다. 가령 운문종의 늑담회징의 법이 무한의 향상이라고 하는 운문문언 본래의 정신을 잃고 무사선적 종풍에 빠졌으며, 그로 인해 황룡혜남이 운문종에서 임제종으로 전향하게 되었다.58)

그런데 황룡혜남에게는 무사선적 종풍과 무사선 비판이라는 두 관점이 아울러 있었다. 그 가운데 무사선의 경향은 황룡혜남 문하의 동림상총에 수용되었고, 후자의 논점은 황룡혜남의 제자인 진정극문에 계승되어 동림상총에 대한 비판으로서 전개되었다. 이러한 진정의 무사선 비판은 후에 원오, 대혜의 선의 형성에 커다란 영향을 미쳤다.59)

원오는 젊은 날에 무사선의 종풍에 깊이 빠졌지만, 진정극문과 오조법연의 영향에 의해 그것을 타파하고, 무사선 비판의 관점을 획득하였다. 그러나 원오는 무사를 일방적으로 파기하는 것이 아니라, 그

---

57) 小川隆, 『語錄の思想史』, 岩波書店, 2011, 152~155쪽.

58) 西口芳男, 「黃龍慧南の臨濟宗轉向と泐潭懷澄: 附錄『宗門撫英集』の位置とその資料的價値」, 『禪文化硏究所紀要』 16, 1990 참조.

59) 石井修道, 「眞淨克文の人と思想」, 『駒澤大學佛敎學部硏究紀要』 34, 1976, 14쪽. 이러한 진정의 무사선에 대한 비판은 대혜종고에 계승되어 『宗門武庫』를 비롯하여 4권본 『普說』 권3 등에 간화선의 골격으로서 계승되었다. 土屋太祐, 「眞淨克文の無事禪批判」, 『印度學佛敎學硏究』 51-1, 2002 참조.

것을 대오를 거친 다음에 본래무사로 되돌아갔던 것이다.[60]

한편, 활구의 설이 오대·북송 초에 운문종에서 제기되었고, 빠른 시기에 임제종의 선승들에게 수용되었다. 적어도 활구의 설이 북송의 초기부터 선문 중에 널리 이용되어, 당대 선과는 다른 송대 선 독자의 경향이 형성되었다. 그러나 당대 선에 있어서 참신한 사상이었던 무사가 어느덧 타성적인 현실긍정으로 타락해 갔던 것처럼 활구의 설도 곧 사고의 단락적 방기와 불가해한 것으로의 안이한 의존에 빠져가는 것을 피할 수 없었다. 송대 선에 있어서 선문답이 탈의미적, 몰논리적인 것으로 변화해 갔고, 남송 시대에는 그러한 안이한 통속화의 폐해가 확산되었다.

이러한 상황에서 원오는 『벽암록』을 통해 종래의 공안에의 해석, 논평의 범위를 넘어서는 강렬한 실천에의 지향을 제시하였다. 원오는 착어와 평창을 통해 신랄한 비평을 더하였고, 그것은 공안 비평이라는 형식에 그친 것이 아니라 무사선에 빠진 송대 선의 흐름을 새로운 방향으로 제시하였다.[61]

그것은 결국 무사선에 반대하면서 학인에게 철저하게 대오할 것을 요구하는 방향으로 귀결되었다. 다만 그 대오의 체험이 어떻게 해서 가능한 것인가를 『벽암록』에서 하나의 명확한 초점으로 제시하지는 않고 있다. 다만, 자각적인 하나의 방법에 집약되면 필연적으로 간화선에 귀결될 것이라는 요소가 원오의 평창에 싹트고 있었다. 따라서 『벽암록』은 북송의 문자선을 집대성하면서, 그것을 간화선으로 전환하는 단초를 연 문헌이었다. 다시 말해 『벽암록』은 문자선의 도달점이면서 동시에 간화선의 기점이기도 한 문헌이었다.[62]

---

60) 小川隆, 앞의 책, 第二章 第四節 참조.

61) 土屋太祐, 「北宋期禪宗の無事禪批判と圜悟克勤」, 『東洋文化』 83, 2003; 「公案禪の成立に關する試論: 北宋臨濟宗の思想史」, 『駒澤大學禪硏究所年報』 18, 2007 참조.

62) 小川隆, 앞의 책, 第二章 第五節 참조.

이상에서 살펴본 바와 같이『염송집』에는 원오 선의 핵심적인 내용과 특징이 드러나지 않는다. 이러한 경향은 특히『벽암록』의 평창을 통해 원오가 무사선을 비판하면서 학인에게 철저하게 깨달을 것을 요구하는 내용이『염송집』에 전혀 인용되지 않은 데에서 잘 드러난다.

이와 같이 원오의 저작에서 인용된 착어를 통해 보면『염송집』은 공안 비평이라는 문자선의 이해에 초점을 맞추어 편찬되었던 공안집이라는 사실을 확인할 수 있다. 또한『염송집』에 문자선에서 간화선으로 나아가는 문제 인식이 드러나지 않는 것은 비록 수선사가 간화선을 수용하고 있던 단계이지만 그렇게 높은 이해 수준과 거리가 있다는 사실을 보여 준다. 이에 대해서는 다음 절에서 대혜 저작의 수용 문제를 통해 더 구체적으로 살펴보기로 한다.

〈표 IV-34〉『염송집』에 인용된 원오의 착어 일람[63]

번호	『염송집』착수 (조사)	착어	출전	비고
1	1 (世尊)	頌古	『頌古』下(『圓』 19, T47-800c)	
2	2 (世尊)	頌古 拈古	『頌古』下(『圓』 19, T47-803b) 『拈古』中(『圓』 17, T47-792c)	
3	4 (世尊)	法語	「示勝首座」(『圓』 16, T47-786c)	
4	8 (世尊)	小參 擧云	『圓』 11, T47-764a 『圓』 5, T47-737a	
5	13 (世尊)	小參擧云	「益國夫人請小參」(『圓』 11, T47-762a)	
6	16 (世尊)	頌古 拈古	『頌古』上(『圓』 18, T47-799b) 『拈古』中(『圓』 17, T47-792a)	
7	32 (世尊)	頌古	『頌古』上(『圓』 18, T47-798c)	『普燈』 27, X79-462c 『聯珠』 3, X65-488b
8	33 (世尊)	頌古 拈古 小參云	『頌古』下(『圓』 19, T47-805a) 『拈古』中(『圓』 17, T47-792a) 「解夏小參」(『圓』 17, T47-762b)	『聯珠』 3, X65-489c

---

63) 원오의 저작은 大正新脩大藏經 권47, 大日本續藏經 등에 수록된 것을 이용하였다.『圓悟語錄』은『圓』으로 줄여 표기하였다.

9	44（涅槃經）	頌古	『頌古』下（『圓』19, T47-805a)	단독
10	48（圓覺經）	頌古	『頌古』上（『圓』18, T47-799a)	『聯珠』5, X65-499b
11	62（維摩）	擧云	『拈古』上（『圓』16, T47-789c)	
12	70（舍利佛）	拈古 拈古	『拈古』上（『圓』16, T47-735a) 『圓』5, T47-790a	
13	71（舍利佛）	頌古 拈古	「頌月上女因緣」（『圓』20, T47-807a) 『拈古』下（『圓』18, T47-797b)	『聯珠』3, X65-490a
14	77（月氏國王）	頌古 拈古	『圓』5, T47-737a 『圓』5, T47-737a	『聯珠』40, X65-728c 『普燈』, X79-421c 단독
15	112（六祖慧能）	頌古	『頌古』上（『圓』18, T47-799b)	
16	146（南陽慧忠）	頌古	『頌古』下（『圓』19, T47-803c)	『聯珠』8, X65-520c
17	150（淸源行思）	頌古	『頌古』上（『圓』18, T47-798c)	『聯珠』10, X65-528a
18	153（淸源行思）	普說擧云	『圓』13, T47-775a	
19	155（崇山峻極）	拈古	『拈古』上（『圓』16 T47-790b)	
20	157（馬祖道一）	頌古	『頌古』上（『圓』18, T47-800a)	
21	159（馬祖道一）	頌古64) 頌古65)	『頌古』下（『圓』19, T47-801a24) 『頌古』下（『圓』19, T47-801a27)	『聯珠』9, X65-524c
22	161（馬祖道一）	擧云 擧云 擧云 小參擧云	「示逾上人」（『心要』上, X69-470a) 「示照禪人」（『心要』上, X69-472b) 「示張國太」（『心要』下, X69-480b) 『圓』11, T47-765a	
23	163（馬祖道一）	擧云	『圓』2, T47-721a	단독
24	164（馬祖道一）	上堂 擧云 小參	『圓』7, T47-746a 『拈古』下（『圓』18, T47-796a) 「結夏小參」（『圓』10, T47-759a)	
25	168（馬祖道一）	擧云	『拈古』中（『圓』17, T47-793a)	
26	172（石頭希遷）	頌古	『頌古』下（『圓』19, T47-802c)	
27	177（百丈懷海）	頌古	『頌古』下（『圓』19, T47-801b)	『聯珠』10, X65-529c
28	181（百丈懷海）	頌古 擧云	『頌古』上（『圓』18, T47-798b) 『拈古』上（『圓』16, T47-789a)	
29	182（百丈懷海）	頌古	『頌古』下（『圓』19, T47-801c)	
30	184（百丈懷海）	頌古	『頌古』下（『圓』19, T47-804a)	『聯珠』10, X65-531c
31	185（百丈懷海）	上堂	『圓』7, T47-744a	
32	192（三角總印）	擧云	『拈古』上（『圓』16, T47-790a)	
33	194（麻谷寶徹）	頌古	『頌古』下（『圓』19, T47-801c)	『聯珠』12, X65-544a 『普燈』X79-462c

34	206 （南泉普願）	拈古	『拈古』上（『圓』16, T47-791a）	
35	209 （南泉普願）	頌古 拈古	『頌古』下（『圓』19, T47-802b） 『拈古』中（『圓』17, T47-795b）	『聯珠』16, X65-573c
36	210 （南泉普願）	拈古	?	
37	211 （南泉普願）	頌古 拈古	『頌古』上（『圓』18, T47-800a） 『拈古』下（『圓』18, T47-797b）	
38	215 （南泉普願）	頌古 拈古	『頌古』下（『圓』19, T47-804c） 『拈古』中（『圓』17, T47-792b）	『聯珠』10, X65-533b
39	222 （南泉普願）	拈古	『拈古』下（『圓』18, T47-797c）	
40	256 （歸宗智常）	擧云	『圓』6, T47-742a	
41	262 （歸宗智常）	擧云	『圓』13, T47-774a	單獨
42	264 （歸宗智常）	頌古	『頌古』下（『圓』19, T47-805b）	『聯珠』11, X65-540b
43	266 （大梅法常）	頌古 拈古	『頌古』上（『圓』18, T47-799c） 『拈古』下（『圓』18, T47-798a）	『聯珠』12, X65-541c
44	267 （大梅法常）	擧云	『拈古』下（『圓』18, T47-797a）	
45	273 （洪州水潦）	心要曰	「示慧禪人」（『心要』上, X69-464c）	
46	276 （百丈惟政）	頌古	『頌古』上（『圓』18, T47-798b）	『聯珠』12, X65-546b
47	281 （金牛和尙）	頌古	『頌古』下（『圓』19, T47-804c）	『聯珠』13, X65-551c
48	282 （金牛和尙）	頌古 拈古	『頌古』上（『圓』18, T47-800a） 『拈古』下（『圓』18, T47-796b）	
49	293 （五洩靈默）	擧云	『圓』13, T47-772c	
50	298 （烏臼和尙）	擧云	『拈古』上（『圓』16, T47-789b）	
51	312 （龐蘊居士）	擧云	『圓』8, T47-749a	
52	320 （丹霞天然）	頌古	『頌古』下（『圓』19, T47-801a）	
53	324 （藥山惟儼）	擧云	『圓』13, T47-772a	
54	325 （藥山惟儼）	頌古 小參擧云	『頌古』下（『圓』19, T47-803a） 『圓』12, T47-767c	『聯珠』14, X65-557a
55	331 （藥山惟儼）	頌古	『頌古』上（『圓』18, T47-800b）	『聯珠』14, X65-557c 單獨
56	332 （藥山惟儼）	拈古	『拈古』上（『圓』16, T47-790a）	
57	338 （藥山惟儼）	拈古	『拈古』中（『圓』17, T47-792a）	
58	339 （藥山惟儼）	擧云	『拈古』中（『圓』17, T47-795a）	
59	342 （藥山惟儼）	頌古	『頌古』下（『圓』19, T47-801c）	『聯珠』14, X65-559a
60	357 （潙山靈祐）	云	「禮侍者斷七請普說」 （『大慧錄』17, T47-883b）	『聯燈』, 144b

61	361 (潙山靈祐)	拈古	『拈古』中(『圓』17, T47-791b)	단독
62	376 (潙山靈祐)	擧云	『圓』15, T47-784c	『心要』, X-482b
63	383 (潙山靈祐)	拈古	『拈古』上(『圓』16, T47-790a)	
64	384 (潙山靈祐)	頌古	『頌古』下(『圓』19, T47-805b)	『聯珠』15, X65-564a 단독
65	390 (黃蘗希運)	上堂擧云	『圓』6, T47-742a	
66	393 (黃蘗希運)	擧云	『圓』12, T47-770b	
67	407 (趙州從諗)	頌古	『頌古』下(『圓』19, T47-803c)	
68	408 (趙州從諗)	拈古	『拈古』中(『圓』17, T47-793b)	
69	409 (趙州從諗)	頌古	『頌古』下(『圓』19, T47-802b)	
70	412 (趙州從諗)	頌古 心要云	『頌古』下(『圓』19, T47-804b) 「示諭上人」(『心要』上, X69-470a)	『聯珠』18, X65-586a
71	413 (趙州從諗)	頌古	『頌古』下(『圓』19, T47-802c)	『聯珠』19, X65-589c
72	433 (趙州從諗)	頌古 拈古	『頌古』上(『圓』18, T47-799c) 『拈古』上(『圓』16, T47-789b)	『聯珠』18, X65-583c
73	436 (趙州從諗)	拈古 小參擧云	『拈古』中(『圓』17, T47-794b) 『圓』12, T47-768b	
74	468 (趙州從諗)	拈古	『拈古』上(『圓』16, T47-790b)	
75	490 (長沙景岑)	頌古	『頌古』下(『圓』19, T47-801b)	
76	491 (長沙景岑)	拈古	『拈古』中(『圓』17, T47-794b)	
77	492 (長沙景岑)	拈古	『拈古』中(『圓』17, T47-794a)	
78	514 (鎭州普化)	拈古	『拈古』中(『圓』17, T47-794a)	
79	525 (道吾宗智)	拈古	『拈古』下(『圓』18, T47-797c)	
80	532 (道吾宗智)	頌古	『頌古』上(『圓』18, T47-799b)	『聯珠』17, X65-577a
81	540 (石室善道)	拈古	『拈古』中(『圓』17, T47-792a)	단독
82	550 (于迪相公)	擧云	『圓』13, T47-773c	단독
83	552 (金華俱胝)	擧云	「示材知莊」(『圓』15, T47-780b)	『심요』, X69-462b
84	553 (末山尼)	云	「示若虛庵主修道者」(『心要』上, X69-46 5a)	
85	564 (漸源仲興)	頌古 擧云 擧云	『頌古』上(『圓』18, T47-798b) 『拈古』中(『圓』17, T47-793c) 『拈古』中(『圓』17, T47-791c)	『聯珠』24, X65-625b
86	576 (仰山惠寂)	頌古	『頌古』下(『圓』19, T47-802c)	『聯珠』12, X65-545b
87	586 (仰山惠寂)	擧云	『圓』9, T47-753b	
88	590 (靈雲志勤)	頌古 頌古	『頌古』下(『圓』19, T47-802a13) 『頌古』下(『圓』19, T47-802a14)	송고 나눠 인용

		拈古	『拈古』中(『圓』17, T47-791c)	
		拈古	『拈古』下(『圓』18, T47-797a)	
89	591 (靈雲志勤)	拈古	『拈古』上(『圓』16, T47-790b)	
90	616 (臨濟義玄)	拈古	『拈古』中(『圓』17, T47-791b)	
91	636 (睦州道蹤)	拈古	『拈古』中(『圓』17, T47-792b)	
92	646 (睦州道蹤)	拈古	『拈古』上(『圓』16, T47-789b)	
93	666 (德山宣鑒)	頌古	『頌古』上(『圓』18, T47-798a)	
94	667 (德山宣鑒)	頌古	『頌古』上(『圓』18, T47-798b)	『聯珠』23, X65-619a
		拈古	『拈古』中(『圓』17, T47-791b)	
95	668 (德山宣鑒)	拈古	「示華藏明首座」 (『心要』上, X69-453c)	
96	686 (洞山良价)	頌古	『頌古』下(『圓』19, T47-804a)	『聯珠』24, X65-622a
97	687 (洞山良价)	頌古	『頌古』上(『圓』18, T47-799c)	
98	690 (洞山良价)	拈古	『拈古』中(『圓』17, T47-793b)	
99	695 (洞山良价)	拈古	『拈古』中(『圓』17, T47-793a)	
100	725 (夾山善會)	頌古	『頌古』上(『圓』18, T47-800b)	『聯珠』25, X65-629a
		拈古	『拈古』上(『圓』16, T47-789c)	
101	733 (投子大同)	拈古	『拈古』中(『圓』17, T47-795a)	
		上堂擧云	『圓』4, T47-433a	
102	750 (鎭州保壽)	小參擧云	『圓』12, T47-768c	
103	751 (三聖慧然)	拈古	『拈古』下(『圓』18, T47-796b)	
104	760 (興化存獎)	拈古	『拈古』中(『圓』17, T47-794b)	『普燈』, X79-454a
105	761 (興化存獎)	拈古	『拈古』中(『圓』17, T47-795b)	
106	784 (雪峯義存)	頌古	『頌古』下(『圓』19, T47-803a)	
107	785 (雪峯義存)	頌古	『頌古』上(『圓』18, T47-799a)	『聯珠』29, X65-652b
108	786 (雪峯義存)	拈古	『拈古』上(『圓』16, T47-790c)	
109	788 (雪峯義存)	頌古	『頌古』下(『圓』19, T47-801a)	『普燈』, X79-454a
		拈古	『拈古』中(『圓』17, T47-793c)	
110	790 (雪峯義存)	頌古	『頌古』下(『圓』19, T47-802a)	『普燈』, X79-462c
111	792 (雪峯義存)	頌古	『頌古』下(『圓』19, T47-804c)	『聯珠』29, X65-654c
		拈古	『拈古』上(『圓』16, T47-790c)	
112	795 (雪峯義存)	頌古	『頌古』下(『圓』19, T47-802b)	『聯珠』28, X65-651c
113	801 (雪峯義存)	拈古	『拈古』中(『圓』17, T47-794c)	
114	810 (雪峯義存)	頌古	『頌古』下(『圓』19, T47-803b)	『聯珠』28, X65-650a
115	825 (雪峯義存)	上堂擧云	『圓』3, T47-725c	

116	826 (巖頭全豁)	拈古	『拈古』中(『圓』 17, T47-795b)	
117	868 (華嚴休靜)	拈古	『拈古』中(『圓』 17, T47-795c)	
118	869 (疎山光仁)	頌古	『頌古』下(『圓』 19, T47-804b)	『聯珠』 30, X65-662a
119	871 (疎山光仁)	頌古	『頌古』下(『圓』 19, T47-803c)	단독
120	883 (曹山本寂)	拈古 舉云	『圓』 10, T47-761a 「示超然居士趙判監」(『圓』 16, T47-787b)	
121	894 (龍牙居遁)	拈古	『拈古』下(『圓』 18, T47-796c)	
122	901 (龍牙居遁)	頌古	『頌古』上(『圓』 18, T47-799a)	
123	911 (白水本仁)	頌古	『頌古』上(『圓』 18, T47-800b)	『聯珠』 30, X65-664b
124	917 (越州乾峯)	頌古 拈古	『頌古』上(『圓』 18, T47-799b) 『圓』 3, T47-726b	『聯珠』 30, X65-663a
125	919 (越州乾峯)	頌古	『頌古』下(『圓』 19, T47-802a)	
126	922 (京兆蜆子)	頌古	『圓』 11, T47-963b	단독
127	923 (霍山景通)	舉云 舉云	『拈古』中(『圓』 17, T47-794c) 『拈古』中(『圓』 17, T47-794c)	연속 염고
128	976 (保福從展)	拈古	『拈古』中(『圓』 17, T47-794c)	
129	981 (玄沙師備)	舉云	『拈古』中(『圓』 17, T47-795a)	
130	986 (玄沙師備)	拈古	『拈古』中(『圓』 17, T47-795c)	
131	988 (玄沙師備)	舉云	『拈古』下(『圓』 18, T47-797a)	
132	990 (玄沙師備)	拈古	『拈古』中(『圓』 17, T47-793c)	
133	1008 (雲門文偃)	頌古	『頌古』上(『圓』 18, T47-800c)	『聯珠』 34, X65-686a
134	1009 (雲門文偃)	頌古	『頌古』下(『圓』 19, T47-802b)	
135	1010 (雲門文偃)	頌古	『頌古』下(『圓』 19, T47-801c)	『聯珠』 33, X65-685a
136	1011 (雲門文偃)	頌古	『頌古』下(『圓』 19, T47-803a)	『聯珠』 32, X65-677c 『普燈』, X79-462c
137	1012 (雲門文偃)	頌古	『聯珠』 32, X65-678a	
138	1014 (雲門文偃)	頌古	『頌古』下(『圓』 19, T47-804c)	
139	1015 (雲門文偃)	拈古 上堂舉云	『拈古』下(『圓』 18, T47-796c) 『圓』 8, T47-748c	
140	1018 (雲門文偃)	頌古	『頌古』中(『圓』 18, T47-800b)	
141	1019 (雲門文偃)	頌古	『頌古』下(『圓』 19, T47-805a)	
142	1020 (雲門文偃)	頌古	『頌古』下(『圓』 19, T47-805a)	
143	1041 (雲門文偃)	頌古 拈古	『頌古』上(『圓』 18, T47-798c) 『拈古』上(『圓』 16, T47-789a)	『聯珠』 33, X65-684c

144	1042 (雲門文偃)	拈古	『拈古』中(『圓』17, T47-795c)	『聯珠』33, X65-681b
145	1045 (雲門文偃)	拈古 上堂	『拈古』中(『圓』17, T47-793b) 『圓』8, T47-743c	
146	1046 (雲門文偃)	拈古	『拈古』上(『圓』16, T47-789a)	
147	1047 (雲門文偃)	擧云	『拈古』下(『圓』18, T47-796a)	
148	1057 (雲門文偃)	頌古	『頌古』下(『圓』19, T47-800c)	『聯珠』33, X65-685b 단독
149	1060 (雲門文偃)	上堂擧云 小參擧云	『圓』8, T47-748b 『圓』10, T47-758b	
150	1063 (雲門文偃)	拈古	『拈古』上(『圓』16, T47-790c)	
151	1070 (雲門文偃)	拈古	『拈古』中(『圓』17, T47-794b)	
152	1108 (長慶慧稜)	拈古	『拈古』中(『圓』17, T47-795c)	단독
153	1110 (長慶慧稜)	拈古	『拈古』中(『圓』17, T47-792b)	
154	1111 (長慶慧稜)	拈古 拈古	『拈古』中(『圓』17, T47-792b) 『拈古』中(『圓』17, T47-792b)	
155	1118 (鏡淸道怤)	拈古	『拈古』上(『圓』16, T47-791a)	
156	1119 (鏡淸道怤)	頌古	『頌古』下(『圓』19, T47-804c)	『聯珠』32, X65-675a
157	1121 (鏡淸道怤)	頌古 拈古	『頌古』下(『圓』19, T47-801b) 『拈古』中(『圓』17, T47-791c)	『聯珠』32, X65-676a
158	1128 (翠嚴令參)	擧云	『拈古』上(『圓』16, T47-789a)	『圓』天下 無
159	1133 (太原孚上座)	頌古 拈古	『頌古』上(『圓』18, T47-799b) 『拈古』中(『圓』17, T47-791b)	『聯珠』32, X65-676b
160	1163 (鎭州2世寶壽)	拈古	『拈古』上(『圓』16, T47-790c)	
161	1164 (鎭州2世寶壽)	拈古 拈古	『拈古』中(『圓』17, T47-792b) 『拈古』下(『圓』18, T47-796b)	
162	1222 (巴陵顥鑑)	擧云	『拈古』中(『圓』17, T47-793c)	
163	1224 (香林澄遠)	拈古 擧云	『拈古』下(『圓』18, T47-797b) 『拈古』中(『圓』17, T47-793c)	
164	1226 (香林澄遠)	頌古	『頌古』下(『圓』19, T47-801c)	『聯珠』36, X65-699b
165	1229 (洞山守初)	頌古	『頌古』下(『圓』19, T47-802a)	
166	1230 (洞山守初)	頌古	『頌古』下(『圓』19, T47-802b)	『聯珠』36, X65-700c
167	1241 (五祖師戒)	頌古	『頌古』上(『圓』18, T47-800b)	『聯珠』37, X65-707b
168	1247 (風穴延昭)	頌古 拈古	『頌古』下(『圓』19, T47-804a) 『拈古』上(『圓』16, T47-789c)	『聯珠』35, X65-693b
169	1290 (法眼文益)	上堂擧云 心要擧云	『圓』7, T47-744a 「示璨上人」(『心要』上, X69-463c)	『聯珠』36, X65-704a

170	1307 (修山主)	拈古	『拈古』下(『圓』18, T47-797c)	단독
171	1309 (修山主)	拈古	『拈古』下(『圓』18, T47-797c)	
172	1350 (天平從猗)	頌古	『頌古』下(『圓』19, T47-803c)	『聯珠』37, X65-711c
173	1353 (雪竇重顯)	擧云	『圓』2, T47-722c	단독
174	1379 (瑯琊慧覺)	頌古	『頌古』下(『圓』19, T47-801b)	『聯珠』38, X65-714b
175	1418 (五祖法演)	拈古	『拈古』上(『圓』16, T47-790a)	
176	1427 (金陵賣誌)	拈古	『拈古』中(『圓』17, T47-792b)	
177	1441 (瓛瓚)	拈古	『拈古』下(『圓』18, T47-796c)	

〈표 IV-35〉 『벽암록』과 『선문염송집』의 비교[66)

『벽암록』칙수 (공안)	『염송』칙수	원오 착어	비고
1 (武帝問達磨)	98		『통요』89(20d) 동일, 『통요』一聖師 : 誌公(『연주』)『통요』본칙만, 雪竇頌 무
2 (趙州至道無難)	413		『통요』383 동일, 『연』
3 (馬大師不安)	169		『연주』X65-526b(본칙, 설두송 등)
4 (德山挾複子)	666	송고	『통요』162a(931칙), 『연등』172
5 (雪峰盡大地)	788	송고, 염고	『통요』180b(1029칙), 『연등』185
6 (雲門十五日)	1009	송고	『연주』678a, 『운문광록』
7 (法眼答慧超)	1290	상당, 심요	『연주』340칙
8 (翠巖夏末示衆)	1128		『통요』208a(1203), 『연주』676b8, 『연등』214c3, 세주 法眞守一 착어 추가
9 (趙州東西南北)	410		본칙 후반 차이, 『연등』60a
10 (睦州問僧甚處)	643		『통요』107a(591), 『연』
11 (黃蘗酒糟漢)	390	상당	『통요』88d(492), 『연』
12 (洞山麻三斤)	1230	송고	『연주』700a, 『연등』227a
13 (巴陵銀椀裏)	1219		『연주』698a, 『연등』225b
14 (雲門對一說)	1019		『연주』412a(만)
15 (雲門到一說)	1020		『연주』

---

64) 세주에 此頌卽心卽佛.

65) 세주에 此頌非心非佛.

66) 『벽암록』은 入矢義高·溝口雄三·末木文美士·伊藤文生 譯注, 『碧巖錄』上中下(東京: 岩波書店, 1997)를 이용하였으며, 『宗門統要集』은 柳田聖山·椎名宏雄 編, 『禪學典籍叢刊』제1권(京都: 臨川書店, 1999)을 이용하였다.

16 (鏡淸草裏漢)	1122		『통요』 205d(1185), 『연주』
17 (香林西來意)	1225		『연주』 698b
18 (肅宗請塔樣)	146	송고	『통요』 128, 『연』
19 (俱胝指頭禪)	552	거운	『통요』 523,
20 (龍牙西來意)	894	염고	『통요』 977,
21 (智門蓮花荷葉)	1281		『연주』 707b, 『연등』 236c
22 (雪峯鼈鼻蛇)	789		『통요』 178a(1018), 『연주』 650c, 『연등』 125b
23 (保福妙峰頂)	1109		『벽암록』만 인용
24 (劉鐵磨台山)	374		『통요』 83d(453), 『연주』 565b16, 『연등』 66c9
25 (蓮華庵主不住)	1285		『통요』 224a(1295), 『연주』(중수) 708b
26 (百丈奇特事)	182	송고	『연주』 530b21, 『연등』 42c5
27 (雲門體露金風)	1015	염고, 상당	『연주』 682b22
28 (涅槃和尙諸聖)			『염송집』 226칙과 비슷, 내용 차이 『통요』 49c(237), 『연주』 546a 동일
29 (大隨劫火洞然)	846		『통요』 118a(650), 『염송집』과 동일, 又問修山 主이하『벽암』에 생략 『연주』 611b4, 又問修山主이하 後到投子내용 차이
30 (趙州大蘿蔔)	409	송고	『연주』 583a12, 『연등』 60c6
31 (麻谷振錫遶床)	194	송고	『통요』 55a(275), 『연주』 543c
32 (臨濟佛法大意)	767		『통요』 123d(693), 『연주』 605c, 『연등』 97a
33 (陳尙書看資福)	1194		『통요』 124c(699), 『연등』 98a16
34 (仰山問甚處來)	568		『통요』 97c(530), 『연등』 75b
35 (文殊前三三)	1436		『통요』 38b(173), 『대장일람』
36 (長沙一日遊山)	493		『통요』 80b(428), 『연주』 570a, 『연등』 62b
37 (盤山三界無法)	253		『연주』 542c, 『연등』 45b(후반 차이)
38 (風穴鐵牛機)	1247	송고, 염고	『통요』 129d(724), 『연주』 693b(원문 동일, 원 오 송고도 수록)『연등』 102b(전반부만 인용)
39 (雲門金毛獅子)	1017		『연주』 683b, 『연등』 210a
40 (南泉如夢相似)	209	송고, 염고	『통요』 50b(243), 『연등』 40b
41 (趙州大死底人)	726		『연주』 627c(傳燈云이하 동일)
42(龐居士好雪片片)	307		『통요』 69d(365), 『연등』 56a
43 (洞山寒暑廻避)	686	송고	『통요』 159c(914), 『연주』 621c, 『연등』 178a
44 (禾山解打鼓)	1181		『통요』 190d(1078), 『연등』 217a(후반 생략)
45 (趙州萬法歸一)	408	염고	『연주』 595b, 『연등』 60c

46 (鏡淸雨滴聲)	1119	송고	『통요』 206c(1192), 『연주』 674c, 『연등』 212c
47 (雲門六不收)	1042		『연주』 681b, 『연등』 209c
48 (王太傅煎茶)	1217		『통요』 216c(1237), 『연등』 230b
49 (三聖以何爲食)	790	송고	『통요』 120a(665), 『연주』 654a, 『연등』 93c
50 (雲門塵塵三昧)	1007		『연주』 680c, 『연등』 210a
51 (雪峯是什麽)	810	송고	『통요』 178b(1019), 『연등』 186c
52 (趙州石橋略彴)	438		『연주』 592a, 『연등』 60a
53 (馬大師野鴨子)	177	송고	『통요』 56d(287), 『연주』 529c, 『연등』 40b
54 (雲門近離甚處)	1036		『통요』 202d(1163)
55 (道吾漸源弔孝)	564	송고, 거운 2	『통요』 156b(894)
56 (欽山一鏃破三關)	915		『통요』 172b(986)
57 (趙州至道無難)	414		『연등』 59b
58 (趙州時人窠窟)	415		『통요』 74b(384) 雪竇云 동일
59 (趙州唯嫌揀擇)	416		『연등』 59b, 雪竇頌 단독
60 (雲門拄杖子)	1006		『연등』 207b
61 (風穴若立一塵)	1249		『통요』 130b(726), 『연주』 693c, 『연등』 102a
62 (雲門中有一寶)	1012		『연주』 677c(설두, 원오 송고 포함)
63 (南泉兩堂爭猫)	207		『통요』 47c(225), 『연등』 39b
64 (南泉問趙州)	207		『통요』 47c(225)
65 (外道問佛有無)	16	송고, 염고	『통요』 11a(27), 『연주』 484a, 『연등』 15b
66 (巖頭什麽處來)	835		『통요』 184b(1061), 『연주』 183b
67 (梁武帝請講經)	1430		『통요』 37c(169), 『연주』 492b, 『벽암』은 講金剛經이나 『염송』을 비롯 모두 講經
68 (仰山問三聖)	587		『통요』 120c(667), 『정법안장』 586c, 『연등』 94a
69 (南泉拜忠國師)	208		『통요』 48c(231), 『연주』 536c, 『연등』 38c
70 (潙山侍立百丈)	185	상당	『통요』 57d(291), 『연주』 530b
71 (百丈倂却咽喉)	185		
72 (百丈問雲巖)	185		『벽암』 3칙(70, 71, 72)이 『염송』은 1칙으로 구성
73 (馬大師四句百非)	164	상당2, 소참2	『통요』 47a(221), 『연주』 527a, 『연등』 37b
74 (金牛和尚呵呵笑)	281	송고	『통요』 65a(334), 『연주』 551b, 『연등』 52c
75 (烏臼問法道)	297		『통요』 66d(346)
76 (丹霞問甚處來)	323		『통요』 144d(808), 『연등』 165b
77 (雲門答餬餅)	1022		『연주』 681b, 『연등』 210a
78 (十六開士入浴)	52		『벽암』과 조금 차이, 『楞嚴經』 조금 차이

79 (投子一切聲)	728		『통요』164b(943), 『연등』181b
80 (趙州孩子六識)	418		『연주』597a
81 (藥山射塵中塵)	342	송고	『통요』142b(787), 『연등』164c
82 (大龍堅固法身)	1278		『연주』696a, 『정법』580a
83 (雲門露柱相交)	1008	송고	『雲門錄』T47-561c18
84 (維摩不二法門)	62	거운	『통요』13b(40), 『연등』16b
85 (桐峰庵主大虫)	774		『통요』123a(684), 『연등』96
86 (雲門有光明在)	1011	송고	『연주』677b, 『운문록』T47-563b
87 (雲門藥病相治)	1010	송고	『연주』684c, 『운문록』T47-557b
88 (玄沙接物利生)	985		『통요』194d(1105), 『연주』669a, 『연등』204c
89 (雲巖問道吾手眼)	532	송고	『통요』149d(844), 『연주』576c
90 (智門般若體)	1282		『연주』707c, 『연등』236c
91 (鹽官犀牛扇子)	199		『통요』53a(261), 『연등』44b
92 (世尊一日陞座)	6		『통요』7c(6), 『연등』13
93 (大光師作舞)	無		
94 (楞嚴經若見不見)	49		『연주』496b, 『연등』17a
95 (長慶有三毒)	1105		『통요』198c(1133), 『연주』673b, 『정법』607a
96 (趙州三轉語)	434		『연주』584a, 『연등』57c
97 (金剛經輕賤)	58		『연주』502c
98 (天平和尙兩錯)	1350	송고	『통요』225c(1307), 『연등』239c
99 (肅宗十身調御)	132		『통요』34c(144), 『연주』518c, 『연등』35c
100 (巴陵吹毛劍)	1220		『연주』698a, 『연등』225b

4. 대혜 저작의 수용과 영향

大慧宗杲(1089~1163)는 송대 선을 대표하는 인물이며, 간화선을 대성하여 동아시아 선종계에 커다란 사상적인 영향을 미쳤다.[67] 나아

---

67) 대혜는 74세 되던 해에 孝宗으로부터 하사받았던 賜號이고, 그의 諱는 宗杲, 諡號가 普
   覺禪師이다. 그 외에 佛日禪師라는 賜號이 있고, 號가 妙喜, 字가 曇晦, 혹은 스스로 無明
   叟라고도 했다. 대혜의 생애는 그의 연보를 통해 구체적으로 알 수 있으며, 대표적인
   성과로 石井修道, 「大慧普覺禪師年譜の硏究(上)(中)(下)」, 『駒澤大學佛敎學部硏究紀要』

가 그의 사상적 영향력은 선종계만이 아니라 朱子를 비롯한 일반 사대부에게도 폭넓게 드러난다. 그런 만큼 대혜의 저작은 그의 생존 시에 이미 간행되었고, 사상계에 널리 확산되어 영향을 미치고 있었다.

대혜의 저작은 크게 4계통으로 나눌 수 있다. 첫째, 30권본『大慧普覺禪師語錄』, 둘째, 2권본『大慧普覺禪師語錄』및『宗門武庫』, 셋째, 4권본『普說』, 넷째,『正法眼藏』등이다.[68] 30권본『대혜어록』은『住徑山能仁禪院語錄』(권1~4),『住育王廣利禪寺語錄』(권5),『再住徑山能仁禪院語錄』(권6),『住江西雲門菴語錄』(권7),『住福州洋嶼菴語錄』(권8),『雲居首座寮秉拂語錄』(권9),『頌古』(권10),『偈頌』(권11),『讚佛祖』(권12),『普說』(권13~18),『法語』(권19~24),『大慧書』(권25~30) 등으로 구성되어 있다. 이 가운데 권1~12까지는 어록이므로 30권본은 어록, 보설, 법어, 서 등 4가지 별행본을 모은 것이다.

30권본『대혜어록』은 대혜의 제자인 普慈蘊聞(?~1179)이 편집하고, 乾道 7년(1171)에 上進하여 다음 해에 入藏을 허가받았다.『대혜어록』은 개인 어록 가운데 최초로 대장경에 수록되었다.[69] 2권본『대혜어록』은 흔히『大慧禪宗雜毒海』또는『雜毒海』라고 불린다. 그러나 2권본이 고려 선종계에 도입된 흔적은 찾아보기 어렵다.

『종문무고』는 소흥 23년(1153)에 대혜가 참선 학인을 위해 이야기한 선림의 일화 120편을 문하 제자인 開善道謙이 집성하여 편찬한 것

37, 38, 40, 1979, 1980, 1982 참조.

68) 대혜 저작에 대한 서지학적, 문헌학적 연구는 石井修道에 의해 본격적으로 제시되었으며, 주요한 성과는 다음과 같다. 石井修道,「大慧語錄の基礎的研究(上)」,『駒澤大學佛敎學部研究紀要』31, 1973;「大慧語錄の基礎的研究(中):『正法眼藏』の出典と『聯燈會要』との關係」,『駒澤大學佛敎學部研究紀要』32, 1974;「大慧語錄の基礎的研究(下): 大慧傳研究の再檢討」,『駒澤大學佛敎學部研究紀要』33, 1975;「大慧宗杲とその弟子たち(四): 大慧の著作について」,『印度學佛敎學研究』21-2, 1973;「大慧宗杲とその弟子たち(九): 大慧の著作について(承前)」,『印度學佛敎學研究』26-2, 1978.

69) 柳田聖山,「大藏經と禪錄の入藏」,『印度學佛敎學研究』20-1, 1972. 이에 대한 구체적인 설명은 椎名宏雄,『宋元版禪籍の研究』, 大東出版社, 1993, 2장 4절 참조.

이다. 4권본『보설』은 대혜의 보설 60편이 수록되어 있으며, 30권본 『대혜어록』에 수록된『보설』(권13~18)과는 내용이 다르다. 이 책은 중국, 일본 선종계에서 단행본으로 간행되어 유통되었으나 고려에 서 간행된 흔적을 찾을 수 없다.

『정법안장』 3권 3책은 선문 5가의 조사 100여 명의 어구 663칙을 채록하고, 그것에 대한 코멘트를 붙인 공안 참구서이다. 제목은 바른 불법의 진수, 선의 근본의를 의미한다. 이를 찬술한 의도는 卷首에 瑯琊慧覺의 칙에 대해 대혜가 이례적으로 붙인 장문 어구의 후반부에 잘 드러난다.

이 책은 대혜가 衡陽에 유배 중에 납승들의 청익에 따라 접화하였던 공안 참구의 집성이며, 소흥 17년(1147)에 沖密, 慧然의 도움을 받아 이루어졌다. 분량적으로 보아도 오랫동안 대혜가 실제로 활용하였던 공안이고, 단순히 문헌으로부터의 채록이 아니라는 점에 커다란 특징이 있다. 뿐만 아니라 각 칙이 종파에 치우치지 않고, 배열도 정해지지 않은 것은 대혜가 학인에게 큰 의심을 내어 심지를 해명하는 것을 첫 번째 의의로 했기 때문이다. 이 책은 소흥 말년 무렵에 강남에서 간행되었던 것으로 짐작된다.[70]

이외에 『東林和尙雲門庵主頌古』(이하『東林頌古』),『禪林寶訓』 등이 있다. 전자는 대혜가 竹庵士珪(1083~1146)와 함께 양기파의 종지를 정하기 위해 고칙 110칙에 대해 각자 송을 붙여 1133년에 찬술한 것이다. 이는『대혜어록』권10의『송고』에 그대로 수록되어 있다. 후자는 대혜가 역시 죽암사규와 함께 당시 선승들의 일화를 모아 4권으로 편찬한 것이다.

이상에서 대혜의 저작에 대해 간략하게 살펴보았다. 대혜의 저작은 대혜 생존 시에 이미 어록,『대혜서』,『정법안장』,『종문무고』,『잡

---

70) 椎名宏雄, 「解題」, 『禪學典籍叢刊』 4, 臨川書店, 2000, 457~463쪽.

독해』 등이 간행되었다. 이어 대혜가 입적한 후에 道印의 편찬을 거쳐 黃文昌에 의해 편찬되었고, 다시 황문창의 편찬본을 분권하여 입장되는 과정으로 이어진다.[71]

그러면 대혜의 저작이 고려 선종계에 언제, 어떻게 수용되었을까. 현존 판본 가운데 1213년에 수선사에서 간행된 『정법안장』이 가장 이른 시기의 것이며, 나머지는 모두 14세기에 간행된 것이다.[72] 『선림보훈』 4권은 禑王 4년(1378)에 幻庵의 발문을 붙여 상하 2권 2책으로 충주 청룡사에서 간행되었다.[73]

『대혜서』는 대혜 어록 가운데 별행본으로 대단히 많이 간행된 선적이다. 『대혜서』는 고려후기 이래 한국불교계에서 대혜 저작 가운데 가장 많이 간행되었다. 우왕 13년(1387)에 高達寺에서 간행된 것이 가장 오래되었으며, 현존 판본에는 대부분 卷尾에 乾道 2년(1166)에 徑山 妙喜庵에서 간행되었다는 사실을 전해주는 송판 간기가 있다.[74]

이와 같이 현존 판본을 통해서는 대혜 저작의 수용과정을 해명하는 데에 한계가 있다. 현재 남아 있는 기록으로서는 지눌의 비문에 『대혜어록』이 언급되어 있는 것이 가장 오래된 것이다. 주지하듯이 지눌은 41세 때인 신종 1년(1198)에 지리산 上無住庵에서 『대혜어록』을 보다가 세 번째 깨달음을 얻게 되었다.[75]

---

71) 石井修道, 앞의 글(1978) 참조.

72) 조명제, 『고려후기 간화선 연구』, 혜안출판사, 2004, 109, 182쪽.

73) 稻葉岩吉, 「高麗宣光版禪林寶訓書後」, 『靑丘學叢』 8, 1932; 大屋德城, 「高麗朝の舊槧」, 1941; 『佛敎史の諸問題: 大屋德城著作選集第六卷』, 國書刊行會, 1988, 138~140쪽.

74) 黑田亮, 「宋代における大慧書の開版及び其の朝鮮刊本」, 『朝鮮舊書考』, 岩波書店, 1940, 157~158쪽. 한편, 『大慧宗門武庫』가 『선문보장록』 卷下(『한불전』 6, 483b)에 인용되어 있으므로 『宗門武庫』가 수용된 사실을 확인할 수 있다.

75) 金君綏 撰, 「贈諡佛日普照國師碑銘幷序」, 조동원 편, 『증보한국금석문대계』 1, 원광대출판국, 1994, 109쪽. "至居智異, 得大慧語錄云, 禪不在靜處鬧處, 日用應緣處, 思量分別處. 然第一不得捨, 靜處鬧處日用應緣處思量分別處, 㤼忽然眼開, 方知皆是屋裡事, 自然物不碍膺, 當下安樂耳. 由是慧解增, 當衆所宗仰." 지눌 비문에 인용된 내용은 「示妙證居士」(『대혜어록』 권19, T47-893c)의 일부이다.

그런데 기존의 연구에서는 지눌의 깨달음이라는 문제와 관련하여 지눌 비문에 소개된 『대혜어록』의 구절을 거론할 뿐이고, 정작 대혜의 저작이 어떻게 수용되었는가에 대해서는 거의 언급이 없다. 당시 지눌이 고려 선종계에서 그렇게 명성이 있던 시기가 아니므로 지눌이 읽기 이전에 수선사가 아니라 다른 루트를 통해 대혜의 저작이 수용되었던 것으로 생각된다.

앞서 살펴본 바와 같이 『대혜서』의 송판이 1166년에 간행되었고, 30권본 『대혜어록』이 1171년에 입장되었다. 지눌이 『대혜어록』을 보다가 세 번째 깨달음을 이룬 때가 1198년이므로 30년 정도의 시차가 있다. 대혜의 명성을 고려하면 지눌이 『대혜어록』을 보기 이전에 고려 선종계에 대혜의 저작이 전해졌을 것으로 짐작된다.

그러면 대혜의 저작과 선이 고려 선종계에서 어떻게 이해되고 수용되었을까. 이러한 면은 지눌, 혜심 등 주로 수선사 선승들의 저작을 통해 알 수 있다. 지눌의 저술에는 『대혜어록』에서 인용된 구절이 다양하게 확인된다. 예를 들어 『修心訣』에 깨달은 후의 漸修에 대한 설명을 하면서 대혜의 어구를 인용한다든지,[76] 『圓頓成佛論』에 「熊伯莊秉拂」의 어구가 인용되어 있다.[77]

그러나 이러한 문헌보다 간화선이 집중적으로 제시되어 있는 『法集別行錄節要并入私記』와 『看話決疑論』에 『대혜어록』이 많이 인용되어 있다. 『간화결의론』에는 대혜가 화두를 참구할 때의 주의점을 8가지로 나누어 제시하였던 것에서 2가지를 더해 10종병을 제시하였다.[78] 지눌은 '무자' 화두를 통한 화두 참구법을 제시하고 있으며, 아

---

76) 『牧牛子修心訣』(『한불전』, 4, 711b). 여기에 인용된 대혜의 어구는 「答李參政」, 『대혜어록』 권25(T47-920a)의 일부이다.

77) 『圓頓成佛論』(『한불전』, 4, 728a). 여기에 인용된 대혜의 어구는 「熊伯莊秉拂」, 『대혜어록』 권9(T47-848a)의 일부이다.

78) 『看話決疑論』(『한불전』, 4, 732c). 여기에 인용된 대혜의 어구는 「答李寶文」, 『대혜어록』 권29(T47-935b)의 일부이다.

울러 간화선을 수행하는 과정에서 일어나기 쉬운 禪病을 지적하였는
데,79) 이는 대혜가 제시한 내용과 거의 동일하다.80)

그런데 지눌이 간화선을 강조한 것은 생애의 말년에 해당하고, 더
욱이 그의 사상이 선교일치에 초점이 맞추어져 있었다. 이에 비해 수
선사 2세인 혜심은 간화선을 중시하였으며, 화두 참구의 기본적인 지
침으로『대혜서』를 강조하였다.81) 또한 그는『狗子無佛性話揀病論』에
서 십종병의 각각의 병통에 대해 지적하고, 거기에 자신의 견해를 구
체적으로 제시하였다.82) 이상에서 간략하게 살펴본 바와 같이 지눌,
혜심의 저술에서 대혜의 언구가 많이 인용되고, 간화선을 수용하였
던 만큼 수선사를 중심으로 대혜의 저작이 본격적으로 수용되었다.

그런데 대혜의 저작은 수선사만이 아니라 선종계 일반에서도 확
산되었던 것으로 보인다. 이러한 경향은 昌福寺 談禪法會의 사례를 통
해 확인할 수 있다. 창복사는 熙宗 7년(1211)에 최충헌에 의해 개경에
새로 건립된 선종 사찰이다.83) 高宗 2년(1215)에 총림을 열고 담선법
회가 개최되었는데, 弁公, 眞公 등이 주도하여『육조단경』과 함께『徑

---

79)『看話決疑論』(『한불전』4, 735a). "情識未破, 則心火燿燿地. 正當恁麼時, 但只以所疑底話頭
提撕. 如僧問趙州, 狗子還有佛性也無, 州云無. 只管提撕擧覺, 左來也不是, 右來也不是. 不得
作有無會, 不得作眞無之無卜度, 不得作道理會, 不得向意根下思量卜度, 不得向揚眉瞬目處垜
根, 不得向語路上作活計, 不得颺在無事甲裏, 不得向擧起處承當, 不得文字中引證, 不得將迷
待悟, 直須無所用心, 心無所之時, 莫怕落空. 這裏却是好處, 驀然老鼠入牛角, 便見倒斷也."
80)「答張舍人壯元」,『大慧語錄』권30(T47-941b).
81)「孫侍郎求語」,『眞覺國師語錄』(『한불전』6, 40쪽), "此外有看話一門, 最爲徑截. 止觀定慧
自然在其中, 其法具如大慧書答中見之."
82)『狗子無佛性話揀病論』(『한불전』6, 70쪽), "廣而言之, 則有十種病, 略而言之, 則不出有心
無心言語寂黙. 故古人云, 不可以有心求, 不可以無心得, 不可以言語造, 不可以寂黙通. 略而
言之, 則不出思議不思義. 所以道, 左來也不是, 右來也不是. 又道, 伊麼也不得, 不伊麼也不
得, 伊麼不伊麼摠不得則, 明明地揀破, 明明地現示."
83) 창복사의 건립은 최충헌이 1196년에 권력을 장악하면서 선종 중심의 교단체제를 구축
하고자 한 불교계 개편작업의 일환으로 이루어졌다. 최충헌은 집권한 후에 지눌의 정혜
결사에 관심을 갖고 1204년에 수선사로 賜額하게 한다든지 1213년에 志謙(1145~1229)
을 王師로 책봉하였다. 채상식,『고려후기 불교사 연구』, 일조각, 1991, 15~17쪽.

山語錄』, 곧『대혜어록』을 강의하였다는 사실이 주목된다.[84] 이들이 어떤 인물인지를 알 수 없지만, 수선사 이외의 선문에서도『대혜어록』에 밝은 선승이 존재하였다는 사실을 알 수 있다. 더욱이 다소 과장된 기록이긴 하지만, 창복사 담선법회에서 결사를 구성하여 선종계에서 성황을 보일 정도였다고 한 것으로 보아『대혜어록』에 대한 사상적인 수요가 꽤 있었던 것으로 생각된다.

　이상에서 간략하게 살펴본 바와 같이 대혜의 저작과 선이 13세기에 이르면 고려 선종계에 본격적으로 수용되고 있었지만 구체적인 양상을 알기 어렵다. 이에 비해『염송집』은 대혜의 저작이 고려 선종계에서 어떻게 수용되고 활용되었는가를 알 수 있는 대표적인 문헌이다. 대혜의 착어가『염송집』에 어떻게 인용되어 있는지를 조사, 분석하여 뒤의〈표 IV-36〉으로 정리하였다. 이를 통해 다음과 같은 사실을 확인할 수 있게 되었다.

　먼저, 대혜의 착어는『염송집』에 전체 323칙의 고칙 공안에 409회 인용되어 있다. 이러한 인용 횟수는『염송집』에서 가장 많으며, 조동종의 굉지정각, 운문종의 설두중현보다 착어가 더 많다. 대혜의 착어는 모두 30권본『대혜어록』,『정법안장』에서 인용되었으며, 그 내용과 특징은 다음과 같다.

　첫째, 송고가 118회 인용되었는데, 그 가운데 113회가『대혜어록』권10에서 인용되었다. 앞서 서술한 바와 같이 권10은 모두 송고이며, 죽암사규와 함께 저술한『동림송고』와 같은 내용이다.『염송집』에 인용된 대혜의 송고는 대부분 죽암사규의 송고와 함께 세트로 인용되어 있으므로『대혜어록』과 함께『동림송고』를 활용하였음을 알 수 있다.

---

84) 李奎報,「昌福寺談禪牓」『東國李相國集』권25(『韓國文集叢刊』1, 550쪽). "弁公主盟, 眞公副焉, 說六祖壇經徑山語錄, 每夜談空, 率以爲常."

둘째, 염고가 44회 인용되었는데, 다른 착어에 비해 적은 편이다. 이러한 특징은 『염송집』에 염고가 적고 송고가 많이 수록된 양상과 맥락을 같이 한다. 곧 송대 선종에서 공안 비평은 염고가 먼저 유행하고, 설두중현의 출현과 함께 송고 중심으로 흘러갔기 때문이다.

셋째, 대혜가 편찬한 공안집인 『정법안장』에서 착어가 89회 인용되었다. 『정법안장』은 卷上에 224칙, 卷中에 216칙, 卷下에 223칙 등 합계 663칙의 고칙이 수록되어 있다. 그 가운데 대혜의 착어는 권상에 38회, 권중에 55회, 권하에 47회 등 140회 붙여져 있다. 따라서 『염송집』에 인용된 대혜의 착어는 『정법안장』에 수록된 대혜의 착어 가운데 거의 3분의 2에 가까울 정도로 많다.

넷째, 염고, 송고 이외에 대혜의 착어는 상당 99회, 시중 43회, 보설 29회, 법어 7회, 병설 9회 등 모두 187회가 인용되어 있다. 이와 같이 대혜의 착어가 상당, 보설, 시중, 법어, 병불 등에서 인용된 것이 대단히 많은 것은 다른 선승의 착어와 다른 특이한 양상이다.

본래 상당은 『대혜어록』의 권1~6에, 시중은 권7~8에, 병불은 권9에, 보설은 권13~18에, 법어는 권19~24에 각각 수록되어 있다. 따라서 인용 횟수로 보면, 대혜의 착어가 『대혜어록』에서 법어를 제외하고 대체로 고르게 인용되었음을 알 수 있다.

그러나 『염송집』에는 『대혜서』가 단 1회만 인용할 정도로 철저하게 소외되어 있다. 곧, 『염송집』 325칙에 『대혜서』의 「答嚴敎授」에서 일부 내용을 인용한 것이 유일하다. 이 글에서는 묵조선을 비판한 내용도 포함되어 있지만, 수선사의 편찬자들이 특별히 주목한 것으로 보이지 않는다.

그런데 이와 같이 상당 등에서 인용한 착어는 다른 착어와 달리 상당 원문을 모두 그대로 전재한다든지, 보설 내용을 길고 자세하게 인용하고 있다. 또한 이러한 착어는 제자와의 선문답이 길게 인용되거나 대혜의 설법이 대단히 자세하게 수록된 것이 적지 않다.

그러나 이러한 착어는 상당, 보설 등의 전체 법문 내용의 맥락과 관련 없이 대부분『염송집』에 수록된 공안에 해당하는 대혜의 착어를 그대로 인용하는 방식으로 일관되어 있다. 더욱이 이러한 상당, 보설 등의 원문에는 간화선 수행에 대한 구체적인 설명이 있음에도 불구하고『염송집』에 인용된 대혜의 착어에서 간화선과 관련된 내용은 전혀 인용되지 않았다.

이러한 특징이 단적으로 드러나는 것이『염송집』에 무려 12칙에 걸쳐 인용되어 있는「秦國太夫人請普說」이다.[85] 이 보설은 대단히 긴 내용인데, 진국태부인이 대혜의 지도를 받아 깨달은 과정이 구체적으로 묘사되어 있다.[86] 특히, 이 보설에는 '無字' 화두의 참구가 중시되고 있다. 더욱이 대혜는 이 글에서 坐禪과 깨달음의 관계 문제를 설명하고 있는데, 좌선을 공안에 집중하기 위한 수단으로서 인정하고 있다. 다만 좌선은 수단이고 좌선 그 자체를 강조하지는 않는다.[87]

그런데『염송집』에는「진국태부인청보설」에서 강조되고 있는 '무자' 화두가 전혀 언급되지 않는다. 수선사의 편찬자들은『염송집』에 대혜의 설법에서 인용되고 있는 공안과 그에 대한 대혜의 착어를 하나씩 나누어 趙州臺山老婆(412칙)를 비롯한 본칙에 그대로 인용하고

---

85) 선종에서는 공적이고 정기적인 상당과 사적인 소참이 대표적인 설법 형식이지만, 普說은 그 格外의 것으로 주지가 종지를 擧揚해서 학인을 지도하기 위한 법문 형식이다. 보설은 북송 말에 설법 형식으로 시작된 것으로 보인다. 대혜의 보설은 승속의 請益에 따라 행해지는데 그 내용이 대단히 길고 그 가운데 경론, 어록에서의 인용도 대단히 많으며, 학인을 깨달음으로 이끌기 위해 놀랄 만큼 박력과 간절함이 가득 찬 내용이 풍부하다는 특징을 갖고 있다. 椎名宏雄, 앞의 책(2000), 464~465쪽.

86) 秦國太夫人은 計氏이며, 張咸의 처이며, 張浚의 어머니이기도 하다. 그는 대혜의 법을 이었으며, 諱가 法眞이다. 石井修道,「大慧宗杲의 看話禪과「磨塼作鏡」의 話」,『駒澤大學禪研究所年譜』9, 1999, 67쪽 주2).

87) 石井修道, 위의 글, 72~76쪽. 磨塼作鏡과 관련된 공안은『염송집』121칙에 수록되어 있지만 관련 착어가 별로 많지 않다. 이 공안은 馬祖道一의 깨달음과 관련된 일화로 유명한 것인데,『염송집』에는 南嶽懷讓이 공안의 주인공인 121칙과 馬祖道一이 공안의 주인공인 156칙으로 나누어져 있으며 둘 다 착어가 그렇게 많은 편이 아니므로 특별히 중시한 것으로 보이지 않는다.

있을 뿐이다. 다시 말해『염송집』에 간화선과 관련된 중요한 내용이 단 하나도 언급되지 않고, 단지『염송집』의 고칙 공안에 대한 착어로서 12회 인용되고 있을 뿐이다.[88]

이러한 문제는 이 보설에만 한정되지 않는다.『염송집』904칙에 수록된 대혜의 착어는「示妙明居士」에서 인용한 것이다.[89] 이 법어에는 대혜의 착어에 이어 '무자' 화두를 참구할 것을 강조하는 내용이 있다. 그럼에도 불구하고『염송집』에는 904칙의 주인공인 龍牙居遁의 공안에 대한 대혜의 비평만이 수록되어 있을 뿐이다.

이러한 양상은『염송집』에 인용된 대혜의 착어 전체를 살펴보아도 마찬가지로 간화선과 직결되는 내용이 전혀 보이지 않는다. 통념과 달리『염송집』은 염고와 송고와 같은 짧은 공안 비평만이 아니라 상당, 보설과 같은 긴 법어를 그대로 수록한 것이 매우 많다. 이러한 인용방식이 가장 많은 경우가 대혜의 착어이며, 대혜의 상당, 보설 등에는 궁극적으로 간화선을 강조하는 내용이 대단히 많다. 따라서 이러한 법어를 통해 간화선을 강조할 수 있는 내용이 포함될 수 있음에도 불구하고『염송집』에는 전혀 그러한 내용이 인용되어 있지 않다.

이러한 양상은 앞서 서술한 바와 같이『염송집』에『대혜서』가 철저하게 무시되는 것과 관련된다. 주지하듯이『대혜서』는 '무자' 화두를 중심으로 간화선 수행을 자세하게 설명하거나 권유하는 내용이 반복적으로 강조되어 있다. 주지하듯이『대혜서』는 고려 선종계에서도 간화선 수행을 위한 문헌으로서 기본적으로 중시되었다.

그럼에도 불구하고 수선사는『염송집』을 편찬하면서『대혜서』를

---

88) 이 보설 이외에도「禮侍者斷七請普說」이『염송집』1331칙에 일부 인용되었지만, 정작 대혜가 스승 원오극근의 문하에서 유구무구 공안을 통해 깨닫는 과정을 설명한 내용은 전혀 언급되어 있지 않다. 상당, 보설, 시중, 법어 등에서 인용된 대혜의 착어 가운데 이러한 사례가 적지 않다.

89)『대혜어록』23, T47-911쪽.

전혀 주목하지도 않았고, 상당, 보설 등에서 대혜가 강조하고 있는 간화선 수행에 대한 내용을 전혀 인용하지 않았다. 따라서 대혜의 착어 인용을 통해 보면 『염송집』은 간화선에 초점을 맞춘 것이 아니라 공안 비평이라는 문자선의 이해에 초점을 맞추어 『염송집』을 편찬하였던 사실을 알 수 있다. 앞서 서술한 바와 같이 『염송집』에 수록된 대혜의 착어 전체가 간화선과 전혀 무관한 내용으로 일관되고 있는 것은 그것을 단적으로 보여 준다.

〈표 IV-36〉 염송집에 인용된 대혜의 착어 일람

번호	염송집 칙수 (조사)	착어	출전	비고
1	1 (世尊)	頌古	『大』 10, T47-850c	『聯珠』, X65-482c
2	2 (世尊)	頌古	『大』 10, T47-850c	『聯燈』, X79-13a 『東林』, X68-321b 『聯珠』, X65-481c
		着語云 示衆云	『正法眼藏』 2, X67-582a 「浴佛示衆」 『大』 8, T47-842c	
3	5 (世尊)	頌古	『大』 10, T47-850c	『聯燈』, X79-14a 『東林』, X68-321b 『聯珠』, X65-505a
4	8 (世尊)	上堂擧云	「2月28日開堂」 『大』 6, T47-834a	
5	14 (世尊)	拈古	「示空慧道人」 『大』 20, T47-896a	
6	15 (世尊)	上堂擧云	『大』 3, T47-823c	
7	16 (世尊)	頌古	『大』 10, T47-850c	『東林』, X68-321c 『聯珠』, X65-484c 『聯燈』, X79-15b
		拈古	『大』 8, T47-844b	
8	17 (世尊)	示衆擧云	『大』 7, T47-839c	『普燈』, X79-455c
9	23 (世尊)	擧云	『正法眼藏』 2, X67-573c	
10	32 (世尊)	頌古	『大』 10, T47-850c	『東林』, X68-322a 『聯珠』, X65-488a
		示衆云	「秦國太夫人請普說」 『大』 14, T47-871c	
11	33 (世尊)	上堂云	「結夏上堂」 『大』 4, T47-828c	
12	40 (法華經)	頌古	『大』 10, T47-855a	『東林』, X68-334a
13	47 (圓覺經)	頌古	『大』 10, T47-855a	『東林』, X68-334b

					『聯珠』, X65-499a
14	49 (楞嚴經)	頌古	『大』17, T47-883c	
15	50 (楞嚴經)	頌古	『大』10, T47-855b	
16	54 (金剛經)	舉云	『大』13, T47-864a	
17	59 (金剛經)	上堂舉云	『大』1, T47-814c	
18	61 (文殊菩薩所說般若經)	頌古	『大』10, T47-855b	『東林』, X68-334b 『聯珠』, X65-500b
19	64 (維摩)	頌古	『大』10, T47-855a	『東林』, X68-334a 『普燈』, X79-467b 『聯珠』, X65-501a
20	69 (須菩提)	上堂舉云	『大』1, T47-812c	
21	72 (殃崛摩羅)	頌古	『大』10, T47-855b	『聯燈』, X79-17c 『東林』, X68-334c 『普燈』, X79-467b 『聯珠』, X65-491a
		普說舉云	「錢計議請普說」『大』15, T47-875b	
22	73 (障蔽魔王)	拈古	『正法眼藏』3, X67-589a	
23	78 (小乘毗沙論)	上堂舉云	『大』2, T47-817b	
24	80 (迦葉)	示衆舉云	『大』7, T47-838c	
25	88 (脇尊者)	云	『正法眼藏』4, X67-596c	
26	95 (師子尊者)	頌古	『大』10, T47-855a	『東林』, X68-333c 『普燈』, X79-467b 『聯珠』, X65-506c
		上堂舉云	『大』1, T47-815c	
27	96 (婆舍斯多)	拈古	『正法眼藏』2, X67-577a	
28	99 (達磨)	頌古	『大』10, T47-850c	
29	100 (達磨)	頌古	『大』10, T47-850c	『東林』, X68-321c 『普燈』, X79-467a 『聯珠』, X65-510c
		普說云	「傳菴主請普說」『大』15, T47-876b	
30	104 (婆羅提尊者)	着語云 舉云	『正法眼藏』2, X67-579c 『大』5, T47-829c	단독
31	110 (六祖慧能)	曰 普說舉云	『正法眼藏』6, X67-624c 『大』14, T47-871b	
32	112 (六祖慧能)	上堂舉云	『大』4, T47-827b	

33	121 (南嶽懷讓)	普說舉云	「秦國太夫人請普說」『大』14, T47-870c	
34	123 (永嘉玄覺)	上堂舉云	『大』1, T47-814c	
35	127 (永嘉玄覺)	舉云	『大』7, T47-838a	단독
36	128 (永嘉玄覺)	上堂舉云	『大』2, T47-816a	단독
37	130 (南陽慧忠)	頌古 普說 云 舉云	『大』10, T47-851a 「錢計議請普說」『大』15, T47-873b 『大』9, T47-849c 『正法眼藏』2, X67-576a	『東林』, X68-322b
38	147 (清源行思)	示眾舉云	『大』8, T47-843c	
39	148 (清源行思)	頌古	『大』10, T47-854c	
40	155 (崇山峻極)	拈古	『正法眼藏』5, X67-611b	
41	156 (馬祖道一)	頌古 示眾舉云 示眾云 普說云 云	『大』10, T47-851a 『大』7, T47-841a 『大』7, T47-838a 「傳菴主請普說」『大』15, T47-876c 「秦國太夫人請普說」『大』14, T47-871	『東林』, X68-322b 『聯燈』, X79-36c 『聯珠』, X65-522c 『普燈』, X79-455c
42	157 (馬祖道一)	上堂舉云	『大』4, T47-826b	
43	161 (馬祖道一)	頌古	『大』10, T47-855a	
44	162 (馬祖道一)	示眾舉云 云	『大』8, T47-845b 『正法眼藏』4, X67-604c	
45	179 (百丈懷海)	頌古	『大』10, T47-854b	『東林』, X68-322c 『聯燈』, X79-40c 『聯珠』, X65-530a
46	181 (百丈懷海)	頌古 秉拂舉云	『大』10, T47-851a 『大』9, T47-849a	『東林』, X68-322b
47	184 (百丈懷海)	頌古 上堂 舉云	『大』10, T47-852b 『大』3, T47-822a 『大』8, T47-845a	『東林』, X68-327a 『聯珠』, X65-532a
48	185 (百丈懷海)	普說舉云	「秦國太夫人請普說」『大』14, T47-872b	
49	188 (魯祖寶雲)	上堂 拈古	『大』2, T47-820b 『正法眼藏』3, X67-592c	『聯燈』, X79-50a

50	192 (三角總印)	拈古	『正法眼藏』3, X67-592b	
51	194 (麻谷寶徹)	示衆	『大』7, T47-841a	
52	201 (鹽官齊安)	擧云	『正法眼藏』6, X67-628a	
53	203 (南泉普願)	拈古	『正法眼藏』2, X67-581a	
54	206 (南泉普願)	普說擧云	「秦國太夫人請普說」『大』14, T47-870b	
55	209 (南泉普願)	頌古	『大』10, T47-854b	『東林』, X68-332a 『聯珠』, X65-574a
		上堂擧云	『大』1, T47-814b	
56	215 (南泉普願)	上堂擧云	『大』4, T47-824c	
57	217 (南泉普願)	頌古	『大』10, T47-851c	『東林』, X68-324c 『聯珠』, X65-582a
		上堂擧云	『大』1, T47-815b	
58	223 (南泉普願)	上堂擧云	『大』3, T47-823b	
59	226 (南泉普願)	頌古	『大』10, T47-851a	『東林』, X68-323b 『聯燈』, X79-38c 『聯珠』, X65-534b
		上堂擧云 普說云	『大』1, T47-812b 「鄭成忠請普說」『大』18, T47-887a	
60	227 (南泉普願)	示衆擧云	『大』7, T47-840c	
61	235 (南泉普願)	頌古 頌古 云	『大』10, T47-855c 『大』10, T47-855c 『正法眼藏』3, X67-589b	송고 2수 연속
62	242 (南泉普願)	頌古	『大』10, T47-852c	『東林』, X68-328a 『聯珠』, X65-549c
63	243 (南泉普願)	頌古 示衆云	『大』10, T47-851a 『大』7, T47-838b	
64	249 (盤山寶積)	上堂擧云 上堂擧云	『大』6, T47-834c 『大』2, T47-818b	『聯珠』, X65-543b
65	250 (盤山寶積)	上堂擧云 擧云	『大』1, T47-813c 『正法眼藏』5, X67-609b	
66	251 (盤山寶積)	擧云	『正法眼藏』2, X67-570b	
67	252 (盤山寶積)	上堂擧云	『大』5, T47-832c	
68	257 (歸宗智常)	上堂云 法語擧云	『大』2, T47-820a 「宗妙智居士」『大』22, T47-904c	
69	285 (汾州無業)	頌古	『大』10, T47-853c	『東林』, X68-330c
70	294 (浮盃和尙)	頌古	『大』10, T47-855b	송고 3수 연속 인용

		頌古 頌古	『大』10, T47-855c 『大』10, T47-855c	『聯珠』, X65-553c
71	298 (烏臼和尚)	頌古	『大』10, T47-853b	『東林』, X68-330a 『聯燈』, X79-53b
72	300 (利山和尚)	上堂擧云	『大』1, T47-812b	단독
73	304 (打地和尚)	擧云	『正法眼藏』4, X67-601c	단독
74	308 (龐蘊居士)	上堂擧云	『大』2, T47-816a	
75	309 (龐蘊居士)	示衆擧云	『大』8, T47-843c	단독
76	310 (龐蘊居士)	法語擧云	「示邴然居士」『大』20, T47-896b	단독
77	311 (龐蘊居士)	法語云	「示快然居士」『大』22, T47-902c	
78	317 (龐蘊居士)	示衆擧云	『大』8, T47-845b	단독
79	324 (藥山惟儼)	頌古 云	『大』10, T47-852c 「室中機緣」『大』9, T47-850a	『東林』, X68-328a 『聯珠』, X65-549c
80	325 (藥山惟儼)	拈古 擧云	『正法眼藏』3, X67-587b 「答嚴教授」『大』29, T47-936c	
81	326 (藥山惟儼)	擧云	『正法眼藏』5, X67-614a	
82	339 (藥山惟儼)	普說云	「黃德用請普說」『大』14, T47-867c	
83	347 (長髭曠)	示衆擧云	『大』7, T47-840b	
84	350 (天皇道吾)	擧云	『正法眼藏』5, X67-616a	단독
85	352 (潮州大顚)	擧云	『正法眼藏』4, X67-598c	단독
86	357 (潙山靈祐)	頌古 着語云 上堂云	『大』10, T47-851a 『正法眼藏』1, X67-569b 『大』1, T47-813c	『東林』, X68-322c 『聯燈』, X79-69c 『聯珠』, X65-660b
87	365 (潙山靈祐)	上堂擧云	『大』3, T47-824b	
88	369 (潙山靈祐)	上堂 擧云	『大』1, T47-813c 『正法眼藏』1, X67-561c	
89	390 (黃蘗希運)	頌古 普說擧云	『大』10, T47-851a 「秦國太夫人請普說」『大』14, T47-870c	『東林』, X68-323a 『普燈』, X79-467a 『聯珠』, X65-569a
90	391 (黃蘗希運)	拈古	『正法眼藏』6, X67-623a	
91	393 (黃蘗希運)	示衆擧云	「李參政請示衆」『大』8, T47-843c	

92	394 (黃蘗希運)	示衆舉云	「蔡郎中請示衆」『大』8, T47-844a	
93	407 (趙州從諗)	頌古	『大』10, T47-851b	『東林』, X68-324a 『聯珠』, X65-581c
		普說	「傳經幹請普說」『大』16, T47-879a	
94	408 (趙州從諗)	頌古	『大』10, T47-852a	『東林』, X68-325b 『聯珠』, X65-595b
		普說	「黃德用請普說」『大』14, T47-868b	
95	409 (趙州從諗)	頌古	『大』10, T47-852a	『東林』, X68-325c 『聯珠』, X65-583b
96	410 (趙州從諗)	示衆舉云	『大』8, T47-844c	『聯珠』, X65-597a
97	412 (趙州從諗)	頌古	『大』10, T47-851c	『東林』, X68-324c 『普燈』, X79-467a 『聯珠』, X65-586a
		普說舉云	「秦國太夫人請普說」『大』14, T47-871b	
98	417 (趙州從諗)	頌古	『大』10, T47-851c	『東林』, X68-325b 『聯燈』, X79-59c 『聯珠』, X65-592c
99	421 (趙州從諗)	頌古 示衆舉云 示衆舉云 普說云	『大』10, T47-856a 『大』8, T47-843bc 『大』8, T47-844a 「悅禪人請普說」『大』16, T47-881b	
100	424 (趙州從諗)	頌古	『大』10, T47-851b	『東林』, X68-324b 『聯珠』, X65-582b
		拈古	『正法眼藏』5, X67-615b	원문 釣：鉤
101	425 (趙州從諗)	頌古	『大』10, T47-851b	『東林』, X68-324a 『聯珠』, X65-597c
102	427 (趙州從諗)	上堂舉云	『大』2, T47-818c	
103	429 (趙州從諗)	舉云 上堂舉云 上堂舉云	『正法眼藏』1, X67-559c 『大』3, T47-821c~822a 『大』6, T47-834b	『普燈』, 15, X79-382c
104	430 (趙州從諗)	頌古	『大』10, T47-852a	『東林』, X68-325c 『聯珠』, X65-582c
105	434 (趙州從諗)	頌古	『大』10, T47-852a	『東林』, X68-325b 『聯珠』, X65-584a
		上堂舉云	『大』2, T47-819c	

106	439 (趙州從諗)	上堂擧云	『大』6, T47-834b	
107	440 (趙州從諗)	頌古	『大』10, T47-854a	『東林』, X68-331b
108	447 (趙州從諗)	頌古	『大』10, T47-851c	『東林』, X68-325a 『聯珠』, X65-595c
109	448 (趙州從諗)	頌古	『大』10, T47-851b	『東林』, X68-324b 『聯珠』, X65-598a
110	450 (趙州從諗)	頌古	『大』10, T47-851b	『東林』, X68-323c
111	452 (趙州從諗)	頌古	『大』10, T47-851c	『東林』, X68-325a 『聯珠』, X65-590c
112	454 (趙州從諗)	頌古	『大』10, T47-851c	『東林』, X68-325c 『聯珠』, X65-596c
113	455 (趙州從諗)	頌古	『大』10, T47-851c	『東林』, X68-324c
114	457 (趙州從諗)	秉拂擧云	「施主看藏經請秉拂」『大』9, T47-849b	
115	467 (趙州從諗)	上堂擧云	『大』3, T47-823b	단독
116	468 (趙州從諗)	云	『正法眼藏』4, X67-598b	
117	469 (趙州從諗)	頌古	『大』8, T47-843b	단독
118	470 (趙州從諗)	頌古	『大』8, T47-843c	단독
119	474 (趙州從諗)	法語擧云	「示妙證居士」『大』19, T47-893c	
120	479 (趙州從諗)	頌古	『大』10, 852a	『東林』, X68-326a
121	480 (趙州從諗)	上堂擧云	『大』3, T47-824a	단독
122	484 (趙州從諗)	上堂擧云	『大』1, T47-815a	단독
123	488 (長沙景岑)	拈古	『正法眼藏』6, X67-624a	
124	489 (長沙景岑)	上堂擧云	『大』5, T47-832c	
125	491 (長沙景岑)	上堂擧云	『大』1, T47-814a	
126	495 (長沙景岑)	拈古	『正法眼藏』6, X67-627b	
127	502 (子湖利蹤)	拈古	『正法眼藏』5, X67-609c	
128	505 (池州甘贄)	頌古 拈古	『大』10, T47-852b 『正法眼藏』5, X67-609c	『東林』, X68-327b
129	506 (池州甘贄)	擧云	『正法眼藏』2, X67-578c	『聯燈』, X79-63c
130	512 (鎭州普化)	頌古 上堂	『大』10, T47-853a 『大』3, T47-822c	『東林』, X68-329a 『聯珠』, X65-600b
131	515 (鎭州普化)	上堂擧云	『大』5, T47-832a	
132	518 (安國玄挺)	拈古	『正法眼藏』5, X67-615c	단독
133	546 (三平義忠)	小參擧云	『大』1, T47-812b	

134	552 (金華俱胝)	上堂 普說	『大』5, T47-832c 「定光大師請普說」『大』13, T47-865b	
135	557 (石霜慶諸)	拈古	『正法眼藏』3, X67-583c	
136	564 (漸源仲興)	示衆擧云	『大』8, T47-845a	
137	569 (仰山惠寂)	上堂	『大』4, T47-828a	
138	580 (仰山惠寂)	拈古	『正法眼藏』3, X67-584b	
139	581 (仰山惠寂)	上堂擧云	『大』5, T47-831a	
140	587 (仰山惠寂)	拈古	『正法眼藏』3, X67-586b	
141	590 (靈雲志勤)	頌古 頌古	『大』10, T47-853c 『大』10, T47-853c	『東林』, X68-330c 『東林』, X68-330c23 『聯珠』, X65-615a
142	594 (靈雲志勤)	頌古	『大』10, T47-853b	『東林』, X68-329c 『聯珠』, X65-672a.
143	597 (香嚴智閑)	普說擧云	「定光大師請普說」『大』13, T47-865a	
144	600 (香嚴智閑)	上堂 普說	『大』4, T47-827bc 「秦國太夫人請普說」『大』14, T47-872a	
145	601 (香嚴智閑)	示衆	『大』7, T47-839c	
146	606 (京兆米胡)	上堂擧云	『大』2, T47-816c	단독
147	612 (臨濟義玄)	擧云 上堂	『正法眼藏』6, X67-629a 「到啓霞請上堂」『大』5, T47-831a	
148	615 (臨濟義玄)	頌古	『大』10, T47-856a	『聯珠』, X65-604c
149	616 (臨濟義玄)	頌古	『大』10, T47-853a	『東林』, X68-329a 『聯珠』, X65-605c
150	617 (臨濟義玄)	頌古	『大』10, T47-851b	『東林』, X68-323c 『聯燈』, X79-82c 『聯珠』, X65-604b
151	618 (臨濟義玄)	頌古	『大』10, T47-851b	『東林』, X68-323c 『聯珠』X65-605b.
152	622 (臨濟義玄)	頌古	『大』10, T47-851a	『東林』, X68-323b 『聯珠』, X65-606a
153	623 (臨濟義玄)	上堂擧云	『大』1, T47-812a	
154	625 (臨濟義玄)	上堂擧云 法語擧云	『大』3, T47-822c 「示方機宜」『大』23, T47-909a	
155	627 (臨濟義玄)	普說擧云	「師到雪峯義存値建菩提會請普說」『大』13, T47-864b	

156	628 (臨濟義玄)	拈古	『正法眼藏』3, X67-594b	
157	629 (臨濟義玄)	上堂擧云	『大』3, T47-823ab	단독
158	633 (臨濟義玄)	頌古	『大』10, T47-851a	『東林』, X68-323b 『聯珠』, X65-603b
159	635 (臨濟義玄)	頌古	『大』10, T47-854a	『東林』, X68-331b
160	639 (睦州道蹤)	頌古	『大』10, T47-853a	『東林』, X68-328c 『聯珠』, X65-607c
		普說擧云	「秦國太夫人請普說」『大』14, T47-871b	
161	640 (睦州道蹤)	擧云 上堂擧云	『正法眼藏』5, X67-613a 『大』5, T47-832a	
162	641 (睦州道蹤)	上堂擧云	『大』3, T47-820c	
163	642 (睦州道蹤)	上堂擧云	『大』3, T47-820c	단독
164	645 (睦州道蹤)	示衆擧云	『大』7, T47-840a	
165	647 (睦州道蹤)	拈古	『正法眼藏』4, X67-599c	『聯燈』, X79-79a
166	651 (睦州道蹤)	秉拂擧云	「熊伯祖請秉拂」『大』9, T47-848a	
167	653 (睦州道蹤)	上堂擧云	『大』2, T47-817a	단독
168	657 (睦州道蹤)	頌古	『大』10, T47-853a	『東林』, X68-329a 『聯珠』, X65-609a
		拈古	『正法眼藏』5, X67-609a	
169	659 (睦州道蹤)	上堂擧云	『大』4, T47-829a	단독
170	662 (徑山道欽)	上堂擧云	『大』4, T47-829a	
171	663 (徑山道欽)	擧云	『正法眼藏』6, X67-626b	단독
172	666 (德山宣鑒)	拈古	『正法眼藏』6, X67-629c	『聯燈』, X79-172b
173	667 (德山宣鑒)	普說	「秦國太夫人請普說」『大』14, T47-872b	
174	668 (德山宣鑒)	頌古	『大』10, T47-852b	『東林』, X68-326c 『普燈』, X79-467b 『聯珠』, X65-619c
175	678 (杭州多福)	拈古	『正法眼藏』4, X67-602b	
176	685 (洞山良价)	擧云	『正法眼藏』5, X67-620b	
177	686 (洞山良价)	上堂擧云	『大』1, T47-815b	『普燈』, X79-455b
178	687 (洞山良价)	頌古	『大』6, T47-834c	『聯珠』, X65-621c 『聯燈』, X79-176c
		拈古	『正法眼藏』3, X67-590c	
179	688 (洞山良价)	示衆擧云	『大』7, T47-840a	
180	693 (洞山良价)	擧云	『正法眼藏』3, X67-589c	

181	711 (夾山善會)	頌古	『大』10, T47-853c	『東林』, X68-330c 『聯珠』, X65-626c.
182	715 (夾山善會)	頌古	『大』10, T47-853a	『東林』, X68-328c
183	716 (夾山善會)	舉云	『正法眼藏』6, X67-622b	
184	722 (夾山善會)	舉云	『正法眼藏』4, X67-602a	단독
185	725 (投子大同)	上堂舉云	『大』1, T47-814b	
186	726 (投子大同)	頌古	『大』10, T47-851b	『東林』, X68-324b 『普燈』, X79-467a 『聯珠』, X65-628a.
187	727 (投子大同)	上堂舉云	『大』3, T47-821c	
188	728 (投子大同)	拈古	『正法眼藏』5, X67-610a	
189	729 (投子大同)	頌古	『大』3, T47-822a	『聯珠』, X65-628b
190	748 (鳥窠道林)	舉云	「示湛淨居士」『大』19, T47-890b	
191	749 (鎮州保壽)	頌古	『大』10, T47-852a	
192	751 (三聖慧然)	頌古 上堂 上堂 秉拂舉云 法語舉云	『大』10, T47-853c 『大』1, T47-813a 『大』1, T47-815b 「結夏秉拂」『大』9, T47-848b 「示遵璞禪人」『大』24, T47-914a	『東林』, X68-328a
193	757 (興化存獎)	頌古	『大』10, T47-852c	『東林』, X68-328a 『聯珠』, X65-637b.
194	758 (興化存獎)	頌古 上堂舉云	『大』10, T47-852c 『大』1, T47-815c	『東林』, X68-327c 『聯珠』, X65-636c.
195	759 (興化存獎)	頌古	『大』10, T47-853b	『東林』, X68-330b 『聯珠』, X65-636b.
196	760 (興化存獎)	頌古	『大』10, T47-852b	『東林』, X68-327c
197	761 (興化存獎)	頌古	『大』10, T47-852c	『東林』, X68-328a
198	784 (雪峯義存)	頌古 示衆 普說舉云	『大』10, T47-853c 『大』7, T47-842a 「秦國太夫人請普說」『大』14, T47-871c	『東林』, X68-330b 『聯珠』, X65-674a.
199	785 (雪峯義存)	上堂舉云	『大』6, T47-834c	
200	790 (雪峯義存)	頌古 上堂舉云	『大』10, T47-852c 『大』3, T47-823c	『東林』, X68-328c 『聯珠』, X65-654b.
201	792 (雪峯義存)	秉拂舉云	「韓德全朝議請秉拂」『大』9,	

			T47-847a	
202	793 (雪峯義存)	拈古	『大』6, T47-835b	
203	797 (雪峯義存)	舉云	『正法眼藏』2, X67-582b	
204	810 (雪峯義存)	上堂	『大』2, T47-816b	
205	826 (巖頭全豁)	秉拂舉云	『大』9, T47-846b	
206	831 (巖頭全豁)	頌古	『大』10, T47-854c	『聯珠』, X65-647b.
207	832 (巖頭全豁)	頌古	『大』10, T47-854c	『東林』, X68-333a 『聯珠』, X65-647b.
208	833 (巖頭全豁)	示衆	『大』7, T47-839c	
209	839 (巖頭全豁)	示衆舉云	『大』8, T47-841b	단독
210	840 (巖頭全豁)	舉云	『正法眼藏』6, X67-626a	
211	842 (高亭簡)	上堂舉云	『大』2, T47-820a	
212	851 (大隨法眞)	拈古	『聯燈』, X79-90c	단독
213	854 (靈樹如敏)	拈古	『正法眼藏』3, X67-591c	
214	857 (雲居道膺)	上堂舉云	『大』2, T47-820a	
215	863 (雲居道膺)	舉云	『正法眼藏』1, X67-568b	
216	870 (疎山光仁)	頌古	『大』10, T47-852a	『東林』, X68-326b 『聯珠』, X65-661b.
217	881 (曹山本寂)	拈古	『正法眼藏』6, X67-626c	원문 甚麼參處去也
218	882 (曹山本寂)	普說舉云	「秦國太夫人請普說」『大』14, T47-870c	
219	886 (曹山本寂)	拈古	『正法眼藏』5, X67-613c	
220	893 (曹山本寂)	上堂舉云	『大』3, T47-822c	단독
221	904 (龍牙居遁)	法語	「示如明居士」『大』23, T47-911a	
222	905 (龍牙居遁)	秉拂舉云	『大』9, T47-848b	
223	910 (洞山師虔)	舉云	『正法眼藏』5, X67-617a	단독
224	911 (白水本仁)	秉拂舉云	「冬至秉拂」『大』9, T47-846b	
225	912 (白水本仁)	舉云	『正法眼藏』3, X67-589c	
226	917 (越州乾峯)	拈古 上堂舉云 上堂舉云	『正法眼藏』4, X67-596b 『大』4, T47-826c~827a 『大』6, T47-835b	
227	918 (越州乾峯)	頌古	『大』10, T47-854a	『東林』, X68-331c 『聯燈』, X79-197b 『聯珠』, X65-663b.
228	942 (芭蕉)	上堂舉云	『大』4, T47-827a	단독

229	948（洛浦元安）	示衆擧云	「蔡春卿薦考請示衆」『大』8，T47-845b	
230	958（洛浦元安）	示衆	『大』7，T47-840c	
231	984（玄沙師備）	代	『正法眼藏』5，X67-618a	
232	985（玄沙師備）	頌古 上堂擧云 普說擧云	『大』10，T47-854b 『大』3，T47-824b 「秦國太夫人請普說」『大』14，T47-871c	『東林』，X68-332b
233	988（玄沙師備）	頌古	『大』10，T47-852b	『東林』，X68-327c 『聯珠』，X65-668a.
234	992（玄沙師備）	上堂擧云	『大』4，T47-825b	
235	993（玄沙師備）	頌古	『大』10，T47-854b	『東林』，X68-332b 『聯珠』，X65-669c
236	1014（雲門文偃）	頌古	『大』10，T47-854a	『東林』，X68-331c 『聯珠』，X65-678b
237	1016（雲門文偃）	上堂擧云	『大』4，T47-828c	
238	1018（雲門文偃）	頌古	『大』10，T47-853b	『東林』，X68-330a 『聯珠』，X65-683a.
239	1022（雲門文偃）	示衆擧云	『大』7，T47-840a	
240	1024（雲門文偃）	上堂擧云	『大』4，T47-826a	
241	1025（雲門文偃）	拈古	『正法眼藏』5，X67-618c	『聯燈』，X79-208b
242	1029（雲門文偃）	擧云	『正法眼藏』1，X67-558c	단독
243	1032（雲門文偃）	擧云	『正法眼藏』4，X67-599a	단독
244	1040（雲門文偃）	上堂擧云	『大』3，T47-821b	
245	1044（雲門文偃）	示衆擧云	『大』8，T47-845b	
246	1054（雲門文偃）	頌古	『大』10，T47-852b	
247	1062（雲門文偃）	上堂擧云	『大』3，T47-823b	
248	1066（雲門文偃）	上堂擧云	『大』3，T47-823c	
249	1069（雲門文偃）	示衆擧云	『大』8，T47-845a	
250	1070（雲門文偃）	示衆擧云	『大』8，T47-843c	
251	1072（雲門文偃）	示衆擧云	『大』8，T47-843b	
252	1073（雲門文偃）	上堂擧云	「張汪二壯元至上堂」『大』3，T47-822a	
253	1078（雲門文偃）	頌古 普說	『大』10，T47-853b 「黃德用請普說」『大』14，T47-868c	『東林』，X68-330a 『聯珠』，X65-682b.

254	1081 (雲門文偃)	頌古	『大』10, T47-855a	『東林』, X68-334a
255	1082 (雲門文偃)	拈古	『正法眼藏』5, X67-610b	
256	1086 (雲門文偃)	示衆擧云	『大』8, T47-845b	
257	1087 (雲門文偃)	拈古	『正法眼藏』4, X67-604b	
258	1089 (雲門文偃)	頌古 拈古 示衆擧云	『大』10, T47-854a 『正法眼藏』3, X67-595b 『大』7, T47-837c	『東林』, X68-332a
259	1091 (雲門文偃)	上堂 上堂	『大』5, T47-832c 『大』1, T47-814a	
260	1094 (雲門文偃)	拈古	『正法眼藏』3, X67-591b	단독
261	1100 (雲門文偃)	擧云	『正法眼藏』3, X67-585a	단독
262	1101 (雲門文偃)	上堂擧云	『大』2, T47-817c	단독
263	1121 (鏡淸道怤)	秉拂擧云	「歲節秉拂」『大』9, T47-847b	
264	1128 (翠巖令參)	上堂	『大』2, T47-817b	
265	1129 (翠巖令參)	擧云	『正法眼藏』4, X67-600c	『聯燈』, X79-259b
266	1134 (孚上座)	示衆擧云	『大』7, T47-840c	
267	1139 (鵝湖和尙)	頌古	『大』10, T47-853a	『聯燈』, X79-259c
268	1141 (金峯從志)	上堂擧云	『大』3, T47-824a	
269	1152 (南院慧顒)	頌古 拈古	『大』10, T47-854b 『正法眼藏』3, X67-585c	『東林』, X68-332b 『聯珠』, X65-665b.
270	1153 (南院慧顒)	擧云	『正法眼藏』2, X67-579a	
271	1160 (南院慧顒)	拈古	『正法眼藏』4, X67-597c	
272	1164 (鎭州寶壽)	頌古	『大』10, T47-853a	『東林』, X68-329b 『聯珠』, X65-666a.
273	1173 (同安丕)	上堂擧云	『大』4, T47-825a	
274	1192 (芭蕉慧情)	頌古	『大』10, T47-855a	『東林』, X68-332c 『聯珠』, X65-667b.
275	1202 (羅山道閑)	頌古	『大』10, T47-852b	『東林』, X68-326b
276	1203 (木平善道)	擧云	『正法眼藏』5, X67-608b	
277	1208 (羅漢桂琛)	擧云	『正法眼藏』2, X67-580c	
278	1215 (招慶道匡)	示衆擧云	『大』7, T47-839c	단독
279	1233 (洞山守初)	頌古	『大』10, T47-853c	『東林』, X68-331b
280	1234 (深明二上座)	頌古 拈古	『大』10, T47-852b 『正法眼藏』4, X67-602c	『東林』, X68-327a 『聯珠』, X65-701b 悟底 : 省得底

281	1235 (白雲子祥)	示衆舉云	『大』7, T47-840b	단독
282	1245 (保福淸豁)	舉云	『正法眼藏』3, X67-594c	단독 『聯燈』, X79-231a
283	1248 (風穴延昭)	頌古	『大』10, T47-853c~854a	『東林』, X68-331b 『聯珠』, X65-694a.
284	1254 (風穴延昭)	上堂舉云	『大』3, T47-823c	단독
285	1255 (風穴延昭)	上堂舉云	『大』3, T47-823a	
286	1272 (明招德謙)	頌古	『大』10, T47-853a	『東林』, X68-329b 『普燈』, X79-467b 『聯珠』, X65-665b.
287	1274 (明招德謙)	頌古	『大』10, T47-851a	『東林』, X68-322c 『聯珠』, X65-695c.
288	1278 (大龍)	拈古	『正法眼藏』2, X67-580b	
289	1280 (廣德周和尙)	舉云	『正法眼藏』5, X67-614a	단독
290	1285 (蓮華峰庵主)	示衆	「端午示衆」『大』8, T47-845a	
291	1290 (法眼文益)	上堂舉云	『大』3, T47-823a	
292	1293 (法眼文益)	上堂舉云	『大』6, T47-835a	
293	1295 (法眼文益)	拈古	『正法眼藏』2, X67-581a	『聯燈』, X79-232b
294	1306 (修山主)	拈古 上堂	『正法眼藏』1, X67-565a 『大』4, T47-826b	
295	1313 (修山主)	舉云 上堂舉云	『正法眼藏』1, X67-565a 『大』5, T47-831b	
296	1320 (首山省念)	頌古	『大』10, T47-853b	『東林』, X68-329c 『聯珠』, X65-702a
297	1331 (首山省念)	頌古	『大』10, T47-852b	『東林』, X68-327b 『聯燈』, X79-105a
		普說	「傅經幹請普說」『大』16, T47-879c	
		普說	「禮侍者斷七請普說」『大』17, T47-882a	
298	1339 (汾陽善昭)	舉云	『正法眼藏』1, X67-566a	
299	1345 (廣慧元璉)	拈古	『正法眼藏』4, X67-607b	단독
300	1348 (石門蘊聰)	示衆舉云	『大』7, T47-840a	
301	1358 (雲盖繼鵬)	上堂舉云	『大』4, T47-829a	
302	1364 (報恩慧明)	代	『正法眼藏』6, X67-621c	단독
303	1366 (興福可勳)	上堂	『大』6, T47-835b	
304	1378 (琊琊慧覺)	頌古	『大』10, T47-853c	『東林』, X68-331a

				『聯珠』, X65-715a.
305	1381 (瑯琊慧覺)	舉云	『正法眼藏』 1, X67-557b	
305	1381 (瑯琊慧覺)	舉云	『正法眼藏』 1, X67-562b	단독
306	1390 (大愚守芝)	頌古	『大』 10, T47-853b	『東林』, X68-330a 『聯珠』, X65-714b
307	1398 (黃龍慧南)	上堂	「到賢福請上堂」『大』 5, T47-831a	
308	1400 (黃龍慧南)	頌古	『大』 10, T47-854c	『東林』, X68-333b 『聯珠』, X65-720a
309	1402 (楊岐方會)	頌古	『大』 10, T47-854b	『東林』, X68-332c 『聯珠』, X65-721b.
310	1403 (楊岐方會)	頌古	『大』 10, T47-854c	『東林』, X68-332c 『聯珠』, X65-720b
310	1403 (楊岐方會)	上堂 普說	『大』 5, T47-832b 「錢計議請普說」『大』 15, T47-872c	
311	1408 (雲峯文悅)	示衆舉云	『大』 7, T47-841b	단독
312	1409 (雲峯文悅)	舉云	『正法眼藏』 5, X67-611c	단독
313	1410 (圓通法秀)	上堂舉云	『大』 6, T47-836b	단독
314	1411 (白雲守端)	上堂舉云	『大』 2, T47-816a	단독
315	1412 (白雲守端)	示衆舉云	『大』 7, T47-838b	
316	1415 (五祖法演)	頌古	『大』 10, T47-854c	『東林』, X68-333b
317	1417 (五祖法演)	示衆舉云	「浴佛示衆」『大』 8, T47-842c	단독
318	1419 (五祖法演)	上堂舉云	『大』 1, T47-813c	단독
319	1420 (圓悟克勤)	頌古	『大』 10, T47-854c	『東林』, X68-333b
320	1421 (圓悟克勤)	上堂舉云	『大』 2, T47-816c	단독
321	1429 (傅大士)	上堂	『大』 4, T47-827a	
322	1435 (天台智者)	拈古 普說	『正法眼藏』 2, X67-572a 「新淦縣衆官請普說」『大』 17, T47-884a	『聯燈』, X79-256b
323	1436 (文殊)	上堂舉云	『大』 2, T47-816a	

5. 양기파 선적의 수용과 영향

임제종 양기파는 석상초원의 제자인 楊岐方會의 문하에 많은 선승들이 배출되어 이루어진 종파이며, 남송 대에 황룡파를 대신하여 선종을 주도하였다. 양기파의 주류는 양기방회-白雲守端-五祖法演으로 이어지는데, 특히 오조법연(?~1104)의 문하에 佛果克勤(圜悟克勤, 1063~1135), 佛鑑慧懃(1059~1117), 佛眼淸遠(1067~1120) 등 三佛이라 불리는 선승들이 배출되어 크게 활약하였다. 이 가운데 원오의 법을 이은 대혜종고가 간화선을 완성하였고, 이들의 법맥을 잇는 선승들이 선종계를 석권하였다.

한편 불감혜근의 문하에 南華知昺(생몰년 미상), 何山守珣(佛燈守珣, 1079~1134) 등이 활약하였다. 불안청원의 문하에는 竹庵士珪(1083~1146), 牧庵法忠(1084~1149) 등이 배출되었다. 한편 양기방회의 문하에는 保寧仁勇(생몰년 미상), 上方日益(생몰년 미상)90) 등이 배출되었으며, 백운의 문하에도 崇勝瑞珙, 雲蓋智本(1035~1107) 등이 활약하였다.

대혜의 문하에는 拙庵德光(1121~1203), 懶庵鼎需(1092~1153), 開善道謙(생몰년 미상), 曉瑩仲溫(1116~?), 無用淨全(1137~1207), 空叟宗印(생몰년 미상) 등이 배출되어 대혜파가 형성되어 융성하였다.91) 한편 원오의 문하에는 대혜와 함께 虎丘紹隆(1077~1136)이 출현하여 호구파가 발전하게 되었다.92) 호구파에는 密庵咸傑(1118~1186)이 활약하면서

---

90) 그는 保寧仁勇의 법을 이은 선승이며, 湖州 海會院과 上方院에 주석하였기 때문에 上方日益이라 불렸다.(『續傳燈錄』 권21, 606~607쪽). 『염송집』에 雪溪益이라고 표기된 경우가 적지 않은데, 삽계는 일익이 머물렀던 절강성의 지명이므로 동일 인물이다.

91) 남송 대에 선종계를 석권한 대혜파는 크게 2집단으로 정리되었는데, 浙江 지방과 福建 지방에 각각 근거를 가졌다. 절강 집단은 『五燈會元』을, 복건 집단은 『宗門聯燈會要』를 각각 편찬하였다. 石井修道, 「大慧宗杲とその弟子たち(二):『宗門聯燈會要』の歷史的性格」, 『印度學佛敎學硏究』 19-2, 1971 참조.

92) 石井修道, 「虎丘紹隆と大慧宗杲」, 『佛敎史學硏究』 25-1, 1982 참조.

많은 선승이 배출되었다. 특히 松源崇嶽(1132~1202), 破庵祖先(1136~1211)이 밀암의 문하를 대표하는 선승이며, 이들은 각각 송원파, 파암파라는 문파를 형성하였다.[93]

남송 말에서 원초에 송원파의 蘭溪道隆(1213~1278), 파암파의 兀菴普寧(1197~1276) 등은 일본에 건너가 송대 선을 전하였다.[94] 가마쿠라 중기에서 남북조기에 걸쳐 남송 및 원으로부터 일본에 전해진 선종의 계통은 일본 선종의 「24流46傳」이라 일컬어진다. 24류는 일본승이 중국에 들어가 도입한 선종만이 아니라 중국 선승이 일본에 도래하여 전한 예가 많다. 이러한 도래승은 양기파 중에서도 남송 초기의 虎丘派에 한정되어 있다. 남송 말기에서 원에 걸쳐 대혜파가 융성하였음에도 불구하고 대혜파 출신의 도래승이 거의 존재하지 않았다.[95]

---

93) 石井修道, 「松源崇嶽の人と思想」, 『印度學佛教學研究』 54-1, 2005 참조.

94) 13세기 중엽~14세기는 일본사에서 도래승의 세기라고 불릴 정도로 도래승이 문화, 사상사에서 차지하는 위상이 높다. 근래의 대표적인 성과로 다음의 글을 참조하기 바란다. 村井章介, 「渡來僧の世紀」 『東アジア往還』, 朝日新聞社, 1995; 榎本渉, 「日中·日朝僧侶往來年表(1127~1250)」, 『8~17世紀の東アジア地域における人·物·情報の交流(上)』(村井章介 編 日本學術振興會 平成12年度~平成15年度科學硏究費補助金 硏究成果報告書), 2004; 『南宋·元代日中渡航僧傳記集成』, 勉誠出版, 2013.

95) 「24류46전」은 일본에 송원의 선종의 흐름을 전하였던 선승이 46인이고, 그 가운데 24류가 일본중세의 선림에 문파를 형성하였던 것을 이른다. 24류는 계통적으로 임제종 황룡파가 에이사이(榮西) 일파뿐이고, 조동종이 도겐(道元) 등 3파에 그친 것에 비해 나머지는 모두 양기파에 속한다. 佐藤秀孝, 「中世鎌倉の渡來僧」, 村井章介 編, 『東アジアのなかの建長寺』, 勉誠出版, 2014 참조.

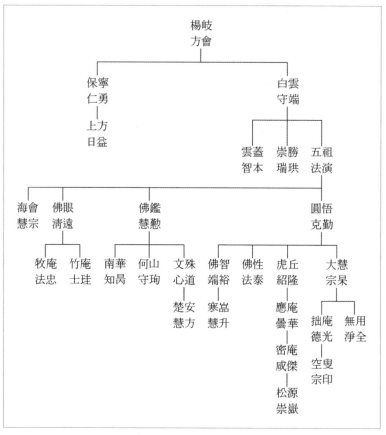

〈임제종 양기파의 법계도〉

그러면 현존하는 양기파의 어록이 언제 편찬되고, 간행되었는지를 간략하게 살펴보고, 고려 선종계에 수용된 양상에 대해 살펴보기로 한다. 양기파의 초기 선승들의 어록은『자명사가록』에 수록되어 있다. 이는 慈明楚圓(石霜楚圓)-양기방회-백운수단-오조법연으로 이어지는 4가의 어록을 집성한 총서이다. 이 총서의 편찬은 불안청원의 제자인 正堂明辯에 의해 이루어졌으며, 소흥 23년(1153) 무렵 편집되어 간행되었던 것으로 보인다. 아울러 이 총서는 황룡파의『황룡사

270

가록』편찬에 자극을 받아 이루어졌다.96)

『고존숙어록』과 같은 총서에 양기파의 어록이 일부 남아 있으며, 그 외에 개인 어록이 간행되었다. 보령인용의 어록인『保寧勇禪師語錄』(1권)이 元豊 원년(1078)에 楊傑이 쓴 서문이 있으므로 그 무렵 간행된 것으로 보인다. 죽암사규의 저작은 대혜종고와 함께 고칙 공안에 각자 송고를 붙인『동림송고』1권이 남아 있다.97)

밀암함걸의 어록인『密庵和尙語錄』(2권)은 문하의 崇嶽, 了悟 등에 의해 편찬되었으며, 淳熙 15년(1188)에 張鎡가 쓴 서문이 있으므로 이무렵 간행된 것으로 보인다. 상권에는『密庵和尙住衢州西烏巨山乾明禪院語錄』,『衢州大中祥符禪寺語錄』,『建康府蔣山太平興國禪寺語錄』,『常州褒忠顯報華藏禪寺語錄』,『臨安府徑山興聖萬壽禪寺語錄』,『明州太白名山天童景德禪寺語錄』등이, 하권에는 小參, 普說頌贊, 偈頌, 法語 등이 수록되어 있다.

송원숭악의 어록인『松源和尙語錄』(2권)은 善開 등에 의해 편찬되어 嘉泰 3년(1203)에 간행되었다. 상권에『平江府陽山澂照禪院語錄』,『江陰軍君山報恩光孝禪寺語錄』,『無爲軍冶父山實際禪院語錄』,『饒州薦福禪院語錄』,『明州香山智度禪院語錄』,『平江府虎口山雲巖禪院語錄』등이, 하권에『臨安府景德靈隱禪寺語錄』,『開山顯親報慈禪寺語錄』, 秉拂, 普說, 法語, 頌古, 贊佛祖, 偈頌 등이 수록되어 있다.

이상에서 살펴본 바와 같이 양기파의 어록은 그렇게 많이 남아 있지 않다. 그러면 양기파의 어록이 고려 선종계에 언제, 어떻게 수용되었을까. 이와 관련된 자료가 거의 남아 있지 않고, 현존하는 판본이나 간행 기록도 거의 없다. 따라서 현재 파악할 수 있는 단편적인 기록을 종합해서 양기파의 어록이 어떻게 수용되었는지를 살펴보기로 한다.

---

96) 椎名宏雄, 「宋版『慈明四家錄』とその周邊」,『駒澤大學佛教學部論集』13, 1982.
97)『竹庵珪和尙語要』1권이『고존숙어록』에 남아 있지만, 본래의 어록이 아니라 간략본이다.

죽암사규의 『竹菴老禪和尙語錄』와 「有宋溫州龍翔禪院珪公禪師塔銘」
이 낙장으로 전해지는데, 12세기 말에서 13세기 중반에 고려에서 翻刻
되었던 것으로 보인다.[98) 앞에서 살펴본 바와 같이 죽암은 대혜와 함
께 『동림송고』, 『선림보훈』 등을 저술하였다. 남송 선종계에서 대혜
의 명성이 높았고, 12세기 말에 대혜의 저작이 고려에 수용되었으므
로 죽암의 선적도 비슷한 시기에 고려에 수용되었을 가능성이 있다.

앞서 서술한 바와 같이 1213년에 수선사에서 대혜의 『정법안장』이
간행되었고, 지눌, 혜심의 저술에서 대혜의 언구가 많이 인용되어 있
어 수선사를 중심으로 대혜의 저작이 본격적으로 수용되었다. 양기파
가 남송 선종계를 주도하였던 만큼 적어도 12세기 후반에 이르면 고려
선종계에서 남송 선종계의 동향을 파악하면서 양기파의 선에 대한 관
심을 갖고 그들의 선적을 다양하게 입수하였던 것으로 짐작된다.

한편, 13세기 후반에 선종계를 주도한 일연이 관심을 가진 선적을
통해서도 양기파의 선적이 수용된 양상을 짐작할 수 있다. 예를 들어
일연은 四明曇秀의 『人天寶鑑』(1230년 간행)에 대한 관심이 높아 그가
입적하던 1289년에 이 책을 간행하도록 문도에게 명할 정도였다.[99)
『인천보감』은 남송 대에 성행한 일화집의 하나이다. 일화집은 주로
선문의 일화를 수록한 것이며, 깨달음을 추구하는 수행자를 격려하
는 것을 목적으로 편찬된 것이다.

그런데 남송 대의 일화집은 주로 대혜파의 선승들이 저술한 것이
대부분이다. 대혜의 『종문무고』(1186)를 비롯하여 仲溫曉瑩의 『羅湖
野錄』(1155), 『雲臥紀談』(1179경), 東吳淨善의 『禪林寶訓』(1180경), 古月
道融의 『叢林盛事』(1197) 등이 대표적인 일화집이다. 일연이 중시한
『인천보감』이 대혜파의 일화집이므로 나머지 대혜파의 다양한 일화

---

98) 남권희, 『고려시대 기록문화 연구』, 청주고인쇄박물관, 2002, 45쪽.

99) 조명제, 「一然의 선사상과 宋의 禪籍」, 『보조사상』 33, 2010, 204~206쪽.

집도 이미 고려 선종계에 수용되었던 것으로 짐작된다. 나아가 이러한 일화집에 대한 관심은 고려 선종계에서 양기파의 선에 대한 동향을 폭넓게 수용하고 이해하고 있었던 것을 보여 준다.

그러나 양기파의 선적이 고려 선종계에 어떻게 이해되고 있는지를 보여 주는 자료가 거의 없기 때문에 구체적인 사실을 알 수 없다. 『염송집』은 양기파의 어록이 폭넓게 수록되어 있으므로 양기파가 고려 선종계에 어떻게 수용되고 이해되었는가를 파악할 수 있는 자료이다. 양기파의 어록이 『염송집』에 어떻게 인용되었는지를 분석하여 뒤의 표와 같이 정리하였다. 이를 통해 알 수 있는 사실은 다음과 같다.

먼저 착어의 인용 횟수는 죽암사규(147), 보령인용(128), 숭승서공(112), 남화지병(105), 송원숭악(105), 불안청원(102), 상방일익(99), 오조법연(49), 밀암함걸(45), 공수종인(45), 불감혜근(43), 목암법충(30), 백운수단(16), 한암혜승(12), 무용정전(6) 등의 순이다. 대혜종고, 원오극근의 착어를 포함하면 『염송집』에서 양기파의 착어가 차지하는 비중이 가장 크다. 이러한 양상은 남송 이후 양기파가 선종계를 석권한 위상이 그대로 반영된 것이다.

인용 횟수로 보면, 오조법연-원오극근-대혜종고로 이어지는 양기파의 주류를 이루었던 선승들의 착어가 『염송집』에서 기본적으로 중시되었음을 알 수 있다. 또한 법연의 문하에서 원오와 함께 삼불로 불린 불안청원, 불감혜근이나 그들의 문하인 죽암사규, 남화지병, 목암법충 등의 착어가 많다. 이러한 양상은 수선사에서 양기파의 동향과 사상적 경향을 파악하고 있었으며, 그것이 양기파 선적의 수용과 함께 이루어진 결과라고 하겠다.

그렇지만 수선사가 양기파의 법맥이나 정통성을 의식하지 않았던 것으로 보인다. 예를 들어 양기방회의 착어는 『염송집』의 16,357칙에 2회 인용되어 있을 뿐이다. 더욱이 양기파의 주류가 아닌 선승들의 착어가 『염송집』에 많이 수록되어 있다. 이러한 흐름은 보령인용, 상방일익, 숭숭서공 등과 같이 오조법연의 계열과 관련이 없는 선승들의 착어가 대단히 많이 수록된 것에서 잘 드러난다.

또한 대혜종고가 간화선을 완성한 이후에 대혜파가 남송 말 이후의 선종계를 석권하였음에도 불구하고『염송집』에 대혜파의 착어보다 호구파의 착어가 오히려 더 많이 수록되어 있다. 특히 밀암함걸, 송원숭악 등의 착어는 대혜파의 착어에 비해 인용 횟수가 훨씬 많다. 나아가 수선사가 호구파의 어록을 다양하게 입수한 것은『염송집』을 편찬하기 직전이므로 남송 선종계의 최신 동향에 깊은 관심을 가졌던 것을 반영한다.100) 또한『염송집』에 대혜파와 함께 호구파를 비롯한 양기파의 다양한 어록이 수록되었던 것은 13세기 고려 선종계에서 송대 선에 대한 이해가 대단히 폭넓게 이루어졌던 경향을 보여 준다.

다음으로 착어의 내용에 대해 살펴보기로 한다. 먼저 〈표 IV-37〉에서 보령인용의 착어는 송고 110회, 상당 20회, 거운 3회 등으로 송고가 압도적으로 많다. 〈표 IV-38〉에서 백운수단의 착어는 송고 7회, 염고 6회 운 3회, 시중 2회 등이다. 〈표 IV-39〉에서 오조법연의 착어는 상당 36회, 소참 3회, 송고 7회, 거운 3회, 염고 3회 등의 순으로 상당의 비중이 압도적이다.

〈표 IV-40〉에서 숭숭서공의 착어는 송고 112회이며, 다른 착어가 전혀 없다. 〈표 IV-41〉에서 상방일익의 착어는 송고 41회, 염고 15회, 상당 12회, 시중, 소참이 각 1회, 거운 6회, 대운, 별운이 각 1회 등이 인용되어 있다. 〈표 IV-42〉에서 불안청원의 착어는 송고 61회, 상당 37회, 소참 3회, 보설 1회, 대운 4회, 운 4회, 염고 1회 등의 순으로 인용되어 있는데, 송고와 상당이 대부분을 차지한다. 〈표 IV-43〉에서 불감혜근의 착어는 송고 37회, 상당 8회, 소참 1회, 심요운 1회, 운 3회 등이다.

---

100) 예를 들어 1203년에 간행되었던 송원숭악의 어록이『염송집』에 꽤 비중 있게 인용된 것은 대표적인 사례이다.

〈표 IV-44〉에서 죽암사규의 착어는 송고 102회, 상당 25회, 소참 9회, 보설 2회, 운 19회, 염고 12회 등이다. 죽암의 송고는 양기파의 종지를 정하기 위해 대혜종고와 함께 고칙 110칙에 대해 각자 송을 붙여 1133년에 저술한 『동림송고』에서 인용된 것이다. 아울러 『염송집』에 죽암의 송고는 대부분 대혜의 송고와 함께 세트로 인용되어 있으므로 『동림송고』에서 대부분 그대로 전재하였던 사실이 드러난다.

〈표 IV-45〉에서 남화지병의 착어는 염고 54회, 송고 40회, 상당 17회, 거운 3회, 소참 2회 등의 순이다. 다른 선승과 달리 염고의 비중이 크지만, 송고와 상당도 많다. 〈표 IV-46〉에서 목암법충의 착어는 송고 15회, 염고 9회, 상당 7회, 거운 1회 등이다. 〈표 IV-47〉에서 무용정전의 착어는 송고 4회, 상당 2회이다. 〈표 IV-48〉에서 한암혜승의 착어는 상당 12회, 송고 10회, 보설 4회, 염고 1회이다. 〈표 IV-49〉에서 공수종인의 착어는 상당 12회, 운 23회, 염고 3회, 송고 7회이다.

〈표 IV-50〉에서 밀암함걸의 착어는 상당 26회, 송고 8회, 운 10회 등으로 상당의 비중이 대단히 크다. 〈표 IV-51〉에서 송원승악의 착어는 상당 79회, 송고 27회, 염고 2회, 병불 1회 등이다. 밀암과 송원의 경우는 다른 선승들에 비해 인용된 착어 중에 상당이 차지하는 비중이 압도적이다. 이상에서 분석한 결과를 통해 양기파의 착어는 다음과 같은 특징적인 양상이 드러난다.

첫째, 양기파의 착어는 송대 공안 비평의 흐름과 마찬가지로 염고보다 송고가 주류를 차지하지만, 다른 종파에 비해 그 비중이 압도적이다. 주지하듯이 송고는 운문종의 설두중현이 『송고백칙』을 제시한 후에 원오극근이 『벽암록』을 통해 그 정수를 제시하였다. 따라서 양기파의 종세가 두드러지는 남송 대에는 공안 비평이 염고보다 송고 중심으로 완전히 바뀌었으므로 그러한 경향이 『염송집』에 반영되었다.

둘째, 양기파의 착어 가운데 상당을 비롯한 내용이 대단히 많다. 흔히 『염송집』을 제목 때문에 송고와 염고를 집성한 공안집으로 이해

하는 것과 달리 『염송집』에는 상당, 보설, 시중 등과 같은 법어에서
인용된 착어가 대단히 많이 수록되어 있다. 이러한 착어는 『염송집』
전체에서 다른 종파에 비해 양기파의 비중이 가장 크다. 또한 이러한
착어는 대혜종고와 원오극근의 착어에서 볼 수 있듯이 원문을 그대
로 전재한다든지, 대단히 자세하게 인용되어 있다.

셋째, 착어의 내용을 살펴보면, 전부 공안 비평에 대한 것이며, 간
화선과 관련된 내용이 전혀 없다. 앞서 살펴본 바와 같이 이러한 경향
은 원오와 대혜의 경우에도 마찬가지였다. 더욱이 대혜파나 호구파
의 착어에서도 이러한 경향이 다르지 않다.[101] 이들 문파가 남송의
선종계를 석권하면서 간화선이 당시 남송의 선종계에서 성행하였
다. 그럼에도 불구하고 이들 문파의 착어에서도 간화선과 관련된 내
용이 전혀 없다.[102] 따라서 『염송집』은 문자선에 초점을 맞추어 편찬
된 문헌이라는 사실을 다시 확인할 수 있다.

한편, 양기파의 어록은 대부분 현전하지 않는 어록이 많으므로 『염
송집』에 수록된 양기파 선승들의 착어는 일서 자료의 가치를 갖고 있
다. 백운수단, 승승서공, 상방일익, 불감혜근, 죽암사규, 남화지병, 목
암법충, 무용정전, 한암혜승, 공수종인 등의 착어는 분량도 적지 않기

---

101) 예를 들어 송원파의 시조인 松源崇嶽은 대혜의 竹篦 공안으로 학인을 가르칠 만큼
    간화선을 중시하였다. 이 글에서 서술할 여유가 없으므로 간단하게 언급한다면 다른
    호구파의 선승들의 경우도 대혜파와 마찬가지로 간화선을 중시하였다. 다만, 송원은
    祇管打坐의 좌선을 행하기도 하였다. 조동종의 天童如淨이 송원의 문하에서 배웠으며,
    송원의 법손인 蘭溪道隆이 남긴 遺誡 5조의 제1조에 송원파의 승당 규칙에 오로지 좌선
    을 행한다고 하였다. 난계는 또 「建長寺法語規則」에 좌선 규칙을 남기고 있다. 鏡島元隆,
    『天童如淨禪師の硏究』, 春秋社, 1983, 71~73쪽.
102) 예를 들어 無門慧開(1183~1260)가 '무자' 화두 중심의 공안집으로 편찬한 『無門關』(1229)
    이 수선사 단계에서 수용되지 않았던 것은 호구파의 어록을 다양하게 입수하였던 것과
    대조적이다. 적어도 수선사에서 송대 선에 대한 관심이 어떠한가를 보여 주는 단서로
    보인다. 일본 선종계에서 간화선 수행과 관련하여 『무문관』이 압도적인 위상을 가진
    것에 비해 고려 선종계에서는 14세기에 '몽산법어'가 그러한 위상을 갖고 있다. 조명제,
    「고려후기 『蒙山法語』의 수용과 간화선의 전개」 『보조사상』 12, 1999 참조.

때문에 송대 양기파의 동향과 사상을 폭넓게 이해할 수 있는 자료이다.

〈표 Ⅳ-37〉『염송집』에 인용된 保寧仁勇의 착어 일람[103]

번호	염송집 칙수 (조사)	착어	출전	비고
1	2 (世尊)	頌古 上堂	X69-289c4 X69-283c	상당 전체 인용
2	3 (世尊)	上堂云	X69-281a14	
3	5 (世尊)	頌古	X69-289c20	『聯珠』
4	13 (世尊)	上堂擧云	X69-285c3	
5	14 (世尊)	頌古	X69-289c15	『聯珠』
6	16 (世尊)	頌古	X69-289c10	『聯珠』
7	40 (法華經)	頌古	X69-290b14	『聯珠』
8	50 (楞嚴經)	上堂擧云	X69-288c	
9	56 (金剛經)	頌古	X69-290b20	『聯珠』
10	61 (文殊菩薩說般若經)	頌古	X69-290b23	『聯珠』
11	64 (維摩)	頌古	X69-290b17	『聯珠』
12	65 (文殊)	頌古	X69-290a2	『聯珠』
13	76 (賓頭盧尊者)	頌古	X69-290a10	『聯珠』
14	81 (迦葉)	頌古	X69-290a6	『聯珠』
15	94 (摩拏羅尊者)	擧云	X69-279c20	
16	98 (達磨)	頌古	X69-290a14	『聯珠』
17	101 (達磨)	頌古	X69-290a23	『聯珠』
18	110 (六祖慧能)	頌古	X69-290b3	『聯珠』
19	119 (南嶽懷讓)	頌古	X69-290b10	『聯珠』
20	121 (南嶽懷讓)	頌古	X69-290c15	『聯珠』
21	124 (永嘉玄覺)	擧云	X69-289a5	
22	146 (南陽慧忠)	上堂擧云		『統要』
23	149 (淸源行思)	頌古	X69-290c7	『聯珠』
24	161 (馬祖道一)	頌古	X69-291a1	『聯珠』
25	162 (馬祖道一)	頌古	X69-291a6	
26	169 (馬祖道一)	頌古	X69-291a10	『聯珠』

103) 『保寧仁勇禪師語錄』의 원제목은 『金陵保寧禪院勇禪師語錄』이다.

27	170 （大同廣澄）	頌古		『聯珠』
28	181 （百丈懷海）	頌古	X69-290c21	『聯珠』
29	182 （百丈懷海）	頌古	X69-291a12	『聯珠』
30	185 （百丈懷海）	頌古	X69-291a18	『聯珠』
31	194 （麻谷寶徹）	頌古	X69-292c14	『聯珠』
32	204 （南泉普願）	頌古	X69-291b12	『聯珠』
33	207 （南泉普願）	頌古 頌古	X69-291b16 X69-291b20	『聯珠』
34	208 （南泉普願）	頌古	X69-291c21	『聯珠』
35	209 （南泉普願）	頌古	X69-292a20	『聯珠』
36	210 （南泉普願）	頌古	X69-291c5	
37	214 （南泉普願）	頌古	X69-291c11	
38	217 （南泉普願）	頌古	X69-291c16	『聯珠』
39	219 （南泉普願）	頌古	X69-291b7	『聯珠』
40	234 （南泉普願）	頌古	X69-291bc	
41	274 （洪州水潦）	頌古		『聯珠』
42	286 （則川和尚）	頌古		『聯珠』
43	295 （龍山和尚）	頌古		『聯珠』
44	321 （丹霞天然）	上堂擧云	X69-280a11	
45	327 （藥山惟儼）	頌古	X69-292a10	『聯珠』
46	337 （藥山惟儼）	頌古	X69-292a15	『聯珠』
47	347 （長髭曠）	頌古	X69-292a3	『聯珠』
48	354 （潮州大顛）	頌古	X69-292c23	『聯珠』
49	355 （潙山靈祐）	頌古	X69-291b1	『聯珠』
50	369 （潙山靈祐）	頌古	X69-292b22	『聯珠』
51	371 （潙山靈祐）	頌古	X69-292b17	『聯珠』
52	375 （潙山靈祐）	頌古 上堂云	X69-292b11	『聯珠』
53	376 （潙山靈祐）	頌古	X69-292c8	
54	394 （黃蘗希運）	頌古	X69-292ab	『聯珠』
55	408 （趙州從諗）	頌古		『聯珠』
56	409 （趙州從諗）	頌古		『聯珠』
57	412 （趙州從諗）	頌古		『聯珠』
58	421 （趙州從諗）	頌古		『聯珠』

59	424 (趙州從諗)	頌古		『聯珠』
60	430 (趙州從諗)	頌古		『聯珠』
61	432 (趙州從諗)	頌古		『聯珠』
62	487 (趙州從諗)	頌古 上堂擧云	X69-288c	『聯珠』
63	491 (長沙景岑)	頌古		『聯珠』
64	493 (長沙景岑)	上堂擧云		
65	496 (長沙景岑)	頌古		『聯珠』
66	505 (甘贄行者)	頌古		『聯珠』
67	510 (五臺智通)	頌古		『聯珠』, 『普燈』
68	512 (鎭州普化)	上堂擧云	X69-286c2	
69	546 (三平義忠)	上堂擧云	X69-284b16	
70	556 (石霜慶諸)	頌古	X69-293a13	『聯珠』
71	558 (石霜慶諸)	頌古	X69-293a9	『聯珠』
72	564 (漸源仲興)	頌古	『聯珠』 625b13	『정법』, 『연등』, 『보등』
73	573 (仰山惠寂)	頌古	X69-292b5	『聯珠』
74	575 (仰山惠寂)	頌古	X69-293a4	『聯珠』, 단독
75	590 (靈雲志勤)	頌古 上堂擧云	『聯珠』 614b5 X69-286a	『보등』
76	592 (靈雲志勤)	頌古		『聯珠』
77	600 (香嚴智閑)	頌古	『聯珠』 633c15	『정법』
78	607 (臨濟義玄)	頌古	X69-293b4	『聯珠』
79	617 (臨濟義玄)	頌古	X69-293b9	『聯珠』
80	622 (臨濟義玄)	頌古		『聯珠』
81	627 (臨濟義玄)	上堂擧云	X69-287a12	
82	635 (臨濟義玄)	頌古	X69-293b16	『聯珠』
83	655 (睦州道蹤)	頌古		『聯珠』, 단독
84	664 (德山宣鑒)	頌古	X69-293b20	『聯珠』
85	665 (德山宣鑒)	頌古	X69-293c2	『聯珠』
86	671 (德山宣鑒)	頌古		『聯珠』
87	685 (洞山良价)	頌古	X69-294a7	『聯珠』
88	698 (洞山良价)	上堂擧云	X69-289a	
89	710 (夾山善會)	頌古		『聯珠』

90	716 (夾山善會)	上堂擧云		
91	727 (投子大同)	頌古		『聯珠』
92	751 (三聖慧然)	頌古 上堂擧云	X69-282a	『聯珠』
93	755 (魏府大覺)	頌古		단독
94	766 (定州善崔)	頌古		
95	780 (雪峯義存)	頌古	X69-293c6	『聯珠』
96	789 (雪峯義存)	上堂擧云	X69-286a	
97	794 (雪峯義存)	頌古	X69-293c10	『聯珠』
98	795 (雪峯義存)	頌古	X69-293c18	『聯珠』
99	812 (雪峯義存)	頌古	X69-293c23	『聯珠』
100	816 (雪峯義存)	頌古	X69-293c14	『聯珠』
101	826 (巖頭全豁)	頌古		『聯珠』
102	846 (大隨法眞)	頌古		『聯珠』
103	847 (大隨法眞)	頌古		
104	848 (大隨法眞)	頌古		『聯珠』
105	917 (越州乾峯)	頌古		『聯珠』
106	923 (霍山景通)	頌古		『聯珠』
107	932 (九峯道虔)	頌古		『聯珠』
108	984 (玄沙師備)	頌古		『聯珠』
109	1018 (雲門文偃)	頌古	X69-294a2	『聯珠』
110	1036 (雲門文偃)	上堂擧云		
111	1118 (鏡淸道怤)	頌古		『聯珠』
112	1134 (孚上座)			
113	1139 (鵝湖和尙)	上堂擧云	X69-280c	
114	1164 (鎭州保壽)	頌古		『聯珠』
115	1192 (芭蕉慧情)	頌古		『聯珠』
116	1219 (巴陵顥鑑)	頌古		『聯珠』
117	1221 (巴陵顥鑑)	頌古		『聯珠』
118	1222 (巴陵顥鑑)	頌古		『聯珠』
119	1229 (洞山守初)	頌古		『聯珠』
120	1247 (風穴延昭)	頌古		『聯珠』
121	1252 (風穴延昭)	頌古		단독
122	1288 (法眼文益)	頌古		단독

123	1293 (法眼文益)	頌古		『聯珠』
124	1320 (首山省念)	頌古		『聯珠』
125	1393 (雲居道齊)	頌古		
126	1403 (楊岐方會)	頌古		『聯珠』
127	1426 (肇法師)	擧云		단독
128	1431 (傅大士)	上堂擧云		

〈표 IV-38〉『염송집』에 인용된 白雲守端의 착어 일람

번호	『염송집』 칙수 (조사)	착어	출전	번호	『염송집』 칙수 (조사)	착어	출전
1	5 (世尊)	拈古 擧云	X69-308c	9	1016 (雲門文偃)	頌古	X69-301a
2	49 (楞嚴經)	頌古 頌古	X69-295c X69-322a	10	1099 (雲門文偃)	云	
3	129 (南陽慧忠)	拈古	X69-312a	11	1229 (洞山守初)	拈古	
4	275 (百丈惟政)	拈古	X69-315a	12	1230 (洞山守初)	頌古	X69-301c
5	546 (三平義忠)	示衆擧云	X69-307a	13	1290 (法眼文益)	頌古	X69-302a
6	607 (臨濟義玄)	頌古	X69-322a	14	1387 (石霜楚圓)	頌古	X69-324c
7	783 (雪峯義存)	云		15	1388 (石霜楚圓)	示衆擧云	X69-294c
8	793 (雪峯義存)	拈古		16	1430 (傅大士)	拈古	

〈표 IV-39〉『염송집』에 인용된 五祖法演의 착어 일람

번호	『염송집』 칙수 (조사)	착어	출전	비고
1	98 (達磨)	上堂擧云		T47-650c
2	100 (達磨)	上堂擧云		T47-656b
3	101 (達磨)	上堂擧云		T47-660b
4	102 (達磨)	擧云	X68-130b	『정법』, 『연등』
5	105 (二祖)	頌古		T47-653a
6	112 (六祖慧能)	擧云	X68-147a	
7	115 (六祖慧能)	拈古		T47-651c
8	146 (南陽慧忠)	上堂擧云 上堂擧云		T47-658b T47-663c
9	161 (馬祖道一)	頌古		T47-656c
10	164 (馬祖道一)	上堂擧云	X68-138a	
11	169 (馬祖道一)	頌古	X68-137c	『聯珠』

12	212 (南泉普願)	小參擧云	X68-142b	『정법』, 『연등』, 『보등』
13	215 (南泉普願)	上堂擧云		T47-659c
14	324 (藥山惟儼)	上堂擧云	X68-131c	『정법』
15	325 (藥山惟儼)	小參擧云	X68-146a	
16	326 (藥山惟儼)	上堂擧云	X68-131b	
17	347 (長髭曠)	頌古	X68-147b	
18	417 (趙州從諗)	頌古 上堂擧云	X68-147c X68-146c	『聯珠』, 『연등』 『보등』
19	430 (趙州從諗)	上堂擧云	X68-140a	『보등』
20	453 (趙州從諗)	上堂擧云	X68-135c	
21	512 (鎭州普化)	上堂擧云	X68-145b	
22	564 (漸源仲興)	上堂擧云	X68-136a	
23	590 (靈雲志勤)	拈古	X68-135c	
24	607 (臨濟義玄)	上堂擧云	X68-136c	
25	664 (德山宣鑒)	上堂擧云	X68-138b	
26	667 (德山宣鑒)	小參擧云	X68-130a	『연등』
27	725 (投子大同)	上堂擧云	X68-145b	
28	729 (投子大同)	上堂擧云	X68-131b	
29	751 (三聖慧然)	上堂擧云	X68-146b	
30	780 (雪峯義存)	上堂擧云	X68-141a	『정법』
31	785 (雪峯義存)	上堂擧云	X68-145c	
32	788 (雪峯義存)	上堂擧云	X68-145a	
33	790 (雪峯義存)	上堂擧云	X68-147a	
34	992 (玄沙師備)	上堂擧云	X68-132b	
35	1008 (雲門文偃)	上堂擧云	X68-131a	
36	1014 (雲門文偃)	上堂云 上堂擧云	X68-145b X68-139c	
37	1018 (雲門文偃)	上堂擧云	X68-133c	
38	1019 (雲門文偃)	頌古	X68-136a	『聯珠』
39	1022 (雲門文偃)	上堂擧云	X68-139b	
40	1038 (雲門文偃)	上堂擧云	X68-133c	
41	1079 (雲門文偃)	上堂擧云	X68-136a	
42	1148 (曹山慧霞)	上堂擧云	X68-141c	『정법』
43	1221 (巴陵顯鑑)	上堂擧云	X68-137a	

44	1230 (洞山守初)	頌古	X68-146c	『승보전』
45	1232 (洞山守初)	擧云	X68-131b	『정법』, 단독
46	1249 (風穴延昭)	上堂擧云	X68-133c	
47	1295 (法眼文益)	上堂擧云	X68-136b	
48	1320 (首山省念)	上堂擧云	X68-136b	
49	1379 (瑯琊慧覺)	拈古	X68-139b	『보등』

〈표 IV-40〉『염송집』에 인용된 崇勝瑞琪의 착어 일람

번호	『염송집』 칙수 (조사)	착어	비고	번호	『염송집』 칙수 (조사)	착어	비고
1	5 (世尊)	頌古		57	619 (臨濟義玄)	頌古	
2	16 (世尊)	頌古		58	622 (臨濟義玄)	頌古	
3	32 (世尊)	頌古		59	635 (臨濟義玄)	頌古	
4	50 (楞嚴經)	頌古		60	637 (睦州道蹤)	頌古	
5	51 (楞嚴經)	頌古		61	640 (睦州道蹤)	頌古	
6	55 (金剛經)	頌古		62	724 (投子大同)	頌古	
7	76 (賓頭盧尊者)	頌古		63	743 (投子大同)	頌古	단독
8	81 (迦葉)	頌古		64	747 (鳥窠道林)	頌古	
9	110 (六祖慧能)	頌古		65	757 (興化存獎)	頌古	
10	130 (南陽慧忠)	頌古		66	761 (興化存獎)	頌古	
11	159 (馬祖道一)	頌古		67	768 (定上座)	頌古	
12	169 (馬祖道一)	頌古		68	771 (雲山和尙)	頌古	
13	177 (百丈懷海)	頌古		69	772 (虎溪庵主)	頌古	단독
14	178 (百丈懷海)	頌古		70	775 (桐峰庵主)	頌古	
15	181 (百丈懷海)	頌古		71	778 (龏上座)	頌古	
16	182 (百丈懷海)	頌古		72	793 (雪峯義存)	頌古	
17	184 (百丈懷海)	頌古		73	794 (雪峯義存)	頌古	
18	199 (鹽官齊安)	頌古		74	799 (雪峯義存)	頌古	
19	207 (南泉普願)	頌古		75	800 (雪峯義存)	頌古	
20	213 (南泉普願)	頌古		76	816 (雪峯義存)	頌古	
21	256 (歸宗智常)	頌古		77	846 (大隨法眞)	頌古	
22	257 (歸宗智常)	頌古		78	848 (大隨法眞)	頌古	
23	260 (歸宗智常)	頌古	단독	79	884 (曹山本寂)	頌古	
24	278 (石鞏慧藏)	頌古		80	985 (玄沙師備)	頌古	

25	282 (金牛和尙)	頌古		81	991 (玄沙師備)	頌古	
26	284 (汾州無業)	頌古		82	992 (玄沙師備)	頌古	
27	313 (龐居士)	頌古		83	1014 (雲門文偃)	頌古	
28	315 (龐居士)	頌古	單獨	84	1018 (雲門文偃)	頌古	
29	316 (龐居士)	頌古		85	1022 (雲門文偃)	頌古	
30	321 (丹霞天然)	頌古		86	1023 (雲門文偃)	頌古	
31	347 (長髭曠)	頌古		87	1024 (雲門文偃)	頌古	
32	369 (潙山靈祐)	頌古		88	1037 (雲門文偃)	頌古	
33	371 (潙山靈祐)	頌古		89	1073 (雲門文偃)	頌古	
34	382 (潙山靈祐)	頌古		90	1085 (雲門文偃)	頌古	單獨
35	388 (黃蘗希運)	頌古		91	1119 (鏡淸道怤)	頌古	
36	389 (黃蘗希運)	頌古		92	1120 (鏡淸道怤)	頌古	
37	391 (黃蘗希運)	頌古		93	1131 (孚上座)	頌古	
38	411 (趙州從諗)	頌古		94	1155 (南院慧顒)	頌古	單獨
39	412 (趙州從諗)	頌古		95	1159 (南院慧顒)	頌古	單獨
40	421 (趙州從諗)	頌古		96	1164 (眞州2世寶壽)	頌古	
41	422 (趙州從諗)	頌古	單獨	97	1219 (巴陵顥鑑)	頌古	
42	423 (趙州從諗)	頌古		98	1220 (巴陵顥鑑)	頌古	
43	424 (趙州從諗)	頌古		99	1221 (巴陵顥鑑)	頌古	
44	457 (趙州從諗)	頌古		100	1227 (香林澄遠)	頌古	單獨
45	499 (子湖利蹤)	頌古		101	1230 (洞山守初)	頌古	
46	500 (子湖利蹤)	頌古		102	1236 (薦福承古)	頌古	
47	505 (池州甘贄)	頌古		103	1290 (法眼文益)	頌古	
48	506 (池州甘贄)	頌古		104	1291 (法眼文益)	頌古	
49	510 (五臺山智通)	頌古		105	1292 (法眼文益)	頌古	
50	512 (鎭州普化)	頌古		106	1295 (法眼文益)	頌古	
51	564 (漸源仲興)	頌古		107	1339 (汾陽善昭)	頌古	
52	569 (仰山惠寂)	頌古		108	1346 (廣慧元璉)	頌古	單獨
53	590 (靈雲志勤)	頌古		109	1360 (金陵玄覺)	頌古	
54	607 (臨濟義玄)	頌古		110	1386 (石霜楚圓)	頌古	
55	611 (臨濟義玄)	頌古		111	1430 (傅大士)	頌古	
56	616 (臨濟義玄)	頌古		112	1448 (布袋)	頌古	單獨

번호	『염송집』 착수 (조사)	착어	비고	번호	『염송집』 착수 (조사)	착어	비고
1	2 (世尊)	頌古		51	590 (靈雲志勤)	頌古	
2	5 (世尊)	頌古		52	600 (香嚴智閑)	頌古	『聯珠』
3	6 (世尊)	頌古		53	607 (臨濟義玄)	頌古	『聯珠』
4	14 (世尊)	上堂擧云		54	614 (臨濟義玄)	頌古 拈古	
5	35 (世尊)	擧云		55	617 (臨濟義玄)	頌古	『聯珠』
6	55 (金剛經)	擧云		56	623 (臨濟義玄)	拈古	
7	81 (迦葉)	頌古		57	635 (臨濟義玄)	頌古	『聯珠』
8	101 (達磨)	頌古		58	646 (睦州道蹤)	拈古	
9	107 (三祖)	擧云		59	665 (德山宣鑒)	頌古	『聯珠』
10	110 (六祖慧能)	擧云		60	666 (德山宣鑒)	頌古	『聯珠』
11	112 (六祖慧能)	拈古		61	668 (德山宣鑒)	頌古	
12	130 (南陽慧忠)	頌古		62	671 (德山宣鑒)	頌古	
13	131 (南陽慧忠)	頌古		63	687 (洞山良价)	示衆擧云	
14	146 (南陽慧忠)	擧云		64	689 (洞山良价)	上堂擧云	
15	149 (淸源行思)	擧代云		65	716 (夾山善會)	上堂擧云	
16	164 (馬祖道一)	拈古		66	756 (興化存奬)	頌古	『聯珠』
17	169 (馬祖道一)	頌古		67	757 (興化存奬)	頌古	
18	177 (百丈懷海)	頌古		68	767 (定上座)	拈古	
19	178 (百丈懷海)	頌古		69	782 (雪峯義存)	上堂擧云	
20	181 (百丈懷海)	頌古		70	783 (雪峯義存)	頌古	『聯珠』
21	184 (百丈懷海)	頌古 頌古		71	810 (雪峯義存)	上堂擧云	
22	207 (南泉普願)	頌古 頌古		72	830 (巖頭全豁)	頌古	『聯珠』
23	209 (南泉普願)	頌古	『聯珠』	73	837 (巖頭全豁)	上堂擧云	
24	235 (南泉普願)			74	847 (大隨法眞)	頌古	
25	274 (洪州水潦)			75	848 (大隨法眞)	頌古	
26	307 (龐居士)	頌古		76	918 (越州乾峯)	上堂擧云	
27	313 (龐居士)	頌古	『聯珠』	77	932 (九峯道虔)	頌古	
28	354 (潮州大顚)	拈古		78	1006 (雲門文偃)	頌古	
29	355 (潙山靈祐)	頌古	『聯珠』	79	1009 (雲門文偃)	頌古	『聯珠』

30	356 (潙山靈祐)	頌古	『聯珠』	80	1014 (雲門文偃)	頌古	『聯珠』
31	390 (黃蘗希運)	上堂舉云		81	1015 (雲門文偃)	頌古	
32	408 (趙州從諗)	頌古		82	1017 (雲門文偃)	頌古	『聯珠』
33	410 (趙州從諗)	舉別云		83	1022 (雲門文偃)	頌古	
34	411 (趙州從諗)	頌古		84	1023 (雲門文偃)	頌古	
35	412 (趙州從諗)	頌古 拈古	『聯珠』	85	1079 (雲門文偃)	拈古	
36	429 (趙州從諗)	拈古 上堂云		86	1142 (金峯從志)	拈古	
37	436 (趙州從諗)	拈古		87	1164 (鎭州2世寶壽)	頌古	『聯珠』
38	438 (趙州從諗)	頌古		88	1224 (香林澄遠)	頌古	『聯珠』
39	439 (趙州從諗)	頌古		89	1229 (洞山守初)	拈古	
40	445 (趙州從諗)	頌古		90	1247 (風穴延昭)	上堂舉云	
41	453 (趙州從諗)	頌古		91	1250 (風穴延昭)	頌古	
42	487 (趙州從諗)	代		92	1285 (蓮花峯庵主)	小參舉云	
43	492 (長沙景岑)	拈古		93	1290 (法眼文益)	頌古	『聯珠』
44	493 (長沙景岑)	頌古	『聯珠』	94	1335 (汾陽善昭)	頌古	
45	499 (子湖利蹤)	上堂舉云		95	1338 (汾陽善昭)	上堂舉云	
46	512 (鎭州普化)	頌古		96	1372 (天衣義懷)	舉云	
47	515 (鎭州普化)	頌古		97	1398 (黃龍慧南)	頌古	
48	564 (漸源仲興)	拈古		98	1434 (南嶽慧思)	拈古	
49	573 (仰山惠寂)	頌古		99	1459 (大宗皇帝)	頌古	
50	587 (仰山惠寂)	頌古					

〈표 IV-42〉 『염송집』에 인용된 佛眼淸遠의 착어 일람[104]

번호	염송집 칙수 (조사)	착어	출전	비고
1	5 (世尊)	頌古	X68-219c8	『聯珠』
2	6 (世尊)	頌古	X68-219c5	『聯珠』
3	16 (世尊)	頌古	X68-219c2	『聯珠』
4	32 (世尊)	頌古	X68-222c	『聯珠』
5	33 (世尊)	小參舉云	X68-203a	

---

104) 불안청원의 어록은 『舒州龍門佛眼和尙語錄』이며, 현재 『古尊宿』에 수록된 것을 이용하였다.

6	74 (毗目仙人)	上堂云	X68-177c	
7	81 (迦葉)	上堂擧云	X68-188c	
8	93 (婆修盤頭尊者)	上堂擧云	X68-183bc	
9	95 (師子尊者)	頌古	X68-222b9	『聯珠』, 『普燈』
10	100 (達磨)	頌古	X68-219c11	『聯珠』
11	110 (六祖慧能)	頌古	X68-219c14	
12	115 (六祖慧能)	上堂擧云	X68-193bc	
13	118 (蒙山道明)	上堂擧云	X68-181a	
14	126 (永嘉玄覺)	擧云	X68-190bc	
15	130 (南陽慧忠)	頌古	X68-219c18	
16	131 (南陽慧忠)	上堂擧云	X68-182b	
17	153 (破竈墮)	頌古 頌古	X68-221c15 X68-221c22	
18	157 (馬祖道一)	擧云	X68-178c	
19	161 (馬祖道一)	代云	X68-224a	
20	162 (馬祖道一)	上堂	X68-180c	
21	164 (馬祖道一)	上堂擧云	X68-178c	
22	177 (百丈懷海)	頌古	X68-219c20	『聯珠』
23	178 (百丈懷海)	頌古	X68-220a7	
24	179 (百丈懷海)	頌古	X68-220a4	『聯珠』
25	181 (百丈懷海)	頌古 頌古 上堂擧云	X68-220a10 X68-220a19 X68-175c~176a	『聯珠』 『聯珠』
26	182 (百丈懷海)	上堂擧云	X68-176b	
27	184 (百丈懷海)	頌古 頌古 頌古 擧云	X68-222a4 X68-222a10 X68-222a15 X68-219b	『聯珠』, 『普燈』
28	185 (百丈懷海)	上堂擧云	X68-193b	
29	188 (魯祖寶雲)	頌古	X68-221b10	『聯珠』
30	203 (南泉普願)	頌古	X68-220c6	
31	204 (南泉普願)	上堂擧云	X68-183ab	
32	207 (南泉普願)	頌古 頌古	X68-221a14 X68-221a19	『聯珠』 『聯珠』
33	208 (南泉普願)	頌古	X68-221a22	『聯珠』

34	212 (南泉普願)	上堂	X68-179c	『聯珠』
35	220 (南泉普願)	小參擧云	X68-202c	
36	224 (南泉普願)	頌古	X68-220c	『聯珠』
37	225 (南泉普願)	代云	X68-224b	
38	226 (南泉普願)	頌古	X68-221a11	
39	227 (南泉普願)	頌古	X68-220c19	『聯珠』
40	254 (盤山寶積)	頌古	X68-222c17	『聯珠』
41	269 (大梅法常)	云	X68-224c	
42	275 (百丈惟政)	頌古 上堂擧云	X68-220a21 X68-187a	『聯珠』
43	281 (金牛和尚)	頌古	X68-221b24	『聯珠』
44	293 (五洩靈黙)	頌古	X68-222c6	『聯珠』
45	302 (華林善覺)	上堂擧云	X68-182c	
46	324 (藥山惟儼)	上堂云	X68-175bc	
47	329 (藥山惟儼)	上堂擧云	X68-174ab	단독
48	367 (潙山靈祐)	上堂擧云	X68-186a	
49	369 (潙山靈祐)	頌古	X68-222b	『聯珠』
50	378 (潙山靈祐)	上堂擧云	X68-193a	
51	388 (黃蘗希運)	頌古	X68-220b3	
52	389 (黃蘗希運)	頌古	X68-220b10	
53	390 (黃蘗希運)	頌古	X68-220b19	『聯珠』
54	391 (黃蘗希運)	頌古	X68-220b24	『聯珠』
55	392 (黃蘗希運)	頌古	X68-220c11	『聯珠』, 단독
56	396 (黃蘗希運)	頌古	X68-220b	『聯珠』
57	408 (趙州從諗)	上堂擧云	X68-174c	
58	411 (趙州從諗)	頌古	X68-222c12	『聯珠』
59	412 (趙州從諗)	頌古 頌古	X68-222a1 X68-222a2	
60	429 (趙州從諗)	上堂擧云 上堂	X68-185a X68-185c	『普燈』
61	435 (趙州從諗)	上堂擧云	X68-192b	『聯珠』
62	436 (趙州從諗)	上堂擧云	X68-182b	『普燈』
63	466 (趙州從諗)	上堂擧云	X68-191c	단독
64	492 (長沙景岑)	上堂擧云	X68-180a	

65	499 (子湖利蹤)	頌古	X68-222b21	『聯珠』
66	511 (壽州良遂)	頌古	X68-222c24	『聯珠』
67	517 (崇慧禪師)	上堂	X68-176c	
68	537 (高沙彌)	代云	X68-225b	
69	546 (三平義忠)	上堂擧云	X68-187bc	
70	552 (金華俱胝)	頌古	X68-221b4	『聯珠』, 『普燈』
71	558 (石霜慶諸)	拈古	X68-181a	
72	574 (仰山惠寂)	普說擧云	X68-215b	
73	590 (靈雲志勤)	頌古	X68-222a17	『聯珠』
74	594 (靈雲志勤)	上堂擧云	X68-181c	
75	604 (京兆米胡)	頌古	X68-221b	『聯珠』
76	607 (臨濟義玄)	頌古	X68-222a21	『聯珠』
77	608 (臨濟義玄)	上堂擧云	X68-188a	
78	610 (臨濟義玄)	上堂擧云	X68-175b	
79	652 (睦州道蹤)	上堂擧云	X68-188c	단독
80	665 (德山宣鑒)	頌古	X68-221b7	『聯珠』
81	684 (洞山良价)	小參擧云	X68-202a	
82	687 (洞山良价)	頌古	X68-190a22	『聯珠』
83	693 (洞山良价)	頌古	X68-221a3	『聯珠』
84	747 (鳥窠道林)	頌古	X68-222b24	『聯珠』
85	781 (雪峯義存)	頌古	X68-222b18	『聯珠』
86	784 (雪峯義存)	頌古	X68-221b15	『聯珠』
87	848 (大隨法眞)	頌古	X68-221b1	
88	920 (北院通)	擧云	X68-205c	
89	984 (玄沙師備)	頌古	X68-222c3	『聯珠』
90	985 (玄沙師備)	頌古 上堂擧云	X68-221c3 X68-175c	『聯珠』, 『정법』, 『연등』, 『普燈』
91	992 (玄沙師備)	普說擧云 普說擧云	X68-210a X68-214a	
92	1011 (雲門文偃)	上堂	X68-184c	전체 인용
93	1022 (雲門文偃)	頌古	X68-222b3	
94	1229 (洞山守初)	頌古	X68-222a24	『聯珠』
95	1230 (洞山守初)	上堂擧云	X68-180c	『聯珠』
96	1285 (蓮華峯祥庵主)	上堂擧云	X68-192b	

97	1294 (法眼文益)	普說擧云	X68-222b	
98	1296 (法眼文益)	頌古	X68-222b15	
99	1398 (黃龍慧南)	頌古	X68-223a3	『聯珠』
100	1413 (五祖法演)	頌古	X68-223a10	『聯珠』
101	1414 (五祖法演)	頌古 代云	X68-223a12 X68-225b8	『聯珠』
102	1436 (文殊)	上堂	X68-179ab	

〈표 Ⅳ-43〉『염송집』에 인용된 佛鑑慧懃의 착어 일람

번호	『염송집』 칙수 (조사)	착어	비고	번호	『염송집』 칙수 (조사)	착어	비고
1	5 (世尊)	頌古		23	637 (睦州道蹤)	上堂	
2	6 (世尊)	頌古	『聯珠』	24	729 (投子大同)	頌古	『聯珠』
3	16 (世尊)	頌古 上堂	『聯珠』	25	751 (三聖慧然)	頌古	『聯珠』
4	32 (世尊)	頌古		26	767 (定上座)	頌古	『聯珠』
5	98 (達磨)	頌古 上堂	『聯珠』	27	918 (越州乾峯)	上堂 小參	
6	101 (達磨)	頌曰		28	1013 (雲門文偃)	頌古	
7	110 (六祖慧能)	頌古	『聯珠』	29	1015 (雲門文偃)	頌古 上堂 上堂	『聯珠』
8	132 (南陽慧忠)	頌古	『聯珠』	30	1016 (雲門文偃)	頌古	
9	177 (百丈懷海)	頌古	『聯珠』	31	1017 (雲門文偃)	頌古	
10	178 (百丈懷海)	頌古	『聯珠』	32	1019 (雲門文偃)	頌古	『聯珠』
11	182 (百丈懷海)	頌古 云	『聯珠』	33	1020 (雲門文偃)	頌古	
12	188 (魯祖寶雲)	心要云		34	1023 (雲門文偃)	頌古	『聯珠』
13	209 (南泉普願)	頌古	『聯珠』	35	1219 (巴陵顥鑑)	頌古	
14	407 (趙州從諗)	頌古	『聯珠』	36	1230 (洞山守初)	頌古	
15	408 (趙州從諗)	頌古		37	1247 (風穴延昭)	上堂云	
16	409 (趙州從諗)	頌古		38	1248 (風穴延昭)	上堂云	
17	410 (趙州從諗)	頌古		39	1250 (風穴延昭)	頌古	
18	421 (趙州從諗)	頌古 云	『聯珠』	40	1281 (智門光祚)	頌古	『聯珠』
19	462 (趙州從諗)	云		41	1335 (汾陽善昭)	頌古	『聯珠』

20	493（長沙景岑）	頌古	『聯珠』	42	1379（瑯琊慧覺）	頌古	『聯珠』
21	615（臨濟義玄）	頌古	『聯珠』	43	1436（文殊）	頌古	
22	635（臨濟義玄）	頌古	『聯珠』				

〈표 IV-44〉『염송집』에 인용된 竹庵士珪의 착어 일람

번호	염송집 착수（조사）	착어	출전	비고	번호	염송집 착수（조사）	착어	출전	비고
1	1（世尊）	頌古	『東林』		75	657（睦州道蹤）	頌古	『東林』	
2	2（世尊）	頌古	『東林』		76	668（德山宣鑒）	頌古	『東林』	『聯珠』
3	5（世尊）	頌古	『東林』	『聯珠』	77	677（德山宣鑒）	上堂		
4	16（世尊）	頌古 上堂	『東林』	『聯珠』	78	686（洞山良价）	頌古		
5	32（世尊）	頌古	『東林』	『聯珠』	79	711（夾山善會）	頌古 上堂	『東林』	
6	40（法華經）	頌古	『東林』	『聯珠』	80	712（夾山善會）	小參		
7	41（涅槃經）	上堂			81	715（夾山善會）	頌古	『東林』	『聯珠』
8	47（圓覺經）	頌古	『東林』	『聯珠』	82	726（投子大同）	頌古 拈古	『東林』	『聯珠』
9	50（楞嚴經）	頌古 上堂	『東林』	『聯珠』	83	747（鳥窠道林）	拈古		
10	61（文殊菩薩 所說般若經）	頌古	『東林』	『聯珠』	84	749（鎭州保壽）	頌古	『東林』	
11	64（維摩）	頌古	『東林』	『聯珠』	85	751（三聖慧然）	頌古	『東林』	『聯珠』
12	72（映崛摩羅）	頌古	『東林』	『聯珠』	86	757（興化存獎）	頌古	『東林』	
13	95（師子尊者）	頌古	『東林』	『聯珠』	87	758（興化存獎）	頌古 上堂	『東林』	『聯珠』
14	99（達磨）	頌古	『東林』	『聯珠』	88	759（興化存獎）	頌古 拈古	『東林』	『聯珠』
15	100（達磨）	頌古	『東林』	『聯珠』	89	760（興化存獎）	頌古 云 小參	『東林』	
16	129（南陽慧忠）	云			90	761（興化存獎）	頌古	『東林』	『聯珠』
17	130（南陽慧忠）	頌古	『東林』	『聯珠』	91	766（定州善崔）	拈古		
18	131（南陽慧忠）	云			92	784（雪峯義存）	頌古 云	『東林』	
19	148（淸源行思）	頌古	『東林』	『聯珠』	93	790（雪峯義存）	頌古	『東林』	『聯珠』
20	156（馬祖道一）	頌古	『東林』		94	831（巖頭全豁）	頌古	『東林』	『聯珠』

No.	公案	종류	『東林』	『聯珠』	No.	公案	종류	『東林』	『聯珠』
21	161（馬祖道一）	頌古	『東林』	『聯珠』	95	832（巖頭全豁）	頌古	『東林』	『聯珠』
22	169（馬祖道一）	云			96	852（大隨法眞）	云		
23	179（百丈懷海）	頌古	『東林』		97	870（疎山光仁）	頌古	『東林』	『聯珠』
24	181（百丈懷海）	頌古	『東林』	『聯珠』	98	886（曹山本寂）	上堂		
25	184（百丈懷海）	頌古	『東林』	『聯珠』	99	917（越州乾峯）	上堂 上堂		
26	207（南泉普願）	云			100	918（越州乾峯）	頌古 普說	『東林』	
27	209（南泉普願）	頌古	『東林』	『聯珠』	101	979（玄沙師備）	云		
28	217（南泉普願）	頌古	『東林』	『聯珠』	102	985（玄沙師備）	頌古	『東林』	『聯珠』
29	226（南泉普願）	頌古	『東林』		103	988（玄沙師備）	頌古 上堂	『東林』	
30	242（南泉普願）	頌古	『東林』		104	992（玄沙師備）	云		
31	243（南泉普願）	頌古	『東林』		105	993（玄沙師備）	頌古	『東林』	『聯珠』
32	285（汾州無業）	頌古 上堂	『東林』	『聯珠』	106	1014（雲門文偃）	頌古	『東林』	『聯珠』
33	288（章敬懷惲）	上堂			107	1015（雲門文偃）	上堂		
34	293（五洩靈默）	普說			108	1018（雲門文偃）	頌古	『東林』	
35	298（烏臼和尚）	頌古	『東林』		109	1033（雲門文偃）	云		
36	324（藥山惟儼）	頌古	『東林』		110	1037（雲門文偃）	拈古 上堂		
37	325（藥山惟儼）	小參			111	1038（雲門文偃）	小參		
38	357（潙山靈祐）	頌古	『東林』		112	1054（雲門文偃）	頌古	『東林』	
39	390（黃檗希運）	頌古	『東林』	『聯珠』	113	1068（雲門文偃）	上堂		
40	407（趙州從諗）	頌古	『東林』	『聯珠』	114	1078（雲門文偃）	頌古	『東林』	『聯珠』
41	408（趙州從諗）	頌古 拈古	『東林』		115	1081（雲門文偃）	頌古	『東林』	『聯珠』
42	409（趙州從諗）	頌古	『東林』		116	1089（雲門文偃）	頌古	『東林』	
43	412（趙州從諗）	頌古 上堂	『東林』	『聯珠』	117	1139（鵝湖和尚）	頌古	『東林』	
44	417（趙州從諗）	頌古	『東林』	『聯珠』	118	1152（寶應慧顒）	頌古	『東林』	
45	423（趙州從諗）	拈古 上堂			119	1164（鎭州保壽）	頌古 小參	『東林』	『聯珠』
46	424（趙州從諗）	頌古	『東林』	『聯珠』	120	1192（芭蕉慧情）	頌古 上堂	『東林』	
47	425（趙州從諗）	頌古	『東林』		121	1202（羅山道閑）	頌古	『東林』	

No	번호(名)				No	번호(名)			
							上堂		
48	430 (趙州從諗)	頌古	『東林』		122	1229 (洞山守初)	小參		
49	434 (趙州從諗)	頌古 上堂	『東林』	『聯珠』	123	1230 (洞山守初)	上堂 上堂		
50	440 (趙州從諗)	拈古			124	1233 (洞山守初)	頌古 云	『東林』	
51	443 (趙州從諗)	上堂			125	1234 (深明二上座)	頌古	『東林』	
52	447 (趙州從諗)	頌古	『東林』		126	1244 (保福清豁)	小參		
53	448 (趙州從諗)	頌古	『東林』		127	1248 (風穴延昭)	頌古	『東林』	『聯珠』
54	450 (趙州從諗)	頌古	『東林』		128	1272 (明招德謙)	頌古	『東林』	『聯珠』
55	452 (趙州從諗)	頌古	『東林』	『聯珠』	129	1274 (明招德謙)	頌古 小參	『東林』	
56	454 (趙州從諗)	頌古	『東林』		130	1320 (首山省念)	頌古	『東林』	『聯珠』
57	455 (趙州從諗)	頌古	『東林』		131	1330 (首山省念)	云		
58	457 (趙州從諗)	小參 云			132	1331 (首山省念)	頌古	『東林』	
59	479 (趙州從諗)	頌古	『東林』	『聯珠』	133	1347 (石門蘊聰)	頌古		
60	505 (池州甘贄)	頌古	『東林』	『聯珠』	134	1368 (北禪智賢)	云		
61	512 (鎮州普化)	頌古	『東林』	『聯珠』	135	1378 (瑯琊慧覺)	頌古	『東林』	
62	552 (金華俱胝)	拈古			136	1388 (石霜楚圓)	上堂		
63	590 (靈雲志勤)	頌古 頌古	『東林』	『聯珠』	137	1390 (大愚守芝)	頌古	『東林』	『聯珠』
64	594 (靈雲志勤)	頌古	『東林』		138	1392 (法華齊擧)	云		
65	600 (香嚴智閑)	云			139	1400 (黃龍慧南)	頌古	『東林』	
66	616 (臨濟義玄)	頌古	『東林』		140	1402 (楊岐方會)	頌古	『東林』	
67	617 (臨濟義玄)	頌古	『東林』	『聯珠』	141	1403 (楊岐方會)	頌古 拈古	『東林』	『聯珠』
68	618 (臨濟義玄)	頌古	『東林』		142	1412 (白雲守端)	云		
69	619 (臨濟義玄)	云			143	1413 (五祖法演)	拈古		
70	622 (臨濟義玄)	頌古	『東林』		144	1414 (五祖法演)	拈古		
71	631 (臨濟義玄)	上堂 云 云			145	1415 (五祖法演)	頌古	『東林』	
72	633 (臨濟義玄)	頌古	『東林』		146	1420 (圜悟克勤)	頌古	『東林』	
73	635 (臨濟義玄)	頌古	『東林』	『聯珠』	147	1433 (杜順和尚)	上堂		
74	639(睦州道蹤)	頌古 拈古	『東林』	『聯珠』					

<표 IV-45> 『염송집』에 인용된 南華知昺의 착어 일람

번호	『염송집』 칙수 (조사)	착어	비고	번호	『염송집』 칙수 (조사)	착어	비고
1	2 (世尊)	頌古 拈古		54	641 (睦州道蹤)	頌古	
2	5 (世尊)	頌古		55	671 (德山宣鑒)	拈古	
3	6 (世尊)	頌古		56	682 (洞山良价)	上堂擧云	단독
4	14 (世尊)	拈古		57	686 (洞山良价)	拈古	
5	16 (世尊)	拈古		58	695 (洞山良价)	頌古 拈古	
6	32 (世尊)	拈古		59	721 (夾山善會)	頌古	
7	65 (文殊)	拈古		60	729 (投子大同)	擧云	
8	81 (迦葉)	頌古	『聯珠』	61	746 (清平令遵)	頌古	『聯珠』
9	93 (婆修盤頭)	上堂擧云		62	751 (三聖慧然)	上堂擧云	
10	110 (六祖慧能)	擧云		63	767 (定上座)	拈古	
11	164 (馬祖道一)	頌古 拈古	『聯珠』	64	790 (雪峯義存)	拈古	
12	169 (馬祖道一)	頌古	『聯珠』	65	796 (雪峯義存)	頌古	
13	181 (百丈懷海)	頌古 拈古	『聯珠』	66	826 (巖頭全豁)	拈古	
14	184 (百丈懷海)	拈古		67	837 (巖頭全豁)	頌古	
15	203 (南泉普願)	拈古		68	846 (大隨法眞)	拈古	
16	206 (南泉普願)	上堂擧云		69	855 (雲居道膺)	頌古	
17	207 (南泉普願)	頌古		70	859 (雲居道膺)	頌古	
18	208 (南泉普願)	拈古		71	870 (疎山光仁)	拈古	
19	212 (南泉普願)	小參擧云		72	880 (曹山本寂)	拈古	
20	222 (南泉普願)	頌古		73	890 (曹山本寂)	頌古	『聯珠』
21	240 (南泉普願)	拈古		74	894 (龍牙居遁)	拈古	
22	248 (盤山寶積)	頌古	『聯珠』	75	918 (越州乾峯)	拈古	
23	255 (歸宗智常)	頌古	『聯珠』	76	932 (九峯道虔)	頌古	
24	264 (歸宗智常)	拈古		77	935 (九峯道虔)	拈古	
25	269 (大梅法常)	頌古		78	981 (玄沙師備)	拈古	
26	321 (丹霞天然)	拈古		79	986 (玄沙師備)	頌古 拈古	
27	330 (藥山惟儼)	上堂擧云	단독	80	1035 (雲門文偃)	拈古 上堂云	

No.	公案	형식	비고	No.	公案	형식	비고
28	338 (藥山惟儼)	上堂擧云		81	1045 (雲門文偃)	上堂擧云	
29	347 (長髭曠)	拈古		82	1078 (雲門文偃)	上堂云	
30	355 (潙山靈祐)	拈古		83	1091 (雲門文偃)	上堂擧云	
31	371 (潙山靈祐)	上堂擧云		84	1105 (長慶慧稜)	頌古	
32	378 (潙山靈祐)	小參擧云		85	1119 (鏡淸道怤)	上堂擧云	
33	382 (潙山靈祐)	頌古		86	1136 (鼓山神晏)	拈古	
34	390 (黃蘗希運)	拈古		87	1137 (鼓山神晏)	拈古	
35	400 (大慈寰中)	拈古		88	1143 (金峯從志)	拈古	단독
36	411 (趙州從諗)	拈古		89	1163 (鎭州2世寶壽)	頌古	『聯珠』
37	420 (趙州從諗)	上堂擧云	단독	90	1164 (鎭州2世寶壽)	頌古 拈古	『聯珠』
38	429 (趙州從諗)	擧云		91	1207 (羅漢桂琛)	上堂擧云	
39	439 (趙州從諗)	拈古		92	1225 (香林澄遠)	拈古	
40	492 (長沙景岑)	頌古 拈古	『聯珠』	93	1230 (洞山守初)	頌古	『聯珠』
41	505 (池州甘贄)	頌古		94	1244 (保福淸豁)	拈古	
42	514 (鎭州普化)	拈古		95	1247 (風穴延昭)	拈古	
43	521 (雲巖曇晟)	頌古		96	1248 (風穴延昭)	拈古	
44	545 (本生和尙)	拈古		97	1285 (蓮花峯庵主)	拈古	
45	558 (石霜慶諸)	擧頌古曰		98	1290 (法眼文益)	頌古 頌古	『聯珠』
46	569 (仰山惠寂)	頌古	『聯珠』	99	1293 (法眼文益)	拈古	
47	571 (仰山惠寂)	拈古		100	1296 (法眼文益)	頌古	
48	576 (仰山惠寂)	拈古		101	1300 (法眼文益)	頌古	단독
49	590 (靈雲志勤)	頌古 拈古	『聯珠』	102	1301 (法眼文益)	上堂擧云	
50	617 (臨濟義玄)	拈古		103	1313 (修山主)	上堂擧云	
51	628 (臨濟義玄)	上堂擧云		104	1320 (首山省念)	頌古	『聯珠』
52	635 (臨濟義玄)	頌古	『聯珠』	105	1354 (雪竇重顯)	頌古 拈古	단독
53	639 (臨濟義玄)	拈古					

〈표 IV-46〉『염송집』에 인용된 牧庵法忠의 착어 일람

번호	『염송집』 칙수 (조사)	착어	비고	번호	『염송집』 칙수 (조사)	착어	비고
1	5 (世尊)	頌古		16	687 (洞山良价)	拈古	
2	32 (世尊)	頌古		17	750 (鎭州保壽)	上堂擧云	
3	101 (達磨)	頌古		18	751 (三聖慧然)	上堂擧云	
4	159 (馬祖道一)	頌古 頌古		19	777 (覆盆庵主)	拈古	단독
5	332 (藥山惟儼)	拈古		20	787 (雪峯義存)	拈古	
6	408 (趙州從諗)	頌古		21	833 (巖頭全豁)	拈古	
7	409 (趙州從諗)	頌古 上堂擧云		22	1015 (雲門文偃)	上堂擧云	
8	411 (趙州從諗)	頌古		23	1022 (雲門文偃)	頌古	
9	412 (趙州從諗)	頌古 拈古		24	1035 (雲門文偃)	上堂云	
10	429 (趙州從諗)	頌古		25	1121 (鏡淸道怤)	拈古	
11	430 (趙州從諗)	上堂擧云		26	1164 (鎭州2世保壽)	上堂擧云	
12	434 (趙州從諗)	上堂擧云		27	1230 (洞山守初)	頌古	
13	490 (長沙景岑)	擧云		28	1283 (智門光祚)	頌古	
14	590 (靈雲志勤)	頌古		29	1320 (首山省念)	頌古	
15	686 (洞山良价)	拈古		30	1363 (天台德韶)	拈古	단독

〈표 IV-47〉『염송집』에 인용된 無用淨全의 착어 일람

번호	『염송집』 칙수 (조사)	착어	비고	번호	『염송집』 칙수 (조사)	착어	비고
1	21 (世尊)	頌古		4	710 (夾山善會)	頌古	
2	488 (長沙景岑)	上堂擧云		5	918 (越州乾峯)	上堂擧云	
3	590 (靈雲志勤)	頌古		6	1331 (首山省念)	頌古	

〈표 IV-48〉『염송집』에 인용된 寒巖慧升의 착어 일람

번호	『염송집』 칙수 (조사)	착어	비고	번호	『염송집』 칙수 (조사)	착어	비고
1	23 (世尊)	普說擧云		13	519 (鶴林素)	上堂擧云	
2	32 (世尊)	頌古		14	542 (石室善道)	普說擧云	단독
3	47 (圓覺經)	頌古 頌古 頌古 頌古		15	628 (臨濟義玄)	上堂擧云	

4	61 (文殊菩薩所說般若經)	頌古		16	665 (德山宣鑒)	普說擧云	
5	81 (迦葉)	頌古		17	686 (洞山良价)	上堂擧云	
6	95 (師子尊者)	頌古		18	751 (三聖慧然)	上堂擧云	
7	160 (馬祖道一)	上堂擧云		19	784 (雪峯義存)	拈古	
8	235 (南泉普願)	上堂擧云		20	1010 (雲門文偃)	上堂擧云	
9	357 (潙山靈祐)	頌古		21	1075 (雲門文偃)	上堂擧云	
10	390 (黃蘗希運)	頌古		22	1104 (雲門文偃)	普說擧云	單독
11	411 (趙州從諗)	上堂擧云		23	1248 (風穴延昭)	上堂擧云	
12	443 (趙州從諗)	上堂擧云		24	1281 (智門光祚)	上堂擧云	

〈표 IV-49〉『염송집』에 인용된 空叟宗印의 착어 일람

번호	『염송집』 칙수 (조사)	착어	비고	번호	『염송집』 칙수 (조사)	착어	비고
1	23 (世尊)	擧云		24	852 (大隨法眞)	上堂擧云	
2	65 (文殊)	上堂擧云		25	886 (曹山本寂)	擧云	
3	134 (南陽慧忠)	上堂擧云		26	891 (曹山本寂)	擧云	
4	170 (馬祖道一)	上堂擧云		27	900 (龍牙居遁)	上堂擧云	
5	205 (南泉普願)	頌古		28	969 (洪州米嶺)	擧云	單독
6	210 (南泉普願)	擧云		29	997 (玄沙師備)	頌古	
7	217 (南泉普願)	拈古		30	1038 (雲門文偃)	上堂擧云	
8	234 (南泉普願)	擧云		31	1039 (雲門文偃)	上堂擧云	
9	368 (潙山靈祐)	頌古		32	1052 (雲門文偃)	上堂擧云	
10	395 (黃蘗希運)	擧云		33	1123 (鏡淸道怤)	上堂擧云	
11	479 (趙州從諗)	擧云		34	1131 (孚上座)	擧云	
12	538 (翠微無學)	擧云		35	1160 (南院慧顒)	上堂擧云	
13	576 (仰山惠寂)	拈古		36	1211 (安國慧球)	擧云	
14	588 (仰山惠寂)	擧云	單독	37	1249 (風穴延昭)	上堂擧云	
15	596 (徑山洪諲)	擧云		38	1262 (穎橋鐵胡)	擧云	
16	605 (京兆米胡)	擧云		39	1268 (梁山緣觀)	擧云	
17	612 (臨濟義玄)	擧云		40	1278 (대용)	擧云	
18	617 (臨濟義玄)	擧云		41	1349 (石門蘊聰)	頌古	
19	695 (洞山良价)	擧云		42	1358 (雲盖繼鵬)	上堂擧云	
20	766 (定州善崔)	頌古		43	1385 (石霜楚圓)	擧云	
21	826 (巖頭全豁)	拈古		44	1399 (黃龍慧南)	擧云	單독

| 22 | 829 (巖頭全豁) | 擧云 | | 45 | 1418 (五祖法演) | 頌古 | |
| 23 | 833 (巖頭全豁) | 頌古 | | | | | |

〈표 IV-50〉『염송집』에 인용된 密庵咸傑의 착어 일람[105]

번호	『염송집』 칙수 (조사)	착어	출전	비고
1	8 (世尊)	上堂云	『徑山禪寺語錄』(X70-8a)	
2	16 (世尊)	上堂云	『乾明禪院語錄』(X70-3b)	
3	26 (世尊)	上堂云	『華藏禪寺語錄』(X70-7b)	
4	31 (世尊)	上堂擧云	『乾明禪院語錄』(X70-2b)	
5	32 (世尊)	頌古	『頌贊』(X70-20c)	
6	33 (世尊)	上堂云	『華藏禪寺語錄』(X70-7a)	
7	47 (圓覺經)	上堂擧云	『大中祥符語錄』(X70-5b)	
8	159 (馬祖道一)	頌古	『頌贊』(X70-21a)	
9	161 (馬祖道一)		『頌贊』(X70-21a)	
10	182 (百丈懷海)	云		
11	184 (百丈懷海)	頌古	『頌贊』(X70-21a)	
12	206 (南泉普願)	上堂擧云	『景德禪寺語錄』(X70-15b)	
13	251 (盤山寶積)	云	『大中祥符語錄』(X70-5a)	
14	312 (龐居士)	上堂擧云	『乾明禪院語錄』(X70-3a)	
15	326 (藥山惟儼)	上堂擧云	『大中祥符語錄』(X70-5a)	
16	412 (趙州從諗)	頌古	『頌贊』(X70-21a)	
17	417 (趙州從諗)	頌古	『頌贊』(X70-20c)	
18	429 (趙州從諗)	頌古	『頌贊』(X70-21a)	
19	430 (趙州從諗)	上堂云	『徑山禪寺語錄』(X70-13b)	
20	482 (趙州從諗)	云	『景德禪寺語錄』(X70-17a)	단독
21	483 (趙州從諗)	上堂擧云	『華藏禪寺語錄』(X70-8a)	
22	607 (臨濟義玄)	頌古	『頌贊』(X70-21a)	
23	668 (德山宣鑒)	頌古	『頌贊』(X70-20c)	
24	690 (洞山良价)	上堂擧云	『太平興國語錄』(X70-6b)	

---

105) 『臨安府徑山興聖萬壽禪寺語錄』은 『徑山禪寺語錄』, 『密庵和尙住衢州西烏巨山乾明禪院語錄』은 『乾明禪院語錄』, 『衢州大中祥符禪寺語錄』은 『大中祥符語錄』, 『常州褒忠顯報華藏禪寺語錄』은 『華藏禪寺語錄』, 『建康府蔣山太平興國禪寺語錄』은 『太平興國語錄』, 『明州太白名山天童景德禪寺語錄』은 『景德禪寺語錄』으로 각각 줄여 인용하였다.

25	714 (夾山善會)	上堂擧云	『華藏禪寺語錄』(X70-9b)	
26	727 (投子大同)	上堂頌古	『徑山禪寺語錄』(X70-12a)	
27	741 (投子大同)	上堂擧云	『徑山禪寺語錄』(X70-13b)	
28	751 (三聖慧然)	云	『乾明禪院語錄』(X70-1c)	
29	788 (雪峯義存)	云	『乾明禪院語錄』(X70-2b)	
30	833 (巖頭全豁)	擧云	『景德禪寺語錄』(X70-15c)	
31	918 (越州乾峯)	云	『徑山禪寺語錄』(X70-13a)	
32	982 (玄沙師備)	上堂擧云	『景德禪寺語錄』(X70-16c)	
33	992 (玄沙師備)	上堂擧云	『徑山禪寺語錄』(X70-12b)	
34	1018 (雲門文偃)	擧云	『景德禪寺語錄』(X70-17a)	
35	1046 (雲門文偃)	云	『密庵和尚小參』(X70-19a)	
36	1091 (雲門文偃)	上堂擧云	『乾明禪院語錄』(X70-3a)	
37	1141 (金峯從志)	上堂擧云	『乾明禪院語錄』(X70-4a)	
38	1164 (鎮州2世寶壽)	擧云	『乾明禪院語錄』(X70-2a)	
39	1179 (同安常察)	上堂擧云	『華藏禪寺語錄』(X70-9b)	단독
40	1248 (風穴延昭)	上堂擧云	『徑山禪寺語錄』(X70-12c)	
41	1265 (梁山緣觀)	上堂擧云	『乾明禪院語錄』(X70-3a)	
42	1313 (修山主)	上堂擧云	『太平興國語錄』(X70-6c)	
43	1388 (石霜楚圓)	上堂云	『華藏禪寺語錄』(X70-8c)	
44	1436 (文殊)	上堂擧云	『大中祥符語錄』(X70-5b)	
45	1463 (昔有婆子)	上堂擧云	『乾明禪院語錄』(X70-2c)	단독

〈표 IV-51〉 『염송집』에 인용된 松源崇嶽의 착어 일람[106]

번호	『염송집』 칙수 (조사)	착어	출전	비고
1	1 (世尊)	上堂云	『송원록』上(X70-96b)	
2	2 (世尊)	頌古	「頌古」(X70-103c)	
3	6 (世尊)	上堂云	『靈隱禪寺語錄』(X70-95a)	
4	13 (世尊)	上堂云	『雲巖禪院語錄』(X70-93a)	

---

106) 『臨安府景德靈隱禪寺語錄』은 『靈隱禪寺語錄』, 『江陰軍君山報恩光孝禪寺語錄』은 『光孝禪寺語錄』, 『饒州薦福禪院語錄』은 『薦福禪院語錄』, 『平江府虎口山雲巖禪院語錄』은 『雲巖禪院語錄』, 『無爲軍冶父山實際禪院語錄』은 『實際禪院語錄』, 『明州香山智度禪院語錄』은 『智度禪院語錄』, 『開山顯親報慈禪寺語錄』은 『報慈禪寺語錄』, 『平江府陽山澂照禪院語錄』은 『澂照禪院語錄』으로 각각 줄여서 인용하였다.

5	32 (世尊)	頌古	「頌古」(X70-103c)	
6	64 (維摩)	上堂云	『薦福禪院語錄』(X70-88a)	
7	115 (六祖慧能)	頌古 上堂云	「頌古」(X70-104b) 『靈隱禪寺語錄』(X70-95b)	
8	121 (南嶽懷讓)	頌古	「頌古」(X70-103c)	
9	147 (清源行思)	上堂云	『靈隱禪寺語錄』(X70-98a)	
10	157 (馬祖道一)	上堂云	『實際禪院語錄』(X70-84a)	
11	159 (馬祖道一)	秉拂擧云	『秉拂普說』(X70-99b)	
12	168 (馬祖道一)	上堂云	『薦福禪院語錄』(X70-87a)	
13	179 (百丈懷海)	上堂云	『薦福禪院語錄』(X70-86c)	
14	182 (百丈懷海)	上堂云	『實際禪院語錄』(X70-82b)	
15	190 (伏牛自在)	上堂云	『薦福禪院語錄』(X70-88b)	
16	195 (麻谷寶徹)	上堂云	『雲巖禪院語錄』(X70-92a)	
17	206 (南泉普願)	上堂云	『光孝禪寺語錄』(X70-81c)	
18	211 (南泉普願)	上堂云	『薦福禪院語錄』(X70-86b)	
19	235 (南泉普願)	上堂云	『實際禪院語錄』(X70-82b)	
20	240 (南泉普願)	上堂云	『薦福禪院語錄』(X70-87c)	
21	250 (盤山寶積)	頌古	「頌古」(X70-104c)	
22	268 (大梅法常)	頌古	「頌古」(X70-104a)	
23	276 (百丈惟政)	頌古	「頌古」(X70-104b)	
24	280 (中邑洪恩)	上堂云	『靈隱禪寺語錄』(X70-96c)	
25	312 (龐居士)	上堂云	『薦福禪院語錄』(X70-88c)	
26	324 (藥山惟儼)	頌古	「頌古」(X70-103c)	
27	353 (潮州大顚)	法語云	「示譙寺丞回庵居士」『法語』(X70-103a)	
28	357 (溈山靈祐)	上堂云 上堂云	『雲巖禪院語錄』(X70-94a) 『雲巖禪院語錄』(X70-93b)	
29	360 (溈山靈祐)	頌古	「頌古」(X70-104c)	
30	396 (黃蘗希運)	上堂云	『薦福禪院語錄』(X70-89a)	
31	407 (趙州從諗)	上堂云	『智度禪院語錄』(X70-90b)	
32	411 (趙州從諗)	頌古	「頌古」(X70-104b)	
33	424 (趙州從諗)	上堂 云	『雲巖禪院語錄』(X70-93b)	
34	425 (趙州從諗)	上堂拈古	『雲巖禪院語錄』(X70-92b)	
35	430 (趙州從諗)	上堂云	『智度禪院語錄』(X70-90b)	

36	450 (趙州從諗)	上堂云	『智度禪院語錄』(X70-90b)	
37	463 (趙州從諗)	上堂云	『雲巖禪院語錄』(X70-91c)	단독
38	476 (趙州從諗)	頌古	「頌古」(X70-103c)	
39	492 (長沙景岑)	頌古	「偈頌」(X70-106c)	
40	506 (池州甘贄)	上堂云	『雲巖禪院語錄』(X70-92c)	
41	511 (遂州良遂)	上堂云	『薦福禪院語錄』(X70-89c)	
42	512 (鎭州普化)	頌古	「頌古」(X70-104a)	
43	519 (鶴林素)	頌古	「頌古」(X70-104a)	
44	552 (金華俱胝)	上堂云	『薦福禪院語錄』(X70-85b)	
45	580 (仰山慧寂)	上堂擧云	『實際禪院語錄』(X70-83b)	
46	598 (香嚴智閑)	上堂云	『智度禪院語錄』(X70-90a)	
47	614 (臨濟義玄)	上堂云	『薦福禪院語錄』(X70-85b)	
48	618 (臨濟義玄)	頌古	「頌古」(X70-104b)	
49	623 (臨濟義玄)	上堂云	『雲巖禪院語錄』(X70-91a)	
50	624 (臨濟義玄)	上堂云	『雲巖禪院語錄』(X70-93c)	
51	628 (臨濟義玄)	上堂擧云	『實際禪院語錄』(X70-83a)	
52	636 (睦州道蹤)	上堂云	『靈隱禪寺語錄』(X70-95c)	
53	638 (睦州道蹤)	上堂云	『薦福禪院語錄』(X70-87b)	
54	643 (睦州道蹤)	上堂云	『雲巖禪院語錄』(X70-93b)	
55	646 (睦州道蹤)	上堂云	『薦福禪院語錄』(X70-87c)	
56	647 (睦州道蹤)	上堂云	『雲巖禪院語錄』(X70-92b)	
58	650 (睦州道蹤)	頌古	『靈隱禪寺語錄』(X70-95b)	
59	661 (烏石靈觀)	頌古	『雲巖禪院語錄』(X70-93b)	
60	678 (杭州多福)	上堂云	『靈隱禪寺語錄』(X70-97c)	
61	686 (洞山良价)	頌古	「頌古」(X70-104b)	
62	688 (洞山良价)	上堂云	『靈隱禪寺語錄』(X70-96a)	
63	689 (洞山良价)	上堂云	『雲巖禪院語錄』(X70-92c)	
64	695 (洞山良价)	拈古	『秉拂普說』(X70-100b)	
65	711 (夾山善會)	上堂云	『薦福禪院語錄』(X70-88b)	
66	751 (三聖慧然)	拈古 上堂云 上堂云	『雲巖禪院語錄』(X70-94b) 『徽照禪院語錄』(X70-80a) 『實際禪院語錄』(X70-84c)	
67	761 (興化存獎)	上堂云	『薦福禪院語錄』(X70-87a)	
68	763 (灌溪志閑)	上堂云	『靈隱禪寺語錄』(X70-96b)	단독

69	825（雪峯義存）	上堂云	『靈隱禪寺語錄』(X70-95a)	
70	854（靈樹如敏）	上堂云	『靈隱禪寺語錄』(X70-97b)	
71	890（曹山本寂）	上堂云	『智度禪院語錄』(X70-90a)	
72	918（越州乾峯）	上堂云	『雲巖禪院語錄』(X70-92c)	
73	1014（雲門文偃）	上堂云 上堂云	『實際禪院語錄』(X70-84b) 『薦福禪院語錄』(X70-87c)	
74	1015（雲門文偃）	上堂云	『薦福禪院語錄』(X70-86b)	
75	1035（雲門文偃）	頌古	「頌古」(X70-104a)	
76	1063（雲門文偃）	上堂云	『薦福禪院語錄』(X70-88c)	
77	1066（雲門文偃）	上堂云	『靈隱禪寺語錄』(X70-95b)	
78	1068（雲門文偃）	頌古	「頌古」(X70-103c)	
79	1069（雲門文偃）	上堂云	『雲巖禪院語錄』(X70-91c)	
80	1078（雲門文偃）	頌古 上堂云	「頌古」(X70-104b) 『薦福禪院語錄』(X70-89b)	
81	1148（曹山慧霞）	上堂擧云	『實際禪院語錄』(X70-83c)	
82	1152（南院慧顒）	上堂云	『實際禪院語錄』(X70-83b)	
83	1164（鎭州2世保壽）	上堂云	『光孝禪寺語錄』(X70-81b)	
84	1175（同安常察）	上堂云	『實際禪院語錄』(X70-82c)	
85	1200（羅山道閑）	上堂云	『薦福禪院語錄』(X70-87a)	
86	1221（巴陵顥鑑）	上堂　云	『靈隱禪寺語錄』(X70-95a)	
87	1224（香林澄遠）	頌古	「頌古」(X70-104c)	
88	1229（洞山守初）	上堂云	『報慈禪寺語錄』(X70-99a)	
89	1233（洞山守初）	上堂云	『靈隱禪寺語錄』(X70-96a)	
90	1236（薦福承古）	頌古	「頌古」(X70-104c)	
91	1246（風穴延昭）	上堂云	『雲巖禪院語錄』(X70-92a)	
92	1248（風穴延昭）	頌古	「偈頌」(X70-107b)	
93	1249（風穴延昭）	上堂云	『薦福禪院語錄』(X70-88b)	
94	1274（明招德謙）	頌古	『智度禪院語錄』(X70-90c)	
95	1281（智門光祚）	頌古	「頌古」(X70-104b)	
96	1308（修山主）	上堂云	『靈隱禪寺語錄』(X70-95b)	
97	1333（文殊應眞）	上堂	『雲巖禪院語錄』(X70-93c)	
98	1336（汾陽善昭）	上堂云	『實際禪院語錄』(X70-82b)	
99	1339（汾陽善昭）	上堂云	『薦福禪院語錄』(X70-89a)	
100	1379（瑯琊慧覺）	上堂云	『靈隱禪寺語錄』(X70-95c)	

101	1388（石霜楚圓）	上堂云	『實際禪院語錄』(X70-84b)	
102	1389（大愚守芝）	頌古	「頌古」(X70-104a)	
103	1403（楊岐方會）	上堂云	『雲巖禪院語錄』(X70-93b)	
104	1429（傅大士）	上堂云	『薦福禪院語錄』(X70-89b)	
105	1449（布袋）	上堂云	『孝禪寺語錄』(X70-81b)	

5장 고려 선종의 公案禪 수용과 송의 선적

1. 『선문염송집』의 문헌적 성격

이상에서 『염송집』의 고칙 공안과 그것에 대한 착어의 출전을 송의 전등사서, 공안집, 각 종파의 어록 등과 비교, 분석하여 정리하였다. 나아가 이러한 내용을 통해 수선사에서 『염송집』을 편찬한 목적과 내용이 무엇인가에 대해서 살펴보았다. 이러한 내용을 종합적으로 정리하면서 『염송집』의 문헌적 성격에 대한 결론을 제시하고자 한다.

먼저, 수선사에서 『염송집』을 편찬한 이유와 목적이 무엇인가를 살펴보고자 한다. 이에 대해서는 혜심이 1226년에 쓴 서문에서 대략의 분위기를 파악할 수 있다. 조금 길지만 서문의 주요 내용을 제시하면 다음과 같다.

그러나 흐름을 찾아 올라가 그 근원을 얻고 지말에 의거하여 근본을 아는 것은 무방한 것이다. 그 본원을 얻은 사람은 비록 만 가지로 구별해 말하더라도 맞지 않는 것이 없고, 그것을 얻지 못한 사람은 말을 끊고 침묵을 지키더라도 미혹되지 아님이 없다. 그러므로 제방의 조사들이 문자를 버리지 않고, 자비를 아끼지 않았으면서도 徵, 拈, 代, 別, 頌, 歌 등으로 심오한 이치를 드러내어 후인에게 준 것이다. 그러므로 正眼을 뜨고 玄機를 갖추어 三界를 둘러싸고 四生을 구제하고자 하는 자가 이것을 버리고 무엇으로 하겠는가. (…중략…) 그러므로 종문의 배우는 자들이 목마른 이가 물을 찾고 배고픈 이가 밥을 생각하는 듯하였다. 나는 그 학도들의 간청을 받아 조사의 본뜻을 생각하여 국가의 복을 빌고 불법에 도움이 있기를 바라며, 이에 문인 眞訓 등을 거느리고 고칙 1125칙을 모으고 아울러 여러 조사의 염고, 송고 등을 기록하여 30권을 이루고 거기에 전등을 배열하였다. (…중략…) 다만 유감스러운 일은 여러 사람의 어록을 다 보지 못하여 빠뜨린 것이 있을까 염려되는 것이지만, 미진한 것은 다시 뒷날의 어진 이를 기다린다.[1]

위의 글에서 혜심은 선종의 不立文字라는 전통을 거론하지만, 깨달음을 추구하는 데에 문자를 버릴 필요가 없으며 徵, 拈, 代, 別, 頌, 歌 등과 같은 공안 비평을 오히려 중시하는 입장을 보이고 있다. 흔히 『염송집』을 송고와 염고만을 집성한 공안집으로 이해하는 경우가 적지 않지만, 혜심은 다양한 착어를 거론하고 있다. 실제 『염송집』에는 상당, 보설, 시중 등의 법어를 비롯한 다양한 공안 비평이 소개되어 있다. 아울러 이러한 법어는 원래의 내용을 그대로 전재하거나 길게 인용하는 경우가 많기 때문에 수선사에서 관심을 가진 송대 선이 무엇인가를 이해하는 데에 도움이 된다.[2]

---

1) 慧諶, 「禪門拈頌集序」, 『한불전』 5, 1쪽.
2) 선종에서는 공적이고 정기적인 상당과 사적인 소참이 대표적인 설법 형식이지만, 普說은 그 格外의 것으로 주지가 종지를 擧揚해서 학인을 지도하기 위한 법문 형식이다. 보설은 북송 말에 설법 형식으로 시작된 것으로 보인다. 대혜의 보설은 승속의 請益에

특히, 서문을 통해 혜심은 당시 선종계에서 문자선이 성행되고 있었으며, 그러한 현실적인 수요에 대응하기 위해 『염송집』을 편찬한다고 하는 이유를 밝히고 있다. 또한 마지막 구절에 서술된 내용은 수선사가 송대 선적을 충분히 입수하지 못한 상황이 어느 정도 반영된 것으로 보인다. 이러한 서문을 통해서 수선사에서 『염송집』을 편찬한 이유와 목적은 당시 선문에서 요청하던 송대 선, 특히 문자선의 이해에서 비롯된 것임을 알 수 있다.

『염송집』은 당에서 북송까지의 선문 조사에 관한 고칙 공안과 그것에 대한 중국 선승들의 착어를 상세하게 모으고, 이들 공안의 주인공인 조사들을 석존 이래 선문 전등의 차례에 따라 배열한 공안집이다. 『염송집』의 고칙 공안은 석존, 西天應化賢聖 이하, 인도·중국의 선문 조사의 순으로 배치되고, 그것에 대한 착어는 각 칙마다 오랜 순으로 배열되어 있다. 이러한 편집 구성은 기본적으로 『통요』와 동일하다.

『통요』는 전등사서를 총괄한 공안집이며, 그러한 성격이 『염송집』에 그대로 계승되었던 것이다. 또한 『염송집』의 착어 가운데 염고는 『통요』에서 거의 그대로 전재된 것이 적지 않다. 따라서 『통요』는 『염송집』의 편집 방침과 구성, 특히 염고의 수록에 절대적인 영향을 미쳤다.

그런데 『통요』는 『설두어록』을 중심으로 염고를 뽑아 정리하였고, 본칙의 순서를 중시하지 않았기 때문에 법맥 관계가 애매하게 된 문제점을 갖고 있었다. 수선사는 이러한 문제점을 인식하고 본칙 배열의 순서를 일부 수정하여 나름의 독자적인 체계를 만들어 『염송집』을 편찬하였다.

따라 행해지는데 그 내용이 대단히 길고 그 가운데 경론, 어록에서의 인용도 대단히 많으며, 학인을 깨달음으로 이끌기 위해 놀랄 만큼 박력과 간절함이 가득 찬 내용이 풍부하다는 특징을 갖고 있다. 椎名宏雄, 「解題」, 『禪學典籍叢刊』 4, 臨川書店, 2000, 464~465쪽.

한편, 수선사는『염송집』을 편찬하면서 송고의 인용과 편집 방침은『송고연주』를 주로 참조하였다.『송고연주』는 전체 364칙 가운데 310칙이『염송집』에 인용될 만큼 본칙의 대부분이 그대로 수록되었다. 그러나『염송집』에 수록된 송고는『송고연주』의 범위보다 훨씬 방대하므로 수선사에서는『송고연주』의 수록 방식이나 내용을 참조하면서 송대 각 종파의 어록을 폭넓게 수집하여 송고를 정리, 인용하였다.

이와 같이『통요』와『송고연주』가 기본적인 공안집으로 활용되었지만, 이외에『연등회요』가『염송집』의 편찬 방향에 영향을 미쳤다.『연등회요』는 대혜파의 공안집이기 때문에 4등과 달리 전등보다는 깨달음의 내용에 중점을 두었다.『연등회요』에는 각 선사의 행장이 생략되었고, 각 선사의 어록이 모두 공안의 칙으로 기술되어 있다. 이러한 특징은『연등회요』가 어록의 공안화가 이루어진『정법안장』의 영향을 받았기 때문이다. 따라서『염송집』은 이러한 어록의 공안화가 반영된『연등회요』의 체제와 구성에서 영향을 받아 편찬되었다.

이상에서 살펴본 바와 같이『염송집』은 고칙 공안을 정리하고 배열하는 데에『통요』,『송고연주』,『연등회요』등 송대 공안집을 기본적인 저본으로 활용하였다. 아울러 수선사에서는『전등록』을 비롯한 전등사서를 참조하였는데, 일부 내용의 교감이나 법안종의 착어 인용에서 두드러지게 드러난다.

이러한 공안집과 전등사서가『염송집』의 전체 구성과 편찬 방향, 나아가 착어의 배열을 정하는 데 주로 활용되었다. 한편『염송집』에 수록된 방대한 착어는 이들 문헌과 함께 운문종, 조동종, 임제종 등 송대 각 종파의 선적을 폭넓게 수집하여 편집하였다.

먼저 운문종의 어록은 설두 7부집이 가장 중시되었다. 설두중현의 착어는『염송집』에 모두 273칙이나 인용되었다. 설두의 착어는『조영집』을 제외하고 7부집에서 고루 인용되었으며, 염고와 송고가 압도적으로 많다. 설두의 착어는 『염송집』의 착어 가운데 송고의 모두에 놓이는 경우가 적지 않다. 그만큼 설두의 송고는 공안 비평의 정수로서 송고를 대표하는 위상을 갖고 있었으며, 『염송집』에도 그러한 위상이 반영되었다.

운문종의 착어는 설두중현에 이어 법진수일, 남명법천, 대각회련 등의 인용 횟수가 대단히 많다. 대각회련, 남명법천 등은 고려 불교계와 관련되거나 다른 저술이 간행되기도 하였으므로 이들의 착어가 많이 인용된 것으로 짐작된다. 북송 시기에 운문종이 차지하는 위상에 걸맞게 『염송집』에는 운문종의 착어가 적지 않게 수록되어 있다.

조동종 선승들의 착어는 조동종을 대표하는 굉지정각의 착어가 『염송집』에 모두 286칙이 인용되었다. 이러한 인용 빈도는 대혜종고와 쌍벽을 이루며, 설두중현, 원오극근 등과 함께 최대의 인용 빈도를 차지한다. 『염송집』에서 굉지가 착어를 붙인 본칙이 많은 조사는 대개 청원계에 해당하고, 특히 조동종 계열의 조사가 중시되었다.

굉지의 착어는 상당과 소참도 적지 않지만, 기본적으로 『굉지송고와 『굉지염고』가 중시되었다. 『굉지송고』는 기본적으로 『설두송고』의 영향을 받았지만, 설두와 다른 선의 경지를 드러내고자 한 문헌이었다. 따라서 수선사는 『염송집』에 조동종을 대표하는 공안 비평으로서 굉지의 착어를 최대한 수록하였던 것으로 보인다. 이러한 면은 『투자송고』와 『단하송고』가 『염송집』에 대부분 수록된 것과 그 맥락을 같이 한다. 곧 『염송집』에는 투자, 단하, 굉지로 이어지는 북송 말, 남송 초의 조동종을 대표하는 송고가 대부분 수록되어 있다.

임제종 선승들의 착어는 『염송집』에 가장 많이 수록되어 있다. 임제종은 북송 초에 대두되었으며, 황룡파와 양기파로 나뉘어 발전하였다. 북송 말에 황룡파가 송대 선종을 주도하였으며, 남송 이후에는 양기파가 주도하였다. 『염송집』에는 북송 초기 임제종, 황룡파, 양기파로 이어지는 임제종 선승들의 착어가 방대하게 수록되어 있다.

초기 임제종에서는 해인초신, 낭야혜각, 대위모철, 대우수지, 운봉문열, 장산찬원 등의 선승들의 착어가 많이 인용되어 있다. 이들의 착어는 다양하지만 대체로 염고의 비중이 크다. 또한 송고의 효시라 할 수 있는 분양선소의 송고가 7회만 인용되어 있으므로 별로 중시되지 않았다. 송대 선종계에서 송고의 비중이 커지게 된 것은 설두중현이 송고백칙을 제시한 이후이기 때문에 북송 초기의 임제종에서는 송고보다 염고가 유행하였던 상황을 반영한 것으로 보인다.

임제종 황룡파의 경우, 심문담분, 무시개심, 진정극문, 회당조심, 동림상총, 장령수탁, 지해지청, 황룡혜남, 혜림덕손, 곤산혜원, 사심오신, 자항요박, 앙산행위, 각범혜홍 등의 착어가 수록되어 있다. 황룡혜남의 문하에서 회당조심-영원유청-장령수탁-무시개심-심문담분으로 이어지는 계보의 착어가 많이 인용되었다.

더욱이 장령수탁과 무시개심은 『염송집』 본칙의 마지막을 장식하고 있다. 이들이 중시된 것은 황룡파의 주류이기 때문이지만, 고려 선종계와의 교류 관계가 영향을 미쳤던 것으로 보인다. 사굴산문의 탄연이 무시개심에게 인가를 받았고, 계환 등 개심의 제자들과 교류를 지속하였다. 이러한 교류 관계는 탄연만이 아니라 수선사까지 지속적으로 이어져, 혜심이 1213년에 심문담분이 편찬한 『종경촬요』를 수선사에서 간행하였다.[3]

양기파 선승들의 착어는 『염송집』 전체 착어 중에서 가장 큰 비중

---

3) 『진각국사어록』에 『宗鏡錄』이 많이 인용되어 있으므로 혜심은 영명연수의 사상에 깊은 관심을 갖고 있었다. 『종경록』은 법안종이 쇠락한 이후 별로 주목을 받지 못하였으나 晦堂祖心(1025~1100)이 『冥樞會要』 3권을 제시한 이후 13종의 촬요본이 편찬되었다. 『종경록』이 방대한 분량이기 때문에 이러한 요약본 형태의 문헌이 출현한 것으로 보인다. 황룡파에서 『종경록』을 주목한 이유가 무엇인지, 12세기 이후 고려 선종계에서 어떻게 수용되었으며, 그 사상적 맥락이 무엇인가에 대해서는 앞으로 검토해야 할 과제이다. 『종경록』에 대한 연구 성과는 다음의 글을 참고하기 바란다. 박인석, 「영명연수 『종경록』의 일심사상 연구」, 은정불교문화진흥원, 2014; 柳幹康, 『永明延壽と『宗鏡錄』の硏究──心による中國佛敎の再編』, 法藏館, 2015.

을 차지한다. 양기파는 원오극근-대혜종고로 이어지면서 송대 선의 흐름을 간화선으로 집대성하였으며, 이후 동아시아 선종계를 석권하였다. 아울러 수선사가 대두되었을 때에는 양기파가 대혜파, 호구파로 분화, 발전하면서 가장 많은 선적을 생산하였다. 그런 만큼 수선사에서는 양기파의 동향을 파악하고, 그들의 선적을 다양하게 입수하였던 것으로 보인다.

원오의 착어는 『염송집』에 모두 177칙에 수록되어 있는데, 설두중현과 굉지정각에 비해 다소 적은 편이다. 원오의 착어는 염고와 송고가 대부분이기 때문에 『원오어록』 권16~권19에 수록된 『염고』, 『송고』에서 인용된 착어가 가장 많다. 한편, 원오의 『심요』가 일부 수록되어 있지만, 『벽암록』은 전혀 수록되어 있지 않다.

『벽암록』은 문자선을 대표하는 작품이지만 착어와 평창을 통해 원오가 신랄한 비평을 더하였고, 더욱이 무사선에 빠진 송대 선의 흐름을 새로운 방향으로 제시하였다. 『벽암록』은 북송의 문자선을 집대성하면서, 그것을 간화선으로 전환하는 단초를 연 문헌이었다. 그럼에도 불구하고 『염송집』에 『벽암록』이 전혀 인용되지 않았던 것은 문자선에 대한 비판적 시각이 반영되지 않았던 것을 보여 준다.

대혜의 착어는 『염송집』에 모두 323에 인용되어 있으며, 송대 선승 가운데 가장 많은 인용 횟수이다. 착어의 내용은 송고가 염고보다 훨씬 많이 수록되었고, 대부분 『대혜어록』 권10에서 인용되었다. 대혜의 착어는 『정법안장』에서 86회가 인용되었으므로 어록과 함께 기본적으로 활용되었던 문헌이다. 또한 대혜의 착어는 송고 이외에도 상당, 시중, 보설, 법어, 병설 등에서 171회가 인용되었고 내용 자체도 많은 분량을 차지한다. 대혜는 간화선을 완성한 인물임에도 불구하고 『염송집』에는 문자선과 관련된 내용만이 방대하게 수록되었다.

원오, 대혜 이외에 임제종 양기파에서 착어가 많은 선승들은 죽암사규, 보령인용, 숭숭서공, 남화지병, 송원숭악, 불안청원, 상방일익,

오조법연, 밀암함걸, 공수종인, 불감혜근, 목암법충 등이다. 대혜종고와 원오극근의 착어를 포함하면 『염송집』에서 양기파의 착어가 차지하는 비중이 가장 크다. 그것은 수선사가 『염송집』을 편찬할 무렵에 양기파가 송대 선종계를 주도하였던 위상을 고려하면 자연스러운 양상이다.

인용 횟수로 보면, 오조법연-원오극근-대혜종고로 이어지는 양기파의 주류를 이루었던 선승들의 착어가 『염송집』에서 기본적으로 중시되었다. 또한 법연의 문하에서 원오와 함께 삼불로 불린 불안청원, 불감혜근이나 그들의 문하인 죽암사규, 남화지병, 목암법충 등의 착어가 많다. 그러나 보령인용, 상방일익, 숭승서공 등 양기파의 주류가 아닌 선승들의 착어가 『염송집』에 많이 수록되어 있다.

또한 대혜종고가 간화선을 완성한 이후에 대혜파가 남송 말 이후의 선종계를 석권하였음에도 불구하고 대혜파의 착어가 적고, 호구파의 착어가 오히려 더 많이 수록되어 있다. 특히 밀암함걸, 송원숭악 등의 착어는 대혜 문하의 착어에 비해 인용 횟수가 훨씬 많다. 이러한 사실은 수선사가 양기파의 법통 문제를 별로 의식하지 않은 것을 보여 준다고 하겠다.

한편 양기파의 착어는 송고가 압도적인 비중을 차지하며, 상당의 비중이 대단히 크다. 착어의 내용을 살펴보면, 원문을 그대로 전재하거나 자세하게 인용하지만, 전부 공안 비평에 그치고 간화선과 관련된 내용이 전혀 없다. 이러한 특징이 가장 단적으로 드러나는 것이 대혜의 착어이다.

그 가운데 『염송집』에 무려 12칙에 걸쳐 인용되어 있는 「秦國太夫人請普說」은 수선사에서 대혜의 착어를 어떻게 이해하는가를 잘 보여 준다. 이 보설은 본래 대단히 긴 내용인데, 진국태부인이 대혜의 지도를 받아 깨달은 과정이 구체적으로 묘사되어 있으며 특히, '무자' 화두의 참구가 강조되어 있다.

그런데 수선사의 편찬자들은 이 보설에서 대혜가 설법하면서 인용하는 공안과 그에 대한 대혜의 착어를 하나씩 나누어 趙州臺山老婆(412칙)를 비롯한 본칙과 착어에 그대로 인용하고 있을 뿐이다. 다시 말해『염송집』에는「진국태부인청보설」에서 강조되고 있는 '무자' 화두가 전혀 언급되어 있지 않다.

이러한 양상은『염송집』에 인용된 대혜의 착어 전체를 살펴보아도 마찬가지로 간화선과 직결되는 내용이 전혀 보이지 않는다. 대혜의 상당, 보설 등에는 궁극적으로 간화선을 강조하는 내용이 대단히 많다. 따라서 이러한 법어를 통해 간화선을 강조할 수 있는 내용이 포함될 수 있음에도 불구하고『염송집』에는 전혀 그러한 내용이 인용되어 있지 않다.

이러한 양상은『염송집』에『대혜서』가 철저하게 무시되는 것에서도 확인할 수 있다. 주지하듯이『대혜서』는 '무자' 화두를 중심으로 간화선 수행을 자세하게 설명하거나 권유하는 내용이 반복적으로 강조되어 있다.『대혜서』는 고려 선종계에서도 간화선 수행을 위한 문헌으로서 기본적으로 중시되었다.

그럼에도 불구하고 수선사는『염송집』을 편찬하면서『대혜서』를 전혀 주목하지도 않았고, 상당, 보설 등에서 대혜가 강조하고 있는 간화선 수행에 대한 내용을 전혀 인용하지 않았다. 따라서 대혜의 착어 인용을 통해 보면『염송집』은 간화선에 초점을 맞춘 것이 아니라 공안 비평이라는 문자선의 이해에 초점을 맞추어 편찬하였다.

이러한 경향은 양기파, 나아가 대혜파와 호구파로 분화된 이후의 착어 전체를 분석해 보아도 마찬가지이다. 이들 문파가 남송의 선종계를 석권하면서 간화선이 당시 남송의 선종계에서 성행하였다. 그럼에도 불구하고 이들 문파의 착어에서도 간화선과 관련된 내용이 전혀 없다. 나아가 양기파의 착어뿐만 아니라『염송집』에 수록된 착어 전체를 분석해도 마찬가지 결론을 얻게 되었다.

따라서 『염송집』은 간화선에 초점을 맞춘 것이 아니라 공안 비평이라는 문자선의 이해에 초점을 맞추어 편찬되었다는 사실을 확인하게 되었다. 지금까지 학계에서는 『염송집』이 수선사에서 편찬된 공안집이므로 막연히 간화선의 수용과 관련된 문헌으로 이해하였다. 이러한 인식은 공안선과 간화선의 개념을 어떻게 볼 것인가에 대한 엄밀한 이해가 수반되지 않았던 것에서 비롯된다. 또한 『염송집』에 대한 기초적인 문헌학적 분석이 이루어지지 않았음에도 불구하고 공안집이라는 성격을 막연하게 이해한 문제점과도 관련된다.

한편, 『염송집』은 逸書 자료가 풍부하게 남아 있어 송대 선종사 연구를 위한 자료적 가치를 갖고 있다. 현재, 송원대의 일서 선적은 약 600점 정도로 추산된다.[4] 『염송집』에 수록된 송대 각 종파의 주요한 선승들의 일서 자료는 송대 선종의 동향과 선에 대한 이해에 기초적인 문헌이므로 향후 관련 연구에 적지 않은 도움이 될 것으로 기대된다.

『염송집』에 수록된 운문종, 조동종, 임제종의 착어는 대부분 일서 자료라는 특징을 갖고 있다. 운문종에서는 법진수일, 남명법천, 지해본일, 대각회련, 원통법수, 천의의회, 오조사계, 불인요원, 개선선섬, 상방제악, 정자선본, 광령희조, 천장원초, 불일지재 등의 어록이 현재 남아있지 않다. 조동종의 경우 대양경현, 고목법성, 석문원이, 대홍수수, 대홍보은, 진헐청료, 문암사종 등의 어록이 현재 남아 있지 않거나 일부만 전해지고 있다.

초기 임제종의 선승 가운데 석문온총, 부산법원, 향산온량, 취암가진, 장산찬원, 해인초신, 대위모철 등의 어록은 현전하지 않는다. 황룡파에서는 앙산행위, 개원자기, 혜림덕손, 곤산혜원, 동림상총, 지해지청, 무시개심, 심문담분, 자항요박 등의 어록이 일서이다. 양기파는 백운수단, 숭숭서공, 상방일익, 불감혜근, 죽암사규, 남화지병, 목암법

---

4) 椎名宏雄, 『宋元版禪籍の研究』, 大東出版社, 1993, 37~49쪽.

충, 무용정전, 한암혜승, 공수종인 등의 어록이 남아 있지 않다.

　이와 같이 『염송집』에 수록된 송대 선승들의 착어는 대부분 일서 자료라는 특징을 갖고 있다. 이러한 착어 자료는 모두 송대 운문종, 조동종, 임제종의 어록을 재구성할 수 있으므로 송대 각 종파의 동향과 선의 흐름을 이해하는 데에 크게 도움이 된다. 이외에 양걸, 조변, 장상영, 본연거사, 이식 등 거사들의 송고도 적지 않게 수록되어 있다. 송대 거사들의 착어는 모두 현전하지 않으므로 송대 문학사 및 사상사 연구에 도움이 될 수 있는 자료적 가치를 갖고 있다.[5]

2. 수선사의 공안선 수용과 이해

　고려후기 불교사 연구에서 수선사는 무신란 이후 교단의 변화, 결사운동과 관련하여 주목을 받았으며, 知訥의 사상체계를 중심으로 한 연구가 일찍부터 진행되었다. 수선사 2세인 慧諶(1178~1234)은 지눌에 비해 상대적으로 별로 주목받지 못했지만, 1980년대 이후 점차 연구가 이루어졌다. 그리하여 혜심의 생애, 무신정권과의 관계, 간화선의 수용 등과 관련된 주제가 중점적으로 다루어졌다.[6]

　주지하듯이 지눌의 사상 체계는 단계적으로 형성되었으며, 惺寂等持門, 圓頓信解門, 徑截門이라는 三門으로 요약할 수 있다. 성적등지문은 곧 定慧雙修를 가리키며, 이는 『勸修定慧結社文』, 『修心訣』에서 언

---

5) 이외에 『염송집』에 착어 인용이 5회 이하에 그친 선승들이 수십 명 이상이나 된다.

6) 權奇悰, 「慧諶의 禪思想 研究」, 『불교학보』 19, 1982; 秦星圭, 「高麗後期 眞覺國師 慧諶 研究」, 중앙대학교 박사논문, 1986; 李東埈, 「高麗 慧諶의 看話禪 研究」, 동국대학교 박사논문, 1992; 權奇悰, 「慧諶의 看話禪思想 研究」 『普照思想』 7, 1993; 韓基斗, 「『禪門拈頌』의 編纂에 따르는 慧諶禪의 意旨」, 『普照思想』 7, 1993; 金浩星, 「慧諶 선사상에 있어서 교학이 차지하는 의미」, 『普照思想』 7, 1993; 李東埈, 「『曹溪眞覺國師語錄』의 구성과 내용상 특성」, 『普照思想』 7, 1993; 박재현, 「혜심의 선사상과 간화」, 『철학』 78, 2004; 정성본, 「진각국사 혜심의 간화선 연구」, 『보조사상』 23, 2005.

급하고 있다. 원돈신해문은 李通玄의 화엄사상을 선법에 수용하여 禪敎一致를 표방한 것이며, 『圓頓成佛論』, 『華嚴論節要』에서 주로 밝히고 있다. 경절문은 성적등지문과 원돈신해문의 한계를 극복하기 위해 간화선을 강조한 것으로서 『看話決疑論』에서 잘 드러난다. 아울러 이러한 삼문을 하나의 체계로 통합하려는 노력이 『法集別行錄節要幷入私記』(이하 『절요』)에 잘 드러나고 있다.[7]

지눌이 제시한 간화선 수행론은 대혜가 주창한 '무자' 화두 참구법을 기본적으로 충실하게 따르는 것이었다. 아울러 간화경절문은 지눌의 말년의 저술인 『절요』나 『간화결의론』에서 주로 제시되었다. 그러나 지눌은 간화선 이외의 다른 수행방법론을 부정하거나 경시하지 않았다. 이러한 경향은 지눌이 그의 선사상체계를 형성하는 과정에서 神會, 宗密 등의 선사상과 함께 이통현 화엄교학의 사상적 영향을 많이 받았던 것과 일정한 연관이 있는 것으로 보인다.[8]

그런데 혜심은 지눌과 달리 看話一門, 즉 간화선 위주의 경향으로 나아갔다고 평가되고 있다.[9] 그의 비문에 의하면 그는 출가한 후 3년 만에 億寶山에서 지은 게송으로 지눌에게 인가를 받았고, 이어 '무자' 화두와 十種病에 대한 문답을 통해 최종 인가를 받았다.[10]

혜심의 저작에는 그가 오로지 화두를 참구할 것을 강조한다든지, 그가 『대혜서』를 화두 참구의 기본적인 지침으로 수용하였던 사실에서 드러나듯이 간화선을 중시하였다.[11] 그리하여 혜심은 수행자

---

7) 印鏡, 「知訥 禪思想의 體系와 構造」, 『普照思想』 12, 1999 참조.

8) 조명제, 『고려후기 간화선 연구』, 혜안, 2004, 96~102쪽.

9) 「孫侍郎求語」, 『眞覺國師語錄』(『한불전』 6, 40a). "修行之要, 不出止觀定慧. 照諸法空曰觀, 息諸分別曰止. 止者悟妄而止, 不在用心抑絶, 觀者見妄而悟, 不在用心考察. 對境不動是定, 非力制之, 見性不迷是慧, 非力求之. 雖然自檢工夫, 得力不得力, 消息知時乃可耳. 此外有看話一門, 最爲徑截. 止觀定慧, 自然在其中. 其法具如大慧書答中見之."

10) 李奎報 撰, 「高麗國曹溪山第二世故斷俗寺住持修禪社主贈諡眞覺國師碑銘幷序」, 『金石』(상), 462쪽.

11) 「上康宗大王心要」, 『眞覺國師語錄』(『한불전』 6, 24쪽); 「示宗敏上人」, 『眞覺國師語錄』(『한

316

가 무자 화두를 참구할 때 열 가지 병통(十種病)으로 체계화하여『狗子無佛性話揀病論』(이하『간병론』)으로 정리하였다.[12]

그러나 혜심의 선을 간화선으로만 이해하는 데에는 근본적인 한계가 남아 있다. 그것은 기존의 연구가 대부분 그의 어록을 대상으로 이루어졌고, 그가 중심이 되어 편찬한『염송집』에 대해서는 거의 주목하지 않았기 때문이다. 앞서 서술한 바와 같이『염송집』은 문자선에 초점을 맞춘 것이고 간화선과 무관한 문헌이었다. 그렇다면 혜심의 선에 대한 이해를 간화선 일변도로 이해할 수 있을까.

특히,『염송집』에는 남송 초에 일어났던 송대 선의 새로운 흐름이 전혀 반영되지 않는다. 하나는 진정극문, 원오극근 등으로 대표되는 송대 無事禪의 풍조에 대한 비판 문제이다. 다른 하나는 대혜종고에 의해 완성된 간화선과 관련된 내용이다.

전자와 관련하여『염송집』에는『진정어록』에서 상당히 많은 착어가 인용, 수록되었음에도 불구하고 무사선 비판에 대한 내용은 드러나지 않는다. 이러한 문제는『염송집』에 인용된 원오의 착어를 통해서도 마찬가지 사실을 확인하였다. 특히, 원오의 대표적인 저작인『벽암록』은 공안 비평이라는 형식에 그친 것이 아니라 무사선에 빠진 송대 선의 흐름을 새로운 방향으로 제시하였다.[13] 그러나『염송집』에는 진정극문과 원오극근이 강조하였던 무사선 비판이 전혀 보이지 않는다.

후자의 문제는『염송집』에 인용된 방대한 대혜의 착어가 모두 문자선과 관련된 내용이라는 사실을 통해 확인할 수 있다. 특히『염송집』에 모두 12칙에 걸쳐 인용되어 있는「진국태부인청보설」을 통해

불전』6, 24~25쪽).

12)『간병론』은 高宗 2년(1215)에『圓頓成佛論』,『看話決疑論』과 함께 간행되었다.

13) 土屋太祐,「北宋期禪宗の無事禪批判と圜悟克勤」,『東洋文化』83, 2003;「公案禪の成立に關する試論: 北宋臨済宗の思想史」,『駒澤大學禪研究所年報』18, 2007.

확인할 수 있다.『염송집』에는 이 보설에서 대혜가 강조하고 있는 '무자' 화두와 관련된 내용이 전혀 없다. 혜심은 대혜의 설법에서 인용하고 있는 공안과 그것에 대한 착어를 하나씩 나누어『염송집』의 해당 고칙에 그대로 인용할 뿐이다.

나아가『염송집』에서 대혜의 착어는 간화선과 직결되는 내용이 전혀 보이지 않는다. 대혜의 착어는 상당, 보설 등에서 인용한 것이 적지 않으며, 그러한 인용 방식을 통해 간화선을 강조할 수 있음에도 불구하고『염송집』에는 전혀 그러한 내용이 포함되어 있지 않다. 따라서 대혜의 착어 인용을 통해서도『염송집』은 문자선의 집성이라는 성격에 초점이 맞추어져 있다는 사실을 확인할 수 있다.

이와 같이『염송집』의 문헌적 성격을 통해 보면 혜심의 공안선 이해는 간화선이 아니라 문자선에 초점이 맞추어져 있다. 아울러 이러한 사실은 그의 송고를 통해서도 확인된다.『염송설화』에는 모두 24칙에 혜심의 공안 비평이 남아 있다.[14] 혜심의 착어는 대부분 송고이며, 간화선과 관련된 내용은 특별히 보이지 않는다.

그러면 혜심의 공안선에 대한 이해가 그의 다른 저작에서는 어떻게 드러날까. 먼저 혜심의 사상을 이해하는 기본적인 자료인『진각국사어록』(이하『진각록』)의 내용을 중심으로 살펴보기로 한다.[15]『진각록』은 전체 구성이 上堂, 書狀, 示人, 示衆, 小參 등으로 구성되어 있

---

14)『염송집』의 고칙 칙수(공안 주인공 조사)에 따라 혜심의 착어를 소개하면 다음과 같다. 11칙(世尊), 12칙(世尊), 17칙(世尊), 26칙(世尊), 27칙(世尊), 30칙(世尊), 33칙(世尊), 39칙(華嚴經), 41칙(涅槃經), 50칙(楞嚴經), 74칙(毗目仙人), 77칙(月氏國王), 82칙(阿難), 87칙(婆須密尊者), 108칙(四祖道信), 112칙(六祖慧能), 130칙(南陽慧忠), 146칙(南陽慧忠), 330칙(藥山惟儼), 417칙(趙州從諗), 439칙(趙州從諗), 863칙(興化存獎), 988칙(玄沙師備). 아울러 착어의 내용은『한불전』6, 48~49쪽에『眞覺國師語錄補遺』로 수록되어 있다.

15)『진각국사어록』은 현존하는 고려 선승들의 어록 가운데 가장 오래된 것이다. 한국불교에서 선시는 13세기에 비롯되며, 혜심은 어록 이외에도『무의자시집』을 남겨 선시문학의 대표적인 작가이기도 하다. 이진오,「한중 선시 발달시기 비교」.『한국불교문학의 연구』, 민족사, 1997, 92~99쪽.

다. 이러한 내용을 통해 수선사 단계에 선문의 면모가 체계적으로 갖추어져 있으며, 선의 제도화가 어느 정도 이루어졌던 사실을 확인할 수 있다.16)

그런데 기존의 연구에서는 『진각록』을 주로 활용하면서 혜심이 오로지 간화선을 강조한 것으로 설명하고 있다. 그런데 혜심은 '무자' 화두만이 아니라 竹篦子, 是箇甚麼, 啞字 등 다양한 공안을 간화선 수행에 권하고 있다. 그는 이 가운데 특히 淸凉泰欽의 아자 공안을 강조하였다. 따라서 혜심은 대혜와 같이 '무자' 화두를 특별히 강조하지 않는다.17) 대혜가 간화선 수행에서 '무자' 화두를 기본적으로 중시하였던 사실을 감안한다면, 혜심은 대혜의 간화선을 철저하게 수용한 것이라 하기 어렵다.18)

더욱이 혜심은 〈강종대왕에게 心要를 올림〉에서 無心, 無事를 강조하고 있다.19) 이러한 면은 『염송집』에 『벽암록』이 전혀 인용되지 않거나 무사선에 대한 비판이 제시되지 않은 것과 같은 맥락으로 보인다.

이와 같이 혜심은 공안선 이해와 실천에 있어서 간화선 위주로 나아가지 않았고, 오히려 문자선을 중시하였던 사실이 다양하게 확인된다. 앞서 살펴본 바와 같이 혜심이 편찬한 『염송집』의 문헌적 성격

---

16) 남송 대의 어록은 上堂과 小參을 정형적으로 반복하는 것으로 일관되어 있다. 임제와 같이 강렬한 개성이 약동하는 당대의 어록과는 전혀 다른 양상이다. 어록의 정형화는 선의 제도화와 관련된다. 선의 제도화란 선종이 사회제도 내에 조직되었다는 의미이며, 그것에 응해 선종 내부의 조직 형태와 수행방식이 제도적으로 정비, 규격화되었다는 의미라는 양면성을 포함한다. 이러한 성격은 청규에 가장 잘 드러난다. 성문화된 청규는 북송의 장로종색이 편찬한 『禪苑淸規』이며, 여기에는 정연한 역직 체계와 인사제도, 정례적인 의례, 행사의 격식, 나아가서는 식사와 대소변의 작법 등이 상세하게 정해져 있다. 小川隆, 「禪宗の生成と發展」, 沖本克己 編, 『興隆·發展する佛教』(新アジア佛教史07), 佼成出版社, 2010, 309~310쪽.

17) 정영식, 앞의 논문, 161쪽 참조.

18) 조명제, 앞의 책에서 고려후기 간화선의 흐름을 수선사의 수용 단계, 원 간섭기의 전개 단계, 고려 말의 성행 단계로 나누어 제시한 바가 있다.

19) 「上康宗大王心要」 『한불전』 6, 23~24쪽. "是知直下無心, 最爲省要. 內若無心, 外卽無事, 無事之事, 是名大事, 無心之心, 是名眞心."

이 문자선에 초점이 맞추어져 있다는 사실을 함께 고려하면 혜심의 공안선 이해는 지금까지의 연구와 다른 것으로 보인다. 곧 혜심은 문자선에 초점을 맞추어 공안선을 수용하고 이해하였다. 나아가 그는 간화선도 수용하였지만, 공안선 내지 송대 선의 하나로서 받아들였을 뿐이지 간화선 중심으로 나아갔다고 하기 어렵다.

이러한 경향은 혜심의 비문에 나타난 생애와 행적을 통해서도 드러난다. 그는 출가 전에 본래 유학자였으며, 유교에서 불교에 이르기까지 모든 경서에 박통하였다고 한다. 그리하여 그는 저술과 게송을 짓는 데에 대단히 능통하였다고 한다.

한편, 혜심의 비문에 지눌이 혜심을 만나기 전날 꿈에 설두중현이 절에 들어오는 꿈을 꾸고 다음날 혜심을 찾아왔으므로 기이하게 여겼다는 기록이 있다.[20] 이 기록이 갖는 의미를 구체적으로 알 수 없지만, 적어도 지눌이 혜심을 설두의 후신으로 받아들인 것으로 짐작된다.[21]

그렇다면 이규보가 혜심 비문을 지으면서『염송집』을 편찬할 만큼 공안 비평에 밝은 면을 반영하여 설두와 연관된 꿈을 비문에서 굳이 서술한 것이 아닐까. 대개 선승의 비문은 고인의 뛰어난 행적을 중심으로 서술하므로 비문에서 설두의 후신임을 강조하는 것은 혜심에 대한 수선사 내지 선종계의 평가와도 관련되지 않을까. 다시 말해 혜심이 공안 비평에 뛰어난 면모가 당시 선종계에 알려져 있었으므로 송대 문자선을 대표하는 설두의 후신으로 부각되었던 것으로 보

---

20) 李奎報 撰,「高麗國曹溪山第二世故斷俗寺住持修禪社主贈諡眞覺國師碑銘幷序」,『金石』(상), 462쪽.

21) 설두의 후신이라는 표현은 대혜종고의 경우에도 보인다. 대혜는 출가한 후에 선 수행을 하는 과정에서 운문종의 선을 배웠던 경험이 있다. 곧 그는 낭야혜각의 문하인 瑞竹紹瑄(생몰년 미상)에게 나아가『설두송고』와『설두염고』를 배웠으며, 서죽에게 설두가 다시 왔다고 상찬되었다.『宗門武庫』, T47-953a. "宣州明寂瑄禪師, 遍見前輩耆宿, 如瑯琊雪竇天衣皆承事請法. 出世嗣興敎坦和尙. 後遷太平州瑞竹, 退居西堂. 師初遊方從之, 請益雪竇拈古頌古. 瑄令看因緣, 皆要自見自說, 不仮其言語. 師洞達先聖之微旨. 瑄嘗稱於衆日, 昊必再來人也."

인다.22)

한편, 혜심의 시문집인『無衣子詩集』의 내용을 통해서도 공안선 이해의 일단을 확인할 수 있다. 그는 천조상좌가 송을 청하기에 쓴 시에서, 깨달음이란 많이 알아 고달프게 수행하며 익히는 것이 아니라 단지 한곳에서 고요히 마음을 쉬면서 본래면목으로 돌아가는 것이라고 하였다.23) 이러한 혜심의 설명은 당대 선에서 제시하는 내용과 동일한 맥락으로 보인다. 나아가 이러한 설명은 무사선의 맥락으로 보일 수도 있다.

또한 眞一上人이 昏沈과 掉擧라는 두 가지 선병에 대한 처방을 묻자, 혜심은 본래성을 지키고, 허망한 생각을 잊으면 될 뿐이지 다른 방법을 쓸 필요가 없다고 대답하였다.24) 혼침과 도거는 흔히 간화선 수행에서 나타나는 문제점으로서 대혜도 이에 대한 문제를 강조하고 오로지 화두 참구에 집중할 것으로 제시하였다. 그런데 혜심은 이 문제에 대해 화두 참구를 강조하는 것이 아니라 본래성을 지키며, 따로 수행할 필요가 없다고 제시한다. 다른 글에서도 혜심은 깨달음을 따로 구할 필요가 없이 본래성을 지키면 된다고 하였다.25)

이상에서 살펴본 바와 같이 혜심은 간화선 위주의 수행법을 강조

---

22) 혜심의 비문에 혜심이 출가 전에 항상 진언을 외웠고 가끔 사람들의 병을 구제하는 데에 효험이 있었다고 한다. 또한 이규보가 유자이기 때문에 자세하게 기록하지 않는다고 하면서 혜심이 평생 신이한 행적이 많다는 것을 간략하게 기록하고 있다. 이러한 비문의 내용은 혜심을 간화선자로서의 이미지를 굳이 강조하고자 하는 맥락이 보이지 않는다는 점에서 혜심 평가와 관련되며, 나아가 혜심의 문하에서도 특별히 간화선을 강조하고자 하는 의도가 없다고 하겠다.

23)「天照上座因雨請頌」,『無衣子詩集』上卷(『한불전』6, 51c). "簷頭雨滴滴相續, 門外溪聲轉急, 不在多聞苦修習, 只求一處成休復."

24)「眞一上人來言曰, 某乙賦性散亂, 未能調攝, 或於靜處捺伏, 則便落昏沈, 惟此二病是患. 請得法偈, 爲對治方.」,『無衣子詩集』上卷(『한불전』6, 53c). "實際本來湛寂, 神機自爾靈明. 任運忘懷虛浪, 何關沈掉兩楹. 惺惺無忘曰眞, 寂寂不分是一. 但能不負汝名, 何用別他術."

25)「次膺律師求法韻」,『無衣子詩集』下卷(『한불전』6, 58b). "廓落無依無相身, 禪家喚作本來人. 但能自照虛明地, 何更從他苦問津."

하지 않았다. 오히려 그의 공안선 이해에는 무사선을 철저하게 극복하였다고 어려운 대목이 있다. 나아가 『염송집』의 편찬에서 드러나듯이 혜심은 문자선의 이해에 더 큰 관심을 갖고 있었다.

이러한 경향은 혜심 이후의 수선사에서도 크게 바뀌지 않았던 것으로 보인다. 수선사는 4세 混元(1191~1271), 5세 天英(1215~1286)이 최씨 정권과 밀착하면서 사세를 확장하였다. 그러나 이들의 어록이 남아 있지 않아 그들의 선에 대한 이해가 어떠한가를 구체적으로 알 수 없다. 그것은 6세인 圓鑑國師 冲止(1226~1293)도 마찬가지이다. 그의 어록이 남아 있지만, 대부분 시문이며 간화선을 강조하는 내용이 잘 드러나지 않는다.26)

이상에서 살펴본 바와 같이 수선사에서 간화선이 수용되었지만, 얼마만큼 본격적으로 수용되었는가를 알 수 없다. 수선사를 대표하는 역대 주법의 저술이 거의 남아 있지 않고, 그나마 남은 문헌 자료에서 간화선을 본격적으로 표방하였다고 보기 어렵기 때문이다. 그렇다면 수선사 전체 차원에서 간행된 선적을 통해 수선사가 지향하였던 선이 무엇인가에 대해 살펴보기로 한다.

13세기에 고려에서 조성된 선적은 대부분 수선사에서 주관하여 간행하였다. 당시 선적 간행이 활발하게 이루어질 수 있었던 것은 수선사에서 사회경제적, 사상적 기반을 두루 갖추고 있었기 때문이다. 먼저, 선적의 목판 인쇄는 판각을 하는 데에 일정한 인적 기반이 요구되며, 더욱이 막대한 경비가 필요하다. 당시 수선사가 이러한 비용을 부담할 수 있는 경제적 기반을 갖추었고, 이를 지원할 수 있는 단월이

---

26) 충지의 비문에서 단월에게 '女子出定話' 화두로 법문을 하였던 내용이 있지만 간화선과 연관된다고 보기는 어렵다. 金曛 撰,「曹溪山修禪社第六世贈諡圓鑑國師碑銘幷序」,『金石』(하), 1035쪽,「甲申三月初八日, 登智異山上無住, 塊然入定, 若偶人然, 蛛絲覓面, 鳥跡臨膝. (中略) 嘗抵寓智異山三藏社焉, 一婦人, 忽至師前, 請說法要. 師以女子出定因緣示之, 女乃禮謝以退, 是山主聖母也.」

존재했기 때문에 선적 간행이 이루어질 수 있었다.[27]

또한 이러한 여건과 함께 선적에 대한 사상적인 수요가 충분히 조성되어 있어야 한다. 13세기 전반에 이루어진 선적 간행을 통해 수선사를 비롯한 선종 내부에서 선적에 대한 깊은 관심을 갖고 탐독하는 경향이 있었다. 또한 사대부를 비롯한 다양한 계층에서 선적에 대한 사회적 수요가 존재하였다.[28]

이러한 사상적 수요가 중요한 것은 수선사에서 수용한 공안선의 흐름이 어떠한가를 이해하는 지표가 될 수 있기 때문이다. 종래와 같이 수선사에서 간화선이 일반화된 것으로 이해하게 되면, 수선사 단계에서 왜 간화선과 무관한 송대 선적이 다양하게 간행되었으며, 고려 선종이 송대 선의 다양한 흐름에 폭넓은 관심을 가졌던 이유를 이해할 수 없기 때문이다. 간화선은 본질적으로 지적 이해를 거부하기 때문에 대개 선적에 대한 수요도 줄어들 수밖에 없다.

한편, 위에서 살펴본 사회경제적, 사상적인 조건과 함께 수선사가 불교계의 중심세력으로 등장한 것도 『염송집』을 비롯한 선적 편찬의 배경으로 작용하였다. 수선사는 최우가 등장한 1219년 이후에 불교 교단의 재편 정책에 따라 부각되었으며, 이때는 혜심이 수선사를 주도하던 단계였다.[29] 이러한 최우의 정치적 후원으로 수선사가 선종계의 교권을 장악하더라도 사상적인 주도권은 별개의 문제이다. 따라서 혜심이 중심이 되어 『염송집』을 편찬한 것은 당시 선종계에

---

27) 이러한 양상은 1235년에 간행된 『戒環解楞嚴經』의 財主로 명시된 鹿鳴鄉 前長 李勝光의 사례라든지, 지눌 저술을 간행할 때에 지방관, 戶長, 거사 등이 후원하였던 사실 등을 통해 확인할 수 있다. 채상식, 『고려후기불교사연구』, 일조각, 1991, 40~51쪽.

28) 조명제, 앞의 책, 109~110쪽.

29) 종래 무신란 이후, 특히 최씨 무신정권이 등장한 1196년에 수선사가 불교교단의 중심 세력으로 등장한 것으로 이해하였다. 이러한 이해는 최충헌과 최우 단계의 불교계 재편을 구분하지 않은 데서 비롯된 잘못된 견해이다. 최충헌은 志謙, 承逈 등 선종의 비주류에 관심을 가졌으며, 최우가 집권하면서 수선사를 중심으로 교단 재편을 시도하였다. 채상식, 『고려후기불교사연구』, 일조각, 1991, 37~39쪽.

서 성행되었던 문자선에 대한 수요에 대응하고, 나아가 선종계의 사상적인 주도권을 확보하는 방향과 관련된 것으로 생각된다.

이러한 이해 방향은 수선사에서 다양하게 간행되었던 송대 선적과 독자적으로 편찬한 선적의 문헌적 성격을 통해서도 확인할 수 있다. 먼저 13세기 전반기에 간행되거나 편찬된 문헌부터 살펴보기로 한다.

『宗門圓相集』(1권)은 志謙이 중국 선문의 圓相에 관한 옛 기록을 모집, 편찬하여 1219년에 간행한 문헌이다. 본래 원상은 唐代부터 사용되었고, 선승들이 깨달음을 표현하거나 학인을 가르치는 수단으로 사용한 것이다. 『人天眼目』에서 원상을 위앙종의 특징으로 거론하였기 때문에 현재 학계에서도 그러한 선입견을 갖고 있으나, 역사적으로 원상을 사용한 것은 위앙종 일파에 한정되지 않는다.

『종문원상집』의 내용과 구성은 6조 혜능의 법맥을 이은 南陽慧忠으로부터 북송의 목암선경까지 46명의 조사에 의한 원상의 기연 100여 사례를 채록하여 연대순으로 배열하였다. 이러한 기연에 대한 전거를 분석하면 약 20종의 선적 자료가 활용되었음을 알 수 있다. 또한 20여 기연의 경우 전거를 알 수 없으므로 일서 자료의 가치를 갖고 있다.

또한 『종문원상집』의 跋文을 쓴 夢如가 수선사 3세라는 사실과 그 내용 구성이 더욱 주목된다. 마지막의 목암과 관련된 인용은 『조정사원』 권2의 원상 관련 조항과도 관련된다. 『조정사원』의 영향은 瑞龍禪老 連公의 『南明泉和尙頌證道歌事實』(이하 『증도가사실』)에도 드러난다.[30] 이 책은 1248년에 분사대장도감에서 간행된 훈고서인데, 『조정사원』과 비슷한 방식으로 서술되어 있다. 또한 『증도가사실』에는 설두의 어록이나 『조정사원』이 인용되어 있다.[31] 이러한 선적은 수

---

30) 『증도가사실』이 편찬되기 이전에 고종 26년(1239)에 『南明泉和尙頌證道歌』이 간행되었다. 이 책은 북송 운문종의 남명법천이 永嘉玄覺의 『증도가』에 송을 붙인 것이다.
31) 『증도가사실』에 설두의 어록은 권1 望州星 註(『한불전』 6책, 110쪽, 이하 같은 책의 페이

선사 이외에 고려 선종계에서 송대 선, 특히 문자선과 관련된 관심이 적지 않았던 사실을 보여 준다.[32]

한편, 수선사의 공안선에 대한 이해는『염송집』만이 아니라『禪門三家拈頌集』(이하『삼가염송집』),『禪門拈頌說話』(이하『염송설화』) 등을 통해 확인할 수 있다. 이러한 문헌은『염송집』과 밀접한 관계가 있으며, 공안선을 어떻게 이해하고 있는가를 보여 주는 대표적인 선적이다. 그럼에도 불구하고 이러한 문헌에 대한 연구는『염송집』과 마찬가지로 지금까지 학계의 관심 밖에 놓여 있다.

『삼가염송집』은『염송집』이 증보, 재간될 무렵인 1246년에 송대 운문종, 조동종, 임제종을 각각 대표하는 설두중현, 굉지정각, 원오극근의 착어만을 집성하여 간행된 것이다.[33]『삼가염송집』에 대한

지), 권1 文殊撞倒老維摩 조(120쪽), 권3 驪龍窟 주(158쪽) 등에,『조정사원』은 권1 金剛 주(109쪽), 蒼蒼 주(118쪽), 권2 跋提 至鶴樹 주(125쪽), 拂石 주(129쪽), 碧眼 주(131쪽), 更着迦葉 주(132쪽), 善吉 주(138쪽), 권3 牓양 주(145쪽), 楊朱 주(153쪽), 金田 주(155쪽), 祇園 주(156쪽) 등에 인용되어 있다.

32) 고려대장경 보유판의 하나인『大藏一覽集』(10권)이 간행된 것도 참조된다. 이 책은 大隱居士 陳實이 편찬한 類書이며, 대장경의 중요 문장을 추출해서 8부문 60品으로 분류하여 구성한 것이다. 紹興 27년(1157)에 작성된 趙令衿의 序와 陳實의 自序를 통해 대략 성립 연대를 추정하고 있다.『대장일람집』에는 선적의 추출이 많지만, 특히 권10에는 「第八宗說門之余」라고 하여 宗眼品, 正傳品, 旁出品, 分派品, 散聖品, 流通品 등 6品으로 나누어 선문에 있어서 전등 조사와 방계자의 어구를 계열적으로 열거하고 있다. 곧 앞의 4品에서는 석존부터 중국 선문의 남악하 13세, 청원하 11세에 이르는 인도, 중국의 전등 조사 149명과 그 기연어구와 게송을 열거한다. 산성품에서는 선문 불출세의 6명의 어구를 배열한다. 이러한 구성은『전등록』권1~27까지의 그것과 같다. 더욱이 주목되는 것은 마지막의 유통품인데, 여기서는『종경록』을 전거로 하고 있으므로 교선일치의 사상에 입각한 것이다. 인용 전적은 宗鏡錄,『전등록』,『통요』,『속등록』,『禪林僧寶傳』,『證道歌』,「坐禪儀」,「張拙秀才悟道頌」,「長慶然禪師懺悔文」,「佛日禪師普說」 등 10종이며, 인용 칙수는 300 가까이 된다. 다만『종경록』과『전등록』의 인용문이 전체의 반 이상을 차지하며,「坐禪儀」 등은 한 번씩 인용될 정도이다. 특히『통요』는 권10 외에도 6칙이 인용되어 전체 21회나 되며,『전등록』다음으로 많은 분량이다. 椎名宏雄, 위의 책, 131쪽.

33)『삼가염송집』에 대한 연구 성과로는 채상식,「修禪社刊『禪門拈頌三家集』의 사상적 경향」,『부산직할시립박물관연보』, 11, 1988이 있다. 채상식은 이 글에서『삼가염송집』이 간행된 것을 수선사가 선사상을 단순히 수용하고 '自己化'하는 단계를 뛰어 넘어 이를 재해석하고 평가할 수 있는 단계로 접어들었던 것이라고 주장하였다. 이 논문은 당시

이해 문제는 보다 구체적으로 검토해야 하겠지만, 당시 선종계의 현실적인 수요를 반영한다고 생각된다.

『염송집』은 문자선의 이해에 필요한 종합적인 공안집의 성격을 갖고 있지만, 지나치게 방대한 분량이라는 문제점이 있다. 따라서 입문 단계의 선승이나 문자선의 핵심만을 이해하고자 하는 경우에『염송집』은 편리한 문헌이 아니다. 이에 비해『삼가염송집』은 송대의 문자선의 정수만을 수록하였기 때문에 문자선의 핵심을 이해하기에 편리한 장점을 갖고 있다.

이러한 흐름은『염송설화』를 통해서도 살펴볼 수 있다.[34]『염송설화』의 저자인 각운에 대해서는 관련 자료가 거의 없어 논란이 있다. 그러나『염송설화』가『염송집』에 대한 주석서이며, 혜심의 송고 24수가 수록되어 있으므로 각운은 혜심의 제자이거나 수선사 출신의 선승인 것으로 보인다.『염송설화』의 찬술 시기는 알 수 없지만, 1252년에 편찬된『五燈會元』이 인용되어 있으므로 적어도 이 시기 이후에 완성된 것으로 짐작된다.

『염송설화』의 내용은 선어를 비롯한 각종 용어에 대해 각운이 다양한 문헌을 인용하여 독자적인 주석을 한 것과『염송집』에 수록된 공안과 착어에 대한 비평으로 이루어져 있다. 각운의 비평은 선승들의 각 착어에 대해 간단한 논평을 하거나 자신의 안목에 따라 구체적인 비평, 곧 평창을 제시한 것이다.

서지적인 문제에만 관심을 갖고 있던 수준에 비해『삼가염송집』의 자료적 가치를 불교사적 관점에서 주목하였다는 점에서 높게 평가할 만하다. 그러나 당시의 연구 여건을 감안하더라도 그가 내린 결론은 여러 가지 문제점을 안고 있다. 무엇보다도『삼가염송집』에 대한 내용 분석을 하지 않고, 수선사의 선에 대한 이해를 도식적으로 설명하는 것은 설득력이 떨어진다. 또한 필자가 논의한 바와 같이 송대 공안선의 흐름이나 선적의 자료 가치에 대한 이해가 전제되지 않은 결론이므로 재검토되어야 할 것이다.『삼가염송집』에 대한 문헌적 성격에 대한 문제는 다른 글에서 구체적으로 제시할 예정이다.

34)『선문염송설화』에 대한 연구는 종진,「각운의『선문염송설화』연구(1)」,『가산학보』4, 1995에서 간단한 서지적인 소개 이외에 본격적으로 제시된 성과가 없다.

그런데『염송설화』에『벽암록』이 적지 않게 인용되어 있지만, 각 운의 평창에는『벽암록』에서 원오가 제시한 무사선 비판이나 간화선으로 전환되는 단서가 드러나지 않는다. 따라서『염송설화』는 문자선의 이해와 관련된 문헌이며, 간화선이 성행된 14세기 이후의 문헌으로 보기 어렵다. 따라서『염송설화』는 13세기 후반에 문자선에 대한 이해가 심화된 것을 반영한 문헌이라고 할 수 있다.

이상에서 살펴본 바와 같이 수선사에서 편찬된『염송집』,『삼가염송집』,『염송설화』등과 문헌을 통해 수선사가 관심을 갖고 이해하였던 공안선은 문자선의 이해에 초점이 맞추어져 있으며, 간화선 중심이 아니라는 사실을 확인하게 되었다. 또한 이러한 문헌의 성격을 단순히 도식화할 수는 없지만, 적어도 문자선의 단계별 이해 수준이 어느 정도 반영된 것이 아닌가 생각된다.

종래 수선사의 선에 대한 이해 문제는 간화선의 수용이 지나치게 강조되었다. 수선사가 간화선을 수용한 것이 사실이지만, 여전히 문자선 중심으로 공안선을 이해하는 경향이 지속되었다.[35] 특히『염송집』은 수선사, 나아가 고려 선종 전체의 사상적인 수요에 대응하는 차원에서 편찬된 문헌이므로 13세기 전반기에 문자선이 성행되었던 사실을 그대로 보여 준다.

그러면 12세기 중반에 대혜종고에 의해 완성된 간화선이 고려 선종계에서는 13세기까지 여전히 수용 단계에 머물러 있고, 오히려 문자선이 성행되었던 이유는 무엇일까. 이에 대해서는 앞으로 보다 깊

---

35) 종래 학계에서 수선사의 불교사적 위상을 지나치게 높게 평가하는 것은 문제가 있다고 생각된다. 선적의 간행이나 송대 선의 수용 문제를 통해 살펴보면 수선사 단계에서 어느 정도 제도화된 면모를 보이는 수준이기 때문이다. 예를 들어 고종 41년(1254)에 간행된『禪苑淸規』는 崇寧 2년(1103)에 長蘆宗賾이 편찬한 것으로 선문 독자의 수행체계와 규범을 담고 있다. 이 송판은 마멸되어 남송 嘉泰 2년(1202)에 再刻한『重雕補註禪苑淸規』가 간행되었다. 고려본은 그 저본이 북송 政和 원년(1111) 판본이며,『선원청규』의 원형을 가장 잘 전하는 판본이다. 고려 불교계에서『선원청규』가 간행되었던 것은 선종이 교단의 체계를 정비하고 제도화를 추진하였던 상황을 반영한 것이라 하겠다.

이 있는 연구가 요구되지만, 여기서는 먼저 고려 선종이 송대 선을 직접 경험할 수 없는 현실적인 한계를 지적하고자 한다.

주지하듯이 고려 시기에는 대외 관계에서 거란, 금, 몽골 등 북방민족이 잇달아 대두하면서 그들과의 외교 관계가 오랫동안 지속되었다. 이러한 국제적인 상황에서 고려는 송과의 외교 관계가 단절되거나 직접적인 교류를 하기가 곤란하였다.36) 더욱이 무신란 이후 정치적, 사회적 혼란이 지속되던 상황에서 고려의 선승들이 송에 들어가 직접적인 교류를 시도하기는 거의 불가능하였다.

이러한 상황에서 송의 상인은 고려와 송의 불교계를 이어 주는 역할을 하였으며, 고려의 선종은 이들을 통해 송의 선적을 구입하였다.37) 12세기 이래 고려에서 수용하고 이해한 송대 선은 선적이라는 문헌을 통해 전해진 것이었다.38) 그것은 바꾸어 말한다면 고려의 선승들에게는 선의 이해와 실천에서 기본적으로 요구되는 面授가 불가능하였던 상황에 놓여 있었고, 그에 따른 한계가 존재하였다. 다시 말해 선의 수행이나 깨달음의 과정에서 기본적으로 요구되는 스승과 제자와의 문답이나 인가 과정이 결여되었던 것은 당연히 송대 선의 수용과 이해에 일정한 한계로 작용할 수밖에 없었다.39)

---

36) 김상기, 『고려시대사』, 동국문화사, 1961, 181~196쪽.

37) 예를 들어 12세기에 탄연이 宋商인 方景仁을 통해 송의 임제종 황룡파의 無示介諶에게 서신을 보내어 인가를 받았던 사례에서 알 수 있듯이 송상이 송과 고려불교의 교류에 매개 역할을 하였다(조명제, 앞의 책, 92쪽). 무신집권기에도 송상은 이러한 역할을 수행하면서 송의 불교 서적을 구입하여 고려에 판매하였다(이진한, 『高麗時代 宋商往來 硏究』, 경인문화사, 2011, 173~177쪽). 송상의 역할은 서적 수입에만 그치는 것이 아니라 송대 선종계의 정보를 풍부하게 전해주었을 것으로 짐작된다. 일본의 경우 송과 일본을 왕래하던 송상들이 송대 선종의 상황을 전해주었고, 이들은 당시 성행하였던 선종의 신자로서 국외에 선전하거나 정보를 전해주었다. 榎本涉, 『僧侶と海商たちの東 シナ海』, 講談社, 2010, 134~135쪽.

38) 고려 의종 대에 송상이 대거 고려로 들어왔으며, 『宋史』 高麗傳에 의하면 고려 개경에 체류하는 송상의 출신지가 복건성이 많다는 기록이 주목된다(김상기, 앞의 책, 194~195쪽). 현존 송판 선적은 북송 말 남송 초에 간행된 것이 가장 많으며, 복건성은 송대에 목판인쇄가 활발한 지역이었다.

아울러 이와 같이 송대 선을 직접 경험할 수 없고, 선적을 통해 간접적으로 공안선을 수용하였던 문제는 송대 선에 대한 時系列的 이해에 일정한 한계를 갖고 있었다. 송대 선의 흐름은 다양하게 전개되었지만 그것이 선적으로 집약되는 것은 12세기 이후였다. 현존하는 선적의 대부분이 12세기에 간행되었고, 고려 선종계에서 부분적으로 입수하였지만, 13세기에 본격적으로 송의 선적을 입수하고 간행되었다.

이러한 선적의 수용과정과 간행 양상을 고려하면 고려 선종은 송대 선의 동향과 사상적인 맥락을 동시대적으로 정확하게 이해할 수 없는 한계를 갖고 있었다. 더욱이 선적이라는 텍스트는 당, 송대의 사람들이 구사한 구어, 속어가 포함되어 있기 때문에 고려 선승들에게는 정확한 독해가 쉽지 않았다. 더욱이 스승과 제자 간의 대화가 이루어진 구체적인 상황과 사상적인 맥락이 문헌을 통해 얼마만큼 정확하게 전해질 수 있는가?라는 의문도 남는다.[40]

따라서 고려의 선승들이 선적을 통해 송대 선을 수용하는 과정에서 송대 선의 사상적 흐름과 맥락을 정확하게 파악하고 이해하기가 쉽지 않았다. 따라서 수선사에서 『염송집』, 『삼가염송집』 등과 같은 공안집의 편찬, 『염송설화』와 같은 공안 주석서의 편찬 등의 단계를 거쳐서 송대 선에 대한 수용과 이해가 이루어졌던 것으로 생각된다. 아울러 이러한 과정은 수선사 단계에서 일단락되는 것이 아니라 13세기 후반의 선종을 주도하였던 가지산문에서도 이어지고 있었다.

---

39) 고려와 달리 일본 선종은 12세기 이래 入宋僧, 入元僧이 대거 중국에 유학하였고, 남송, 원에서 일본으로 온 渡來僧이 적지 않게 존재하였다. 榎本涉, 「日中・日朝僧侶往來年表 (1127~1250)」, 『8~17世紀の東アジア地域における人・物・情報の交流』(上)(村井章介 編), 日本學術振興會 平成12年度~平成15年度科學研究費補助金 研究成果報告書, 2004 참조.

40) 외국 선승의 중국어에 대한 이해가 송대 선의 이해와 어떻게 관련되는지에 대해서는 중세일본의 경우를 통해 간접적으로 이해할 수 있다. 이에 대해서는 榎本涉, 「中世の日本僧と中國語」, 『歷史と地理』 567, 2003 참조.

3. 가지산문의 공안선 이해

13세기 전반기까지 선종계를 주도하였던 수선사는 정치적, 경제적 기반이었던 최씨 무신정권의 몰락과 함께 불교계에서 차지하는 위상이 추락하게 되었다. 반면 왕정복고와 원 간섭기라는 정치사회적 변화에 따라 13세기 후반에는 一然을 중심으로 한 가지산문이 선종계의 중심으로 부각되었다.

일연(1206~1289)은 종래 선승이라는 이미지보다는『三國遺事』의 편찬자로 잘 알려져 있다.『삼국유사』가 한국 고대문화의 고전이므로 그와 관련된 연구가 활발하게 이루어졌던 것에 비해 정작 일연에 대한 연구는 그렇게 많지 않다. 1970년대에 일연의 저작으로 이름만 전해지던『重編曹洞五位』가 소개되었고, 이후 그와 관련된 연구가 이루어져 일연의 선사상에 대한 이해가 진전되었다.[41]

또한 일연의 비문을 최대한 복원하는 성과가 이어지면서 그의 생애와 행적에 대한 연구가 확대되었다.[42] 그렇지만 여전히 일연에 대한 연구가 미흡하다는 지적을 피하기가 어렵다.[43] 특히 그간의 연구 성과에도 불구하고 일연 사상의 전모를 알 수 없다는 한계가 남아 있다.

그의 사상에 대한 본격적인 분석과 평가가 이루어지지 못한 이유

---

41) 민영규,「일연의 重編曹洞五位 二卷과 그 일본중간본」,『인문과학』31·32, 연세대학교 인문과학연구소, 1974; 김호귀,「曹洞五位의 구조와 전승」,『한국선학』1, 2000; 김호귀, 「重編曹洞五位」,『불교원전연구』1, 동국대학교 불교문화연구원, 2001; 최귀묵,『김시습 조동오위요해의 역주 연구』, 소명출판, 2006.

42) 채상식,「普覺國尊 一然에 대한 연구」,『한국사연구』26, 1979; 김상현,「인각사 보각국사비 陰記 再考」,『한국학보』62, 1991; 박영돈,「신자료를 통해서 본 麟角寺普覺國尊碑 陰記」,『비블리오필리』3, 1992; 정병삼,「일연 비문의 단월」,『한국학연구』5, 숙명여대 한국학연구소, 1995; 채상식,「보각국존 일연비의 현상과 복원의 문제」,『고서연구』13, 1996; 정병삼,「일연선사비의 복원과 고려 승려 비문의 문도 구성」,『한국사연구』133, 2006.

43) 일연 연구에 대한 전반적인 성과와 평가에 대해서는 채상식,「一然 연구의 현황과 과제」, 『동양한문학연구』23, 2006 참조.

는 기본적으로 『중편조동오위』를 제외하고 일연의 저작이 거의 남아 있지 않은 자료적 한계 때문이다. 그러나 이러한 한계를 인정하더라도 그의 사상 전체를 아우르는 관점에서 접근하는 연구가 부족하고, 고려불교사에서 일연이 차지하는 사상적 위상이 어떠한지에 대한 문제 인식이 잘 드러나지 않는다.

이와 같이 기존 연구가 가진 한계는 일연의 선과 밀접한 관계를 갖는 송대 선종사의 흐름을 고려하지 않은 채 접근하는 연구 시각에서 비롯되었다고 하겠다. 주지하듯이 일연 비문에는 그의 저술로 『어록』(2권), 『偈頌雜著』(3권), 『중편조동오위』(2권), 『조정사원』(30권), 『祖派圖』(2권), 『大藏須知錄』(3권), 『諸乘法數』(7권), 『禪門拈頌事苑』(30권) 등이 나열되어 있다. 이러한 서명을 통해 그가 평생 저술하거나 편찬한 문헌이 대단히 다양하였으며, 그 가운데 선적이 대부분이라는 사실을 알 수 있다. 아울러 이러한 선적은 이름에서 드러나듯이 송대 선적이나 송대 선의 흐름과 밀접한 관계가 있음을 알 수 있다.

그러면 일연이 송대 선에 관심을 갖게 되는 계기는 언제, 어떻게 비롯되는 것일까. 일연은 44세가 되던 해인 1249년에 鄭晏의 초청으로 남해 定林社에 주석하면서 선의 이해에 새로운 계기를 갖게 된 것으로 보인다.[44] 그가 남해에 머무를 때에 대장도감 남해분사에서 재조대장경에서 빠진 선적이 보유판으로 간행되고 있었다. 일연은 이러한 간행 사업에 참여하면서 송대 선을 다양하게 이해할 수 있는 본격적인 계기를 맞게 되었던 것으로 생각된다.

그는 이러한 경험을 통하여 고종 43년(1256)에 남해 吉祥庵에 머무르며 『重編曹洞五位』를 편찬하였는데, 이것이 현재 알려진 그의 첫 저작이다. 『중편조동오위』에는 '補曰'이라는 형식으로 일연의 서술이

---

44) 일연의 생애에 대해서는 채상식, 「普覺國尊 一然에 대한 연구」, 『한국사연구』 26, 1979 참조.

남아 있다.45) 이 책의 卷上 첫머리에 서술한 '보왈'에 '善卿云'이라는 형식으로『조정사원』의 내용을 그대로 인용하고 있다.46) 나머지 '보왈'도 전거를 통해 설명하거나 고증하는 내용이 적지 않다.

『중편조동오위』는 제목 그대로 조동종의 조동오위에 대한 내용이 중심이지만, 게송도 적지 않게 수록되어 있다. 더욱이 이러한 게송은 굉지정각을 비롯한 조동종의 선승들의 게송이 중심을 이루고 있지만, 석상초원, 심문담분 등 임제종 선승들의 것도 적지 않다.

한편, 일연의『조정사원』(30권본)은 제목으로 보아 목암선경이 大觀 2년(1108)에 편찬한 8권본『조정사원』을 본받아 다시 편찬한 것으로 보인다.『조정사원』은 선문 조사의 어록과 선적 등의 약 2400어구를 대상으로 훈고한 것이다.47) 또한『조정사원』은 본래 분량의 절반이 설두중현의 7부집을 대상으로 하였다.48)

『설두송고』의 등장이『조정사원』 8권을 낳았다고 하는 평가는 그 영향 관계를 잘 보여 준다. 실제로『조정사원』에는『설두송고』를 포함한 설두의 7부집과『운문광록』등이 주된 훈고의 대상이므로 설두를 중심으로 한 운문종의 사상적 경향이 적지 않게 반영되어 있다.

그러나 12세기 초에 편찬된『조정사원』은 이후 송대 선종의 흐름을 반영하지 못한 문헌적 한계가 있었다. 송대에 운문종만이 아니라 조동종, 임제종까지 모든 종파에서 광범위하게 공안 비평이라는 문

---

45) 채상식, 「일연의『중편조동오위』에 보이는 사상과 역사성」,『지역과 역사』 30, 2012.

46) 『한불전』 6, 218b.

47) 남동신, 「『삼국유사』의 사서로서의 특성」,『일연과 삼국유사』, 일연학연구원, 2007에서 일연의 30권본『조정사원』에 대해 8권본『조정사원』을 바탕으로 한국 선종에 관한 사전적 내용을 대폭 증보한 것으로 추정하고 있다. 일연본이 현재 남아 있지 않아 사실 관계를 전혀 알 수 없지만, 남동신의 추정은 설득력이 낮다고 생각된다. 13세기 고려 선종계의 선적에서 한국 선종의 내용을 전면적으로 부각시킨 것이 거의 없었고, 고려 선승들은 송대 선사상의 다양한 흐름을 어떻게 수용할 것인가에 주된 관심이 놓여 있었다. 더욱이 한국 선종의 사전적 내용을 대폭 증보할 만한 문헌이 산출된 적이 거의 없다는 사실을 고려한다면 일연이 찬술한『조정사원』의 문헌적 성격과는 거리가 멀다.

48) 椎名宏雄, 「『明覺禪師語錄』諸本の系統」,『駒澤大學佛敎學部論集』 26, 1995.

자선이 유행하였다. 더욱이 인쇄술의 확산과 함께 12세기 이후에 선적이 널리 간행되었다.

그러므로 일연은 8권본『조정사원』의 한계를 인식하면서 12세기 이후 13세기까지 이루어진 송대 선의 흐름을 이해하는 데에 도움을 줄 수 있는 사전적인 저작으로서 30권본『조정사원』을 찬술한 것으로 추측된다. 일연의『조정사원』에는 운문종의 선적에 대한 주석만이 아니라 조동종, 임제종의 선적에 대한 폭넓은 주석과 이해가 반영된 것으로 짐작된다. 그것은 일연의 저술에서 송대 선의 다양한 흐름에 대한 문헌적 이해가 드러나기 때문이다.[49]

다음으로 일연의『선문염송사원』에 대해 살펴보기로 한다. 이 책은 제목에서 드러나듯이『염송집』과 밀접한 관계를 갖는 것으로 보인다. 몽여가 347칙을 증보한『염송집』을 남해분사에서 간행하였을 때에 일연은 남해 정림사에 머무르고 있었으므로『염송집』을 열람하였던 것으로 생각된다. 따라서 일연이『선문염송사원』을 찬술한 것은『염송집』편찬에 따른 사상적 자극, 나아가서는 송대 선에 대한 이해와 깊이 관련되는 것으로 보인다.

---

49) 채상식,『고려후기 불교사 연구』, 일조각, 1991, 148~149쪽에서 일연의 저작들이 대부분 현전하지 않는 이유에 대해 선종의 정통론 논의 과정에서 파괴되었을 것으로 추측하고 있다. 이러한 견해는 같은 책 67쪽에서 수선사가『선문삼가염송집』을 간행한 것이 다양한 선사상을 포용한 것이며, 그것이 일연 계통으로 계승되었으나 후대에 임제선만을 정통으로 인식하고 강조하려는 경향에 의해 사라지게 되었다고 평가하는 것과 함께 고려 불교사를 바라보는 시각을 보여 준다. 그는 다양한 선사상이 공존하는 가운데 선사상이 보다 발전할 수 있었던 분위기가 임제선만을 정통으로 인식하는 경향에 의해 결국 좌절된 것으로 파악하고 있다. 그의 관점은 사상사를 다양성과 획일성이라는 이분법적인 구도로 파악하는 것이며, 종래 연구의 경직된 시각이나 정통론적인 낡은 틀로 바라보는 문제점을 비판한 점에서 일정한 의미가 있다. 그러나 그의 시각은 송대 선의 흐름과 관련하여 이해하지 못한 한계가 있으며, 사상사적 맥락을 오해한 문제점이 있다고 생각된다. 송대 선이 종파와 관계없이 공안 비평이 유행하던 단계에서는 다양한 문헌이 출현하고 간행되었지만, 간화선으로 집약되면 그러한 문헌에 대한 수요가 사라지기 때문에 점차 사라질 수밖에 없는 운명이었다. 따라서 선적이 유행하고 사라지는 것은 이러한 사상사적 맥락과 관련하여 살펴보아야 할 것으로 생각된다.

그런데 『염송집』이 편찬되고, 그 증보판이 이루어진 마당에 일연이 다시 『선문염송사원』을 찬술한 이유는 무엇일까. 이 책이 현재 남아 있지 않기 때문에 그 내용을 전혀 알 수 없으므로 해명하기가 곤란하다. 다만 30권이라는 분량과 '事苑'이라는 제목을 통해 공안 비평에 대한 훈고서, 곧 주석서로 보인다.

앞서 살펴본 바와 같이 일연이 문자선과 관련된 선어를 이해하기 위한 주석서인 『조정사원』 30권을 찬술하였다. 마찬가지로 『염송집』 30권이라는 방대한 공안집에 수록된 당, 송대의 공안과 착어 등에 대한 이해는 당시 선승들에게 결코 쉽지 않았을 것이다. 따라서 일연이 송대 선에 대한 지식과 안목으로 공안 각 칙과 착어 등에 대한 해석과 평가를 하였을 가능성이 높다고 보인다. 즉, 그는 공안과 착어에 대한 이해를 돕는 해설서 형태로 『선문염송사원』을 찬술하였던 것으로 짐작된다.

나아가 일연이 다양한 선적에 대한 저술을 남길 수 있었던 것은 수선사 단계의 송대 선에 대한 이해 기반이 구축되었기 때문이다. 곧 일연이 활동하는 시기에는 수선사 단계보다 송대 선과 관련된 문헌이 훨씬 다양하게 입수되었고, 수선사 단계에서 송대 문자선을 수용하고 이해한 사상적인 토대가 이미 존재하였다. 일연은 고려 선종계에서 이러한 사상적인 기반을 토대로 하면서 그 자신이 송대 선적을 섭렵하면서 폭넓은 지식을 갖춘 데다가 송대 선에 대한 안목이 높았기 때문에 공안선에 대한 방대한 저술을 하였던 것으로 보인다.

그러나 일연 단계에는 아직 남송 선종계의 양상이나 사상적 경향과 아직 일정한 차이가 있는 것으로 보인다. 가령 남송 대에 오등의 등장은 대혜파 이후에 송대 선의 형식화, 정형화가 진행되는 것을 반영하는 것이고, 송대 선이 그 정점에 도달하는 양상을 보인 것이다. 하지만 일연 단계에는 그러한 정형화, 고착화 현상이 진행되지는 않는다. 고려 선종계에서 '무자' 화두 일변도로 간화선이 정형화되는 것이 14세기 전반 이후라는 사실을 감안한다면 일연 단계는 문자선의 흐름이 여전히 성행하였던 것으로 보인다.

한편 일연의 저작은 아니지만, 그가 입적하던 해인 1289년에 『人天寶鑑』을 간행할 것을 문도에게 명한 사실이 주목된다. 『인천보감』은 임제종 대혜파의 曇秀가 紹定 3년(1230)에 편찬한 것이다. 그 내용은 주로 승려들의 훌륭한 행적을 담은 것이며, 유교, 도교와 관련된 것도 수록되어 있다.

담수는 이를 편찬한 의도를 서문에서 2가지로 설명하고 있다. 하나는 대혜의 『정법안장』을 본떠서 옛 사람의 훌륭한 행적을 널리 세상에 알리기 위해서라고 하였다. 또 하나는 당시의 선 수행자들이 오로지 선만을 주장하는 폐단을 경계하고자 하였다. 옛 선승들은 선만이 아니라, 누구나 경학과 율을 공부하였고, 나아가 유교와 도교까지도 널리 터득하여 철저히 깨달았는데, 담수가 당시의 불교계에서 한가지 방법만 오로지 하여 서로 비방하는 폐단이 심각하기 때문에 이를 편찬하였다고 밝히고 있다.[50]

따라서 『인천보감』은 다양한 영역에 걸쳐 서술되어 있다. 먼저 선승이 편찬한 문헌이므로 당연히 선종에 대한 서술이 많다. 그런데 담수가 임제종 대혜파 출신임에도 불구하고 송대 선종 가운데 임제종만이 아니라 법안종, 운문종, 조동종 등 오가의 선승들에 대한 이야기를 두루 수록하고 있다.

나아가 그는 교선일치의 입장에서 천태종의 승려에 대한 이야기를 많이 수록하였다. 실제 『인천보감』의 모두에 소개하는 曇光法師부터 10번째인 四明知禮까지 모두 천태종과 관련된 내용이다. 아울러 전체 122단락 중에서 천태종에 관련되는 것이 약 40개이므로 거의 1/3이나 될 정도로 많다. 이들 천태종의 승려들은 모두 사명지례의

---

50) 曇秀, 「人天寶鑑序」, Z87, 1쪽.

법손이며, 그 중에서도 선종과의 접근을 강조한 南屛의 후손이 많이 수록되어 있다.

또한 선종과 천태종 승려의 교류와 같이 종파 간의 교류에 대한 언급이 적지 않다. 더욱이 영명연수의 『종경록』을 마지막에 언급하는데, 이는 선과 교, 천태, 유식, 화엄 등을 하나의 근원인 一心으로 귀결시키는 문헌인 만큼 그에 대한 담수의 공감이 잘 드러난다.

이상에서 살펴본 바와 같이 일연의 방대한 저작은 대부분 선적이며, 그가 관심을 갖고 찬술한 저작이 송대 선의 이해, 특히 문자선과 관련된 내용이라는 사실을 확인하게 되었다. 이와 같이 일연의 관심이 주로 문자선에 집중되었기 때문에 그의 저작에는 간화선과 관련된 문헌이 거의 없다. 나아가 일연이 간화선에 대해 언급한 경우를 찾기가 어렵다.

이러한 경향은 일연을 계승한 가지산문의 寶鑑國師 混丘(1251~1322)의 저작을 통해서도 확인할 수 있다. 혼구의 비명에 따르면 그의 저작으로 『어록』(2권), 『歌頌雜著』(2권), 『新編水陸儀文』(2권), 『重編拈頌事苑』(30권) 등이 있었다.[51] 현재 그의 저작이 하나도 남아 있지 않아 그 내용을 알 수 없지만, 이 가운데 『중편염송사원』이 주목된다.

이 책은 제목으로 보아 일연의 『선문염송사원』에 대한 보완적인 내용을 담은 문헌으로 보인다. 혼구도 일연이 송대 선의 흐름과 내용을 이해하기 위해 방대한 저작으로 정리하였던 것과 마찬가지가 송대 선의 이해에 필수적인 주석서를 찬술한 것으로 짐작된다. 그렇다면 당연히 그 핵심적인 내용은 바로 문자선의 이해와 관련된 것이며, 문자선의 이해를 둘러싼 과제가 가지산문에서 지속적으로 이어지고 있었던 것을 보여 준다.

그리고 가지산문이 13세기 후반까지 고려 선종계를 주도하였으므

---

51) 李齊賢, 「瑩源寺寶鑑國師碑銘」, 『東文選』 권118.

로 문자선에 대한 관심과 이해는 고려 선종계에서 계속해서 이어졌던 것이다. 아울러 고려 선종계에서 문자선의 이해를 둘러싼 과제가 여전히 남아 있었던 것이라 하겠다.

나오는 글

　선적은 매체라는 관점에서 송대 선이 고려 선종에서 어떻게 수용되고 이해되었는가를 파악할 수 있는 자료이다. 나아가 선적의 편찬, 간행은 고려 선종계의 전반적인 관심과 이해 수준이 어떠한가를 가늠할 수 있는 기준이다. 따라서 선적의 수용, 확산을 통해 사상사의 흐름을 이해하는 연구방법론은 기존의 인물 중심의 연구에 비해 사상사의 흐름과 구조를 해명하는 데에 진일보한 방법론이라 할 수 있다.

　『염송집』은 고려 선종계에서 독자적으로 편찬된 공안집이며, 송대 선을 어떻게 수용하고 이해하였는가를 검토할 수 있는 문헌적 가치를 갖고 있다. 이 책에서는 송대의 전등사서, 공안집, 각 종파의 어록이 『염송집』의 출전으로서 어떻게 활용되고 있으며, 선승들의 착어 분석을 통해 『염송집』의 문헌적 성격과 사상사적인 의의를 밝혔다. 그러한 내용을 요약하면서 앞으로의 연구 전망에 대해 언급하고자 한다.

　『염송집』은 당에서 북송까지의 선문 조사에 관한 고칙 공안과 그것에 대한 착어를 상세하게 모으고, 이들 공안의 주인공인 조사들을 선문 전등의 차례에 따라 배열한 공안집이다. 『염송집』의 고칙 공안은 석존, 인도·중국의 선문 조사의 순으로 배치되고, 그것에 대한 착어는 각 칙마다 오랜 순으로 배열되어 있다.

이러한 편집 구성과 염고는 기본적으로 『통요』의 영향을 받았다. 그런데 『통요』는 법맥 관계가 애매한 문제점이 있으므로 수선사는 본칙 배열의 순서를 일부 수정하여 『염송집』을 편찬하였다. 『염송집』에서 송고의 인용과 편찬 방침은 『송고연주』을 주로 참조하였다. 또한 어록의 공안화가 반영된 『연등회요』가 『염송집』의 편찬 방향에 영향을 미쳤다. 그 외에 『전등록』을 비롯한 전등사서가 교감이나 착어 인용에 참조되었다.

그러나 방대한 착어는 이러한 문헌보다 송대 각 종파의 어록을 폭넓게 수집하여 『염송집』에 수록하였다. 먼저 법안종의 착어는 주로 『전등록』에서 인용된 것이 많은데, 그것은 『전등록』이 법안종에서 편찬된 문헌이기 때문이다. 운문종의 경우는 설두 7부집을 가장 중시하였다. 설두의 착어는 『염송집』의 착어 가운데 송고의 모두에 놓이는 경우가 많은데, 공안 비평의 정수로서 송고를 대표하는 위상이 『염송집』에 반영되었다.

설두중현에 이어 법진수일, 남명법천, 대각회련 등의 인용 횟수가 대단히 많다. 이 가운데 대각회련, 남명법천 등은 고려 불교계와 관련되거나 저술이 간행되었으므로 이들의 착어가 많이 인용된 것으로 짐작된다. 운문종은 북송 시기를 대표하는 종파이며, 문자선의 성행과 관련되므로 그러한 위상이 『염송집』에 반영되었다.

조동종의 경우 굉지정각의 착어가 방대하게 수록되었다. 굉지의 착어는 상당과 소참도 많이 인용되었지만, 기본적으로 『굉지송고』와 『굉지염고』가 대부분 수록되었다. 또한 『염송집』에는 투자, 단하, 굉지로 이어지는 북송 말, 남송 초의 조동종을 대표하는 송고가 대부분 수록되어 있다.

『염송집』에는 초기 임제종, 황룡파, 양기파, 대혜파, 호구파 등으로 이어지는 임제종 선승들의 착어가 방대하게 수록되어 있다. 초기 임제종에서는 해인초신, 낭야혜각, 대위모철, 대우수지, 운봉문열, 장산찬원 등의 선승들의 착어가 많이 인용되어 있다. 이들의 착어는 다양하지만 대체로 염고의 비중이 크다. 또한 송고의 효시라 할 수 있는 분양선소의 송고가 중시되지 않았다.

황룡파에서는 회당조심–영원유청–장령수탁–무시개심–심문담분으로 이어지는 계보의 선승들의 착어가 가장 많다. 이 가운데 특히 무시개심과 심문담분의 착어가 가장 많다. 그 이유는 이들 선승들이 탄연과 교류하였고, 수선사 단계까지 교류 관계가 이어졌기 때문이다.

양기파는 원오극근–대혜종고로 이어지면서 송대 선의 흐름을 간화선으로 집대성하였으며, 이후 동아시아 선종계를 석권하였다. 따라서 양기파의 착어가 『염송집』에 가장 많이 수록되어 있다. 원오의 착어는 염고와 송고가 대부분이며, 『벽암록』은 전혀 수록되지 않았다. 원오는 『벽암록』을 통해 무사선을 비판하고 간화선으로 나아가는 단초를 제시하였다. 그러나 『염송집』에 이러한 내용이 전혀 수록되어 있지 않으며, 단순히 원오의 공안 비평만을 수록하는 데에 그쳤다.

대혜종고는 『염송집』에서 착어가 가장 많이 인용된 인물이며, 그의 착어는 주로 『대혜어록』, 『정법안장』에서 인용되었다. 대혜는 간화선을 완성한 인물임에도 불구하고 그의 착어는 간화선과 관련된 내용이 전무하고, 문자선과 관련된 내용만이 『염송집』에 방대하게 수록되었다.

이러한 경향은 『염송집』에 인용된 「진국태부인청보설」에서 단적으로 드러난다. 이 보설은 대단히 긴 내용이지만 궁극적으로 '무자' 화두의 수행을 강조하고 있다. 그러나 『염송집』에는 대혜의 설법에서 인용되고 있는 공안과 그에 대한 착어를 하나씩 나누어 12개의 고칙과 착어에 인용하고 있을 뿐, 간화선 수행과 관련된 내용이 전혀 보이지 않는다. 이러한 경향은 대혜의 방대한 착어 전체를 살펴보아도 마찬가지이다. 따라서 수선사는 『염송집』을 편찬하면서 대혜의 착어를 공안 비평으로만 인용할 뿐 간화선과 관련된 내용을 전혀 수록하지 않았던 것이다.

이러한 양상은 양기파가 남송 선종계를 석권하면서 대혜파와 호구파로 분화, 발전하여 간화선이 성행하였던 단계에 활약하였던 선승들의 착어에서도 마찬가지였다. 이러한 착어는 모두 문자선에 대한 내용으로 일관되어 있다. 나아가 양기파의 착어뿐만 아니라 『염송집』에 수록된 착어 전체를 분석해도 마찬가지 결론을 얻게 되었다.

따라서 『염송집』은 간화선에 초점을 맞춘 것이 아니라 공안 비평이라는 문자선의 이해에 초점을 맞추어 편찬되었던 문헌이라는 사실을 알 수 있다. 지금까지 학계에서는 『염송집』이 수선사에서 편찬된 공안집이므로 간화선의 수용과 관련된 문헌으로 막연하게 이해하였다. 그러나 이 책에서 문헌학적 분석의 결과에서 드러난 것처럼 『염송집』은 12세기 이후 고려 선종계에서 선적을 통해 수용된 송대 선의 전체 흐름을 집약하면서 문자선에 초점을 맞추어 편찬된 문헌이라는 사실이 밝혀지게 되었다.

또한 13세기 고려 선종계에서 이해한 공안선의 이해 수준에 대한 문제도 새롭게 검토하였다. 지금까지 학계에서는 간화선이 수선사 단계에서 본격적으로 수용되고 일반화된 것으로 이해하고 있다. 이러한 이해는 특히 혜심을 중심으로 이루어졌는데, 대부분의 연구가 『진각국사어록』, 『구자무불성화간병론』 등 한정된 자료만을 대상으로 하였다.

기존 연구에서는 『염송집』은 철저하게 소외되었으며, 공안집이므로 간화선을 중시한 차원에서 편찬된 문헌으로 단순하게 이해하였던 것이다. 앞서 밝힌 바와 같이 『염송집』은 간화선과 무관하며, 혜심의 만년에 편찬된 문헌이기 때문에 혜심의 공안선 이해가 어떠한가를 대표적으로 보여 준다. 나아가 혜심 개인 차원의 문제가 아니라 수선사 내지 고려 선문 일반에서 요구되는 송대 선의 이해 방향이 무엇인가를 보여 준다. 그렇다면 수선사 단계에서는 간화선이 수용 초기에 해당하며, 여전히 문자선을 중심으로 공안선이 성행된 단계였다.

이러한 이해 방향은 혜심의 다른 저작을 통해서도 확인할 수 있다. 『진각국사어록』에 수록된 법어에서 혜심은 간화선 수행에 다양한 공안을 제시하고, '무자' 화두를 특별히 강조하지 않는다. 나아가 그는 진정극문이나 원오극근이 비판하였던 無心, 無事에 대한 문제 인식을 갖고 있지 않았다. 이러한 면은 『염송집』에 『벽암록』이 전혀 인용되지 않거나 무사선에 대한 비판이 제시되지 않은 것에서 잘 드러난다.

이러한 경향은 혜심의 시문집인 『無衣子詩集』을 통해서도 확인할 수 있다. 혜심은 깨달음이란 단지 고요히 마음을 쉬면서 본래면목으로 돌아가는 것이라고 제시한다든지 혼침과 도거라는 선병에 대한 처방으로 본래성을 지키라고 강조하고 있다. 이러한 내용은 혜심이 무사선을 철저하게 비판하거나 극복하지 못한 것을 보여 주며, 간화선 위주의 수행법과 거리가 멀다는 사실이 드러난다.

이러한 경향은 수선사의 역대 주법에게도 마찬가지였던 것으로 보인다. 자료의 한계로 인해 구체적인 검증이 곤란하지만, 적어도 원감국사 충지의 어록에 간화선을 강조하는 내용이 잘 드러나지 않은 것은 수선사에서 간화선 위주의 방향으로 나아가지 않았던 사실을 보여 준다. 이러한 문제는 『삼가염송집』, 『염송설화』 등 공안 비평의 이해에 초점을 맞춘 공안집, 공안 주석서가 계속해서 출현하는 것으로 통해서도 알 수 있다.

『염송집』이 지나치게 방대한 분량이기 때문에 입문 단계의 선승이나 문자선의 핵심만을 이해하고자 하는 경우에는 편리한 문헌이 아니다. 따라서 『염송집』을 증보하던 무렵에 『삼가염송집』을 다시 편찬한 것은 송대 공안 비평을 대표하는 설두, 굉지, 원오의 착어만을 수록하여 문자선의 핵심을 이해하기에 편리하기 때문이다. 다만『벽암록』이 문자선의 정수를 보여 주는 문헌이며, 간화선으로 나아가는 방향을 제시하였음에도 불구하고 수선사가『삼가염송집』을 편찬한 것은 공안선 이해에 있어서 일정한 한계가 여전히 존재하였던 사실이 드러난다.

각운의『염송설화』는 선어를 비롯한 각종 용어에 대한 주석과『염송집』에 수록된 공안과 착어에 대한 비평으로 이루어져 있다. 공안 주석서인『염송설화』는 수선사에서 공안선을 어떠한 수준에서 이해하였는가를 보여 주는 대표적인 문헌이다. 그런데『염송설화』에『벽암록』이 적지 않게 인용되어 있지만, 각운의 평창에는『벽암록』에서 원오가 제시한 무사선 비판이나 간화선으로 전환되는 단서가 드러나지 않는다. 따라서『염송설화』는 13세기 후반에 문자선에 대한 이해가 심화된 것을 반영한 문헌이라고 할 수 있다.

이와 같이 수선사에서 수용하고 이해한 공안선은『염송집』,『삼가염송집』,『염송설화』등을 통해 문자선의 이해에 초점이 맞추어져 있으며, 간화선 중심이 아니라는 사실을 확인하게 되었다. 이러한 공안선의 흐름은 13세기 후반의 선종을 주도한 가지사문에서도 이어진다. 가지산문을 대표하는 일연은 방대한 선 문헌을 찬술하였는데, 대부분 남아 있지 않지만 그의 저작들이 대부분 송대 선의 이해와 관련된다.

일연의 저술 중에 유일하게 남아 있는『중편조동오위』는 '보왈'이라는 형식을 통해 일연이 송대 선을 어떻게 이해하고 있는지를 보여 준다. 이러한 주석 형식이나 실제『조정사원』을 그대로 인용하고 있는 데서 드러나듯이 일연은『조정사원』을 중시하였다. 나아가 일연은 30권본『조정사원』을 찬술하였는데, 12세기 초에 편찬된 8권본『조정사원』의 문헌적 한계에 대한 인식과 관련된다. 곧『조정사원』

은 운문종 중심으로 서술되어 있기 때문에 송대 선종의 다양한 흐름을 반영하지 못한 한계가 있다. 따라서 일연은 이러한 문헌적 한계를 인식하면서 12세기 이후 13세기까지 이루어진 송대 선의 흐름을 이해하는 데에 도움을 줄 수 있는 사전적인 저작으로서 30권본 『조정사원』을 찬술한 것으로 추측된다.

한편, 일연의 『선문염송사원』은 『염송집』 편찬에 따른 사상적 자극, 나아가서는 송대 선에 대한 이해와 깊이 관련된다. 『염송집』 30권에 수록된 당, 송대 공안과 착어는 분량도 방대하지만 구체적인 이해가 당시 선승들에게 결코 쉽지 않았을 것이다. 따라서 일연은 송대 선에 대한 지식과 안목으로 공안 각 칙과 착어 등에 대한 해석과 평가를 하는 해설서 형태로 『선문염송사원』을 찬술하였던 것으로 짐작된다.

이와 같이 일연의 방대한 저작은 대부분 송대 선의 이해, 특히 문자선과 관련된 내용이었다. 일연의 관심이 주로 문자선에 집중되었기 때문에 간화선에 대한 관심이나 이해가 그의 저술에는 거의 드러나지 않는다. 이러한 경향은 일연을 계승한 가지산문의 보감국사 혼구를 통해서도 확인할 수 있다. 혼구의 저작이 남아 있지 않지만, 『중편염송사원』(30권)은 제목으로 보아 일연의 『선문염송사원』에 대한 보완적인 성격의 문헌으로 짐작된다.

따라서 송대 선의 흐름과 내용을 이해하는 과제가 가지산문에서 지속적으로 이어지고 있었으며, 그 핵심적인 내용은 바로 문자선의 이해와 관련된 것이다. 가지산문이 13세기 후반까지 고려 선종계를 주도하였으므로 문자선에 대한 관심이 계속해서 이어지고 있었으며, 고려 선종에서 문자선의 이해를 둘러싼 과제가 여전히 남아 있었던 사실을 보여 준다.

이러한 이해 방향은 선적이라는 매체가 갖는 사상사적 의의를 통해서도 확인할 수 있다. 13세기 전반의 고려에서 편찬, 간행된 선적은 대부분 수선사가 주도하여 간행하였다. 그것은 수선사가 선적의 판각에 필요한 비용을 부담할 수 있는 사회경제적 기반을 갖추었고, 나아가 선적에 대한 이해와 정보라고 하는 사상적 기반을 두루 갖추고 있었기 때문이다.

나아가 13세기 전반에 이루어진 선적 간행은 수선사를 비롯한 선종과 사대부를 비롯한 다양한 계층에서 선적에 대한 사회적 수요가 폭넓게 존재하였던 사실을 보여 준다. 이러한 수요는 수선사에서 수용한 공안선의 흐름이 어떠한가를 이해하는 지표가 될 수 있다. 종래와 같이 수선사에서 간화선이 일반화된 것으로 이해하게 되면, 간화선이 형성되기 이전의 광범위한 송대 선적에 대한 폭넓은 관심을 이해할 수 없기 때문이다. 또한 간화선은 본질적으로 지적 이해를 거부하기 때문에 송대 선의 다양한 흐름을 담은 선적에 대한 관심이 줄어들 수밖에 없다.

한편, 이러한 사회경제적, 사상적인 조건과 함께 수선사가 불교계의 중심세력으로 등장한 것도『염송집』편찬의 배경이라고 할 수 있다. 수선사는 최우가 등장한 1219년 이후에 불교 교단의 재편 정책에 따라 부각되었으며, 이때는 혜심이 수선사를 주도하던 단계였다. 이러한 최우의 정치적 후원으로 수선사가 선종계의 교권을 장악하더라도 사상적인 주도권은 별개의 문제이다. 따라서 혜심이 중심이 되어『염송집』을 편찬한 것은 당시 선종계에서 성행되었던 문자선에 대한 수요에 대응하고, 나아가 선종계의 사상적인 주도권을 확보하는 방향과 관련된 것으로 생각된다.

그러면 12세기 중반에 대혜종고에 의해 완성된 간화선이 고려 선종계에서는 13세기까지 여전히 수용 단계에 머물러 있고, 오히려 문자선이 성행되었던 이유는 무엇일까. 이와 관련하여 먼저 고려 선종이 현실적으로 직면하고 있던 여러 가지 상황을 고려할 필요가 있다.

주지하듯이 고려 시기에는 대외 관계에서 거란, 금, 몽골 등 북방민족이 잇달아 대두하면서 그들과의 외교 관계가 오랫동안 지속되었다. 이러한 국제적인 상황에서 고려는 송과의 외교 관계가 단절되거나 직접적인 교류를 하기가 곤란하였다. 더욱이 무신란 이후 정치적, 사회적 혼란이 지속되던 상황에서 고려의 선승들이 송에 들어가 직접적인 교류를 시도하기는 거의 불가능하였다.

이러한 상황에서 고려의 선종은 송의 선적을 입수하여 송대 선을 이해할 수밖에 없었다. 이러한 사정으로 인해 고려의 선승들에게는 선의 이해와 실천에서 기본적으로 요구되는 면수가 불가능하였고, 그에 따른 한계가 존재하였다. 선의 수행이나 깨달음의 과정에서 기본적으로 요구되는 스승과 제자와의 문답이나 인가 과정이 결여되었던 것은 당연히 송대 선의 수용과 이해에 일정한 한계로 작용할 수밖에 없었다.

나아가 선적을 통한 송대 선의 이해는 송대 선에 대한 時系列的 이해에 일정한 한계를 갖고 있었다. 송대 선의 흐름은 다양하게 전개되었지만 그것이 선적으로 집약되는 것은 12세기 이후였다. 현존하는 선적의 대부분이 12세기에 간행되었고, 고려 선종은 13세기에 본격적으로 송의 선적을 입수하였던 것으로 보인다. 이러한 선적의 수용 과정을 고려하면 고려 선종은 송대 선의 동향과 사상적인 맥락을 동시대적으로 정확하게 이해할 수 없는 한계를 갖고 있었다.

한편, 앞서 지적한 바와 같이 선적을 통한 연구방법론은 인물 위주의 연구에 비해 사상사의 전체 흐름과 맥락을 이해하는 데에 유용하다. 그것은 특정한 인물의 사상체계를 해명한다고 해서 그것이 당대 사상계에 얼마만큼 영향을 미쳤는지, 사상계 전반의 동향이 어떠한지를 이해하기에는 일정한 한계가 있기 때문이다. 그에 비해 선적이라는 매체는 당대 사상계 전반적인 관심이 어떠한지, 특정한 사상의 사회적 영향력이 어떠한가를 파악할 수 있기 때문이다.

이 책에서는 『염송집』에 대한 문헌학적 분석과 사상사적 연구를 통해 12~13세기 고려 선종계에서 송대 선이 어떻게 수용되고 이해되고 있었는가를 밝혔다. 그리하여 종래 지눌, 혜심에 대한 연구를 통해 간화선이 일반화되었던 분위기로 이해하던 것과 다른 양상을 제기 하였다.

이러한 이해 방향은 고려 불교사가 다양하고 종합적으로 전개되 었음을 보여 준다. 다만, 이러한 이해 방향은『염송집』만이 아니라 『염송설화』를 비롯한 선적에 대한 구체적인 연구를 통해 보다 뚜렷 하게 제시될 수 있을 것이다. 이러한 문제는 앞으로의 연구 과제로 남 겨 두고자 한다.

발표지면

4장 『禪門拈頌集』의 편찬과 臨濟宗의 어록

　　2. 황룡파 선적의 수용과 영향

　　「수선사의 『선문염송집』 편찬과 임제종 황룡파의 어록」, 『불교학
　　　보』 68, 2014.

　　3. 원오 저작의 수용과 영향

　　「수선사의 『선문염송집』 편찬과 원오극근의 저작」, 『한국불교학』
　　　73, 2015.

　　4. 대혜 저작의 수용과 영향

　　「修禪社의 『禪門拈頌集』 편찬과 대혜종고의 저작」 『역사와 경계』
　　　92, 2014.

　　5. 양기파 선적의 수용과 영향

　　「修禪社의 『禪門拈頌集』 편찬과 임제종 양기파의 어록」 『역사와
　　　경계』 94, 2015.

5장 고려 公案禪의 수용과 송의 선적

　　2. 수선사의 공안선 수용과 이해

　　「혜심의 공안선 이해와 『禪門拈頌集』」 『보조사상』 42, 2014.

　　3. 가지산문의 공안선 이해

　　「일연의 선사상과 송의 선적」 『보조사상』 33, 2010.

찾아보기

■ 조명제

부산대 대학원 사학과에서 박사학위를 받았으며, 일본학술진흥회의 초청으로 2년간 고마자와 대학에서 박사후 과정을 이수하였다. 이후 교토대학, 도쿄대학 등에서 방문학자로 연구 활동을 하였으며, 현재 신라대 역사문화학과 교수로 재직 중이다.

선문염송집 연구
―12~13세기 고려의 공안선과 송의 禪籍―

© 조명제, 2015

1판 1쇄 인쇄__2015년 04월 14일
1판 1쇄 발행__2015년 04월 24일

지은이__조명제
펴낸이__양정섭
펴낸곳__도서출판 경진
　　　등록__제2010-000004호
　　　블로그__http://kyungjinmunhwa.tistory.com
　　　이메일__mykorea01@naver.com

공급처__(주)글로벌콘텐츠출판그룹
　　　대표__홍정표
　　　편집__김현열 송은주 **디자인**__김미미 **기획·마케팅**__노경민 **경영지원**__안선영
　　　주소__서울특별시 강동구 천중로 196 정일빌딩 401호
　　　전화__02) 488-3280 **팩스**__02) 488-3281
　　　홈페이지__http://www.gcbook.co.kr

값 22,000원
ISBN 978-89-5996-459-8 93220